정치 · 사회적 개념의 역사
—비판적 소개

본서는 2007년 정부(교육과학기술부)의 재원으로 한국연구재단의 지원을 받아 간행되었음(KRF-2007-361-AM0001)

한림대학교 한림과학원 개념소통번역시리즈

정치 · 사회적 개념의 역사

—비판적 소개

멜빈 릭터 지음

송승철 · 김용수 옮김

小花

한국어판 서문

본서를 번역하신 송승철, 김용수 두 분 교수께 깊이 감사를 드립니다. 이 저작 초판본은 1995년에 출간되었는데, 그때 필자는 한국어판과 중국어판이 나오리라는 것, 또 여러 나라에서 본서에 자세히 언급된 독일식 개념사 연구와 유사한 국가적 사업이 출범하게 되고 그 과정에 필자의 저작이 도움이 되리라고는 생각지도 못했습니다.[1)] 출간 당시를 돌아보면, 국가 차원에서 정치 · 사회 개념사를 밝히려는 확고한 기획이 존재했던 나라는 네덜란드가 유일했습니다. 이 상황은 1999년 국제 정치사회개념사학회(the International History of Political and Social Concepts Group) 창립 이후에 달라졌습니다. 이후, 애초의 독일적 연구로부터 영감을 받았지만 그것과 동일하지는 않은 여러 기획의 결과들이 핀란드, 덴마크, 스웨덴, 스페인, 루마니아에서 이미 시작하였거나 현재 출간되고 있습니다. 일군의 이탈리아 및 네덜란드 학자들은 두 나라의 역사가 각기 보여주는 개념적 변화에 관심을 두고 비교하였는데, 지금은 유럽 차원에서 정치, 사회, 법 분야 개념 사전의 출간 가능성을 생각하고 있습니다.

한편, 독일 학계 밖에서 진행되고 있는 개념사 연구는 사전류 편찬에 국한되지 않습니다. 스페인 정부와 한국 정부의 지원을 받아 진행되는 연구가 보여 주듯 개념의 이동은 국제적 문화교류의 핵심에 해당하는데, 개념사의 방법론과 발견사실에 대한 비판적 토론으로 인하여, 개념 이동에 관해 창의적인 접근방식이 나타났습니다. 2006년 4월 '이베리아-아메리카 세계의 개념 비교 세미나'가 처음 마드리드에서 개최되었습니다. 참여자들은 중앙아메리카 및 남아메리카 여러 국가들에서 스페인과 포르투갈의 개념들의 수용 및 변형에 대해 논의하였는데, 가장 중요한 것 가운데 하나는 자비에르 페르난데스 세바스티안(Javier Fernandez Sebastían) 교수와 후안 프란시스코 푸엔테스(Juan Francisco Fuentes) 교수가 편집한 『정치 · 사회 언어 역사사전』(*Dicconario Histórico del Lenguaje Politico y Social*)에 수록된 발견사실들이었습니다. 세미나 개최 이후, 이 과정을 밝히려는 작업에 참여하고 있는 학자가 백여 명이 넘습니다.

정치 · 사회 개념의 역사를 밝히려는 국가적 기획의 목표는 아주 다양합니다. 이베리아 반도에서 전파된 개념들이 남북 아메리카 대륙에서 수용되는 과정에 초점을 둔 기획들은 유럽 기원 개념들의 창조적 변화, 수용, 변용 및 거부를 강조하여 왔습니다. 루마니아 사상 연구의 원래 의도는 현대 사상가들을 공산주의 지배기간 동안 그들에게 가해진 개념적 왜곡으로부터 해방시키고, 루마니아에서 창안된 개념들을 유사한 압력에 시달렸던 주변국들에서 만들어진 개념들과 비교하는 것입니다. 또 하나 강조해야 할 기획은 한림대학교 한림과학원이 전개하는 사업으로, 그 핵심은 중국, 일본, 한국 문화 내 정치 · 사회적 개념들에 대한 비교역사적 연구입니다. 과거 스웨덴과 러시아의 지배로부터 해방된 지 얼마 되지 않은 핀란드의 경우, 기획의 관심은 자국의 고유한 개념사를 구성하는 것입니다.

개념사 방법론은 라인하르트 코젤렉이 정치 · 사회 분야의 기본개념(Grundbegriffe)이라고 명명한 개념들이 지닌 특유성을 강조해 온 사실에 주목해야 합니다.

기본개념은 일반적 개념과 구별되는 것으로 정치 · 사회적 어휘 가운데 피해갈 수도 대체될 수도 없는 부분이다. 어떤 개념이든지 이 단계에 도달할 때 비로소 '혁명', '국가', '시민사회', '민주주의'와 같이 단일한 단어나 용어로 육화된다. 기본개념들은 다양한 경험과 기대를 결합하기 때문에 주어진 시대의 화급한 사안들의 형성과정 전체에서 필수불가결한 것이 된다. 기본개념은 언제나 논란을 야기하는 동시에 논쟁의 대상이 된다.[2)]

기본개념은 왜 논란을 야기하고 논쟁의 대상이 될 뿐만 아니라 애매하기까지 한가? 기본개념들은 정치세계의 특징들을 공유하는데, 집단 간 피할 수 없는 이해상충은 어떤 방식으로든 (비록 해결될 수 없더라도) 기본개념들에 의해 처리될 수밖에 없기 때문입니다. 의사결정의 권한을 획득하려고 투쟁하는 집단들은 어느 누구도 입법과 같은 영역에서 핵심 어휘가 지닌 상충적 의미 간의 차이에 둔감할 수 없습니다. 기본적 정치 · 사회 개념이 애매성과 논쟁성을 지니게 되는 또 하나의 이유는 과거 이 개념들의 용도를 둘러싸고 벌어진 오랜 갑론을박의 역사입니다. 이들은 미래적 상황 속에서 특정 개념의 의미에 대한 다양한 해석과 고유한 적용을 도출할 수 있도록 해주는 일종의 무기고 역할을 합니다.

한국과 핀란드의 기획 모두에서 정치 · 사회적 개념들은 명백히 이런 특징들을 지니고 있습니다. 그러기에 순전히 지리학적 개념으로만 보이는 동아시아의 개념은 아주 다른 양상을 띠게 됩니다. 19세기 말 일본의 조선 침략 시, 일본은 조선이 다른 동아시아 국가로부터 스스로를 방어할 필요가 없다며 무장해제를 요구합니다. 마찬가지로, 핀란드의 역사에서 '변방'(frontiers)은 일견 중립적 · 지리적 용어로 보일 수 있지만, 지난 역사에서 스웨덴과 러시아와의 영토관계 논쟁으로 말미암아 유별난 정치성을 띠게 됩니다.

만일 개념사에 대한 관심이 왜 이렇게 아주 다양한 영역, 언어, 정치체제로까지 확대되었는지 우리 스스로 질문해 본다면, 여러 가지 방식으로 설명할 수 있을 것 같아 보입니다. 일부 국가에서는 가장 중요한 이유를 자국의 근현대사에서 발견할 수 있을 것이며, 아직도 계속되는 국가 정체성에 대한 모색이 주요한 이유가 되는 국가도 있습니다. 그런가 하면 일부 국가의 경우, 학자들이 자국의 정치 · 사회사상에 대해 처음으로 개념사를 쓸 수 있다는 가능성으로 흥분한 점도 이유가 됩니다. 이러한 상황으로 인하여, 다양한 배경, 정치, 문화 속에서 기본적 정치 · 사회 개념들에 대한 진정 의미 있는 비교연구에 참여할 수 있을 것입니다.

2010년 6월

멜빈 릭터

옮긴이 서문

개념사적 접근과 한국 근대

I.

개념사는 한 사회의 형성과정에서 중대한 역할을 담당했던 개념들을 분석의 기본단위로 설정하고, 이 기본개념들의 의미 관계 변화를 고찰함으로써 그 사회의 형성과정을 이해하려는 연구 분야이다. 개념사의 학문적 기원을 굳이 따진다면, 제2차 세계대전 이후 독일연방공화국에서 활동한 일부 보수적 경향의 역사가들이겠지만 지금은 독일어권 유럽의 경계를 넘어 북유럽과 동유럽에서도 연구가 활발히 진행되고 있다. 저자 멜빈 릭터(Melvin Richter)는 영국 사학계 일부를 넓은 의미의 개념사 범주에 포함시키고 있다. 우리 학계에서 '개념사'란 용어가 아직 생소하게 들리는 실정이나, 개념사 연구는 "20세기 후반의 역사기술 가운데 가장 중요한 업적"으로 평가받고 있으며, 유럽의 경계를 넘어 전세계로 확산되고 있으니 조만간 전지구적 차원에서 비교연구도 가능할 것으로 예상된다.

개념사가 국제 학계에서 시민권을 획득하는 도상에 있다 할지라도 그 이론과 방법을 무작정 좇는다면 이는 또 하나의 이론적 수입역조이자 학문적 식민주의에 불과할 것이다. 중요한 것은 서구의 이 경향에 대해 이해하는 만큼이나 이 장르가 근대 한국 사회 형성에 대한 이해에 어느 정도 새롭게 공헌할지 고려해야 할 것이다. 개념사적 탐색은 다음 전제에 기반하고 있다. 변화가 극심한 '위기의 시대'일수록 민족, 시민, 국가, 사회, 문학과 같이 기본적 개념을 둘러싼 갈등은 증폭되기 마련이며, 물적 조건이나 사회적 제도뿐 아니라 역사 주체들이 이 용어들을 개념화하는 방식도 주체의 행동양식에 적지 않게 영향을 미친다는 것이다. 이런 의미에서 개념사 연구자들은 속류 마르크스주의와 달리 개념을 토대의 반영으로 환원하지 않으며, 동시에 (탈)구조주의와 달리 언어구조가 하나의 초월적 동인으로 우리의 존재양식을 규정하는 방식에도 동의하지 않는다. 대신, 개념사에서 개념은 어디까지나 '사회 속의 개념'이니, 개념은 사회 변화를 등록하는 지표이자 동시에 사회의 주요한 구성요소가 된다. 그런데, 개념은 그 자체로 구성요소라기보다 언제나 사용 주체와 대상이 있다는 점을 개념사 연구자들은 명확히 한다. 바로 이런 이유로 인해 개념사적 접근은 반드시 사회사적 접근을 동반하면서 대상을 이해하려고 한다. 개념사의 입장에서 한국의 근대 사회 형성과정을 본다면, 주체를 생략한 채 자본의 운동 같은 추상화된 물적 조건의 전개로만 한국 사회의 극심한 변동과정을 설명하려는 시도에는 한계가 있으며, 사회적 제도 및 물적 조건과 함께 그 사회에 속했던 역사 주체들이 근대적 개념에 대해 지닌 의식, 세계관, 태도까지 묶어서 살펴야 우리 시대의 모습이 온전히 드러난다는 것이다.

개념사가 가지고 있는 장점은 언뜻 생각해도 한둘에 그치지 않는다. 가장 작은 것은 현재의 의미를 과거의 맥락 속으로 넣어 읽는 시대착오를 교정할 수 있는 것이고, 여기서 시작하여 현재의 모습을 물적 조건과 역사적 주체의 지적 활동의 상호작용으로 이해하는 방식이 밝혀 주는 균형감각도 중요하고, 무엇보다 과거의 개념이 지닌 복수적 의미 속에서 현재의 모습을 읽는 태도는 역으로 말하면 현재 상태가 유동적임을 밝혀 준다는 점에서 역사에 대한 진정한 변증법적 이해를 가능하게 한다. 개념사의 출발점으로 삼는 라인하르트 코젤렉 저작의 명칭이 "지나간 미래들"(Vergangene Zukunft, 영어 번역은 Futures Past)인 것도, 미래(들)가 잠재적이고 복수의 형태로서 과거 속에 녹아 있으며, 현재의 모습은 오직 임시적으로 드러난 발현이며, 발현되지 않은 과거도 사라지는 것이 아니라 미래의 형성과정에 어떤 식이든 참여한다는 면에서 역사에 대한 역동적 이해를 가능하게 하는 제목이다.

개념사에서 개념은 세계를 이해하는 방편이다. 그런데, 특정한 대상을 개념을 중심으로 묶는 행위 자체는 구조주의자들이 지적하듯 그 자체로는 만들어진 것이지만, 주체들이 역사를 자기 방식으로 이해하고 자신의 입장에서 세계를 재배치하려는 지적 노력의 일환인 만큼 개념을 분석단위로 할 때 역사적 주체들의 갈등상황이 보다 선명하게 보일 수 있다고 생각한다. 다만, 독자의 입장에서 볼 때 분석단위로서 개념이 과연 다른 분석단위—예를 들면, 스타일, 담론, 에피스메테 등—보다 더 유용한 방편인지는 질문해 볼 만하다. 릭터 교수도 지적하는 바이지만 이런 점에서 볼 때 개념사가 이론의 대안이 될 수 없음은 명백하다. 개념은 장기적 관점에서 서술한다고 하더라도 그 자체로는 역사의 변화를 이해하는 유용한 도구를 넘어서기 힘들다.

한편, 개념사 연구 역시 고유한 담론형식을 지니고 있는 장르인데, 특정 장르는 특정 대상에 적합성을 가진다. 해석 대상인 원자재—역사이든 사물이든—는 무형식과 무의미의 잡동사니로서 모든 방법론에 자신을 열어 주는 것이 아니라 그 자신의 형식과 내용으로 인해 스스로 의미 가능성의 폭과 지향성을 가지고 있고, 따라서 특정한 해석방식에 자신을 보다 쉽게 열어 주기 마련이다. 또한 진정한 역사

연구는 대상에 (주관적) 의미를 부여하는 것보다 오히려 잠재적 형식으로 주어져 있는 의미를 한 단계 높은 차원으로 추상하는 것이다. 그렇다면, 장르로서의 개념사적 연구를 화려하게 드러낼 수 있는 잠재력은 궁극적으로 원자재 자체의 구조와 깊은 연관성을 가진다.

내 생각에 대상이 다음의 세 가지 조건을 가질 때 개념의 의미가 증폭된다. 첫 조건은 연구대상이 세계사적 종합국면에서 볼 때 "중진성"의 상태에 있어 물적 조건이 미비한 것을 지적 고찰을 통해 극복하려는 노력이 필요하고, 두 번째 조건은 "안정성과 불안정의 동시성"으로 말미암아 개념적 통찰이 주요한 역할을 하게 되는 것이고, 세 번째 조건은 개념을 창출할 수 있는 "개방적이고 풍부한 지적 전통"이 있어야 한다. 현재까지 개념사적 연구가 가장 활발한 영역이 독일 근대 및 영국의 초기 근대인 점은 이런 점에서 우연이라고 하기 힘들다. 이 세 조건을 고려한다면 한국의 근대 형성과정에 개념사적 접근을 적용하는 것은 일정한 한계를 노출한다. 예를 들면, 조선은 오랜 기간 동안 중앙집권화가 이미 달성되고 상대적으로 정치적 안정을 누리다가 국가로서의 자율성이 훼손되는 상황으로 급작스럽게 이동한다. 즉, 안정성과 비안정성의 동시성의 기회가 주어지지 않았으며, 동아시아의 풍부한 지적 전통을 가지고 있었지만, 중국과의 비대칭적 크기로 인해 다른 대안적 사고를 하기 힘든 상황이었으며 대안을 창출할 만한 개방성도 가지지 못하였다.

동아시아의 근대가 "번역 근대"라는 점은 여러 번 이야기된 바 있다. 우리 사회가 서구 주도의 근대화 과정에 강제로 편입됨으로써 새로운 개념들에 노정되었고 이후 이 개념들을 수용하는 과정을 밟게 된다. 서구의 경우 미래의 모습이 확정되지 않은 상태에서 대안을 놓고 개념 창출이 이루어지는 데 반해 우리에게는 대안이 '사실상' 주어졌다는 점 — 사실상 서구 제국주의의 부국강병 개념이었다 — 에서 개념사 연구대상으로서의 동아시아는 유럽에 비해 일정한 한계를 지닐 수밖에 없다. 물론, 밖으로부터 도입되는 '개념'은 무에서 완전히 새롭게 창조되는 것이 아니라, 전통사회 내에 이미 존재하는 언어자원의 변용을 통해 번역되는 과정을 겪게 되지만, 한국사의 경우 이 새로운 개념들이 일본과 중국을 경유하여 우리 사회에 유입되었다는 것 또한 한계로 작용한다.

개인적으로 개념사적 접근이 가장 창조적으로 활용될 수 있는 분야는 오히려 해방 후 전개과정이 아닐까 생각한다. 한국 사회는 세계체제 반주변부 국가들 가운데 분단체제의 한계 속에서 선거혁명의 방식으로 민주화를 달성하였고, 민주화와 더불어 경제적 성장을 이룩한 거의 유일한 성공사례에 속한다. 그런데, 분단체제의 근원적 불안정성 속에 살았지만, 사실 냉전체제는 주변부 국가들에게 안정성이 높은 체제였다. 여기에 동아시아 및 서구 민주주의에 대한 이해가 깊어짐에 따라 대안 창출에 필요한 여러 자료를 내화할 수 있었고, 어떤 의미에서 해방 이후 역사야말로 우리 사회의 새로운 모델을 창출하려고 역동적으로 투쟁해 온 과정이었으며 지금도 그런 이행의 한가운데 있다고 생각한다. 해방 이후 분단체제 하에서 민주화를 지향한 실천과정에서 '민족,' '민중, 대중', '국가', '통일', '개혁, 혁명', '보수', '주체', '민주' 등은 (나 자신 과문한 탓이겠지만) 서구이든 동아시아이든 다른 곳에서 보기 힘든 방식으로 의미론적 확대를 보일 뿐만 아니라 새로운 정치적 · 이념적 대안의 역할을 해왔다. 정치 · 사회적 용어만이 아니다. 나 자신이 공부하는 문학 영역에서만 하더라도 '리얼리즘' 같은 개념의 의미 확대와 적용방식의 변화는 역시 과문한 탓이겠지만 세계사적 논의 수준에서도 놀라운 창조성을 보여 준다.

II.

이 책은 뉴욕시립대학(CUNY) 명예교수인 멜빈 릭터의 *The History of Political and Social Concepts* (New York: Oxford UP, 1995)를 옮긴 것이다. 이 저작은 비록 15년 전 출간되었지만 아직껏 개념사 분야에서 가장 정평 있는 입문서에 해당한다. 번역은 원래 인문한국연구사업(Humanities Korea Project)으로 한림대학교 한림과학원에서 추진 중인 [동아시아 기본개념의 상호소통]의 일환으로 시작한 것이다. 이 사업에서는 본서 외에도 동아시아 근대 사회 형성에 도움이 될 개념들을 이해하기 위해 총서와 번역서를 이미 여럿 출간한 바 있다.

릭터 교수가 개념사의 발생과 확산과정을 차분하게 정리하고 있는 만큼, 내용 자체는 요즘 크게 화두가 되는 다른 저작들 — 예를 들면, 바르트, 데리다, 라캉, 지젝 등 이해도 쉽지 않고 번역하기는 더더욱 어려운 — 에 비하면 상대적으로 쉬운 편이다. 다만, 현재까지 개념사적 업적은 주로 독일의 근대 성립과정, 프랑스혁명 전후의 프랑스, 영국의 초기 근대에 집중되어 있기에 어원이 동일하고 형태도 비슷한 독일어, 프랑스어, 영어 개념들을 변별력 있는 우리말로 풀어내기가 어려웠다. 개념사 연구 장르는 독일적 기원을 가지면서도 독일권의 경계를 넘어 세계학계의 시민권을 획득하고 있는 과정인 만큼 저자는 이 저작에서 전자를 'Begriffsgeschichte', 후자를 'the history of concept' 또는 'the conceptual history'로 구분하여 표기하고 있는데 번역에서는 독일어 표기는 〈개념사〉로 후자는 그냥 개념사로 번역하여 구분하였다. 다른 경우도 원저자가 독일어로 표기한 경우는 〈 〉 속에 넣어 옮겼다. 한편, 국내학계에서 'the history of ideas'는 흔히 '사상사'로 옮기는데, concept · idea · thought를 구분할 필요가 있어서 개념 · 이념 · 사상으로 옮겼다. 실제로 'the history of ideas'를 사상사로 옮기는 것은 오해의 여지가 있다. 역자 두 사람이 사전에 주요 용어를 통일하였고, 상대방의 글을 읽고 문제점을 지적하는 등 공역을 시도하였다. 그럼에도 불구하고, 개념사와 서양사에 대한 이해 부족으로 역자들이 이해하기 어려운 부분도 여러 군데 있었다. 돌이켜 보면, 오역은 모르고 옮긴 부분보다 안다고 확신한 부분에서 일어나는 경우가 많았던 만큼 앞으로 독자 여러분들의 질정을 받아 고쳐나갈 생각임은 말할 바 없다.

2010년 6월

옮긴이를 대표하여

송승철

[illegible]
FROSTBEDECKT, frigore [illegible]
[illegible] hält [illegible] frost [illegible]
[illegible] ernst, [illegible] gebraten
[illegible] frostbrand [illegible]
mit [illegible] feuer aus. Göthe 14, 40.
als frostbedeckt [illegible] berg [illegible] Brann [illegible] 244.
FROSTBEULCHEN, n. perniunculus. ein frostbeulchen [illegible]
FROSTBEULE, f. pernio [illegible] nicht an [illegible] eine
frostbeule [illegible] das [illegible] berg und [illegible]
[illegible] J. P. Hipp. 4, 10.
FROSTBLAU, [illegible] der frostblau [illegible] blau vor frost
[illegible] 33. [illegible]
FROSTDECKE, f. [illegible] die frostdecke [illegible]
[illegible]
FROSTEIS, n. glacies, eine [illegible]
o [illegible] gefühllos [illegible] eis [illegible]
so [illegible] Bürger 151. FROSTELER, FROS[illegible]
FROSTELN, [illegible] frösteln [illegible]
das grösze bleibt [illegible]
im [illegible] fröstelt der [illegible] Göthe 3, 165.
[illegible] fröstelt [illegible] 100.
o [illegible]
der [illegible]
[illegible]
der frostelnde [illegible]
[illegible] 147.
[illegible] fröstelt, [illegible] 75.
FROSTELN, n. tremor, frösteln, fieberhaft [illegible] 1795.
[illegible] frösteln [illegible] Günther 513.
[illegible] frösteln [illegible] 191, [illegible]
[illegible] 1, 257.
FROSTER, [illegible] frigorosus [illegible]
FROSTERN, frigore [illegible]
[illegible] 2, 1016.
FROSTENSTARRT, frigore rigens.
[illegible]
[illegible]
[illegible]
[illegible] Müller [illegible]
FROSTFANG, [illegible] frigore [illegible]
FROSTGEBORGEN, frigore [illegible]

차례

감사의 말

수년 전 독일 볼펜뷔텔시 소재 대형 도서관인 헤르조크-아우구스트 도서관에서 연구할 행운을 얻었다. 거기서 처음으로 독일적 학술담론 장르인 개념사(Begriffsgeschichte, 영어로는 the history of concepts 또는 the conceptual history)와 우연히 마주쳤다. 필자는 이 탐구양식을 처음 접했을 때 매우 감명을 받아 그 탐구양식의 다양한 형식들에 대해 조사를 시작했다. 특히 개념사적 연구기획들을 태동시킨 일반 이론들을 이해하고, 이 이론들이 적용된 자료들을 확인하고, 그리고 이로써 발견된 새로운 사실들의 가치를 평가하고 싶었다. 그 가운데 일부 방법론은 지성사에서도 사용된 것으로 필자도 잘 알고 있는 방법들이었고, 전공분야인 정치사상사 영역에서 다루던 문제들 역시 친숙한 주제였다. 그럼에도 불구하고 〈개념사〉(Begriffsgeschichte)가 영어권 학자들에게 크게 도움이 될 것으로 결론을 내렸다. 개념사가들은 그들과 가장 가까운 영어권 학자들이 인지하지 못한 자료들에 대한 체계적 탐구방식을 보여 줌으로써 주요한 문제들을 다루는 새롭고 가치 있는 탐구형식을 개발하였다.

본서의 목표는 개념사에 대해 필자가 배운 바를 전달하고, 그 가치를 영어권의 동료들에게 설명하고, 그리하여 그들과 독일 개념사가들 간

대화의 장을 여는 것이다. 나는 두 부류 학자 모두에게 크게 도움을 받았다. 하버드 대학과 옥스퍼드 대학에서 페리 밀러, F. O. 매티슨, C. L. 바버, C. H. 매킬레인, 새뮤얼 H. 비어, 아이제이아 벌린 교수들로부터 훈련을 받았으며, 그 이후 오랫동안 정치사상연구회 및 『정치이론』지(*Political Theory*) 편집위원회에서 동료들의 지적으로 얻은 게 많았다.

J. G. A. 포콕과 퀜틴 스키너는 나의 오랜 친구이고 정치사상과 정치언어의 역사에 대한 그들의 공헌을 매우 높이 평가하는데, 두 분은 자신들의 작업과 독일 개념사에 대한 나의 비교평가(제6장)에 대하여 장문의 세심한 편지를 써주는 수고를 마다하지 않았다. 피터 래슬릿은 케임브리지 대학의 정치철학 및 정치사상사 연구에 대한 정보를 넉넉히 제공해 주었다. 그들의 솔직하고 정중한 태도에 감사를 드린다.

전후 독일에서 정치 · 사회적 개념 진화과정에 대한 연구는 매우 보람되고 어떤 의미에서 스스로를 겸손하게 만드는 경험이었다. 그 분야의 연구자들과 접촉하고 나서 나 자신의 수련과 지식 내에 숨어 있던 숱한 빈틈이 모두 드러났다. 동료와 친우들이 내가 일찍이 알지 못했지만 알 필요가 있었던 것들로 나의 모자람을 채워 주었는데, 여기서 그들에게 감사를 표시하고 싶다. 누구보다 라인하르트 코젤렉, 롤프 라이하르트에게 고마움을 전한다. 또한 호르스트 드라이첼, 칼프리트 그륀더, 한스-울리히 굼브레히트, 빌헬름 헤니스, 루치안 횔셔, 위르겐 코카, 크리스티안 마이어, 유명을 달리한 토마스 니퍼디, 만프레트 리델, 볼프강 시더, 루돌프 피어하우스 교수에게, 그리고 한스-에리히 뵈데커, 호르스트 귄터, 키스 트라이브, 게르트 반 덴 호이벨 박사들에게도 크게 도움을 받았다. 라인하르트 코젤렉은 제2장과 제3장을 읽고 논평을 해주었고, 롤프 라이하르트는 제4장과 제5장을 면밀히 검토해 주었는데, 두 분에 대해 특별히 감사를 전한다. 그래도 남아 있을 오류에 대해 두 분은 전혀 책임이 없다.

다른 글도 마찬가지였지만, 내 아내 미셸라 웨닝거 릭터의 긴요한 도움에 대해 감사를 표할 수 있어 다행이다. 개념사에 대한 사려 깊은 의견 제시와 통렬한 질문은 물론이고, 편집자와 비평가로서 아내의 역할은 지금 이 저작의 저술에 크게 공헌하였다. 두 아들 앤트니와 자일스의 변함없는 지원도 말로 다할 수 없다.

또한 〈개념사〉에 대한 연구와 인터뷰, 그리고 저술을 가능하도록 지원해 준 뉴욕시립대학 PSC-CUNY 연구지원 프로그램, DAAD(독일 국제학술지원처)와 이어하트 재단 등 기관에도 감사와 고마움을 표해야겠다. 볼펜뷔텔시 소재 헤르조크-아우구스트 도서관, 프린스턴 대학 고등연구소, 그리고 풀브라이트 객원교수 자격으로 뮌헨 대학에 체류한 것도 전제주의 개념사와 관련된 연구를 지원해 주었다. 초고는 1987~88년 미국인문학기금(National Endowment for the Humanities) 지원 연구교수로 지내는 동안, 그리고 그후 호주국립대 사회과학대학 이념사학단(History of Ideas Unit) 방문교수로 지내면서 집필했다. 최종 원고는 앤드루 W. 맬런 기금교수로 노스캐롤라이나주 리서치트라이앵글 지역 소재 미국인문학센터(National Humanities Center)에 있을 때, 그리고 뮌헨 대학의 게슈비스터-숄 연구소(Geschwister-Scholl-Institut)에서 마무리하였다.

컬럼비아대 정치 · 사회철학 교수세미나, 계몽사상을 주제로 다루었던 정치사상연구 국제학술대회, 핀란드 정치학회 주최 정치언어 워크숍, 프랑스혁명에 관한 조지 루데 기념 세미나(멜버른), 호주국립대학 이념사학단 세미나, 리서치트라이앵글 프랑스사연구회, 펜실베이니아대 역사학과 세미나, 네덜란드 고등연구소 개념사 학술대회, 그리고 암스테르담대 문화사 학술대회 등에서 발표한 논문에 대해 논평을 해준 동학들에게 고마움을 전한다. 본 저작과 관련해서는 한스 알스레프, 키스 마이클 베이커, 토머스 칠더스, 리처드 플래스먼, 고(故) 펠릭스 길버트, 크누트 하콘센, 이슈트반 혼트, 고(故) 유진 커멘커, 프랭크 커클랜드, 도널드

켈리, 빌렘 멜힝, 카리 팔로넨, 귄터 로스, 데이비드 샌퍼드, 제럴드 시걸, 쿠르트 존트하이머, 데일 밴클리, 빌허르 펠레마, 그리고 데이비드 윌러스의 공헌에 감사를 표시하고자 한다.

이 작업을 하는 동안 자료 이용과 관련하여 여러 도서관들로부터 도움을 적잖이 받았다. 헤르조크-아우구스트 도서관, 바이에른 국립도서관, 프랑스 국립도서관, 게슈비스터-숄 연구소도서관, 호주국립대 이념사 학단 도서관 및 동 대학 도서관, 뉴욕시립대 산하 헌터 칼리지 및 동 대학원 도서관, 미국인문학센터, 뉴욕공립도서관, 컬럼비아대, 펜실베이니아대의 직원들에게도 마땅히 감사를 표해야 할 것이다.

이 저작의 일부는 이미 발표한 것인데, 제목과 발표지면은 다음과 같다. "Conceptual History (*Begriffsgeschichte*) and Political Theory," *Political Theory* 14 (1986): 604-37; "*Begriffsgeschichte* and the History of Ideas," *Journal of the History of Ideas* 48 (1987): 247-63 (Finnish translation, with preface by Kari Palonen, *Politiikka* 31 [1989], 76-87); "Pocock, Skinner, and the *Geschichtliche Grundbegriffe*," *History and Theory* 19 (1990): 38-70 (German version: "Zur Rekonstruction der Geschichte der Politischen Sprachen: Pocock, Skinner, und die Geschichtliche Grundbegriffe," in *Alteuropa oder frühe Neuzeit? Probleme und Methoden der Forschung*, ed. Hans Erich Bödeker and Ernst Hinrichs [Stuttgart-Bad Cannstatt, 1990], 134-74); "*Begriffsgeschichte* in Theory and Practice: Reconstructing the History of Political Concepts and Language," *Main Trends in Cultural History*, ed. Willem Melching and Wyger Velema (Amsterdam, 1994); "Appreciating a Contemporary Classic: the *Geschichtliche Grundbegriffe* and Future Scholarship," *Begriffsgeschichte*, occasional paper, German Historical Institute, Washington D.C. (New York, 1995).

서문

본서는 독일연방공화국에서 20세기 중반부터 전개된 학술담론 장르인 개념사(Begriffsgeschichte; the history of concepts 또는 conceptual history)에 관하여 영미권 독자에게 소략하고 비판적인 입문을 제공하려는 것이다. 개념사의 이론적 목표, 연구 강령, 실제 성과는 영어권 학자들이 저술한 이념사, 지성사, 정치사상사와는 상당히 차이가 있다.

주요 참고도서 3종이 개념사적 탐구방식을 적용하였는데, 각각 『역사의 기본개념: 독일 정치 · 사회적 언어 역사사전』(*Geschichtliche Grundbegriffe: Historische Lexikon zur politisch-sozialer Sprache in Deutschland*, 이하 『기본개념』으로 약칭), 『철학 역사사전』(*Historisches Wörterbuch der Philosophie*, 이하 『철학사전』), 『프랑스 정치 · 사회 기본개념 편람: 1680～1820』(*Handbuch politisch-sozialer Grundbegriffe in Frankreich, 1680-1820*, 이하 『편람』)이다.[1] 『철학사전』 1권은 1971년, 이어서 1972년에 『기본개념』 첫 권이 출간되었으며, 『편람』은 1985년 이후에야 출간되었다.

〈개념사〉를 처음 접하는 사람들은 여러 가지 질문을 하게 된다. 학술담론 장르로서 개념사의 고유한 특징은 무엇인가? 〈개념사〉는 헤겔적 방법론의 연속인가 단절인가? (영어권 독자들은 개념을 강조하는 독일 이론이라면 언제나 헤겔적 방법론과 연관시키는 경향이 있다.) 오늘날의 개념사는 딜타이(Whilhelm Dilthey) 및 딜타이 추종자들의 〈정신사〉(Geistesgeschichte: 동시대인이 공유하는 가설과 전제, 즉 시대정신의 견지에서 장기적 또는 문화적 역사를 기술하는 일군의 실천들)와 어떤 관계인가? 독일 개념사는 미국의 러브조이(A. O. Lovejoy) 학파가 탐구한 이념사와는 특히 어떻게 다른가? 마지막으로 영미권에서 〈개념사〉와 가장 유사한 경향은 정치적인 어휘, 언어, 이데올로기, 담론에 대해 "역사적으로 엄밀한" 연구를 강조했던 존 포콕(John G. A. Pocock), 퀜틴 스키너(Quentin Skinner), 존 던(John Dunn), 리처드 터크(Richard Tuck), 제임스 털리(James Tully), 안토니 파그덴(Anthony Pagden), 도널드 윈치(Donald Winch)의 작업인데, 둘은 어떤 식으로 비교되는가?[2)]

여기서는 이 질문들에 대해 각각 간략하게 언급하겠고, 더 자세한 답변은 제1장에서 제공하겠다. 제2장에서는 『기본개념』의 이론적 얼개와 연구 강령을 논의하며, 이때 『기본개념』 편집진이 개발한 개념사와 구조적 사회사의 결합에 대해 논한다. 제3장은 『기본개념』 항목 가운데 하나로 길게 기술한 'Herrschaft'(영어대응어로는 dominion, domination, lordship, rule, command) 항목에 대한 자세한 요약 및 분석이다. 이 개념은 막스 베버(Max Weber)가 정당한 Herrschaft를 세 가지 유형(카리스마적, 전통적, 합리적-법적)으로 분류하면서 사용하였기 때문에, 영미권 사회과학자와 역사가들에게 매우 친숙한 개념일 것이다.

내 논의는 두 가지 질문에 명확히 답변하는 것이다. 첫째, 특정 개념의 역사를 안다고 말할 때, 우리가 알게 되는 것은 무엇인가? 둘째, 그 역사를 알면 무엇이 달라지는가?

『편람』의 기획은 구체제(cancien régime), 혁명, 왕정복고 기간 동안 프랑스의 심성(mentalités)에 대한 탐구사업에서 〈개념사〉 자료와 사회사 자료를 결합하는 것인데, 제4장에서 논의할 것이다. 그러나 『편람』의 모델은 『기본개념』 편집인 오토 브루너(Otto Brunner)와 베르너 콘체(Werner Conze)와 관련된 (제2장에서 논의될) 구조적 사회사라기보다 미셸 보벨(Michel Vovelle) 등 2세대 아날 역사학파가 개발한 모델이다. 제4장과 제5장은 『편람』의 핵심적 항목들을 자세히 요약한 다음, 이에 기초하여 『편람』 강령의 실제 이행 정도, 그리고 프랑스 정치 용어 전개 과정의 이해에 대한 『편람』의 공헌을 평가한다. 제6장은 영어권 지성사 전공 역사가를 논의한 것으로 『기본개념』과 『편람』을 포콕, 스키너 및 여타 학자들과 하나의 지도 위에 배치하려고 노력하였는데, 이로써 독자들이 언어에 대한 독일 및 영미권의 접근방식을 비교해서 평가할 수 있을 것이다. 마지막 장에서 나는 영어권 사회의 정치 · 사회적 개념들에 대한 개념사 연구를 제안하겠다.

이 글의 첫머리에서 제기한 질문으로 돌아가자. 개념사는 어떤 종류의 학술담론인가? 이 질문에 대한 답변은 대부분 3종의 백과사전 기획이 각각 개발한 3종의 실천에 대한 비판적 분석을 통해 논의될 것이다. 개별 저자들의 저작과 항목저술도 상당히 공헌하였지만, 정치 · 사회적 개념의 역사에 대한 독일 학계의 근래의 업적은 이들 기획을 통해 등장한다. 나는 『기본개념』과 『편람』에 특별한 관심을 가지고 있는데, 두 기획은 독일어권과 프랑스어권 유럽 내의 정치, 통치, 사회 분야의 개념 어휘와 이들 분야에서 특별한 언어들의 주요한 역사적 변화를 다루고 있기 때문이다. 세 번째 작업인 『철학사전』은 취급범위가 아주 포괄적이다. 그러나 이 저작은 정치 · 사회적 개념을 다루되 철학을 넓게 정의하기는 하나 철학 영역에 국한하여 논의하고 있다. 개념 변화를 명시하기는 하나 『기본개념』이나 『편람』처럼 변화를 정치적 또는 사회적 맥락과 연관시켜 취급하는 경우는 드물다. 개념의 역사를 연구하기 위해 사용된 세 경우 모두의 학문적 실천들을 지칭하는 학술담론 용어로 나는 독일어인 〈개념사〉(Begriffsgeschichte)를 쓰겠다. 그러므로 개별 저자, 텍스트, 학파, 전통, 장기적 문제들, 논쟁형식, 사유방식, 담론, 이데올로기 같은 다른 주제에 초점을 두는 여타 방법론과 〈개념사〉를 구분하는 지점은 사상사의 분석단위로 개념을 선택한 점이다. 『기본개념』과 『편람』의 첫 권이 출간된 이후 4반세기 동안 독일의 개념사학자들은 사전용 논문이나 개별 논문을 통해 정치적 · 사회적 · 철학적 언어 영역에서 개념의 역사 및 중요성에 대해 우리가 예전에 알고 있던 것에 비해 괄목할 만한 진전을 이룩하였다. 〈개념사〉 연구자들은 굳건하게 확립된 역사적 · 철학적 방법론을 각자의 목적에 맞게 변용함은 물론, 새로운 기법을 고안해 냈다. 내 견해를 밝히면, 이제 그들의 작업은 철학은 물론 정치적 · 사회적 이론 분야의 전문용어에 대한 엄밀한 역사적 연구의 기준을 설정하였다. 한 영어권 평자가 언급했듯이, "앞으로 이 논문들을 무시하는 연구자들은 학문적 위기에 봉착하게 될 것이고, 무시한 대가를 톡톡히 치를 것이다."[3]

그런데 〈개념사〉 분야의 이런 작업 대부분은 단어나 용어의 역사에 대한 서술보다 더 많은 것을 말하고 있다. 그렇다, 『기본개념』의 제1 이론가인 라인하르트 코젤렉(Reinhart Koselleck)은 "특정 개념의 탐구는 단어들의 의미, 또는 그것들의 의미 변화를 확정하는 일로 결코 국한될 수 없다"고 주장한다.[4] 개념사학자들의 핵심적 관심은 이보다 훨씬 이론적이고 야심적이다. 그것은 (고전 시대 이후 일부 철학자들이 계속 주장한 바처럼) 한 단어의 최초의 의미 또는 학문적으로 사용되기 전의 의미가 그 단어의 진정한 또는 본래적 의미라는 신념과는 전혀 다른 것이다. 근대 언어학자들과 마찬가지로 개념사학자들도 어원 강박증, 즉 어원이 어떤 식이든 단어의 의미를 고정하고 영구히 자리매김할 것이라는 집착을 폐기하였다. 〈개념사〉에서 어원학의 몫은 거의 없거나 아예 없다.[5]

아직껏 이 학술담론 분야 작업들의 연구 강령 및 연구결과는 영어권 학계에 거의 알려지지 않았다. 아래의 글은 정치 · 사회사상사, 정치 · 사회적 언어, 지성사, 그리고 이념사에 관심을 가진 분들에게 이런 작업에 대한 해설을 제공하려고 한다. 또한 '심성', '정치 문화', 또는 이념의 사회사라고 명명된 분야 관련 사회사학자 및 문화사학자, 지식사회학 연구자, 지금도 자기 분야 핵심 개념들의 기원과 과거 용법에 대해 관심이 있는 정치철학자와 사회철학자들도 이 저작에 흥미를 느낄 것이다. 철학 일반, 특히 윤리학과 정치철학 분야의 역사 전공자들은 〈개념사〉에서 자신의 연구 분야와 긴히 연관된 일단의 작업들을 발견할 것이다.

마지막으로 나는 정치와 사회 분야의 '담론' 및 '이데올로기'를 연구하는 영어권 역사학자와 독일의 개념사학자들 양자 간의 대화를 촉진하려는 희원을 품고 이 글을 썼다. 언어적으로 단절되었지만 양측 모두 상대방으로부터 배울 바가 정말 많다. 비록 내 글은 주로 독일권의 학문적 공헌을 위주로 다루었지만, 소략하나마 영어권의 작업에 대해 언급하겠다. 마지막 두 번째 장에서 내가 주장하는 바대로, 지난 30년간 영어권 내에서 정치언어의 철학 및 역사에 관하여 진행된 유사한 작업이 이룬 성취는 지금까지 진행된 바의 〈개념사〉와 양립 가능하며, 후자의 일부 부적절한 부분을 극복할 수단을 제공할 거라고 확신한다. 거꾸로 영어권 학자들도 독일 개념사의 성과들로부터 반드시 도움을 받게 될 것이다. 왜냐하면 방법론적으로 개념사 연구에 아주 적대적인 영어권 학자들조차 실제 연구과정에서는 자신들이 다루는 어휘에 내포된 핵심 개념들의 의미와 용도의 변화에 관한 일반화 작업을 피할 수 없고, 피하지도 않을 것이기 때문이다.

독자들에게 미리 당부할 말은 〈개념사〉를 이념사 또는 지성사의 한 형식과 동일시해서는 안 되며, 또한 여기서 취급되는 지적 실천들은 새로운 명칭을 빙자하지만 벗겨 보면 널리 알려진 독일적 방법론과 학파에 다름 아니라고 단정해서도 안 된다는 것이다. 영어권 역사학자들은 헤겔적 관념론을, 그리고 딜타이와 마이네케(Friedrich Meinecke)의 역사주의를 오래전부터 비판하였다. 사실 이 저작이 강조하는 〈개념사〉 형식들은 바로 이들 이전의 독일 학파들에 대한 명시적 반발로서 출발하였다. 새로운 개념사학자들은 그들의 선배에 대해 '정신'(Geist)과 '관념'(Idee) 같은 지적 구성물을 주물화했다고 공격하였다. 딜타이, 마이네케, 로타커(Erich Rothacker) 등 선배 역사학자들이 이념과 개념을 그것들의 정치적 · 사회적 맥락으로부터, 그리고 그것들이 특정한 정치 논쟁에서 무기로 사용되었던 사실로부터 유리시켰다고 비판하였다. 그런 식의 역사는 이론과 이론가들을 전적으로 자율적이고 자유롭게 부유하는 존재로 취급하는데, 이에 대항하여 〈개념사〉 창시자들은 자신들의 탐구과정 속에 사회사와 역사적 의미론의 방법 및 문제를 반드시 포함시켜야 한다고 강변하였다.

〈개념사〉가 취급한 문제들 및 그 문제를 다루기 위해 개발한 방법론 모두는 뒤에서 자세히 서술할 것이다. 내 논지는 〈개념사〉가 영미권 독자들이 '언어적 선회' 그리고 의미 연구라고 생각하는 여러 주제들을 다루고 있다는 것이다. 현재 우리에게 주어진 어떤 대안들보다 오히려 개념사야말로 정치 · 사회적 사상 및 과정에 대해 역사학자들이 지금까지 산출한 최상의 작업과 공존 가능하다.[6] 내 희망은 정치 · 사회적 언어를 공부하는 영어권 학생들이 이미 사용하고 있는 연구 강령 목록에 〈개념사〉가 정교한 이론적 연구 강령을 여러 개 보탰음을 입증하려는 것이다.

방법론 문제에 대한 점검은 이런 논의에서 핵심적이고 불가피한 것이나, 이 책 말미까지 나의 관심은 이보다 오히려 전례 없는 대규모의 개념사 연구 결과 이제 우리에게 주어진 실제의 성과들과 발견사실들을 검토하는 것이다.[7] 영어권 역사가와 사회과학자들에게서 언어, 담론, 과거의 의미체계에 대한 관심이 증대하고 있으므로 〈개념사〉의 이론과 실천에 대한 검토는 매우 시급한 일이다. 언어에 대한 이와 같은 관심

증대는 지성사, 이념사, 정치 · 사회사상사에서 사용된, 러브조이 방식의 이전 방법론에 대한 불만의 산물이다.[8)]

비록 독일연방공화국에서 개발되었지만, 〈개념사〉는 국적과 관계없이 모든 학자들이 충분히 이용할 수 있고 요긴하게 쓸 수 있는 분과학문임을 나는 여기서 주장하려 한다. 또한 개념사의 적용이 독일 사상에 국한된 것도, 독일 학자들에 의해서만 실천된 것도 아니다. 『기본개념』과 『철학사전』은 독일어권 유럽에서의 정치 · 사회적 개념들을 중심으로 다루었지만, 이와 달리 『편람』의 초점은 1680~1820년간 프랑스 사회사이며, 이를 그 시대의 정치 · 사회적 개념, 언어, 심성을 통해 고찰하였다. 이 저작 말미에서 나는 영어권 사회의 정치 · 사회적 개념사를 주제로 유사한 작업을 진행할 것을 제창할 것인데, 이 작업이 이루어지면 유럽어 내의 정치 · 사회적 어휘들에 대한 진정한 비교연구가 가능해질 것이다. 이 작업은 18세기부터 20세기까지 정치적 · 사회적 대변화가 상이한 사회 내에서 개념화되는 다양한 형식을 대비해 볼 수 있게 할 것이다. 왜냐하면 개념형성 방식은 정치참여 과정에의 접근성 증가, 농업 위주에서 상업경제, 다시 산업경제로의 전환과 같은 경험은 물론이고, 사회구조와 정치의 민주화와 같은 경험을 능동적으로 추동하기도 하고 수동적으로 기록하기도 한다.

그러므로 비교연구 분야에 〈개념사〉를 다양하게 적용할 수 있다. 네덜란드 문화사학자 핌 덴 부어(Pim Den Boer) 교수는 20세기 역사 연구를 평가하는 논문에서 근래 독일의 개념사가 20세기 후반 역사저술 분야에서 가장 중요한 진전 가운데 하나라고 규정하였다. 부어 교수는 그 기간 동안 이루어진 다른 어느 나라 역사가의 작업과 비교하더라도 『기본개념』은 가장 위대한 성취에 속한다고 자리매김한다. 이 찬사는 그냥 입치레가 아니다.[9)] 네덜란드 역사가들은 네덜란드의 정치적 · 사회적 · 문화적 개념의 역사를 다루는 새로운 대규모 사업을 발진시키는 중이다. 독일 밖에서는 최초의 유사한 기획인데, 이 기획은 유럽인이 창조한 언어와 개념적 형태에 대해 초국적 비교연구의 필요성을 시인한 것이며, 그것은 유럽 바깥 세계에도 엄청난 영향을 미칠 것이다. 이 분야의 독일어권 및 프랑스어권 유럽의 어휘에 네덜란드의 특화된 어휘가 장래 추가될 것인데, 이로써 한발 더 나아가 우리의 언어 및 문화 지식에서 가장 큰 공백으로 남아 있을 분야를 메워야 할 필요성이 확연해진다. 그 공백은 영어권 사회에서 전개된 주요한 개념범주들의 정치적 · 사회적 나아가 문화적 · 언어적 형식의 특징에 대한 심층적 연구의 부재이다.

그러기에 네덜란드의 기획은 새로 통합된 유럽이 미래를 대비하여 가맹국마다 자신의 과거를 개념화해 온 방식을 꼼꼼히 관찰할 필요가 있는 바로 그 시기에 착수했다는 점에서 특히 중요하다. 특정 문화 내에서 가맹국들의 몫을 복합적이고 자세하게 형상화하려는 이런 시도는 불가능한 야심인가? 이 질문에 답하려면, 우리는 네덜란드의 기획이 독일어권 유럽의 정치 · 사회적 어휘를 형상화한 『기본개념』과 프랑스의 정치 · 사회적 언어를 대상으로 한 등가적 작업인 『편람』에 대한 보완작업임을 인식해야 한다. 이들 기획은 근대 초기 이후 유럽인이 자신들의 변화의 경험을 개념화한 과정을 더욱 자세하게 이해시키는 데 각기 다른 방식으로 공헌하였다. 일단 이들 연구가 완결되고, 그리하여 그 발견사실들을 비교역사적 관점으로 고찰한다면 새로운 연구 분야가 탄생할 것이다.

독일 학계의 세 가지 주요기획이 거의 완성단계에 있는 이즈음, 개념사는 서부 유럽의 국경을 넘어 목하 그 가치를 인정받고 있다. 일군의 헝가리 학자들은 부다페스트 과학한림원의 지원을 받아서 자국의 주요한 정치 · 사회적 개념의 이력을 형상화하는 작업에 착수했다.[10] 스칸디나비아 및 핀란드 개념사에 대한 유사한 기획도 현재 숙의 중이다.

그런데 언어의 정치적 용도에 대한 또 하나의 공동작업은 유럽과 중국의 정치 개념에 대한 통문화적(transcultural) 비교의 전망을 제시해 준다.[11] 이것은 1911년부터 현재까지 중국혁명에서 사용된 핵심 어휘에 대한 연구이다. 첫 번째 논문들은 이미 출간되었고 계속하여 작업이 진행될 것이다. 이 일련 작업이 완성되어 유럽의 정치 · 사회 어휘에 관한 작업과 하나로 묶이게 되면, 유럽 안팎으로 근대 정치 · 사회 개념사의 비교연구라는 완전히 새로운 연구주제가 가능해질 것이다. 예를 들면, 혁명 개념은 중국, 네덜란드, 헝가리, 프랑스, 독일의 정치 어휘의 근대적 역사 모두에서 뚜렷하게 보인다. 비교분석을 해보면, 개념의 정의와 적용형태의 진폭이 다양하고 아주 다르게 사용된 것이 나타난다. 그 결과는 학자와 행위자들이 자신들을 남과 구분하려는 능력을 강화할 것인데, 구분 짓기는 정치적 행위의 핵심이기 때문이다. 한 중국인 반체제인사는 중국에서 정권과 재야세력 모두가 혁명 개념을 무차별적으로 적용해 온 사실이 중국의 정치사상 및 정치 행위에 미친 결과를 주의 깊게 살펴볼 것을 요청했다.[12] 제4장과 제5장에서 논의할 터인데, '용어의 남용'을 둘러싼 유사한 주장들은 프랑스 구체제와 혁명기의 정치담론에서 중요한 역할을 담당했었다.

01
정치 · 사회적 개념의 역사 형상화

영어권 분석철학자들과 마찬가지로, 독일 개념사학자들도 개념과 단어를 구분한다. 하나의 개념은 한 개 이상의 단어나 용어로 표기된다. '세속화'(secularization)의 경우처럼 한 개념의 역사를 형상화하기 위해서 여러 단어를 추적해야만 하는 경우도 드물지 않다. '폭정'(tyranny)과 '전제'(despotism), '절대적 통치'(absolute rule)와 '자의적 통치'(arbitrary rule) 같은 잠재적 동의어들 간 차이를 일상언어의 정치적 어휘체계가 비교적 선명하게 구분해 주는 역사적 시기가 있는 반면에, 그 개념 간 경계선이 상대화 · 변별화되지 않아서 과거 혹은 후대에는 상호배타적으로 인지되는 용어들 간 차이가 드러나지 않는 경우도 있다. 그래서 크리스티안 마이어(Christian Meier)는 지금 우리가 변별해서 사용하려 하는 다수의 정치적 개념들, 예를 들면 '권력'(power), '힘'(force), '폭력'(violence), '통치'(rule), '지배'(domination) 등이 그리스 고전 시대에는 거의 동의어로 쓰였다고 주장하였다.[1] 그런가 하면 한동안 지켜지던 의미 차이가 폐기되기도 하는데, 18세기 말 '폭정'(tyranny)과 '전제'(despotism)가 하나로 합쳐진 예가 이에 해당한다. 이후 두 용어는 유럽어에서 동의어로 사용되는데, '폭정'을 정의할 때는 '전제'를 원용하고, '전제'를 정의할 때는 '폭정'을 원용한다.

정치언어에서 이 같은 개념적 구분의 유무는 특정 사회의 통치에 대해, 그리고 그 사회의 통치양식에 관한 논의의 참여자들에게 주어진 개념적 자원들에 대해 시사하는 바가 적지 않다. 하지만 특정 개인이나 집단이 개념은 가지되 그것을 표현할 단어를 가지지 못한 때도 있다. 이 경우 때때로 신조어(neologism)가 만들어지기도 하지만 항상 그런 것은 아니다.

정치 · 사회적 언어는 환경의 변화에도 불구하고 연속성을 유지할 수 있으며, 반대로 특정 개념을 지칭하는 단어나 표현들이 동시대적으로 또는 시대가 달라지면 변모할 수 있다. 그런가 하면 개념은 비교적 고정된 상태로 지속되는데, 그 반대어로 규정된 용어가 달라질 때도 있다. '전제' 개념은 '자유'의 반대로 인식되기도 했고 '무질서'와 대비되기도 했는데, 두 경우 '전제'의 의미가 달라진다. 역사적 의미론은 단어 하나의 의미를 확정지으려 하므로 특정 개념이 내포하는 것들을 정확히 기술할 수가 없는데, 왜냐하면 개념의 의미는 단어 차원을 넘는 의미 구조, 즉 의미장(semantic field)이나 개념망, 또는 특정 이데올로기나 특정 담론의 일부를 구성하는 것으로 이해되기 때문이다. 영어권 언어철학자들에게 친숙한 이 어려운 문제 모두를 독일 개념사학자들은 인지하고 있었으며, 그들은 이런 난제에 대처하기 위하여 독자적 방법을 고안하였다.

〈개념사〉의 초점 가운데 하나는 정치 · 사회사상에서 사용된 주요 개념들의 의미의 연속, 변모 및 혁신이다. 이 작업의 목적은 정치 · 사회적 어휘 중 가장 두드러진 개념들의 의미에 일어난 전반적 위기와 지속적 연속을 모두 기술하고, 가능하다면 설명까지 하는 것이다. 개념사가들은 위기의 시대, 즉 가속도적, 급진적 또는 혁명적 변화의 시대가 정치와 사회 분야 언어 내에 근원적 불일치를 야기하는 과정에 대해 최근 정밀하게 고찰했다. 역사의 행위자들은 이론가 개인의 자격으로 혹은 집단의 대변인으로서 이 언어들을 둘러싸고 논쟁을 하는 법이다. 입법이나 공적 논의에서 특정 개념의 채택이 상당한 이해관계를 내포하고 있음을 이들 행위자들이 의식하고 있는 경우가 그렇지 않은 경우보다 더 많다. 개념사가들은 역사 행위자들이 정치 · 사회적 언어 문제에 대해 명시적으로 대응한 정도를 탐구하기 위한 수단을 고안하였는데, 개별 용어의 타당성부터 넓게는 용법과 문법의 규칙을 지배하는 이론틀까지 탐구하였다. 언어의 이런 역사적 접근은 행위자가 식별 가능한 정치적 · 사회적 관련성을 지닌다는 관점으로 인해 탈구조주의 이론가나 푸코(Michel Foucault)와 같은 담론계보학자들이 주장하는 의식주체의 부재와 대비된다.

〈개념사〉는 정치 · 사회적 언어의 의미 변화와 연속, 의미 투쟁과 합의의 중요성 문제를 현역 역사가의 과제로 제기하였다. 이 질문에 답변하면, 격동과 변화의 시기에 가치, 이해관계, 특정한 선택이 널리 공유되거나 또는 논쟁과 분열의 초점이 된 정도에 대해 상당히 알게 된다. 정치 · 사회적 언어에 관해 아주 영향력 있는 일부 영어권 역사학자들은 그동안 자신의 연구범위를 프랑스혁명 이전까지로 한정하였다. 그러나 순수철학적 〈개념사〉 기획을 예외로 한다면, 독일 학자들은 정치언어가 상대적 안정성을 보인 시대와 이들 어휘들에 가속도적 변화가 각인된 시대를 대비시켜 고찰하는 쪽을 택했다.

〈개념사〉를 적용한 가장 중요한 사례는 이미 언급한 세 개의 기획인데, 개념사를 이들 형식에 제한할 필요가 없으며 제한되지도 않는다. 『지나간 미래들』(*Futures Past*)을 비롯하여 이곳저곳에 실린 라인하르트 코젤렉의 논문들은 역사적 시간, 역사기술 방식, 집단 기억, 시대구분 문제들을 탐구하는 데 개념사를 창조적으로 활용하였다. 여러 명의 필자들이 역사적 몰락(Niedergang) 개념을 추적하기 위해 〈개념사〉 기법을 적용한 단행본을 출간하기도 하였다. 단행본 분량의 연구에서 이 방법론을 사용한 개별 연구자도 여럿이다. 루치안 횔셔(Lucian Hölscher)는 그와 같은 저작 두 권을 집필했는데, 한 권은 정치에서 공적 영역 및 사적 영역의 구획방식의 역사에 대한 것이고, 다른 하나는 빌헬름 시대(1890~1918) 독일에서 루터파와 마르크스주의파 정치조직이 각각 견지한 미래에 대한 상충적 전망을 다루고 있다. 그 외 최근 개념사를 취급한 저작은 다음과 같은데, 고전 시대 아테네의 민주주의에서 '자유'가 정치 개념으로 전화된 과정의 전말, 적대 행위에 관한 논의를 마무리한 서류들에서 사용된 평화와 전쟁의 개념을 분석한 저작, '동양적' 사회에 관한 저서들에서 프랑스에서의 혁명 개념의 역사를 추적한 저작, 프랑스 대혁명 기간 동안 자유 개념의 역사, 왕정복고에서 1848년까지 독일에서의 군주제 개념에 관한 두 권짜리 역사서, 정치와 정치성에 대한 독일적 개념에 대한 핀란드 학자의 연구이다.[2)]

〈개념사〉가 강조하는 역사분석 방법론은 개인의 이론적 관심사에 따라, 이보다는 각 사전의 강령에 따라 차이가 있다. 그중 『기본개념』과 『편람』 두 사전은 〈개념사〉 사료를 사회사 사료 — 사회사를 기본적으로 구조분석으로 정의하든, 또는 '심성'의 역사로 정의하든지 간에 — 와 통합할 것을 역설한다. 두 작업은 개념사와 사회사의 결합을 통해 정치 · 사회적 언어 사용에 있어서의 연속, 변경, 혁신 사례를 식별하려고 한다. 두 번째로 세 사전 모두 원래는 문헌학, 사전편찬학, 역사적 의미론, 언어이론 및 구조언어학에서 활용된 방법론과 문제를 도입하였다. 개념을 식별하고 추적하는 데 적용된 도구들은 통시적 · 공시적 언어 분석, 총의론(semasiology: 하나의 용어, 단어, 또는 개념이 가진 모든 의미를 연구)과 총칭론(onomasiology: 동일한 사물이나 개념을 지칭하는 모든 명칭들이나 용어들에 대한 연구), 의미장이론이다. 개념의 용법은 각 기획의 의도에 따라 달라지고, 자료의 체계적 활용을 통해 확정되는데, 이때 텍스트의 출처와 텍스트가 의도한 대상이 아주 다른 자료를 광범위하게 섭렵한다.

『철학사전』과 『기본개념』의 기획은 1967년 『개념사 수장문고』(*Archiv für Begriffsgeschichte*)에서 처음 발표되었고, 첫 권은 1971년과 1972년 출간되었다. 두 기획 모두 일차적 의도는 독일어권 유럽 내에서 자기 분야의 주제와 관련된 개념들의 이력과 용법이다. 『편람』의 첫 권은 1985년에 출간되었다. 저작의 명칭이 말해 주듯, 이 작업은 1680년에서 1820년 사이 프랑스의 정치 · 사회적 개념에 초점을 맞추고 있다. 모든 표제어는 독일어로 저술되거나 번역되었지만, 그 필자들은 대개 프랑스 국적과 독일 국적으로 절반으로 거의 반반씩 나누어지며, 이에 반해 『기본개념』과 『철학사전』의 집필자는 독일어권 학자들이다.

이들 3종의 사전을 처음 대하는 독자라면 표제어의 수 및 원고분량을 결정할 때 출판업자의 이윤 크기보다 학문적 기준이 훨씬 더 중요하게 작용한 점에 대해서 외경에 가까운 느낌을 경험할 것이다. 『기본개념』의 1차적 관심은 1750년에서 1850년 사이 독일어권 유럽의 정치 · 사회적 개념들의 이력을 명료화하는 것인데, 기획편집자들은 근대적 정치 · 사회사상으로의 이행 및 통치, 경제, 사회 분야의 구조적 변화라는 두 측면에서 이 기간을 결정적 시기로 규정하였다. 『기본개념』은 규모 면에서 전례가 없는 작업이었다. 115개 개념을 실팍한 7권에 담았다. 제8권은 컴퓨터 작업 색인이다. 표제어 당 평균 면수는 50면을 상회한다. 일부 표제어는 모노그래프 분량인데, 예를 들면 '혁명, 반란, 봉기, 내전'(Revolution, Rebellion, Aufruhr, Bürgerkrieg)은 136면에 778개의 각주가 달려 있으며, '신분과 계급'(Stand und Klasse), '테러와 테러리즘'(Terror und Terrorismus), '관용'(Toleranz)도 모노그래프 분량이다.

『철학사전』에 대해 논의하자면, 'Sc' 부분까지 이미 8권이 출간되었고 2단 인쇄로 11,000면을 넘어섰다. 『기본개념』과 마찬가지로, 『철학사전』도 사상가 개인에 대한 글이나 그들 이론을 둘러싼 해석의 충돌에 관한 글은 배제하였다. 실제로 『철학사전』이 취급하는 철학 및 철학의 역사는 매우 광범위하다. 독일어로 저술하지 않은 철학자는 물론, 다른 분과학문 영역으로 여겨질 사상가와 주제들도 상당수 포함되어 있다. 영어로 서술된 최근 작업까지 포함한 정치철학, 법철학, 사회철학 분야 항목 수가 아주 많은 것도 부분적으로 이러한 사정 때문이다. 원래 기획은 8권이었다. 이미 목표 수치가 달성된 만큼, 최종 권수는 아직 확정되지 않았다. 일군의 학자들이 공동 저술한 '신'(Gott), 그리고 '철학' 따위가 가장 긴 항목에 속한다. '철학' 항목은 175면이 넘는 2단 인쇄에 약 3,000개의 각주가 있고, 서지목록은 따로 추가되는데 여기에 포함된 중세 철학 서지는 깨알 같은 글씨의 4단 인쇄이다. 이 항목은 '해석학적 철학', 마르크스주의의 모든 유형, 분석철학, 프랑스 구조주의, 담론분석, 해체이론에 대한 신뢰성 있는 설명으로 끝난다. 탈근대주의는 별도 항목으로 취급되었다. 또한 철학은 유럽 철학의 유형에 국한되지 않으며, 동아시아, 인도, 아라비아, 유대 철학 모두 꼼꼼히 대접하고 있다. 여기에다 지금까지의 철학사 서술방식 및 학교와 대학에서의 철학교육의 전문화 과정에 대한 해설들이 보강되었다. 이처럼 유례없이 방대한 양이지만, 정치 · 사회적 개념에 관한 한, 『철학사전』의 항목의 설명은 『기본개념』이나 『편람』과 비교하면 상대적으로 소략하다.

『편람』의 정치 · 사회적 개념 목록은 150개(이들 가운데 상당수는 『기본개념』과 겹친다)이고, 분량은 약 3,000면으로 기획되었는데 한정된 원래 규모를 지킬지는 두고 볼 일이다. 원고 분량은 다양해서, 긴 '철학'(Philosophe, Philosophie) 항목은 76면에 268개의 각주가 달려 있고, 짧은 '비판'(Critique) 항목은 13면에 각주가 58개이다. 정치이론가들에게 가장 친숙한 개념들 — '민주주의'(Démocratie), '민주주의자'(Démocrates), '민족'(Nation), '시민-주체'(Citoyen-Sujet), '시민성'(Civisme) — 의 길이는 30면에서 40면 사이인데, '신사'(점잖은 사람; Honnête homme), '점잖음'(Honnêteté), '점잖은 사람들'(Honnêtes gens), '바스티유'(Bastille)와 같은 사회사에 초점을 맞춘 항목은 평균 60면 이상으로, 이들보다는 상당히 짧다.[3)]

3종의 사전 모두 정치 · 사회이론 및 그 역사 또는 지성사와 이념사에 관심이 있는 사람 모두에게 필수불가결한 핵심 참고목록에 포함될 가치가 있다. 세 사전의 발간은 정치 · 사회사상사 분야에서 독일 학계가 학문적 성취의 최첨단으로 복귀한 징표이다. 『기본개념』은 지금까지의 학문적 시도 가운데 가장 집중적으로 정치 · 사회적 개념의 역사를 취급하였고, 『철학사전』은 철학 용어에 관한 한 가장 포괄적이며(정치철학, 법철학, 사회철학의 핵심적 개념도 포함한다), 『편람』은 프랑스 정치 · 사회적 어휘의 혁명적 변화에 관하여 지금까지 시도된 분석 가운데 가장 철저한 분석이다.

『기본개념』과 『철학사전』은 독일어권 유럽 내의 개념적 용법만 취급한다고 주장하지만, 실제 범위는 이보다 훨씬 넓다. 왜냐하면 그것들은 고전 시대, 중세, 근대의 다른 언어들 내에서 개념들의 과거와 현재적 의미에 대해서도 상당한 양의 정보를 제공하며, 그중에는 다른 곳에서 구할 수 없는 정보도 많다. 이제 『기본개념』 항목들은 역사에서 정치 · 사회적 역할을 한 어휘의 역사를 탐구하는 학자들이 가장 먼저 참조해야 할 필수자료라고 말해도 과장이 아니다. 개념의 의미 변화를 탐구하는 방법론, 규모, 전문적 기법으로 인하여 『기본개념』은 이미 필수불가결한 참고서가 되었으며, 전통적 사전편찬자들이 정치 · 사회적 용어의 최초의 발생사례를 한 세기 또는 그 이상 동안이나 파악하지 못한 경우가 적지 않았음을 보여 주고 있다. 세 사전은 약속한 것 이상을 보여 주고 있다. 따라서 과거와 현재를 통틀어 정치, 사회, 법, 철학 분야 언어에 관한 주장이라면 앞으로 반드시 이들 사전에서 제시된 자료와 비교하여 검증되어야 할 것이다.

세 사전 모두 〈개념사〉를 사용하고 있지만, 각자의 강령과 방법론에 따라 제각기 다른 방식으로 활용하고 있다. 또한 각 사전은 자신의 원래의 방식과 다르게 개념사를 활용할 때에는 개념사의 목표 및 적용의 상대적 성공 여부를 기술하고, 다시 기술하고, 그리고 명시적 · 묵시적으로 평가함으로써 자신들의 기획을 정당화한다. 『철학사전』의 일차적 관심사는 철학 용어 및 그것들의 역사이며, 〈개념사〉는 중요하지만 일차적 관심사는 아니다. 『철학사전』에서 취급된 개념들은 철학 용어와 논쟁들로, 이것들은 정치 · 사회적 개념을 포함하지만 『기본개념』이나 『편람』과 달리 이것으로 한정되지 않는다. 또한 『철학사전』은 다른 두 사전과 달리 과거 그 개념들이 사용될 때의 역사적 맥락을 규정하려고 시도하지 않는다. 『철학사전』의 두 편집인 요아힘 리터(Joachim Ritter)와 칼프리트 그륀더(Karlfried Gründer)는 철학자로 자기 분야의 문제, 논쟁, 기술적 용어의 역사에 초점을 맞추었다. 관심사가 이렇다고 해서 사전 항목들의 가치가 부정되는 것은 결코 아니지만, 항목 서술은 철학사라는 특정한 범위로 한정되었다. 〈개념사〉가 사용될 때도 『철학사전』이 채택한 〈개념사〉 형식은 때때로 『기본개념』과 『편람』 편집인들이 비판한 독일의 과거 학풍과 유사하다.

딜타이의 전통 속에서 〈정신사〉(Geistesgeschichte)와 〈생철학〉(Lebensphilosophie)을 계승한 주요 인물인 에리히 로타커는 이미 1927년에 중요한 세계관(Weltanschauungen)이 배태한 개념과 용어의 이력을 추적함으로써 철학의 역사를 보여 주는 철학사전의 기획을 제시했다. 철학사 기술방식에 대한 로타커의 역사주의적 입장은 『철학사전』의 편집자들에 의해 결국에는 거부된다. 이들 편집자의 견해는 역사적 원칙에 입각하여 개념만 따지는 철학사전으로는 오늘날 철학의 본질과 다양성을 포괄할 수 없다는 것이다. 『철학사전』 편집자들은 스위스 슈바베 출판사

(Schwabe & Co.)가 애초 제안했던바, 20세기 초부터 독일 철학의 표준 참고도서이자 길라잡이 역할을 수행한 루돌프 아이슬러(Rudolf Eisler)의 『철학개념사전』(*Wörterbuch der philosophischen Begriffe*) 개정판을 내자는 제안도 거부했다. 이 사전은 1899년 초판이 나온 후 4판과 5판은 1927년과 1930년 개정판이 출간되었다.

아이슬러는 실증주의적 · 신칸트학파적 목표를 가지고 있었다. 그는 철학의 불확정성이 용어의 결함 때문이라고 생각했으며, 자연과학 분야가 발전한 이유를 논하는 관점에서 출발하여 자신의 기준을 설정하였다. 아이슬러는 철학 용어에서 의미의 복수성이나 논란의 여지를 제거하려고 노력했다. 그는 용어와 개념의 정확한 정의 및 모든 철학자들이 사용할 수 있는 통일된 분류법으로 기존 철학 용어를 대체하려고 하였다. 아이슬러가 철학사에 관심을 가진 때는 오로지 '실증과학'이 이전의 철학으로부터 물려받았던 문제들에 대하여 철학사가 그 문제에 대한 방법, 개념, 정식들을 제시할 때뿐이었다. 그가 편집한 사전의 모든 항목은 해당 개념에 대한 명확하고 간결한 규범적 정의로부터 시작하였다. 개념, 개념 형성, 과학적 목표에 관한 이런 관점은 오늘날에도 결코 소멸하지 않았다. 비록 철학계에서 논리실증주의 추종자가 과거처럼 많지는 않지만, 언어와 학문에 대한 이런 견해는 미국은 물론 독일의 정치학자 사이에서도 아직 건재하고 있다.

훗날 『철학사전』의 초대 편집자가 된 요아힘 리터는 아이슬러의 작업은 쇄신될 수 없고 되어서도 안 된다고 결론지었다. 아이슬러의 사전이 구현했던 철학 개념은 철학자들 사이에서 이미 특권적 지위를 상실했고 존중조차 받지 못한 상태였다. 실제로 아이슬러 이후 그가 알지 못했던 철학적 입장들이 확산되는데, 이 입장들은 아이슬러가 그 철학적 가치를 인정한 절차 및 기준과는 양립 불가능한 것이었다. 독일에서 전개된 중요한 철학 분야로는 현상학, 실존주의, 존재론적 · 형이상학적 질문에 대한 철학자들의 관심 부활, 네오스콜라주의, 그리고 무엇보다도 해석학, 마르크스주의 및 비판이론이다. 상당수 철학자는 근대 논리학을 전공하였으며, 영어권에서 진행되는 식의 분석철학에 관심을 가진 철학자도 일부 있었다. 이런 문제들에 대해 아이슬러는 거의 관심을 갖지 않았다. 그러므로 아이슬러는 이렇게 지식 이론을 철학적으로 국한시켰지만, 이제는 아이슬러 식으로 제한하여 지식 이론에서 역사와 자연언어를 배제하는 것이 불가능했다. 또한 유럽 사상이 비유럽 지역의 사상보다 패권적 우위를 지닌다고 생각할 수도 없었다. 비유럽의 철학과 종교들은 근대의 철학사전에 포함될 자격이 있다.[4]

로타커와 아이슬러의 구도가 새로운 철학사전에 적절한 모델이 되지 못함을 알고서, 리터와 동료들은 단일한 방법론이나 입장에 국한되지 않는 형식을 선택했다. 그들의 견해로는 당대 철학은 여러 형식을 가지고 있고 이들은 통약(通約) 불가능한 것이었다. 그러므로 새 참고용 도서가 담당할 수 있는 목적 가운데 가장 유익한 것은 당대 독일 철학자들의 주요 관심사 및 전 세계 주요 철학운동에서 사용된 개념과 술어(術語)를 설명하는 것이다. 니체(Friedrich Nietzsche), 후설(Edmund Husserl), 하이데거(Martin Heidegger), 가다머(Han-Georg Gadamer), 한스 알베르트(Hans Albert)와 칼 포퍼(Karl Popper), 하버마스(Jürgen Habermas)를 비롯한 비판이론가들, 일상언어 철학, 여러 유형의 마르크스주의 등에서 사용되는 용어와 개념들 모두 상당히 주목받았다. 이로 인해 『철학사전』은 근대 독일의 철학 담론에 관한 정보를 필요로 하는 사람들에게 매우 유용한 저작이 되었다. 다 그렇지는 않지만, 담긴 정보가 비전문가들에게나 도움되는 수준을 훨씬 넘는 항목들이 적지 않다.

〈개념사〉와의 관계에 대해 말한다면, 『철학사전』은 집필자와 편집자들이 개념사가 필요하다고 판단할 때에도, 즉 오늘날의 철학이 활용하는 개념을 해명하고 이해하기 위해서 과거 용법에 대한 지식이 필요할 때에도

[역사적 맥락을 고려하지 않는] 비맥락적 방법론을 채택하고 있다. 그리하여 리터는 서문에서 "『철학사전』을 개념사 사전(begriffgeschichtliches Wörterbuch)으로 간주한다면 이는 잘못이다"라고 기술했다.[5] 형식이든 내용이든 『철학사전』을 개념사 사전으로 규정하는 것은 적절치 못하다. 『철학사전』은 근대 논리학에 대해 상당한 분량을 할애하고, 기술적 엄격성과 체계에 따라 상세히 취급하고 있다. 그러나 역사적 취급은 시도하지 않는다. 또한, 이제는 학문으로서 자율성을 획득하였지만 아직도 철학과 밀접한 관련을 가진 분과학문(심리학, 언어학, 수학, 생물학)에서 유래된 용어와 개념을 포괄할 때도, 그 개념을 역사적으로 취급하려는 시도는 없다.

『철학사전』에서 〈개념사〉는 세월 속에서 거의 변하지 않은 개념이거나, 그렇지 않으면 너무 변했기 때문에 철학사의 대조적 지평 속에서 검토가 도움이 되는 개념에만 적용되었다. 하지만 편집자 스스로 논평하였듯, 『철학사전』은 편집자들이 로타커의 제안을 거부하기로 결정한 후 예상할 수 있었던 것보다 훨씬 더 개념의 역사에 대한 탐구를 추동하였고 포함하였다. 바로 이 때문에 정치·사회 이론가들은 비록 개념들이 사용된 정치적·사회적 문맥에 대한 어떠한 언급을 찾으리라 기대하지 않으면서도 실제 논쟁들의 역사를 이해하기 위해서 이 저작을 참조할 가치가 있다고 느낄 것이다.

마지막으로, 『철학사전』에서 실천된 〈개념사〉는 18세기 이후 독일 학자들이 서술해 온 철학사와 유사하다.[6] 리터가 딜타이 유의 〈정신사〉 노선에 충실한 로타커의 철학적 개념사 계획안을 거부했음에도 불구하고 로타커의 흔적이 여러 항목에서 발견되는데, 이 항목에서 〈개념사〉는 철학용어사(Terminologiegeschichte, 〈용어사〉)와 오랫동안 지속된 철학 문제사(Problemgeschichte, 〈문제사〉)의 결합으로 취급된다. 『철학사전』에서 개념사는 철학 및 철학 관련 학문의 내적 역사의 일부로 기술되었고, 따라서 정치적·사회적·경제적 역사에 대한 언급은 배제하였다.

『철학사전』 내 〈정신사〉의 유산은 사상가나 그 독자들의 정치적 · 사회적 관계에 대한 관심 부족에서도 명백히 보인다. 『철학사전』이 큰 비중을 두는 것은 철학자, 신학자, 정치 · 사회 · 법 이론가, 그리고 철학에 영향을 준 과학자 등이 사용한 개념적 용법이다. 『철학사전』 집필자 가운데 개념의 변화를 철학자와 여타 사상가들의 사회적 입지나 국가, 사회, 경제 분야의 구조적 변화와 연결시키려 시도한 경우는 거의 없었다. 〈정신사〉는 사회사학자들로부터 비판을 받았고 콘체와 코젤렉도 이 비판에 동조하였는데, 그 결과 『철학사전』의 많은 항목들이 이런 비판의 대상이 되었다.[7] 요약하면 『철학사전』은 절충적이고 대단히 포괄적인 작업이다. 이 저작은 오늘날 철학자가 사용하는 용어와 개념들에 대해 그 학파나 방법론, 또는 기술적 특성을 불문하고 망라하여 초점을 두고 있기 때문에, 철학을 이보다 더 광범하게 취급하기는 거의 불가능할 것이다. 철학 외의 분과학문은 인간성에 대한 현재적 사유에 영향을 주는 범위 내에서 『철학사전』에 포함되는데, 신학(오랫동안 철학과 분리 불가능했다), 법, 심리학, 사회학, 민족학(ethnology), 언어학, 생물학 등이다. 법학은 물론 사회과학과 형이하학 분야의 개념도 정치, 도덕, 사회, 법 분야의 철학과 연관된 의미가 있으면 『철학사전』에 수록되었다.

이 모든 것으로 미루어 철학적 · 정치적 개념과 용어에 대한 정보를 구하려는 사람은 아마 『철학사전』에서 하다못해 최소한의 정보라도 발견할 것이다. 『기본개념』과 『편람』의 경우 이런 가능성이 훨씬 낮은데, 두 저작의 편집자들은 상대적으로 적은 수의 개념을 면밀히 취급하는 방식을 택했기 때문이다. '권위'(Autorität), '자율'(Autonomie), '소외'(Entfremdung), '질서'(Ordnung)에 대한 항목은 『기본개념』이 아니라 『철학사전』에 실려 있다. 심지어 '독재'(Autokratie), '우중통치'(Ochlokratie; mob rule), 그리고 '법치'(Nomokratie; rule of law: 프랑스의 중농주의에 대한 독일 특유의 반대어) 같이 상대적으로 이국적인 유형의 개념들도 『철학사전』에는 풍부하다.

정전급 유형의 개념 역시 『철학사전』에서 취급되고 있는데, 그러나 길이로 보면 『기본개념』의 군주제, 귀족제, 민주제 항목에 비할 바 못 된다.

본서에서 필자의 관심은 대부분 『기본개념』과 『편람』에 집중되고 있지만, 어떤 경우라도 『철학사전』이 그 포괄성으로 인해 대단히 유용한 업적이 되었다는 사실을 부정하는 것으로 내 발언을 이해해서는 안 된다. 비록 철학 용어를 우선시하지만, 그것은 내가 알고 있는 다른 어떤 사전보다 정치 · 사회적 개념의 역사에 대해 더 많은 정보를 제공하고 있다.

『철학사전』 식 〈개념사〉는 다른 두 사전과 달리 맥락적 서술이 거의 없기 때문에, 개념사에 대한 스키너의 비판(제6장에서 자세히 검토할 것이다)을 여기에 적용할 수 있을 법하다. 나 자신은 정치 · 사회적 개념의 맥락적 취급을 선호하지만, 그럼에도 불구하고 학파 별로 다르게 사용된 철학 용어의 역사를 서술하는 비맥락적 설명방식으로, 또는 특정 개념이 지금까지 담지했거나 지금 담지하고 있는 의미의 열거방식으로는 특정 개념에 대해 주요한 정보를 전달할 수 없다고 주장하는 것은 지나친 것으로 보인다. 특정 단어, 용어 또는 개념에 대한 지식이 전혀 또는 거의 없을 경우에는 사전이 제공하는 순전히 의미론적 정의만이라도 상당히 도움된다는 사실을 대부분의 사람들은 인정할 것이다. 전형적 사전 형식으로 제공되는 지식이 학자들의 요구를 충족시키지 못한다는 것은 말할 것도 없다. 하지만 특정 개념이 담지한 과거 의미에 대한 『철학사전』의 기록에는 그런 전형적 사전식 설명을 넘는 가치 있는 정보가 많다. 적어도 『철학사전』 항목들은 특정 개념이나 용어에 대해 논의한 저자들을 밝히고, 철학적 논의에서 그것의 용도를 요약하고, 최상의 텍스트 판본에 대해 언급하고, 2차 문헌을 인용하고 있다. 형이상학에서부터 정치적 · 윤리적 이론, 그리고 형식논리학에 걸쳐 상상 가능한 거의 모든 추상적 개념과 철학 용어에 대해 그 정도 정보를 제공하는 것은 대단한 공헌이다.

『기본개념』은 『철학사전』과는 매우 다른 장점이 있기 때문에 이 책을 읽을 잠재적 독자들에게 추천한다. 『철학사전』이 뮌스터 대학에서 리터의 감독 아래 진행되었듯이, 『기본개념』의 기원은 하이델베르크 대학에서 베르너 콘체가 이끈 비교적 소규모의 작업집단인데, 이들을 하나로 묶은 것은 공통의 이해관계와 가설들이었다. 뮌스터 대학 및 하이델베르크 대학의 두 집단은 근래 독일의 지적 · 정치적 경험과 분리될 수 없는 문제와 관심을 공유했다. 두 집단 모두 사전 집필자들의 서술을 돕기 위해 「원칙과 지침 안내서」를 에리히 로타커가 1955년에 창간한 『개념사 수장문고』라는 학술지에 1967년 각기 발표하였다. 그후의 편집자는 한스게오르크 가다머, 『철학사전』의 1대 편집자인 요아힘 리터, 그리고 그의 계승자인 칼프리트 그륀더이다.

그러나 두 사전을 구별 짓는 중요한 차이가 있다. 앞서 언급하였듯 『철학사전』이 개념사를 다룰 때는 철학 및 관련 분과학문의 내적 역사의 일부로서 취급한다. 이와 대조적으로 『기본개념』에는 사회적 · 역사적 · 정치적 맥락의 체계적 언급이 필수적이다. 왜냐하면 편집인들은 〈개념사〉를 보는 자신들의 관점과 구조적 사회사 양자 간에 창조적 긴장이 있다고 생각하고 이를 유익하게 활용하고자 했기 때문이다. 이런 활용적 태도는 독일 역사가들이 발전시킨 다양한 독일식 사회사, 그리고 이보다 더 영향력이 있는 것으로 기원은 아날 학파이지만 콘체가 적극 수용한 프랑스 식 사회사에도 적용되었다. 『철학사전』과 『기본개념』 간에 관심의 차이가 생긴 이유 가운데 하나는 『기본개념』의 초대 편집자 셋 모두 — 오토 브루너, 베르너 콘체, 그리고 셋 가운데 마지막까지 남은 라인하르트 코젤렉 — 가 지성사, 사회사, 경제사, 법률사, 행정사의 문제들을 통합시킨 혁신적 역사가란 사실이다. 그들의 관점에서 볼 때, 개념사에 대한 로타커의 접근방식은 너무 추상적이며 구체적 집단 및 이해관계 내의 갈등 속으로 연결되지 않아서 〈정신사〉 일반의 접근법과 다르지 않았다.

〈정신사〉와 함께 마이네케 학파 유의 지성사적 역사기술도 전후 독일 역사학계에서 부활되고 있었는데, 이 경향도 로타커적 접근과 마찬가지로 『기본개념』의 편집인들에게 환영받지 못했다. 그들은 두 유형의 지성사는 모두 근대사의 관건에 해당하는 정치적 · 사회적 · 경제적 구조의 거대한 질적 변화에 대한 논의에서 너무 벗어나 있다고 선언했다. 일부 사회사학자들은 사상은 정치처럼 구조의 산물이거나 혹은 구조에 좌우되는 구성체의 산물일 따름이며, 그러기에 개념사란 기껏해야 더 근본적인 변화에 대한 지표를 제공할 수 있다고 주장하는데, 이들의 환원주의적 전제도 용인할 수 없기는 마찬가지였다. 그 대신에 『기본개념』의 의도는 개념사와 구조사 사이의 상호작용에 대한 연구를 결합하는 것이었다. 이 구도에 따르면, 사회적 변화를 개념화하는 방식을 둘러싼 정치와 제도적 갈등은 현저한 역할을 하게 마련이었다.

『기본개념』은 한 기고자가 이미 논평했듯이, 『백과사전』(*Encyclopédie*) 이후 하나의 이론적 강령에 기초를 두고 다수의 필자가 참여한 몇 안 되는 참고도서 가운데 하나이다.[8] 『기본개념』의 〈개념사〉는 독일어권 유럽의 정치 · 사회적 언어가 코젤렉이 명명한 바 '안장시대'(Sattelzeit), 즉 대강 1750년부터 1850년까지에 걸친 위기와 가속도적 변화의 시대 동안에 변모하였다는 가설을 입증하려 했다.[9] 그 기간 동안 개념의 의미 변화는 초고속으로 진행되었다. 이 주장에 따르면, 이러한 개념적 변모는 정치적 · 사회적 · 경제적 구조의 불가역적 변화를 등록하는 동시에 이끌어 나간다. 집단과 통치조직이 달라지면 이 변화의 개념화 방식이 달라지고 이 방식의 차이는 집단과 조직들이 변화에 대응하기 위해 채택하는 정책에 중대한 영향을 줄 수밖에 없었다.

그러므로 『기본개념』의 편집자들은 한편으로는 개념적 연속, 변화, 혁신, 다른 한편으로 대대적 구조 변화 간의 상호관계에 주안점을 두었다. 『기본개념』의 지침 역할을 했고, 매우 용의주도하게 표명된 강령이 논란의 여지가 없는 것은 결코 아니지만, 『기본개념』은 이 강령에 힘입어 개념사와 사회사를 초대 편집자들이 역사적 의미론(historical semantics)이라고 명명한 작업 속에서 통합하였다. 이로 인해 통치, 사회, 경제를 논할 때 사용된 언어에 대한 연구를 그 언어를 사용하거나 공박한 집단, 계층, 신분, 계급의 신원 파악과 결부시킨 결과를 낳았다. 이 강령은 집필자(단일연구인 경우도 약간 있지만 공동연구인 경우가 훨씬 많았다)들로 하여금 고대의 고전 시대까지 거슬러 돌아보고 우리 시대의 용법까지 내다볼 것을 요구하였다.

세 가지 주요 사료를 입증의 출처로 삼았는데, (1) 체계적 이론가들, (2) 정치적 · 사회적 · 법적 자료, (3) 그리고 사전(독일어, 이중언어, 다중언어), 백과사전, 전문적 직업사전, 유의어사전이다. (3)의 경우 『기본개념』의 여러 항목들은 내적 편성조직 내에서 개별 표제어의 분석 수준, 즉 사전들이 특정 개념이 법전에 나오는 방식과 대조적으로 그 개념을 규정하는 방식을 명기하였다.

『철학사전』과 『기본개념』은 강조점과 관심사가 다르지만 상호보완적이다. 동일한 주제를 다룬 표제어를 비교하면 이 점을 이해하는 데 도움이 된다. 'Herrschaft' 항목에서처럼 때로는 상이한 결론을 제공할 때도 있다. 이 사실은 이런 불일치를 해소할 방법이 무엇인지, 〈개념사〉에서는 입증을 위해 무엇이 문제가 되는지에 대해 질문을 제기한다. 『기본개념』은 사회사와 개념사의 통합을 추구하고 『철학사전』은 그렇지 않으니, 동일 개념에 대한 취급방식의 차이는 각 사전의 방법론의 장단점도 밝혀 줄 것이다. 또한 개념에 대한 정밀한 서술방식을 그것에 대한 보다 간략한 서술방식과 비교분석하는 것에도 시사점을 준다. 최소한 『기본개념』의 방대한 인용들은 다른 곳에서는 쉽게 구하기 힘든 출처를 독자에게 제공할 것이다. 최상의 경우에는 이 사전은 특정 개념이 논쟁에서 실제로 사용된 아주 다용한 용법에 대해 철저히 보여 줄 것이다.

『기본개념』에서 표제어를 길게 서술한 필자가 동일 표제어를 『철학사전』에서 소략하게 서술한 경우도 드물지 않다. 만프레트 리델(Manfred Riedel)의 항목들은 『기본개념』에서 가장 주요한 항목에 속하는데, 이것들은 이론가들이 '정치 영역'(또는 '국가')과 '사회 영역'(또는 '시민사회')을 대비시키는 방식을 다루고 있다. '시민사회'(Gesellschaft, bürgerliche) 항목에 대해 리델은 『기본개념』에서 82면을 썼으나, 『철학사전』에서는 불과 7면이다. 그렇게 소략한 개괄은 특정 개념의 역사에 대한 도식적 지표만을 필요로 하는 사람에게는 유용할 것이다. 그러나 이런 형식으로는 필자들이 단어가 사용된 맥락을 제공하거나, 그것이 사용된 모든 영역에서의 용법을 분석할 수는 없다.

마지막으로, 학문적 실천으로서 〈개념사〉의 역사, 즉 개념사가 과거와 현재 취해 왔던 다양한 형식을 알기 바라는 사람은 『철학사전』의 〈개념사〉 항목이 단일 논문으로는 세계 최상임을 발견할 것이다. 『철학사전』 항목의 범위는 또한 경탄할 만큼 포괄적인데, 이 항목들은 〈개념사〉를 그 이전의 〈정신사〉와 〈이념사〉(Ideengeschichte), 그리고 영미권의 이념사(History of Ideas) 및 지성사(Intellectual History) 연구 — 이들은 영어로 등재된 극소수의 항목들 중 일부이다 — 와 구분하는 데 필수불가결한 것들이다.

『편람』이 의도한 취급범위는 1680～1820년간 프랑스어의 용법이다. 항목들은 보통 17세기 후반부터 시작하고, 이어 구체제 기간에 프랑스에서 사용된 기본적인 정치 · 사회적 개념들을 다루고 있다. 그러나 저작의 핵심은 혁명의 발발과 진행, 제1제국, 왕정복고 등 1820년까지 정치 · 사회계에 대한 이전의 개념 설정들이 언어적으로 변형되고 대체되는 양상이다. 『편람』의 대표 이론가, 편집자, 집필자는 롤프 라이하르트(Rolf Reichardt)로 이전에 라인하르트 코젤렉의 학생이자 조교였다. 라이하르트가 개념사와 언어사를 프랑스혁명과 구체제의 사회 · 문화사 연구

수단으로 활용하는 경향은 갈수록 높아진다.

이런 실천으로 말미암아 『편람』은 정치 · 문화적 맥락을 강조하게 되는데, 이 점에서 『철학사전』보다 『기본개념』에 훨씬 가깝다. 그러나 『편람』을 당연히 〈개념사〉로 보아야겠지만, 『편람』이 역점을 두는 바는 『기본개념』과 상당히 편차를 보인다. 『편람』은 『기본개념』이 추구했던 개념사와 구조적 사회사 간의 균형을 거부하고, 대신 개념사를 사회사 일반, 특히 '심성'사의 하위에 둔다.

『편람』은 혁명이 프랑스 지성발달사의 분수령이라는 전제에 기반하고 있기 때문에, 개념은 소위 안장시대 동안에 결정적으로 변모했다는 『기본개념』의 기본 전제에 대해 거의 언급하지 않는다. 또한 『기본개념』과 달리, 『편람』은 고전적 고대, 중세, 프랑스 권역 밖의 근대 초기 개념적 용법의 재구성을 추구하지 않는다. 『편람』에서 개념 사용의 변화에 대한 통시적 분석은 혁명으로 인해 개념의 용법에 단절이 일어났음을 부각하기 위하여 사용된다. 『편람』의 총 150개의 목록(이 중 상당수는 『기본개념』의 항목이기도 하다)은 코젤렉이 근대 정치 · 사회사상의 속성으로 파악한 특성들을 공유한다는 점을 입증하려 노력하지도 않는다.

『편람』의 자체 지침서인 강령은 프랑스 혁명기 '심성'의 역사를 서술하기 위한 언어적 · 개념적 자료를 제공하기 위해 최초로 개발된 것이다. 『기본개념』에서 출발한 개념사는 『편람』에서 다시 정의되는데, 여기서 개념사는 민중적 심성, 그리고 프랑스혁명기 및 혁명 후의 집단적 재현과 기억을 다루는 것을 의미하게 된다. 『편람』의 저술에서 이것은 주요 이론가, 정치평론가, 심지어 통치 엘리트로부터도 거리를 둔다는 뜻이다. 이런 거리이동은 "이념사는 … 더 일반적인 사조의 한 부분인데, 현재는 저절로 해체되어 심성의 역사로 전환되고 있다. …"라는 미셸 보벨의 진단 또는 처방을 따르고 있다.[10] '이념사'가 보벨이나 라이하르트에게 정확하게 무엇을 의미하는지는 불확실하다. 사상사는 그동안 성격이 매우 다른 학문과 학문연구를 포괄적으로 지칭하기 위해 사용된 용어인데, 두 사람은 이런 포괄성에 주목함이 없이 단지 '이념사'를 일종의 허수아비 용어로 만들어 폐기하려는 경향이 있어 보인다.

『기본개념』의 최우선적 관심사는 근대를 구성한 정치 · 사회적 개념을 명확히 정하는 일이다. 이에 반해 『편람』은 정치언어를 비롯한 언어가 프랑스 사회 전체의, 특히 과거에 의사결정 과정에서 배제되었던 집단들의 의식에 일어났던 변화를 명확히 할 수 있는 수단이라고 생각한다. 이것이 의미하는 바는 『편람』이 개념 분석 과정에서 혁명 전 및 혁명기 동안의 실천들에 의해 배태된 개념들에 초점을 두는 것이다. 『편람』 첫 권은 라이하르트가 집필한 인상적인 선언문으로 시작하는데, 그는 앞서 언급한 관점에서 강령을 서술했다. 이 강령이 강조한 것은 대사상가보다 사회사 및 민중적 심성, 프랑스 학계의 정량적 어휘 분석, 버거(Peter Berger)와 루크만(Thomas Luckmann)이 초석을 놓은 지식사회학인데, 다시 말해 언어는 1차적으로 사회적인 것이며 언어 사용자들에게 현실이란 것을 규정하고 만들어 주는 것으로 취급한다.[11] 『편람』의 모든 집필자들의 글은 1680~1820년간 발간된 사전류, 용법 길라잡이들, 그리고 편집진이 제공한 자료들을 참고도서로 인용하고 있다. 이 자료집에는 당시 소장학자였던 게르트 반 덴 호이벨(Gerd van den Heuvel)과 아네테 회퍼(Anette Höfer)가 국가연구재단인 독일학술회(Deutsche Forschungsgemeinschaft)의 지원을 받아 미리 4년 동안 연구를 통해 신중하게 취사선택한 자료가 포함되어 있다.

그러나 『편람』은 두 가지 점에서 프랑스 학계의 모델로부터 벗어나는데, 편집자들은 이 일탈이 프랑스적 모델을 보완하는 것으로 보았다. 그것은 혁명 전, 혁명기, 혁명 직후 사용된 정치적 · 사회적 개념장치에 대한 연구를 통해 혁명기 프랑스의 사회사에 접근한다. 둘째로, 『편람』은 프랑스의 언어이론, 의미론, 사전편찬학 등 특정 분야의 역사에 대해 유례없는 관심을 보인 것으로, 따라서 『기본개념』에서 처음 체계적으로 사용된 방법론과 사료를 부분적으로 계승하면서 상당히 개선하였다.

『기본개념』과 『편람』은 둘 다 개념사와 사회사를 연결하려고 노력했는데, 차이는 있지만 각기 새로운 경지를 개척했다. 양자 모두 개념 및 그 역사에 대해 고도의 맥락적 분석을 시도했고, 양자 모두 사회 · 정치적 변화를 개념화한 다음, 사상을 정치 · 사회구조의 변화와 연관시켰다. 두 사전의 새로움은 여기에서 더 나아가 기본개념들의 의미와 적용에서 변화의 가속도 정도를 식별하고 이를 설명한 것, 그리고 개별 개념의 용도 및 일반적 언어 습관에서의 의미 투쟁의 정도와 결과를 구체화한 것이다. 마지막으로, 위기와 혁명의 시대에 그러한 변화와 갈등은 일정한 집단, 계층, 계급 또는 신분과 연결된다. 적용방식은 다르지만, 이 두 사전에서 〈개념사〉는 개념의 사용 및 언어적 관습에 대해 공시적 · 통시적 비교분석을 사용하는 방식을 규정한다. 『기본개념』의 경우, 1850년 이후 독일의 정치 및 사회를 초기 근대, 혁명 이전의 유럽(Alt Europa, l'ancien régime)과 대비하는 반면, 『편람』에서는 혁명 이전, 혁명기, 혁명 이후의 프랑스를 대비시킨다.

그렇지만 3종의 독일 사전에 대한 설명으로 결코 빠뜨릴 수 없는 것은 이들이 특유의 장르적 유사성을 지닌다는 점이다. 그 어느 사전도 개별 저자를 표제어로 채택하지 않으며, 텍스트를 둘러싼 여러 해석들의 경쟁에 대해, 또는 일반 이론 그 자체에 대해서는 논의하지 않는다. 이미 지적했지만, 〈개념사〉 연구자들은 자신들의 실천을 과거 독일에서 진행된 형태의 〈정신사〉와 〈이념사〉는 물론이고, 〈어휘사〉(Wörtergeschichte: 개별 단어들의 역사)와 어원학으로부터 구분하였다. 단 『철학사전』은 전문적 철학 용어의 역사(〈용어사〉)와 함께, 일부 철학자들이 철학 분야의 영원한 문제라고 생각한 문제에 대한 특정한 역사(〈문제사〉)를 취급한다. 마지막으로, 강령과 실천 양면에서 세 작업은 영어권 학자들이 쓴 이념사 및 지성사, 그리고 '케임브리지 학파'가 주도한 정치언어, 이데올로기, 언어적 관행의 재구축 작업과도 상당히 달라지는데, 후자와 〈개념사〉에 대해서는 본서 제6장에서 비교하겠다.

또한 이들 모두 괄목할 수준의 성과를 이룩하였다. 세 사전의 〈개념사〉 적용사례는 철학적 · 정치적 · 사회적 · 법적 · 경제적 어휘체계를 구성하는 개념 및 의미장의 역사적 연구에 있어서 이미 수월성의 기준들을 설정하였다. 그러므로 이념사 전공자들은 물론 언어철학자들, 그리고 언어, 담론, 역사기술학 관련자들도 세 사전의 발견사실에 관심을 가질 만하다. 요즘 지성사, 사상사, 또는 윌리엄 보우스마(William Bouwsma)가 제안한 용어인 의미사(the history of meaning)[12]를 기술할 때 역사기술과 언어와 담론의 상관성에 대해 관심이 많은데, 이 문제에 대해 개념사는 진정 크게 공헌할 것이다. 이 용어들은 모두 의미가 중복적인데, 학문의 국적과 전통에 따라 학자들이 제각기 사용한다. 그러므로 〈개념사〉적 실천의 각 유형이 러브조이 식의 이념사 등 영어권에서의 유사한 작업과 얼마만큼 유사한가라고 질문하게 되는 것은 당연하다.

'개념'(concept)과 '이념'(idea)에 대한 규정적 정의를 내린 후 논의를 진행하는 것은 별 효과가 없다. 영미 철학과 독일 철학 내에서 두 용어는 종종 동의어이다. '개념'의 의미는 특정 이론의 문맥 속에서만 확정될 수 있는 것이지 홀로 떼놓고 만족스러운 정의가 나올 수 없다. 한 영어권 철학자가 지적했듯이, '개념'은 바로 그 애매함 때문에 철학 용어로서 유용하다.

> 이 용례가 주는 느낌에 대해 임시적이지만 아주 쉽게 파악할 수 있는 방법은 용어의 의미를 미리부터 발견하려거나 정의하려는 노력보다 오히려 '어떤 개념이 있다', '~라는 개념을 얻다' 등과 같은 표현에 담지된 것을 생각해 보는 일이다.[13]

그러므로 〈개념사〉와 '이념사'에 대한 최상의 이해는 양자를 학자들이 과거의 사상가와 사상을 연구하기 위해 사용한 관행의 집합으로 이해하는 것이다. 이 관행들은 강령 및 강령 창시자와 그의 제자들의 실제 성과로부터 재구성할 수 있을 것이다. 종종 지적되는 바지만 기획이란 것은 완벽하게 수행되기도 하지만 일부만 수행될 때도 있으며, 그러므로 기획 원안은 자신들이 특정 연구강령을 수행하고 있다고 생각하는 학자들이 실제로 실행에 옮긴 것보다 더 좋을 수도 나쁠 수도 있다. 각 기획의 메타이론적(metatheoretical) 논의들이 어떠한 지위를 갖든 상관없이, 이 저작에서는 역사가들의 이론적 진술과 그 역사가들이 직접 혹은 그들의 주도 하에 이룩된 실제의 작업을 대비하기 위해 메타이론적 논의들을 활용할 것이다.

아래에서 '이념사'(the history of ideas)라 할 때는 러브조이가 창시한 미국 내 학술운동, 지난 반세기 이상 『이념사』지(*JHI, Journal of the History of Ideas*)에 발표한 업적, 그리고 오랫동안 『이념사』지를 이끈 필립 위너(Philip Wiener)가 책임편집을 맡았던 『이념사 사전』(*DHI, Dictionary of the History of Ideas*)의 항목 서술 및 이때 적용된 방법론을 말한다. 아마 러브조이에 가장 근접한 독일의 학문적 장르는 〈이념사〉(Ideengeschichte)인데, 이는 프리드리히 마이네케 및 그 학파들과 흔히 동일시되는 일련의 실천들이다.[14] 〈이념사〉의 축자적 영어 번역은 'the history of ideas'이지만, 앞으로 독일어 형태 그대로 사용하겠다(번역본에서는 〈이념사〉의 형태로 표기함—옮긴이). 영어 'the history of ideas'는 종종 〈정신사〉(Geistesgeschichte)의 번역어로 잘못 사용되고 있는데, 〈정신사〉는 아주 특정한 독일적 담론형식이기 때문에 이 역시 번역하지 않고 원어로 쓸 수밖에 없다.

〈정신사〉의 탐구방식에 대해서 길게 논할 필요는 없고 다만 〈정신사〉와 〈개념사〉 간 혼동을 피하기 위한 논의가 필요하겠다. 영어권 학자들은 지금 여기에서 논하는 새로운 기획을 사상 및 개념의 역사를 논하는 독일 학계의 과거의 접근방식과 하나로 뭉뚱그려 이해하는 경향이 있다. 이로 인해 오해가 생기기도 하고, 가끔은 영미권 학자들의 근거 없는 우월감의 원인이 되기도 한다.[15] 〈정신사〉가 독일 학계에서 갖는 높은 위상에도 불구하고, 영어권 학자들에게는 나치 시대에 독일에서 쫓겨난 에른스트 카시러(Ernst Cassirer)나 레오 슈피체(Leo Spitzer)를 통해서, 다른 경로로는 딜타이나 쿠르티우스(Ernst Curtius) 저작 번역을 통해서 소개되었다. 〈정신사〉가 이런 식으로 소개될 때, 그 최상의 이해는 특정한 시대를 통합하는 '정신적'(geistliche: 지적 · 문화적 · 영혼적)인 힘 ― 카시러의 표현으로는 '내면적 형성력'(inner formative forces) ― 을 해명하는 독일의 독특한 담론형식이었다.

〈정신사〉는 본래 철학사 서술을 위한 체계적 방법론으로 18세기에 형성되었으며, 독일의 관념론자와 낭만주의 사상가들에 의해 변모하였다. 헤겔을 비롯하여 여러 사람이 철학체계를 그들의 시대, 국가, 또는 문화의 다른 측면과 통합시키는 개념으로 내면적 정신(Geist)을 사용하였다. 〈정신사〉적 방법론에 영향을 준 또 다른 원천은 독일 사상가들이 종종 주장했던 〈정신과학〉(Geisteswissenschaften: 즉 사유와 감정이라는 감정이입적 지식을 통해 연구를 수행하는 인간과학)과 〈자연과학〉(Naturwissenschaften: 즉 우주의 여러 비인간적 측면들을 외부에서 연구하는 자연과학) 간의 구분이다. 이런 변별적 강조로 말미암아 〈정신사〉는 종종 영어로는 'the history of ideas' 또는 'intellectual history'로 번역되었다. 그러나 이런 번역은 오해를 유발하는데, 왜냐하면 독일에서 〈정신사〉를 전공하고 미국으로 건너온 학자들은 러브조이 식의 이념사 서술방식을 체계 없는 '원자적'(atomistic) 연구라고 비판하며 거부했기 때문이다.

예를 들면, 문헌학자, 비평가이면서 자칭 '역사적 의미론'의 실천자였던 레오 슈피체는 어느 시대이든 통념, 태도, 그리고 정서적 분위기의 통합이 시대와 문화를 관통하고 있다고 주장하면서 러브조이의 방법론에 반대하였다. 그러므로 슈피체는 단위이념(unit-ideas)의 수가 한정되어 있다는 러브조이의 주장, 그리고 '사유복합체'(complexes of thought)란 단위이념들이 '형이상학적 정념'(metaphysical pathos)의 독특한 양상에 따라 결합한 것일 따름이라는 러브조이의 합리주의적 비판을 수용하지 않는다. 슈피체는 개별 이념들이 주어진 양식 속에서 결합되면 한 시대의 사상을 구성한다고 생각하며, 간단히 말해서 러브조이가 이 개별 이념들을 하나로 묶는 내적 연관성을 무시한다고 비판한다.[16) ⟨정신사⟩와 러브조이 방식 간의 이러한 차이에 대해서는 르네상스 철학 및 사상 분야의 대 역사학자이며 제2차 세계대전 직전 독일에서 공부한 폴 오스카 크리스텔러(Paul Oskar Kristeller)가 잘 지적하고 있다.

> 주목해야 할 사실은 '이념사'(history of ideas)라는 용어는 ⟨정신사⟩의 동의어가 아니라는 점인데, 핵심적 차이는 독일어 '정신'(spirit) 대신에 복수형의 '이념들'(ideas)을 사용한 것이다. 독일어 '정신'의 개념은 헤겔적 전례로 말미암아 어떤 경우이든 얼개가 되는 복잡한 사유체계이며, 특정 사상이나 용어를 다른 모든 것과 또는 그 모두의 공통적 기원과의 관계 속에서 의미를 결정하거나 규정할 수 있다. 이에 반해서 영어의 '이념'은 일정치 않은 복수의 특정한 사유나 개념을 의미하는 것으로, 이들은 결코 어떤 규정할 수 있는 논리적 또는 역사적 연관성을 갖지 않는다. 달리 말하면, 미국적 용어는 독일어 대응어가 지닌 일정한 체계라는 전제를 가지고 있지 않으며, 따라서 더욱 유연하지만, 반면에 적어도 정확한 철학적 맥락, 심지어 정확한 역사적 맥락을 상실할 위험이 있다. …[17)

이미 보았지만, 앞서 논의한 세 사전은 그 강령과 실제적 실천 양면에서 상당한 차이가 있다. 각 사전은 고유한 형식의 ⟨개념사⟩를 보여 준다. 그렇지만 세 기획 모두 개념과 그 역사에 대해 두드러지게 강조한다는 점에서는 공통적이다. 세 사전은 『이념사』지와 『이념사 사전』에 게재된 이질적 성격의 논문들과 뚜렷하게 대비된다. 러브조이는 어떤 역사관으로 인해 이렇게까지 관심의 현저한 파편화로 귀착하게 되었는가? 그의 관심을 사로잡은 문제는 무엇인가? 사상이 변하는 까닭을 설명할 이론을 러브조이는 가지고 있다고 말할 수 있을까?

이념사 집필 시 러브조이가 사용한 강령의 핵심은 '단위이념'의 추적이었다. 그는 단위이념을 분석화학의 원소와 비견할 수 있는 불변의 상수라고 기술하였다. 그의 견해로는 상대적으로 적은 수의 단위이념이 존재하는데, 이는 농담의 기본틀의 수가 한정된 것과 흡사하다. 그 자신의 대작 『존재의 대연쇄』(*The Great Chain of Being*)는 그와 같은 단위이념, 즉 "특정한 하나의 명제를 … 그 명제의 결과로 추정되는 … 몇 개의 후속명제와 함께" 고찰한 저작이다.[18]

러브조이는 철학체계와 이데올로기 둘 다 불안정한 혼합물, 즉 대부분 논리적으로 양립 불가능한 단위이념으로 구성된 복합체라고 보았다. 러브조이는 이 혼합물이 연구할 가치가 있다고 보지 않았다. "무슨 주의(-ism)니 무슨 성(-ity)이니 하는 어미로 끝나는 귀에 익은 명칭으로 불리는 신조(信條)나 경향은 보통 이념사 연구자들이 굳이 노력하여 변별할 유형의 단위가 되지 못한다."[19] 이런 입장은 "분석적 명증성을 획득하기 위하여 변별성을 열정적으로 찾았던 러브조이의 입장"에 기인한 것이다.[20] 그는 지적 오류를 탐지하려는 관심으로 인해 이념사에 발을 들여놓게 되었다. 그는 철학이데올로기나 철학체계와 같은 이념복합체 속에서 단위이념들의 비논리적 결합을 찾아냄으로써 그것들이 지닌 내적 혼란을 노정하고 싶어 했다. 이 목표에 이르기 위하여 러브조이가 처방으로 내놓은 것은 그 자신 철학적 의미론이라고 명명한 방법론인데, 이것은 특정 시대 또는 운동에서 신성시된 단어와 어구들에 대해, 그것들의 모호성을 제거할 목적을 가지고 연구하기, 그것들이 가진 미묘한 의미 차이에 대한 목록 작성, 그리고 이러한 모호성으로 인해 발생하는 사상들의 혼란스러운 결합이 신조들의 발달과정에 영향을 미친 방식에 대한 점검이다.[21)]

그리하여 이념사란 러브조이에게 혼란을 드러내고, 그리고 모호성의 가면을 벗기려는 의도를 지닌다. 두 경우 모두 그는 인과적 이론을 개발하지 않는데 모호성이 이데올로기와 체계들의 전개에 '영향을 미치기' 때문이다. '영향'(influence)은 원래 점성술의 이론이었는데, 최근까지 『이념사』지의 지면에서 가장 빈번하게 탐구된 문제였다. 단위이념이 하나의 지적 영역에서 다른 영역으로 이동하는 것을 추적하는 일은 이념사에서 우선순위가 높은 의제였다. 이러한 작업은 부분적으로는 단위이념의 수가 아주 소수이기 때문에 사상가들이나 작가들은 아주 적은 수의 재고목록 — 러브조이는 이 재고목록이 계속 이어진다고 상정했다 — 을 활용할 수밖에 없다는 전제에서 출발한다. 그런데 이는 타당성이 의심스러운 역사적 일반화이다. 사용되지 않다가 다시 나타나는 이념들이 많이 있다. 동일 단위이념의 계속적 존재를 가정할 필요가 없는 것이다. 러브조이 식의 '철학적 의미론'은 그가 언어학과 언어에 관심이 거의 없었다는 점을 보여 준다. 또한 그가 특정한 어휘들이나 언어 내적 의미장에 관심을 가졌던 것 같지도 않다. 그는 자신의 주제를 철학사로부터 구분하기 위하여, 이념사 연구를 다음과 같이 정의하였다.

(이념 연구는) 소수의 대사상가 또는 저명 작가들의 신조나 의견뿐만 아니라 대다수 사람들의 집단적 사고에서 표명된 특정한 단위이념들에 특별히 관심을 가진다. … 요컨대, 널리 유포된 이념, 그리하여 다수 사람들의 정신적 재고목록의 일부가 된 이념에 관심을 가진다.[22)]

마지막으로, 비록 러브조이가 특정 시대에 사용된 일반 개념들의 변화를 아주 강조했지만, 그의 방법론은 기본적으로 심리적 · 원자적 특성을 지녔다. 연구 목적이 철학적 치유로 한정되었기 때문에, 그가 이념사를 통하여 추구한 것은 철학체계나 이데올로기의 핵심적 정의들에 숨어 있는 애매성 나아가 이런 정의에서 출발한 추론에 숨어 있는 오류들을 입증하는 것이었다. 러브조이는 이념사가 의도한 바대로 대규모 문화적 변화를 기술하고 설명하는 능력을 보여 줄 수 있다고 한다면 자신의 분석방법을 다음의 목적을 위해 적용하자고 제안했다.

> 새로운 신념과 지적 형태가 나타나서 확산되는 과정을 이해하고, 이념들의 유행과 영향력에 변화를 야기한 과정들의 심리적 성격을 명확히 밝히는 데 일조하고, 특정 세대에 풍미했던 혹은 지배적이었던 개념들이 사람들의 정신(mind)을 사로잡지 못하고 다른 것에 밀려나는 과정을 해명하는 것이다. … 왜냐하면 이런 과정에 대한 이해는, 그 과정에 요소로서 참여한 이념들 개개의 성질을 구분하여 분리관찰할 때 비로소 가능해지기 때문이다.[23]

러브조이 식의 이념사를 〈개념사〉 방법론을 적용한 독일의 세 저작과 비교하면 어떻게 될까? 『철학사전』의 철학적 개념의 역사가 러브조이의 방법에 가장 근사할 것 같다. 그러나 〈정신사〉적 영향의 잔류로 말미암아 『철학사전』의 항목들은 특정 시대나 민족의 사유, 정치, 예술 및 문학을 통합한다고 하는 '내면적 형성력'을 더욱 강조하기 마련이다. 이에 비해 러브조이는 자신이 불안정한 혼합물로 간주한 것들을 분석하여 불연속적 단위이념으로 해체한다. 『기본개념』은 각 시대마다 개념을 두고 각축을 벌이는 정도를 강조한다. 개념변화에 대한 이러한 접근방식은 기본개념들 의미의 근본적 재편이 가져올 결과를 인지하고 있는 분파, 집단, 이해관계자를 식별하려고 노력한다는 면에서, 훨씬 정치적 · 역사적 맥락을 중시하는 것이다.

러브조이의 강령을 『기본개념』 및 『편람』의 강령과 비교한다면, 이념사는 특정한 가설도, 합당한 사료를 식별할 체계적 방법론도, 그리고 그런 사료를 다룰 경과절차도 결여하고 있는 것으로 보인다. 러브조이 자신은 아주 박식하고 출중한 학자지만, 탐구주제의 선택에서는 그다지 체계적이지 못하다. 이런 지적은 『이념사』지 및 『이념사 사전』에 게재된 상당수의 논문에도 해당된다. 여기에서 다루어진 주제들은 모순적인데, 무엇이 이들을 연결하고 있는지 말하기 힘들다.

돌이켜 보면 러브조이의 강령은 이념사를 구성한다고 그 스스로 규정한 문제들을 다룰 조직화된 지식체계를 전혀 제시하지 못했던 것으로 보인다. 러브조이 자신과 그의 연구방법을 추종한 학자들은 뛰어난 업적을 많이 남겼다. 그러나 지금 시점에서 본다면 그는 문제는 파악했으나 일관된 문제틀(problematic)은 찾지 못한 것 같다. 그의 방법론 가운데 유용한 것도 많지만, 그가 설립한 학파는 『기본개념』과 『편람』에 의해 비판을 받았던 독일의 분석유형과 꼭 마찬가지로 현실에 자리 잡지 못한 것으로 보인다. 이에 비하면 『기본개념』과 『편람』은 개념과 '심성'들을, 그것들을 사용하고 그것들을 둘러싸고 싸웠던 정치 · 사회구성체와 연관을 지으려고 노력하였다. 두 기획은 서로 연관되면서도 다른 방식을 사용하였지만, 모두 이론가들을 포함하여 엘리트 집단과 비엘리트 집단들이 근대 사회에서의 정치적 · 경제적 · 사회적 조직의 구조 속에서 변화의 가속도가 붙었고 때로는 혁명적으로 변하는 개념들을 어떻게 개념화했는지를 질문하였다. 그러나 이런 수렴에도 불구하고, 강령과 실천상의 상당한 차이가 두 독일 사전의 작업을 구분 짓고 있다. 양자 모두 개념사와 사회사의 통합의 필요성을 강조하지만, 두 기획은 사회사의 개념 그리고 역사에서 정치와 정치적 요소가 담당한 역할의 평가 면에서는 다른 길을 간다.

02

『기본개념』—정치 · 사회 개념과 구조적 변화의 연결

『기본개념』에 대한 충분한 이해와 평가에 앞서, 4반세기의 기간을 거쳐서 비로소 완성된 실제 모습을 애초의 형태와 반드시 비교해 보아야 한다. 『기본개념』의 강령, 이론적 관심의 범위, 시대구분론, 초점들은 출발 시점의 독일 역사 및 역사기술학(historiography) 양자 내에서 기획의 원래 정황과 떼어 놓고서는 결코 이해할 수 없다. 그렇지만 이 장에서 내가 입증하려는 바는, 『기본개념』의 두드러진 성과는 편집자들이 내건 원래의 강령적 진술이나 메타이론이라기보다 오히려 이전에는 그런 목적으로 사용된 적이 없는 일군의 사료에 대한 정밀한 분석을 통해 끌어낸 실제의 발견사실들 때문이라고 믿을 만한 충분한 이유가 있다는 것이다. 주편집자들은 애초에 다른 집필자를 대상으로 설정했던 기준을 자신의 작업에 적용하였는데, 이로 인해 사전 완성의 힘든 과정에서 그들 스스로 관점이 변했다. 한 권의 소략한 개념의 역사를 의도한 원래의 기획이 마침내 색인을 제외하고도 7,000쪽이 넘는 8권의 형태로 커지는 과정에서 기획은 그 자체로 독자적 생명력을 획득하게 되었다.

학문적 실천과 방법의 경우, 시작이 언제나 그 궁극적 형식을 결정하지는 않는다. 〈개념사〉와 같은 새로운 학문적 실천은 일단 연구강령을 정하고 학자들이 적용하게 될 판단기준을 공개선언하고 나면, 그 연구강령은 집필자 명단에 오른 연구자는 물론이고 편집자 자신들까지 규정하고 변화시킨다. 『기본개념』 편집자들의 경우, 그들의 작업을 전개시킨 노선은 애초에 공언한 원칙보다 오히려 4반세기 동안 그들의 기념비적 작업을 진행하면서 진화한 기준에 의해 결정된 바가 더 컸다. 따라서 이 기획의 이해를 위해서 먼저 답변해야 할 과제들이 다수 있다. 창립자들의 시대적 배경 가운데 그들로 하여금 이 기획을 입안하도록 추동한 것은 무엇인가? 『기본개념』의 강령은 1945년 이후 독일 연방공화국의 역사 및 역사기술학 내 다른 분야의 전개과정과 어떻게 연관되는가? 기획 창시자들이 1945년부터 약 20년간 『기본개념』을 처음 기안할 때 가진 원래의 정치적 시각은 독일연방공화국이 다원적 입헌민주주의로 발전했던 그 이후 20년 동안에 쓰인 논문들과 어떤 관계가 — 만일 있다면 — 있는가? 1960년대 초 독일의 정치이론 및 현실 정치 양면에서 상당한 진화가 일어나는데, 이는 주요 정당 내에서뿐만 아니라 1933~1945년간 학문적 훈련을 받은 역사가들 사이에서도 일어난다. 편집자들이 지닌 원래의 견해는 집필자들은 물론, 그들 자신의 작업에 대해서도 영향을 미쳤는데 그 정도에 대해서는 제3장에서 재론하겠다. 제3장은 『기본개념』의 항목 'Herrschaft'에 대해 자세하게 논의하고, 이와 함께 원래 강령과 이 사전의 실제 형식 간 관계를 밝혀 줄 다른 기고들에 대해서도 논하겠다.

게오르그 이거스(Georg Iggers)는 자신의 저작 『독일의 역사 개념』(*The Grerman Conception of History*)에서 1945년 이전 독일 역사기술의 핵심적 입장을 3가지로 분류했다. (1) 국가 그 자체를 목적으로 보는 입장. 국가의 존재는 권력의 성공적 사용에 달려 있다. (2) 반규범성(Antinormativität). 이 입장은 역사적 행위와 행위자에 대해 역사가가 도덕적 판단을 내릴 권리를 부정한다. (3) 반개념성(Anti-Begrifflichkeit). 이 입장의 역사가는 인간사회의 구조적 특징에 대해 어떤 식의 체계적 논구도 거부한다.[1] 빌헬름 및 바이마르(1919~1933) 시기 동안 독일 역사가들은 정치사상을 취급할 때, 그들은 프리드리히 마이네케의 접근방식처럼, 다시 말해 당대의 정치 및 사회 내에서 정치사상가들의 입장을 고려하지 않았다.[2] 1945년 이후 독일연방공화국 내에서 역사기술의 발전들 가운데 어떤 것이 역사적 맥락의 부적절성을 주장했던 전전(戰前) 역사학의 합의를 대체했던가? 『기본개념』의 강령은 이 추세와 어떻게 연관이 되는가? 외른 뤼젠(Jörn Rüsen)은 독일연방공화국의 첫 40년 동안의 역사기술을 3기로 요약하였다.[3]

제1기(1945년부터 1960년대 초)에는 역사가 〈정신과학〉임을 강조하는 전전 역사주의의 수정판이 지배적이었는데, 이는 정치적 · 역사적 사건을 감정이입적 이해방식 및 해석학적 방법론으로 연구하는 것이다.[4] 제2기(1960년대 초부터 1970년대 중반)는 독일 대학의 확장과 함께하며 새로운 세대가 등장한 시기이다. 뤼젠이 '변화가속기'로 파악한 이 전환기 동안 소장 역사학자들이 새로운 개념과 방법론을 가지고 실험적 연구를 시작했다. 1960년대 말 학생운동은 전문적 역사 연구의 목적 및 연구조직들의 진정성에 이의를 제기했는데, 이는 대학에 대한 보다 전반적인 비판의 일부였다. 역사를 〈정신과학〉의 하나로 보는 이론적 상황은 분석적 과학철학(칼 포퍼, 한스 알베르트), 비판이론, 비판적 합리주의, 그리고 마르크스주의 역사학 등 여타의 철학적 입장으로부터도 공격을 받았다.

제3기(1970년대 말에서 현재까지)가 되면, 사회사가 소장 독일 역사학자들 관심사의 일부, 흔히는 핵심적 관심사로 부상했으며, 그 결과 소장 역사학자들은 과거의 정치사와 지성사로부터 이탈하게 된다. 이 새로운 접근방식은 급속히 제도권 속으로 편입되었다. 『역사와 사회』(*Geschichte und Gesellschaft*) 같은 신생 학술지는 사회과학을 역사 연구에 적용할 필요성을 역설했고, 또한 이론적 설명을 활용한 과거의 해석학적 방법론의 일부 요소들을 이념형 및 범형의 구축작업과 하나로 묶는 새로운 종합을 추구했다. 어떤 선언문은 역사 연구의 본령은 "사회적 · 정치적 · 경제적 · 문화적 · 지적 현상들의 역사에 대한 연구이며, 이 전부는 추적 가능한 사회구성체에 기반하고 있다"고 기술했다.[5] 이렇게 이해하게 되면 역사는 사건들의 집합에 국한되지 않고 오히려 인간 행위의 조건들을 결정하는 구조들의 얼개 속에 자리매김된다. 그러한 구조들은 일정 정도 행위자의 의도와 목표 바깥에, 행위자들의 자기 이해의 지평 너머 놓여 있다. 비록 독일연방공화국 내에는 아직도 사회사에 반대하는 강력한 비판자들이 있지만, 지금 사회사는 독일의 전문 역사학자들의 이론과 실천에서 괄목할 만한 역할을 하고 있다.

이거스는 독일 역사가들에 의해 기술된 현재의 사회사는 정치를 강조하는데, 이는 프랑스 아날 학파에는 본시 없는 것이라고 주장한다. 프랑스 사회사는 장기적 · 탈개인적 · 구조적 과정들을 강조했었다.[6] 독일 사회사 전공자들은 자신들의 과제를 재정립하였는데, 예전 역사가들은 19세기 국가통일 이래 독일의 정치조직을 찬양했지만 그들의 과제는 찬양하기보다 그 정당성을 심문하고 또 정치형식들을 사회적 · 경제적 과정과 연결했던 것이다. 독일 역사학자들은 행위자의 의도와 자기 이해라는 문제와 여전히 씨름하고 있지만, 그들의 초점은 개인으로부터 갈등에 휘감긴 정당과 집단으로 이동하였다. 그러므로 그들의 목표는 이제 '사회적 정치사'(a social history of politics) 또는 '정치적 사회사'(a political history of society)일 것이다.[7)]

『기본개념』의 강령은 뤼젠과 이거스가 제기한 구도의 어느 지점과 맞물리는가? 이에 대한 메타이론적 답변은 『기본개념』의 서문 및 코젤렉이 〈개념사〉와 사회사의 관계에 대해 진술한 또 다른 두 개의 글 속에 있다.[8)] 코젤렉은 이들 역사학의 두 양식 모두 『기본개념』에 필수불가결하다고 주장한다. 개념 변화는 18세기 이후 유럽 사회에서 발생한 정치적 · 사회적 · 경제적 구조의 급속하고 격심한, 그리고 돌이킬 수 없는 변화를 등록하였고, 이 변화를 부분적으로 선도하였다. 이 주장은 두 유형의 환원주의를 거부한다. 첫째는 구조적 과정만 강조한 나머지, 개념과 이념을 이들보다 더욱 근본적인 힘으로부터 유래한 상부구조라고 폄하하거나 또는 개념을 구조 변화의 지표로만 취급하는 사회사학에 대한 거부이다. 두 번째 유형의 환원주의는 1945년 이전에 실천되다가 전후 1기 독일 역사기술학에서 부활한 〈정신사〉 유형의 개념 연구인데 코젤렉은 이 역시 용인할 수 없었다. 콘체와 코젤렉의 강령적 선언문에 따르면, 『기본개념』은 〈개념사〉와 사회사라는 두 역사학 분야 간 창조적 긴장의 산물이며, 그 어느 것도 다른 것으로 환원될 수 없다.

『기본개념』의 목표에 가장 가까운 역사 연구 형식은 특정 중세사 분야일 것이다.[9)] 19세기 말부터 독일 중세 전공 역사학자는 그들의 문헌 자료에 대해 문헌학적 비판을 수행하였다.[10)] 그들의 목적은 문헌 해석을 위하여 후대에 소멸하거나 변모된 중세 시대 개념들의 의미를 복원하는 일이었다.

1920년대와 1930년대 동안 이런 연구 경향에서 가장 걸출한 학자는 『기본개념』의 원 편집자 가운데 한 사람이었던 오토 브루너였다. 브루너의 저술은 역사학으로 접근할 수도 있고, 동시에 쿠르트 존트하이머(Kurt Sontheimer)의 결정적 연구가 분석한 바대로 인종적 · 반민주적 · 국민주의적 바이마르 보수주의의 일환으로 접근할 수도 있다.[11)] 브루너는 자기보다 앞선 중세학자들의 작업을 시대착오적 연구라고 비판했다. 브루너 연구방법의 핵심은 중세 후기 또는 근대 초기 법률문서에서 현저하게 보이는 terra, Land('토지'[land] 혹은 '영토'[territory])와 dominium, Herrschaft('통치'[rule], '지배'[dominion] 또는 '영주권'[lordship])라는 관건적 개념에 대한 강조였다.[12] 브루너는 토지 보유권 및 권한관계(authority relationships)에 대한 이전의 연구는 과거의 언어적 용법에 맞지 않고, 당시 사용된 개념들에 의해 등록된 실재의 관행과도 맞지 않는 범주의 사용에 의해 왜곡되었다고 생각하였다. 그렇기 때문에 역사가들이 탐구대상 시기의 문서에서 실제로 사용된 개념들의 의미를 복원한 이후에야 과거의 사회현실에 대한 정확한 서술이 가능하다고 브루너는 주장했다. 브루너에 따르면, '봉건주의'(feudalism), '사회'(society), '국가'(the state) 따위의 근대적 개념이 외삽(interposition)된 나머지 근대기 중세 전공자들은 자신들의 과제를 잘못 설정하였고, 그들이 경험적으로 발견한 사실도 왜곡되고 말았다. 브루너는 시대착오적이라고 선언한 범주들을 자신의 분석에서 모두 폐기했다.

'사회적'(social)과 '정치적'(political), 또는 '국가'(res publica)와 '시민사회'(societas civilis)의 구분은 비록 근대 초기 절대국가 시기에 시작된 것이지만 후대에 와서 법률 및 헌법 전공 역사학자들에 의해 19세기 자유주의 이론의 기초가 되었다고 그는 생각했다. 이들 역사학자들은 국가권력의 영역을 제한하고, 통치의 분점기관들이 서로 맞서 상대방을 제약함으로써 국가권력의 '탈정치화'(depoliticize)를 추구하였다. 브루너는 자신이 옹호할 수 없는 비역사적 가정이라 칭한 전제들을 과거 속으로 되넣어 읽는 대신에, 그는 가족구성원과 하인들, 그리고 군주, 농노, 부르주아 계급 간 관계, 그리고 법률, 통치, 국방의 운영체계 등을 다룬 텍스트에서 발견되는 중세 시대 개념의 의미를 명료하게 파악하자고 제안했다. 개념이 지칭하는 지시물과 의미의 변화를 명료하게 그려야 한다.

이렇게 할 때, 역사학자들은 그들이 다루었던 역사적 주체들의 삶의 얼개였던 실제 구조의 변화와, 자신들이 이런 저런 연구를 하면서 여러 기관, 조직, 실천들을 지시하기 위하여 사용했던 개념들 사이의 연관성을 수립할 수 있었을 것이다.

브루너는 중세 후기의 법학자, 성직자, 통치자들이 아리스토텔레스적 범주로 사고했다고 주장하면서, 그는 19세기 이후 독일 역사기술을 지배했던 이분법, 즉, 권력(Macht)과 번역 불가능한 Geist(정신) 개념, Geist와 사회(Gesellschaft) 개념, 관념적 작용력과 실제적 작용력(Ideal-und Realfaktoren) 간의 이분법이 매우 근대적인 것이라고 역설했다. 결국 브루너가 주장하는 바에 따르면, 독일의 Geist 개념은 프랑스어 등가어 idée와 마찬가지로 데카르트적 범주에서 유래한 것이며, 데카르트적 범주는 과거의 아리스토텔레스적 현실인식 양식에 대한 거부를 표출하면서 동시에 유럽의 문화적 세속화(secularization)의 확대를 보여 주는 것이다. 이런 식으로 인식한다면, 〈정신과학〉으로 알려진 독일적 연구들은 그 자체가 세속화 및 이념과 물질적 현실과의 근본적 괴리라는 이 장기과정의 최종단계에 해당된다. 브루너는 이런 자신의 분석을 이념을 이데올로기로 파악하는 유물론적 비판에까지 확대한다. 그의 견해에 따르면, 관념론과 유물론은 인식론적 · 형이상학적 전제를 상당 부분 공유하고 있으며, 양자 모두 개념과 사회사 간 관계에 대한 편향적 접근방식이다.[13] 브루너는 전후에 발표한 논문에서 이 데카르트적 전환이 후대에 전체주의 독재에 필수불가결한 이데올로기의 창조마저 가능하게 했다고 주장했다.[14] 이들 이데올로기는 사회적 현실과 역사적 현실, 즉 현실 전체를 포괄한다고 공언하기 때문이다. 실제로 '역사', '사회', '자연', 그리고 정신(Geist) 같은 개념들은 의인화되었고, 의사(擬似)형이상학적 존재자, 즉 행동할 수 있는 행위자로 변모했다.

중세 및 근대 역사에 대한 브루너의 접근방식이 논란의 여지가 없는 것은 결코 아니다. 제1, 2차 세계대전 기간의 많은 급진적 · 반민주적 보수주의자들과 마찬가지로, 오스트리아에서 가르치던 브루너는 자유주의적 입헌민주주의에 핵심적인 개념적 구분들, 특히 시민사회와 국가의 구분을 무너뜨리고 싶어 했다. 그는 종종 카를 슈미트(Carl Schmitt)를 인용했는데, 슈미트와 마찬가지로 그도 자신이 누린 상당한 권력을 이용하여, 국가권력을 완화하고 균형을 맞추기 위한 권력분립과 같은 제도적 장치는 물론이고, 다원주의와 대의정부 개념들을 여지없이 비판하였다.[15)]

브루너는 여타 다수의 대학 교수들과 '보수적 혁명'이란 국가주의적 반민주주의 입장을 공유하였는데, 그는 이 입장에서 국가사회주의(National Socialists) 지지로 옮아 간 역사학자 가운데 가장 탁월한 범주에 속한다. 브루너의 역사학적 작업은 이미 주장된 바대로 국가사회주의의 이데올로기적 범주인 Führung(영도)과 Volksgemeinschaft(민족공동체: 국가와 사회를 완전 통합한 독일민족공동체)를 채택하였기 때문에 최근 이로 인해 비판을 받았다. 그는 자신의 주요 저작들의 1930년대 판본에서 Führung과 Volksgemeinschaft 관념은 순수한 독일적 사회제도에서 비롯된 것임을 역사적으로 입증했다고 주장했다.[16)] 이와 유사한 일로서, 브루너는 1950년대에 큰 영향력을 발휘한 논문들에서 뒤늦게 구조적 사회사(Strukturgeschichte)를 옹호했는데, 구조적 사회사는 예전의 글에서는 제3제국의 공식 역사기술에서 제도화된 또 하나의 이념적 범주인 민족사(Volksgeschichte: 독일 민족[Volk]의 역사)란 용어로 종종 표기되었다는 점도 지적된 바 있다.[17)]

그러나 브루너에 가해진 비판 중에서, 유일한 가장 설득력 있는 비판자였던 클라우스 슈라이너(Klaus Schreiner)가 언급한 바대로, 브루너 전기의 이런 측면을 지적한다고 해서 이전 중세 전공 역사학자들이 사용했던 분석범주가 시대착오적이라는 브루너의 주장이 틀렸다고 입증하지 못하며, 또한 그가 1950년대에 구조적 사회사를 주장했을 때 그것이 사악한 신념에서 비롯되었음을 결코 입증하지도 못한다.[18] 그에게 적대적인 또 한 명의 비판자도 19세기와 20세기 법 이론가들의 용어들로 인해 생긴 왜곡으로부터 중세의 헌법(constitutional)과 법률의 역사를 해방시킨 것은 독일 역사가 어느 누구보다 브루너였다는 점을 시인했다.[19] 브루너와 슈미트는 가차 없이 비판받았고 이 평가는 세월이 흐른다고 지워지지 않을 것이지만, 두 사람 모두 급진적 이데올로기의 진정한 신봉자였다기보다 국가사회주의의 승리에 현혹된 기회주의자였다고 옹호하는 시선도 일각에서는 계속 있었다.

빈프리트 슐체(Winfried Schulze)는 1945년 이후 서독 역사학계의 복잡한 제도개편 과정을 꼼꼼하게 재구성한 뛰어난 연구를 발표한 적이 있다.[20] 미발간 자료들을 광범위하게 활용하여 그는 전후 서독에서 사회사의 탄생을 가능하게 만든 조건을 분석하였다. 슐체의 주장에 따르면, 이 탄생은 한편으로는 (새로운 주제에 초점을 맞추고 있지만) 과거와의 깨끗한 결별이라기보다는 오히려 나치 시대에 출발했던 연구의 계속이다. 그때 역사와 사회학은 이전 어느 때보다 밀접한 연관성을 가지게 되었는데, 한 가지 이유를 들면 민족공동체(Volksgemeinschaft)의 유기적 통일성을 의도적으로 강조한 국가사회주의가 총체성을 지향하기 때문이었다.[21] 그러나 전후 서독에서 사회사는 슐체가 말한바 "민족(Volk) 개념의 탈나치화가 완성"된 후, 즉 사회와 국가의 관계에 대한 탈이데올로기적 이론이 잉태한 후에야 비로소 정당성을 획득할 수 있었다.[22] 또 다른 한편, 슐체는 전후 2세대 사회사학자들이 진정한 돌파구를 만든다고 주장한다. 1933년 이전 독일의 역사학계는 대학 강의 및 연구에 사회사를 포함시키려는 온갖 시도를 좌절시켰다.

이 발전과정의 두 양상을 슐체는 언젠가 랄프 다렌도르프(Ralf Dahrendorf)가 한 말을 빌려 역설적 과정으로 표현했는데, 나치에 의한 구체제의 파괴는 과거 빌헬름 시대와 바이마르 시대에는 봉쇄되었던 사회적 · 경제적 근대화를 일정 정도, 그리고 1945년 이후에는 입헌민주주의까지 가능하게 한 뜻밖의 결과를 가져왔다는 것이다.[23] 그리하여 집요했던 과거의 사회구성체와 제도들이 전후 서독에서 제거되었다. 민족공동체(Volksgemeinschaft)와 민족사(Volkgeschichte) 개념은 1945년 이후 수용될 수 없었기에, 역사학자들은 이 두 개념, 그리고 과거의 역사기술 형식에 대한 대안을 모색하였다. 이런 전후 발전의 첫 번째 형식이 구조적 사회사이고, 두 번째가 사회사(Sozialgeschichte 또는 Gesellschaftsgeschichte)이다. 이들 형식은 독자적 방법론과 관심사를 키워 갔다. 이렇게 하여 사회사는 지적 자율성을 획득한다. 슐체의 주장에 따르면, 사회사 연구자들은 과거 독일식 사회사에 적대적이지는 않았지만 관심을 보이지 않았다. 이유는 아주 달랐지만, 베르너 콘체와 한스-울리히 벨러(Hans-Ulrich Wehler) 같은 사회사 연구자들은 이 새로운 사회사 형식과 1933~1945년 사이에 시작된 작업이 갖는 연속성에 대해 거의 관심을 보이지 않았다.[24]

브루너는 『기본개념』의 길을 닦는 데 큰 역할을 했지만, 병마와 노령으로 인해 실행과정에서는 역할이 상대적으로 미약했다. 『기본개념』의 구상을 현실로 꾸준히 전화시킨 최초의 집단은 『기본개념』 편집의 일역을 맡은 베르너 콘체가 하이델베르크 대학에서 조직한 근대사회사 워크숍이었다.[25] 콘체는 전후 독일 대학에서 사회사의 위상을 확고히 구축했다는 평가를 받고 있다. 그는 브로델(Fernand Braudel)을 비롯한 아날 학파 역사학자들을 강력히 옹호한 최초의 독일 역사학자이며, 이들은 전근대 세계에서 장기에 걸쳐 사회적 · 경제적 구조의 완만한 변화를 강조하고 있었다.[26] 그러나 아날 학파와 달리, 사회사에 대한 콘체의 관점은 브루너처럼 정치 및 개념사 모두에 현저한 위상을 부여했다.

그런데 구조사와 개념사의 이러한 병합을 지향한 또 다른 선후배 집단이 있었다. 브루너 말고도, 콘체의 스승 귄터 입센(Günther Ipsen) 역시 역사에 개념어 분석을 적용하는 방향으로 나아갔다.[27] 라이프치히 대학 재직 시, 입센은 한스 프라이어(Hans Freyer)의 절친한 공동 연구자였는데, 프라이어는 1933년 이후 독일 사회학의 공식 지도자(Führer)가 되었다.[28] 입센의 주 관심사는 독일 빈농의 역사와 사회학인데, 이를 통계적 · 언어적 분석과 통합하려고 노력했다. 빈농의 역사에 대한 입센의 관심은 그가 다른 민족적(völkisch) 사상가들과 공유했던 확신에서 출발한 것인데, 빈농이야말로 근대적 힘에 의해 멸망의 위기에 처한 역사적 독일 민족과 이어지는 마지막 연결고리로 잔존하고 있다는 것이다. 입센의 또 다른 연구주제도 똑같이 정치적 · 이데올로기적인데, 이는 중부 및 동부 유럽 내 섬과 같은 독일어 사용 공동체(Sprachinseln)에 대한 남다른 관심, 그리고 베르사유 조약으로 생겨난 기존 국민국가의 국경은 모든 독일인을 통합한 새로운 제국에 의해 대체되어야 한다는 신념이다. 그렇기에 입센은 바이마르 공화국의 영토 밖의 해외 거주 독일인(Auslanddeutschen)에 대한 역사적 · 사회학적 연구를 주도했다. 이러한 작업은 마침내 보상을 받았다. 국가사회주의자들이 권력을 장악했을 때, 처음엔 쾨니히스베르크 대학 교수로 지명되었다가, 그후 독일과 오스트리아의 합병 이후 비엔나 대학의 석좌교수가 되었다. 브루너처럼 그 역시 패전 이후 오스트리아인들의 압력을 받고 교수직을 사임했다.

베르너 콘체는 입센의 제자였고, 쾨니히스베르크 대학 시절 조수였다. 1934년 출간된 학위논문과 1940년의 교수자격취득 제출논문에서 콘체는 입센에게 빚졌다고 누누이 감사를 표시했다.[29] 콘체는 독일군 장교로 참가하여 5년간의 전투에서 살아남았지만, 그가 봉사했던 정권에 대해 가졌던 호의는 전쟁으로 인해 완전히 사라졌다. 1963년 콘체는 나치 시절부터 연방공화국 창설까지 독일 역사를 다룬 저서를 출간했는데, 이 시기를 대상으로 한 최초의 서독 교과서 가운데 하나이다.[30] 그의 저술이 보여 주는 것은 이른바 '독일 보수주의의 탈급진화(deradicalization)', 즉 이제 자유민주주의 및 자본주의 복지국가와 결합한 독일 보수주의라는, 예전에 없었던 유형의 보수주의 대열에 그가 합류했다는 점이다.[31] 독일 역사상 최초로 이런 공약이 우파 정치 문화를 지배했다.[32] 이 변화의 원인으로는 굳이 표현되지 않았던 때가 많았지만 국가사회주의의 과격한 결말에 대한 환멸, 소련 공산주의 위협에 대한 서독인들의 인식, 무엇보다 전례가 없고 예기치 않았던 자유민주주의적 자본주의의 경제적 · 정치적 성공 등이 제시되었다.[33]

독일 국내 정치 분야에서는 의심할 여지없이 보수적이고 국경 문제에 관해서는 고토회복 지향성을 보이지만, 콘체의 교과서는 나치정권을 규탄했다. 그는 나치정권의 행위들을 옹호하려고 하지 않았고 또 유대인 및 다른 집단의 의도적 압살을 부정하려고도 하지 않았다. 콘체의 견해로는 국가사회주의를 비롯한 여타 극우적 운동은 연방공화국 내에서 완전 소멸해 재생 불가능한 상태이며, 그는 이 상황을 매우 반겼다.

콘체는 대학의 학문적 기획 창설자로서 아주 정력적이고 노회했으며, 그는 이 능력을 특정 유형의 역사학을 확립할 제도적 기반을 마련하는 데 바쳤는데, 그것은 19세기 이후의 경제적 · 사회적 · 구조적 변화에 초점을 맞추면서도 그 변모의 언어적 · 개념적 측면에도 상당한 강조점을 두는 역사학이다. 콘체가 스스로 구조사(Strukturgeschichte)라고 명명한 이 역사학을 옹호한 사실은 사회사가 독일 역사학계의 일부로 승인받는 과정에서 중대한 역할을 한 것으로 인정받고 있다. 집단적 사업에 적대적인 대학 환경 속에서, 이런 사업 조직의 거장인 콘체는 그가 창립한 근대사회사연구회(Arbeitskreis für Moderne Sozialgeschichte)를 외관상 연계성이 없는 두 연구기획의 기반으로 만들었다. 하나는 현재 60권 이상 출간된 『산업세계』(*Industrielle Welt*) 총서인데 산업화 과정에서 진행된 사회와 경제 변화에 대한 연구이다. 다른 하나가 『기본개념』으로, 브루너 작고 이후 콘체와 코젤렉이 공동으로 운영했다.[34] 그리하여 코젤렉은 사회사 자료와 〈개념사〉 자료 양자의 비환원적 결합의 필요성을 이론적으로 강조했는데 이런 이론적 강조는 콘체가 『기본개념』에서 이 방법론을 적용할 수 있는 집단을 미리 창립한 덕분에 바야흐로 실현될 수 있었다.

콘체는 코젤렉과 함께 『기본개념』이 대상으로 설정한 긴 시간에 걸쳐 정치적 개념의 통시적 분석을 실행할 수 있는 전문가팀을 창설하는 혁신적 방안을 고안했다. 그런데 그 기획의 목표를 공유하고 개인적 연구와 관심사를 기획에 맞추고 싶어 하는 전문가팀에 참여할 학자가 이미 존재한다고 상정해서는 안 된다. 그러기에 조직화되고 재정 지원이 충분한 지속성 있는 연구단의 창립이 관건이었다. 『기본개념』 각 권마다 집필자들은 출간할 때까지 연례 전체회의를 가졌다. 이런 식으로 『기본개념』의 편집자들은 전반적인 이론적 목표 및 반드시 포함해야 서로 다른 자료 유형들을 집필자들에게 주지시키려 노력했다.

이 학회의 지속적 참여가 사전편찬 과정에서 결정적 역할을 했다는 점은 『기본개념』 집필자의 수가 상당하다는 것에서도 알 수 있는데, 이들은 근대사회사연구회의 회원으로서 산업화로의 이행과정을 주제로 한 총서 출판에도 참여하였다. 이렇게 학회의 회원이 되어 공통의 지적 관심사를 가지고 계속 참여한 경우는 사회사학자만이 아니었다. 크리스티안 마이어는 고대 그리스사와 로마사의 권위자이자 독일의 몇 안 되는 정치사상을 전공한 고전학자인데, 그 역시 『기본개념』에서 중요한 역할을 했다. 마이어는 사전의 기획 단계서부터 적극적으로 참여했다. 그는 제4권 공동편집자로 참여했고 『기본개념』에서 고대 그리스 및 로마에서 기원한 개념을 다룬 상당수의 논문에 뚜렷한 공헌을 하였다. 그리하여 마이어의 학회 회원 가입은 고대 고전 시대에 처음 창안된 개념들의 발달사를 다룬 다수의 논문에 일관성을 높였다. 『기본개념』은 일련의 공통 목표와 방법론을 유지하는 데 비교적 성공했는데, 다른 사전들의 경우는 이와 비견할 만한 연구단을 가지고 있지 않았기 때문에 『기본개념』에 비해 떨어진다.

일찍이 1966년의 글에서 콘체는 『기본개념』의 목표는 구조적 사회사를 개념 및 개념 변화 연구과정 속으로 통합하는 것으로 정의했다.[35] 마찬가지로 사회사와 개념사의 통합 필요성은 라이하르트 코젤렉이 쓴 『기본개념』 서문의 핵심 주제이다.[36] 코젤렉의 탁월한 〈개념사〉 작업은 『기본개념』에 기고한 글에서 전개되는데, 그중 '혁명, 반란, 봉기, 내전'(Revolution, Rebellion, Aufruhr, Bürgerkrieg), '역사'(Geschichte, Historie), '위기'(Krise), '연합, 동맹, 연방주의, 연방공화국'(Bund, Bündnis, Föderalismus, Bundesrepublik) 등 일부 항목은 가장 길고 가장 우수한 항목에 해당된다. 다른 논문을 모은 영어 번역본이 있으며, 이중 일부 논문은 그 자신의 〈개념사〉 이론을 서술하고 적용한다.[37]

〈정신사〉의 오랜 주제 가운데 하나인 개념의 역사는 이제 『기본개념』을 통해서 독일어권 유럽의 정치적 · 사회적 · 경제적 구조의 변화와 연결되었다. 개념과 구조 간의 이러한 균형을 유지하기 위해 브루너 사거 후 남은 두 편집자는 진정으로 상대방의 애초 관심사를 향해, 즉 콘체는 〈개념사〉 쪽으로 코젤렉은 사회사 쪽으로 전향해야만 했다.[38] 그들은 실제로 전향했다. 과거 코젤렉은 지성사 분야 박사학위논문인 탁월하지만 논란 많은 『비판과 위기』(*Kritik und Krise*)를 저술했다. 이 논문은 계몽주의에 대한 비판적 해석을 제공한 것으로, 카를 슈미트의 『토마스 홉스의 국가론에서의 리바이어던』(*Der Leviathan in der Staatslehre des Thomas Hobbes*, 이하 '카를 슈미트의 『리바이어던』')의 논지를 일부 차용하면서도 이를 코젤렉의 또 다른 스승인 요하네스 퀸(Johannes Kühn)이 전개한 관용의 기원에 대한 견해를 받아들여 수정하였다.[39] 그러나 코젤렉의 교수자격취득 논문을 지도했던 콘체는 코젤렉에게 『비판과 위기』에서 두드러졌던 개념사를 사회사 및 행정사와 결합시킨 주제를 선택할 것을 요구했다.

그 결과가 700면이 넘는 획기적 역작인 『개혁과 혁명 사이의 프로이센』(*Preussen zwischen Reform und Revolution*)인데, 개혁적 관료들이 작성하고 실행에 옮긴 사회이론을 육화한 프로이센 일반법전(Prussian General Code)을 주제로 다룬 저작이다. 이들 행정가들은 신분과 여타 법인단체에 기반한 프로이센의 조직을 개편하기 위해 시민권의 법적 · 경제적 토대의 개념을 바꾸었다. 시민권의 법적 승인 기준을 그들은 출생에서 재산으로, 집단적 소속에서 개인적 권한으로 대체하였다. 국가행정, 사회변화, 그리고 법률사에 대한 이 연구는 그 자신에게 코젤렉 식 〈개념사〉를 전개할 풍부한 사료를 제공하였다.[40] 근대 독일 사회사의 고전이 된 이 저작은 개념의 역사가 사회, 법률, 행정의 역사를 조명할 수 있는 방식을 보여 준다.[41] 정치이론가 및 정치적 문제로 구성된 자료 목록들을 다루는 것이 영국적이고 보다 통상적인 연구방법이지만, 이런 통상적이고 영국적인 자료에 이들 학문 분야에서 선택한 자료들을 추가할 때 어떤 소득이 생기는지 이 저작보다 더 잘 보여 주는 경우는 드물 것이다. 제2차 세계대전 종전 20년 후, 기존의 여러 독일 역사학 연구방식에서 전개된 몇몇 요소들을 통합하면서 『기본개념』의 강령이 마침내 등장하는데, 그 요소들은 콘체 식의 구조적 사회사, 〈이념사〉와 〈정신사〉를 대체한 브루너의 중세 텍스트 내 개념의 복원작업, 그리고 코젤렉에 의한 새롭고 영향력이 큰 개념사와 사회사의 통합 등이다.

코젤렉에 영향을 미친 다른 지적 유산도 있다. 〈수용이론〉(Rezeptionstheorie) 창시자인 한스 로베르트 야우스(Hans Robert Jauss)는 1945년 직후 하이델베르크 대학 시절 자신을 포함하여 코젤렉 같은 역사학도가 직면한 상황을 회상한 적이 있다.[42] 그들의 지적 세계를 규정한 것은 헤겔, 후설, 하이데거였다. 역사학 공부를 시작한 학생이라면 니체, 후설, 하이데거, 가다머가 지배하는 분위기에서 독일 역사주의(Historismus)와 철학이 남긴 가공할 유산과 새로운 방식으로 대면해야 했다. 하이델베르크 대학의 일반적 분위기는 역사기술에서 이른바 실증주의를 배격했다. 그들은 실증주의는 미학적으로 가증스러운 만큼 철학적으로도 수용할 수 없었다. 해석과 해석학이 철학만큼이나 역사학의 본령에 위치하고 있다고 믿었다.

〈개념사〉와 〈수용이론〉 양자의 발전과정에서 관건적 역할을 한 것은 한스게오르크 가다머가 주도한 하이델베르크 세미나였는데, 그는 에리히 로타커, 요아힘 리터와 함께 『개념사 수장문고』의 창설자 겸 편집자였다. 학생 신분으로 가다머 세미나에 정기적으로 참여했던 코젤렉은 세미나에 하이데거가 대장 격으로 또는 그냥 참여자로 여러 번 나왔다고 회상했다. 코젤렉은 나중에 한 사회가 가진 기대, 진단 및 역사지평의 정치적 결과를 강조했다. 이런 관심사는 그가 일찍이 하이데거 및 가다머와의 만남에서 생긴 것이다. 두 사람은 또한 『기본개념』이 정치 · 사회적 개념의 정밀한 분석을 통해 탐구하게 될 『기본개념』의 핵심 가설을 제공하게 되는데, 즉 안장시대 동안 근대 유럽 사회에서 시간 개념에 결정적 변화가 일어나며, 이와 동시에 미래 개념에는 진보뿐만 아니라 전에는 해결할 수 없었던 정치적 · 사회적 문제의 성공적 해결에 대한 기대까지 담는다는 견지에서, 미래를 향한 새로운 방향 정립이 생겨난다는 것이다.[43]

〈개념사〉 연구를 위해서는 사유를 제약하는 공간적 · 시간적 지평의 관점에서는 물론, 저자의 자기 이해의 관점에서도 텍스트 분석을 해야 한다는 코젤렉의 주장에도 가다머의 영향이 앞서와 마찬가지로 명백하다. 훗날 코젤렉은 야우스를 비롯한 다수의 문학비평가를 포함한 연구자들과 함께 〈수용이론〉을 적용하는 일련의 회합과 출판저작에 참여했다. 야우스가 언급한 바처럼, 이 용어는 독일어를 말하지 않는 사람들에게는 기이하게 들릴 것이다. 그들이 볼 때 "'reception'(수용, 응접)은 문학보다 호텔 경영에 더 적절해 보일 것이다."[44] 실제로 〈수용이론〉은 관심의 소재를 작가의 의도 및 작가 자신의 작품으로부터 독자에 의해서 해석된 텍스트로 옮겼는데, 독자들은 텍스트의 의미 및 의미적용 면에서 큰 편차를 보인다.

그리하여 『기본개념』은 해석학, 따라서 개념장치, 개념지평 및 역사 행위자의 자기 이해의 중요성을 강조한 역사적 탐구방식에서 출발했다. 그렇지만 연방공화국의 첫 20년간 브루너와 콘체가 사회사를 〈개념사〉에 이끌어 왔기 때문에 결과적으로 두 사람은 개념사를 철학적 · 해석학적 방법론으로부터 역사가들이 수용할 수 있는 또 다른 방법론으로 변모시키는 데 일조했다.[45] 하이데거와 가다머는 철학적 유형의 〈개념사〉를 실천했지만, 언어에 대한 그들의 관심은 기본적으로 존재론적 성격이었다. 『기본개념』의 강령은 명확히 존재론적 의도를 부정했다. 그것은 역사적 작업이 되어야 했다. 코젤렉이 지적했듯이 하이데거와 가다머는 역사가들의 실제 작업에 대해 적절한 설명을 제공할 수 있도록 자신들의 이론틀을 상황에 맞게 변용하지 않았다.[46]

이와 대조적으로 『기본개념』 식의 역사적 의미론에서 연구하는 개념들은 통치, 사회, 경제 분야의 구조적 연속성 및 변화와 관련을 가져야만 했다. 방법론, 사료, 입증 기준은 철학자가 아니라 역사가들이 수용할 수 있는 것이어야 했다. 신세대 역사학자들은 해석학을 강조하고 정치, 외교, 군대의 역사에 집중한 선배 세대의 관심사로부터 멀어지고 있었으며, 그리하여 『기본개념』의 편집자들은 연방공화국 내의 주류 역사 연구 경향을 상대로 싸우기보다는 오히려 이를 부분적으로는 포용한 면이 있다.[47]

라인하르트 코젤렉(1923~2006)은 하이델베르크 대학을 떠나 빌레펠트 대학의 학과장직 제의를 수락했다. 빌레펠트에서 그는 훗날 연방공화국 내 사회사를 주도할 연구원을 창설하고 원장이 되었다. 코젤렉을 사회사적 선회를 추동한 주도자의 한 사람으로 간주하는 경우는 드물지만, 그는 사회사 진흥에 한몫했다. 이렇게 그는 빌레펠트 대학에서 발간하는 『역사와 사회』의 편집자로 활동했고, 콘체의 서거 후 근대사회사 연구회를 물려받아 이끌었다. 그는 심성에 대한 프랑스 사회사의 관심사로 종종 간주되는 주제에 대해 오랜 기간 작업을 하였다. 그는 전쟁 기념물에 대한 연구를 통해 이 주제를 탐구하고 있었는데, 다만 〈개념사〉 작업과 쉬 동일시될 수 있고 개념사 작업과 모순되지 않는다는 점에서 연구목적에서 차이가 있다.[48] 그의 주안점 가운데 하나는 20세기 전쟁 기념물들이 갖는 죽음의 민주화이다.

그렇지만 『기본개념』이 개념에 초점을 맞추었기 때문에 『기본개념』을 과거의 역사주의적 · 해석학적 역사기술 형식의 일부로 보는 독일 사회사 연구자들이 많다.[49] 사실을 말하자면, 『기본개념』 편집자들은 개념을 사회적 변화의 지표에 불과한 것으로 보기를 거부했다. 단도직입적으로 그들은 〈개념사〉를 사회사와 구별해야 한다고 주장했다. 개념은 정치 · 사회적 변화에 영향을 미치는데, 왜냐하면 인식지평은 개념을 통해 구성되고, 개념에 비추어 구조적 변화를 인지 · 평가하고, 개념을 배경으로 구조 변화가 일어나기 때문이다.

『기본개념』 사업이 검증하려는 가설은 독일어권 '전통 유럽'(Alt Europa: 프랑스혁명과 산업혁명 이전의 '옛 유럽')의 정치 · 사회 언어의 핵심적 개념들이 코젤렉이 명명한 안장시대(Sattelzeit), 즉 약 1750년에서 1850년 시기 동안에 변모했다는 것이다. 그래서 『기본개념』은 〈개념사〉를 활용하여 독일어권 유럽에서 근대의 도래, 인지 및 결과를 추적하며, 독일어권 근대는 고유한 형식을 가지게 된다고 가정한다. 『기본개념』은 이 시기 동안 의미 변화의 가속도(Beschleunigung)에 주목한다. 방법론은 개념들이 통치, 사회, 경제 영역의 구조적 변화를 등록하면서 동시에 영향을 주었다고 전제한다. 이런 변모들은 이해당사자 집단들이 구조적 변화에 대한 그들 나름의 해석과 평가를 확고하게 만들기 위해 투쟁한 연후에야 비로소 인지되고, 개념화되고, 그리고 이런 저런 역사적 지평 내에 자리를 잡는다.

『기본개념』의 목표는 정치·사회적 개념을 3개 유형으로 식별하는데, 각 유형은 오늘날 독일어 용법의 관점 아래 정의된다. 첫째는 '민주주의'처럼 오랫동안 사용된 용어로, 오늘날의 언어 사용자들이 여전히 과거의 의미를 되살려 이해하는 유형이다. 두 번째는 '시민사회', '국가'와 같은 개념인데, 본래의 의미가 안장시대 이후의 언어적 용법에서 삭제된 결과 이제는 그 이전 텍스트에서의 용법은 과거의 의미를 학문적으로 재구성한 후에만 이해할 수 있는 유형이다. 세 번째는 '전제정치'(Caesarism), '파시즘', 또는 '마르크스주의' 같은 혁명적 변모 과정에서 만들어진 신조어들로, 용어들 자체가 혁명적 변모를 구축하거나 해석하는 데 일조한다.

이런 개념들에서 어떤 부분이 특히 근대적인가? 『기본개념』에서 우선순위가 높은 의제는 안장시대 기간 중 개념 전개에 대한 여러 가설들을 검증하는 것이다.

1. 시간화(Verzeitlichung): 근대의 정치·사회적 개념을 시대, 국면 또는 단계의 견지에서 역사발전을 목적의식에 맞추어 배열한 여러 형태의 역사철학이나 지평 속으로 집어넣기. 목적을 향한 시간적 운동의 틀 속에 개념을 배치하는 역사철학 가운데 가장 널리 알려진 예가 진보이론이다. 정치·사회적 사상에 이런 시간적 모형을 부여하는 것은 괄목할 결과, 즉 현재와 바람직한 미래에 대한 모습 간 긴장을 초래한다. 그리하여 이런 역사화된 개념들은 정치·사회적 생활에서 열정적 정서의 크

기, 강도, 그리고 분열 정도를 크게 증가시킨다. 왜냐하면 역사적 시간의 이러한 사용은 이후 개념이 기능하는 공간, 즉 '지평'을 창조하는 데 일조하기 때문이다. 이런 '지평'으로 특히 중요한 것은 종말론적 관점으로, 이는 행위자들로 하여금 자신들이 역사적으로 유일무이한 시대에 살고 있다고 인식하게 하든가, 아니면 모든 것이 곧 변하고 파국을 맞든 다른 식으로든 역사가 끝날 종점에 살고 있다고 인식하게 만들 때도 가끔 있다.

방법론적 측면에서 볼 때, '시간화'는 개념사가 역사적 단절 지점을 보여 주는 데 공헌하는 고유한 기능을 가지고 있음을 시사한다. 왜냐하면 그러한 단절은 언어에 반영되고, 따라서 언어는 사건과 제도 내의 '균열'을 찾아내는 데 필수불가결한 맥락을 제공하기 때문이다. 근대를 구성하는 주요 변모들 가운데 한 가지 두드러진 점은 언어적 변화의 가속성이다. 근대의 정치 · 사회적 개념들 중에서 신조어의 비율은 시간, 경험, 지적 발달 모두에 가속도가 붙고 있다는 전제에 기초한 사고방식이 점차 수용되고 있음을 보여 준다. 이러한 가속성은 그 자체로 좋은 것으로, 동시에 미래의 발전과정 속에 내장되어야 할 필수요소의 일부로 인식된다. 그리하여 개념은 의미장에 의해서도 변하지만, 개념 속에 내장된 시간적 전제에 따라서도 변화한다는 『기본개념』의 가설이 나왔다.[50)]

2. 민주화(Demokratisierung): 근대 초기 이전에는 상대적으로 제한된 엘리트 집단의 전문 영역이었던 정치 · 사회적 개념의 민주화. 계몽주의 전에는 전체 인구 가운데 비교적 적은 수의 공식 교육을 받은 집단의 구성원인 성직자, 귀족, 법률가, 그리고 기타 엘리트 집단만 전문적 정치 · 사회적 용어를 사용하였다. 18세기 동안 독서방식, 독서물의 내용과 형식, 전달되는 정치적 내용, 그 내용이 겨냥하는 독자의 규모 등에 심대한 변화가 일어났다. 그 이전에도 꼭 같은 텍스트가 되풀이하여 탐

독되었지만, 이제는 많은 텍스트들이 어디서나 구하기 쉬워져 훨씬 급속하게 읽혀졌다. 이제 정치 · 사회적 개념들은 과거처럼 서적만 아니라 오히려 신문과 같은 다양한 매체를 통해 전달이 가능해졌다. 이렇게 하여 정치적 개념을 알게 된 독서대중의 규모가 대폭 확대되었다. 비독서 인구의 경우에도 많은 사람들이 과거라면 거의 알지 못했을 대규모 정치운동에 개인으로 참여했기 때문에 이제는 정치토론에서 쓰이는 개념들에 친숙하게 된다.

3. 이데올로기화(Ideologiesierbarkeit): 개념이 이데올로기 속으로 흡수되는 정도. 정치 · 사회적 개념은 구체제 유럽 고유의 신분질서 체제 하에서는 특정화, 특수화 경향을 보였는데, 특정 도시 '시민'의 자유들(the liberties of Bürger of a city)과 같은 예가 보여 주듯 복수 형태로 뚜렷한 사회적 단계와 특권을 지칭했다. 그러나 18세기에 들어서면서 그때까지 잔존해서 사용되던 과거의 언어들은 사회적 지칭 범위가 더욱 일반화되거나 의미가 더욱 추상화되기 시작하고, 마침내 언어적으로는 '주의'(isms) 또는 'liberty'같이 단수명사 형태를 취하게 되면서 단수명사는 'liberties'와 같은 과거의 복수형 용법을 대체한다. 이런 추상명사는 의미의 윤곽이 분명하지 않은 공식어에 아주 적격인데, 왜냐하면 지지자를 확보하려 경쟁하는 운동과 집단들이 자신들의 이해관계에 따라 이 말을 규정할 수 있기 때문이다. 개념의 문법형이 복수에서 단수로 변한 것은 이러한 이데올로기적 경향이 확연히 드러난 한 방식이다. 그리하여 과거에는 구체적인 권한, 관행, 또는 사건으로 이해되던 관념들로부터 단수형의 집합적 개념이 탄생한다. 예를 들면, liberties가 liberty가 되고, histories가 history가 되었다. 막 잉태한 이데올로기를 지칭하기 위하여 숱한 신조어가 만들어지는데, 자유주의(liberalism), 보수주의(conservatism), 무정부주의(anarchism), 사회주의(socialism), 공산주의(communism), 파시즘(fascism) 등이 그 예이다.

4. 정치화(Politisierung): 개념의 정치화. 혁명, 전쟁, 경제적 변화로 인해 구체제 유럽에서의 사회집단 분류방식, 지역단위, 입헌적 정체성이 파괴되자, 적대적 계급, 계층, 운동들 사이에서 정치·사회적 개념이 무기로 사용되는 빈도가 증가하였다. 그러한 투쟁에 관여하는 대중도 이전보다 더욱 다양해지고 규모도 커졌다. 운동과 집단들은 이렇게 정치에 처음 참여한 사람들을 동원하기 위해 서로 경쟁하였다. 그들이 사용한 개념들은 선전구호와 상대비방 용어 속으로 편입되었다.[51]

『기본개념』은 안장시대 동안 모든 정치·사회적 용어가 네 가지 특성을 공유했다고 주장하지는 않는다. 또한 모든 개념이 한꺼번에 그와 같은 변화를 겪었다고 하지도 않는다. 특정 계층, 계급 또는 집단이 이런 방식으로 정치화된 개념에 영향을 받는 정도는 경험적으로 확립되어야 한다. 그렇지만 『기본개념』에서 고찰한 개념들의 역사는 전반적으로 이들 네 종류의 개념적 변화가 실제로 독일어권 유럽에서 발생했음을 입증한다고 그 편집자들은 주장한다.

안장시대 기간 동안 정치, 사회, 경제 분야의 거대한 구조 변화는 이 변화를 경험하는 사람들에게 다양한 방식으로 개념화되는데, 근대의 정치·사회적 개념이 잉태한 과정을 이해하기 위해서는 우리는 이 다양한 개념화 방식에 대해 더 알아야 할 필요가 있다. 나아가 『기본개념』이 주장하는 바는, 개념은 의사결정 및 행위의 조직화에 참여하는 과정에서 구조적 변화의 형성에 기여하기 때문에 개념 연구를 통해 구조 변화에 대해 많은 것을 배울 수 있다는 것이다. 이런 상호작용의 추적은 오로지 〈개념사〉 자료와 사회사 자료를 하나로 묶어 사용할 때만 가능하다. 『기본개념』이 채택한 사회사는 "사회구성체, 입헌적 형식(constitutional forms)의 성립, 그리고 집단, 계층, 계급 간 관계를 탐구한다."[52] 브로델로부터 대거 영향을 받은 아날 학파 세대 역사학자들은 사회·경제적 구조를 강조했는데, 브로델이 브루너의 특징으로 주목한 바처럼, 이런 식의 사회사

에 대한 이해는 정치조직을 분석과 중요성의 차원에서 사회 · 경제적 구조와 동등하게 취급한다.[53]

이렇게 광범한 일반화를 검증하기 위하여『기본개념』편집자들은 방법론상 세 가지 원칙을 강조한다. (1) 〈개념사〉와 사회사 사료들을 같이 사용하여야 한다. 편집자들은 개념적 변화와 사회적 변화 사이에 역동적 상호작용이 있다는 주장을 견지한다. 두 유형의 역사학을 묶어 활용할 때만 연속, 수정, 혁신을 탐지할 수 있다. (2) 언어는 구조 변화의 행위자이자 동시에 지표이기 때문에 개념사 연구는 철학, 역사적 의미론, 구조언어학에서 유래한 일군의 방법론을 자체 목적에 맞추어 고쳐 사용해야 한다. 개념을 식별해서 추적할 때,『기본개념』의 〈개념사〉는 공시적 · 통시적 언어 분석을 교대로 사용하고, 총의론(semasiology: 특정 용어가 가진 모든 의미에 대한 연구)와 총칭론(onomasiology: 특정 언어 내에서 동일한 물건—또는 여기서처럼 동일한 개념—을 지칭하는 모든 명칭이나 용어에 대한 연구)을 함께 사용하며, 그 특정 언어 내 정치 · 사회적 어휘들의 의미장을 분석한다.[54] (3) 개념의 용례 및 변화를 확립하려면, 출처와 대상독자가 다르고, 자료가 허용하는 한도 내에서 최대한의 사회구성체까지 확대된, 유달리 광범위한 자료를 분석해야 한다. 여기에는 독일 철학 분야 대사상가, 정치적 · 경제적 · 사회적 이론, 사법권, 신학, (빈도는 덜하지만) 문학이 포함된다. 엘리트 혹은 여타 집단, 계층, 계급이 사용하는 정치 · 사회적 용어의 용법에 관한 정보는 신문, 잡지, 전단, 보고서 및 각종 대회 연설에서, 그리고 정부, 행정, 사법 관료조직에서 출간된 서류에서, 그리고 회고록, 서신과 일기 등에서 수집한다. 끝으로 집필자들은 백과사전, 편람, 유의어사전의 적절한 항목은 물론이고, 각 시대의 언어비교 사전(독일어, 이중언어, 다중언어 사전)을 반드시 체계적으로 조감해야 한다. 지난 시대의 정치 · 사회적 어휘를 확정할 목적으로 이런 자료들을 이렇게 성공적으로 활용한 작업은 이전에는 없었다.

그러므로 『기본개념』의 괄목할 만한 특징은 언어에 대한 관심, 그리고 원래는 문헌학, 구조언어학, 역사적 의미론에서 채택된 방법의 적용이다. 그렇지만, 『기본개념』 편집자들은 정치 · 사회적 개념의 용법을 이해하고 기록할 때 필수적이라 생각되는 문제에 초점을 맞추어서, 이들 방법을 방침에 따라 엄격하게 활용하였다. 그들은 자신들 작업이 언어학에 공헌한다고 생각하지 않았다. 이 개념사 사전의 목적은 『철학사전』처럼 철학용어 목록을 제공하는 것도, 사전편찬자의 작업처럼 개개 단어에 대하여 순수 의미론적 사전을 제공하는 것도 아니다.[55]

개념의 분류란 어차피 자의적일 수밖에 없지만, 잠재적 독자를 위해서 『기본개념』 내용을 소략하게 조감해 보는 것도 의의가 있겠다. 원래 120개 개념을 설정했는데, 이 가운데 115개가 실팍한 분량의 7권에 실려 있다. 일부 개념들이 하나 이상의 범주에 속한다는 점을 무시한다면, 나의 분류는 아래와 같은 분포를 보여 준다.

1. 정치적 개념 56개. 이 범주에 포함된 개념들은 '국가', '주권', '헌법' 따위 총칭적 용어; '민주주의', '군주제', '폭정', '전제정', '독재' 따위의 정치체제 유형; '권력'(Macht), '평등'(Gleichheit), '정치' 혹은 '정책'(Politik) 등 추상어; 그리고 '당', '의회, 의회체제, 의회주의'처럼 실제의 제도적 절차, 집단, 과정을 규정하려는 개념이다.
2. 사회적 개념 45개. 여기에 포함된 개념들은 '시민사회'(bürgerliche Gesellschaft) 같은 총칭적(generic) 용어; '신분'; '지위' 또는 '계층'(Stand)과 '계급'(Klasse); '체제'와 '구조'; 퇴니스(Ferdinand Tönnies)에 의해 유명해진 대비인 공동사회(Gemeinschaft)와 이익사회(Gesellschaft); 중산계급 또는 중산층(Mittelstand); '소명'(Beruf); '가족'; '빈농'(Bauer)이다.
3. '주의' 및 이데올로기 27개. 이것은 '무정부주의', '보수주의', '자유

주의', '전통주의'; '마르크스주의'와 '공산주의' 둘 모두; '제국주의'; '파시즘'을 포함한다.

4. 철학적 개념 21개. 포괄범위는 '자연법, 자연권'(Naturrecht); '허무주의'; 그리고 '유물론-관념론'; '자유', '권리'(기본권[Grundrechte], 인권[Menschenrechte], 시민권[Bürgerrechte], 국민권[Volksrechte]), '관용' 따위의 정치적 · 법적 개념이다.
5. 역사적 개념 20개. 여기에는 역사(Geschichte, Historie)라는 총칭적 개념도 들어가지만, 전반적으로 '진보', '위기', '비판', '혁명' 같은 역사철학적 개념을 강조한다.
6. 경제적 개념 19개. 이 범주에는 '작업', '노동자', '노동조합', '필요'(Bedürfnis), '이해관계'(Interesse), '자본', '자본가', '기업가', '자본주의' 및 '재산'(Eigentum)이 있다.
7. 법적 개념 15개. 이 범주는 '기본법', '헌법', '법률', '성문법'(Gesetz), '비상사태'(Ausnahmezustand) 및 '계약'을 포함한다.
8. 국제정치학 용어 10개. 여기에 포함된 것은 '전쟁', '평화', '중립', '권력 균형' 및 '국제주의'이다.

특수성(Sonderweg: 독일의 고유한 발전) 주창자들은 근대가 독일어권에서 특유한 형태를 띠게 된다고 주장하는데, 『기본개념』은 궁극적으로 독일어권 유럽에서 근대의 출현과 인지를 추적하려는 시도에서 출발한 것으로 이해해야 한다. 아래에서 상술하겠지만, 『기본개념』은 정치, 사회, 경제를 논의하기 위해 사용된 언어 연구를 갑작스럽고 급진적인 구조적 변화에 대한 탐색과 결합한다. 초점은 근대 세계의 출발들이며, 이는 독일 연구자들이 지금 유럽 안팎의 타국의 학자들과 공유하는 관심사이다. 『기본개념』 집필자들은 〈개념사〉와 사회사의 결합 요구를 엄격하게 적용하고, 이를 통해 안장시대 전후 및 그 기간 중 정치 · 사회적 개념이 사용된 방식을 분석한다. 개념상의 근본적 변화가 구체제 시대의 전혁명적 · 전산업화적 국면에서의 급진적 변화를 동반할 때에는 특별히 관심을 가지고 본다.[56)]

여기서 개념의 역사적 내용은 다양하게 변하는 역사적 맥락 속에서 오랜 세월에 걸쳐 획득된 의미의 응축물로 취급된다. 『기본개념』은 개념이 오랜 세월 사용되면서 축적한 의미를 발견하기 위하여 두 가지 방법을 사용하는데, 하나는 개념의 역사적 분석을 위해 여러 가지 언어학적 기법을 적용하는 것, 즉 개념을 역사적 맥락 속에 자리매김하는 것이고, 다른 하나는 의미 변화를 구조적 변모와 연관시키는 것이다.

모든 표제어는 동일한 일반 서술 형식을 따른다. 각 항목 서두에 전체 내용의 개요가 있고, 본문을 크게 3부로 나누어서 각 부분은 해당 시기의 용법들을 다룬다. 1부는 고전 시대부터 근대 초기까지 용법에 초점을 맞추고 있다. 만일 특정 개념이 고전적 또는 중세적 용어에서 유래된 것이라면, 두 시대 각각에서의 의미와 함께 그리고 당시 사용된 다른 개념들과의 관계도 다룬다. 특히, 근대 초기적 용법이라면 종교개혁, 반종교개혁, 인본주의 또는 절대주의와 관련된 것이 아닐지라도 꼼꼼히 살핀다. 편집자들은 고대와 현대의 구분이나 이상화된 '전통 유럽'(Old Europe)의 이미지같이 자의적이고, 검증되지 않은 이데올로기적 가설을 과거의 맥락 속으로 집어넣고 읽는 식을 피하려고 노력했다.[57)] 2부는 원칙상 가장 긴 부분인데, 대략 18세기 중반부터 시작하고 19세기는 해당 개념의 특정한 역사로 인해 필요한 시기까지 개념의 발전과 변화를 담당한다. 2부 본문은 『기본개념』의 강령에 따른 모든 유형의 분석을 구체적으로 보여 준다. 용법 변화의 줄거리를 작성하고 그 지속 기간을 기록하는데, 용법의 정치적 · 사회적 적용상의 변화도 마찬가지이다. 즉, 다음과 같이 질문한다. 그 개념은 신조어인가? 오랜 기간 사용되었는가? 그것은 의미의 근본적 수정을 뜻하는가? 개념 형태는 구조 변화와 어떤 관계를 갖는가? 3부는 발견사실들을 요약하려 하기보다 오히려 새로운 발견사실들을 20세기 및 현재의 용법과 연관 지으려 한다. 이런 조감(Ausblick), 즉 특정 개념의 용법을 우리 시대 속으로 투사하는 것은 과거의 의미가 현재까지도 지속되거나 탈락한 정도를 확정하기 위한 것이다. 3부에서 종종 주목받는 것들이 있는데 국가사회주의의 용어와 개념이다. 예를 들면, '유물론-관념론' 항목의 결론은 히틀러가 『나의 투쟁』(*Mein Kampf*)에서 쓴 이분법을 분석하고 있다. 3부는 독일어에서의 개념의 용도를 언급하거나 카를 슈미트 등의 20세기 이론가를 언급하고, 현재적 용법에 대하여 논평할 때도 있다.

보통의 사회사 기술에서 텍스트는 사회적 계층화, 분업, 인구, 도농관계, 그리고 정량적으로 최대한도까지 접근한 여타의 문제들에 대하여 증거를 제시할 때만 취급한다. 이에 비해 〈개념사〉는 텍스트를 구성하는 단어와 개념에 초점을 맞춘다. 개념사 방법론의 일부는 역사철학 방법론에서 유래하였지만, 역사문헌학 및 언어학에서 유래한 경우가 더 많다. 〈개념사〉 실천자들이 발견한 결론에 대해서는 늘 "텍스트의 주석을 통해 그 타당성을 평가해야 하고, 또 그 결론들은 그와 같은 주석에 기반해야 한다."[58] 〈개념사〉와 사회사는 주안점과 관심사가 다르기 때문에 개념 변화와 구조 변화 간 상관관계를 이해하려면 반드시 둘을 함께 활용해야 한다. 사회사 연구자가 개념을 가지고 작업할 때, 개념은 구조적 변화의 지표 역할을 한다. 그러나 『기본개념』 편집자들이 주장하듯, 개념은 정치 · 사회적 변화에도 영향을 미치는데, 왜냐하면 지평은 개념을 매개로 구성되며, 정치 · 사회적 변화는 개념의 잣대를 통해 인지되고, 미래 속으로 투사하고, 또는 과거와 대비되기 때문이다. 위기와 갈등의 시대에 사회 · 정치적 개념의 연속, 수정, 혁신에 대한 식별은 다름 아닌 〈개념사〉를 통해서 가능해진다.

『기본개념』 식 〈개념사〉 실천자들은 갈등상황에서 정치언어는 용법이나 규칙이 근본적으로 불일치하는 특징을 지닌다고 주장한다. 오늘날 정치담론 분석자 중 상당수는 과거 시대에 정치언어가 이해관계에 봉사했다는 사실을 자신들이 최초로 인지했다고 하지만, 『기본개념』은 정치적 용법은 늘 갈등상태에 있었다고 상정한다. 위기의 시대에는 법, 정치, 관료제도, 헌법 분야 언어의 근본적 변모에 가장 영향을 받는 집단, 계층, 계급들은 구체제에 속한 어휘와 여타 언어적 관행을 사용하거나, 아니면 이것들을 통제하는 조건과 규칙을 의도적으로 새로 정의함으로써 생겨나는 결과에 매우 예민하게 반응한다. 정치논쟁에서 경험적 증거의 사용은 어떤 것이든 정적(政敵)들에 의해 반박당하기 마련인데, 언어적 용법도 마찬가지이다. 코젤렉은 다음과 같이 지적한다.

> 정치적 · 사회적 입장을 규정하고, 그리고 그런 규정을 통해 그 입장을 옹호하고 장악하려는 의미론적 투쟁 — 이와 같은 갈등은 문헌을 통해 우리에게 알려진 위기의 시대 모두의 특징이다. 프랑스혁명 이후, 의미론적 투쟁은 그 구조가 변함에 따라 훨씬 예각화되었다. 개념이 단지 기존 상황이나 정의하던 시대는 이미 지났으며, 대혁명 이후 개념은 미래로까지 확장되었다. 이런 미래는 점점 개념화된다. 정치 · 사회적 입장을 확보하기 전에 그 입장들은 언어로 먼저 정리되어야만 했다. 그러고 나서야 비로소 그 입장을 장악하고 지킬 수 있었다.59)

코젤렉이 집필한 표제어 '혁명, 반란, 봉기, 내전'의 서두는 정치적 개념의 항시적 갈등상태라는 이 견해가 『기본개념』 식 총칭론과 결합되는 양상을 시사해 준다. 왜냐하면 이 네 개념을 함께 배치한 것은 네 개념의 용법상 공통점과 차이점을 보여 주는 설명 방식을 제공하기 때문이다. 연관 개념을 변별하는 경계선을 명확히 긋는 작업은 개념사에서 필수불가결한 작업의 일부이다. 코젤렉은 혁명과 관련된 이들 네 개념은 각기 다음 세 부류 가운데 하나에 속한다고 주장한다. 1군은 과거 경험을 지칭하는 용어인데, 우리가 사용하는 의미와 어느 정도 비슷하지만 지금 사용하지 않는 다른 용어들(tumultus, turba, seditio, conjuratio, rebellio, Tumult, Aufruhr, Empörung, Verschwörung, Aufstand[고전 그리스어의 stasis와 유사], Rebellion)로 과거에 개념화된 것이다. 라틴어 용어들은 원래 로마 역사에서 유래한 것으로, 로마법 내에서 특정한 의미가 부여된 후에 중세의 라틴어 용법 속으로 인계되었으며 그러고 나서 유럽의 지역어 속으로 흡수되었다. '평화를 깨기'(Landfriedenbruch)는 중세 시대에 만들어졌고, 반면에 '대역죄'(Hochverrat)는 근대 초기의 용법으로 군주의 신체의 관점에서 정의된 왕의 시해(lèse majesté, crimen laesae majestatis)에 국한되지 않고, 당시 생겨나고 있던 국가 주권에 대한 범죄에 초점을 맞추었다. 두 표현은 지금도 집행 가능한 법적 의미를 가지고 있다. 1군에 속한 모든 용어의 공통점은 이들을 정치적 폭력 행위로 정의한 것이며, 피지배자들의 반란을 지칭하기 위하여 지배자들이 위로부터 규정한 정의이다.

2군은 외관상 중립적 관점에서 분류한 것들로, discordia, Zwietracht, bellum civile, conflicts among citizens (또는 18세기 이후에는 Bürgerkrieg [civil war]), motus, Bewegung, vicissitudo, Wechsel 등이다. 3군은 각기 자신이 정당하다는 관점에서 봉기를 분류하며, 지배자에 대항하여 피지배자들이 아래로부터 취한 행동의 견지에서 정당성을 부여한다. 그러한 행위를 취하는 자들이 그 행위가 '폭정', '전제정'에 대항하는 것이며, '독재'에 대항한 행위라고 주장하게 되는 것은 프랑스혁명 이후이다.

이렇듯 광범한 분류는 다음 두 가능성을 배제하려는 것은 아니다. 하나는 시대별, 상황별로 그런 갈등마다 상당한 차이가 있을 가능성이고, 두 번째는 이들 용어가 구사되는 맥락을 구성하는 정당화와 탈정당화의 언어가 큰 변화를 겪었을 가능성이다. 그렇지만 코젤렉의 주장은 투키

디데스(Thucydides)나 타키투스(Tacitus)의 텍스트 내에서 이들 용어의 역사적 의미들은 결코 추상적이지 않고 문맥에 따라 달라지지도 않기 때문에, 이 용어들은 그후 상당수의 상황에는 적용되거나 이해될 수 없었다는 것이다. 이런 의미론적 상황이 변화하기 시작한 것은 바로 근대사에서 '혁명'이 천문학이나 폴리비우스(Polybius) 식의 반복의 의미가 아니라, 미래에 인간경험의 모든 영역에서 개선이 반드시 이루어질 것을 당연하게 생각하는 새로운 역사철학의 관점에서 이해되는 시점부터였다. 이로 인하여 봉기의 지위가 바뀌었는데, 이전까지 봉기를 지칭하는 용어들은 부정적 함의를 지니고 있었다. 누군가를 반도(叛徒, rebel)라고 호칭하는 것은 이전에는 거의 언제나 부정적 판단에 해당하였지만, 혁명가가 되는 것은 이제 영예로운 용어가 될 수 있었다. 이 긍정적 혁명 개념은 미래에 대한 일련의 새로운 기대를 잉태하는 데 일조하였고, 그리고 이 기대들은 역사적 힘으로 전화했다.

『기본개념』이 이런 접근방식을 적용하여 텍스트를 이해하려고 할 때, 그 방법론은 역사적이고 비판적이다. 아래는 〈개념사〉 실천자들이 모든 연구대상 텍스트에 대해 제기한 대표적 질문 가운데 일부이다. 이 텍스트의 독자대중은 누구인가? 텍스트가 전달하는 메시지는 메시지를 발신하거나 수신하는 자들의 이해관계에 어떻게 영향을 미치는가? 저자는 특정 개념이 지칭하는 집단 속에 자신을 포함하는가 아니면 배제하는가? 예를 들면, '빈농'(Bauer; peasant) 개념은 자신은 그들보다 상위계급에 속한다고 생각하고 자신들을 부를 때 다른 용어를 사용하는 사람들만 사용한 개념인가? 아니면 스스로를 '빈농'으로 분류한 사람들이 자신들을 가리킬 때 이 용어를 사용하였는가? 텍스트에서 두드러지게 쓰인 개념의 반대어나 대칭어, 즉 대칭개념(Gegenbegriff)으로 간주되는 것들은 무엇인가? 특정 개념의 의미나 지시대상에 어떤 지위, 신분, 계층, 계급, 결사체, 교회, 파벌이 들어가는가?[60] 『기본개념』이 추진한 〈개념사〉와 사회사의 결합은 텍스트가 전달하는 메시지의 의도, 취지, 강도는 물론, 그 단어의 사회적 · 정치적 의미를 밝히기 위한 것이다. 즉, "사회적 · 정치적 맥락 내에서 단어를 이해하고, 단어와 내용의 관계를 해석하고, 이 탐구 결과는 결과적 개념의 견지에서 규정될 것이다."[61]

그러므로 『기본개념』에서 실천한 개념사는 특정한 문맥 속에서 기능한다. 개념은 〈정신사〉나 〈문제사〉에서와는 다른 방식으로 취급되는데, 〈정신사〉는 개념을 아주 큰 문화적 전체 내에서 기능하는 순전히 비물질적 단위로 취급하며, 〈문제사〉에서 개념은 문제 해결을 위한 철학적 노력의 일부인 논리적 전개로부터 순전히 기술적으로 연역된 것이다. 텍스트 저자와 대상독자의 입지, 전달하려는 취지의 수락 혹은 거부로 인해 영향을 받게 되는 이해관계, 정치 · 사회적 개념의 논쟁적 맥락 및 당대적 적용사례에 대한 『기본개념』의 관심과 강조는 〈개념사〉를 또한 러브조이 식의 이념사와도 구분 짓는다. 『기본개념』 강령은 개념의 변화를, 특히 근대적 이데올로기 분야의 개념적 변화를 구체화하고, 변화의 이유를 설명하려고 경주한다. 이런 점은 러브조이 학파에게는 적용되지 않는다.

뒤에서 논하겠지만, 『기본개념』은 문헌학, 역사적 의미론, 구조언어학에서 두드러지게 사용된 방법을 활용한다는 점에서 영어권 연구관행과 대조된다. 정치 · 사회적 언어의 분석에서 기본은 네 가지 구분이다. 처음 두 가지 구분은 소쉬르(Ferdinand de Saussure)의 이론에서 나온 것으로 (1) 언어(Sprache, 랑그)와 발화(Rede, 파롤) 및 (2) 공시적 · 통시적 언어 분석 간 구분이다. 나머지 두 구분은 (3) 총의론적 분석과 총칭론적 분석 및 (4) 개별 단어의 분석을 통해 '의미'를 확정하려는 의미론(어휘적 의미론, lexical semantics)과 의미장 혹은 언어장으로 알려진 보다 큰 단위 내에서 '의미'를 연구하는 의미론 간 구분이다.

일반적으로 현대 언어학의 창시자로 간주되는 소쉬르는 언어(랑그)와 발화(파롤)를 선명하게 구분하였다. 그의 주장에 따르면, 언어는 결코 개인에 의해 영향받지 않으며, 언어적 체계가 특정 사회에 의사전달 수단을 제공한다. 언어전달 기능은 언어가 수행하는데, 단 언어가 언어 사용자 모두에게 동일할 때만 기능하다. 이와는 달리, 발화는 특정한 상황에서의 개인적 언어 사용을 말한다. 그렇다면 발화는 한 개인의 의지, 지성, 화술에 의해 결정된다. 개인은 자신의 발화에 관해서는 거의 모든 것을 결정할 수 있지만, 언어에 대해서는 그와 같은 통제권이 없는데, 왜냐하면 언어는 일단 어린 시절에 습득하게 되면 개인의 언어 습관, 의도, 또는 신념에 의해 큰 영향을 받을 수 없기 때문이다.[62] 소쉬르의 언어와 발화 간 구분을 사용할 때 일어나는 문제는 특정 개인의 아주 고유한 용법이 아무리 혁신적이고 지적으로 탁월하다 할지라도 언어학적 관점에서 이것에 얼마만큼 중요성을 부여해야 할 것인가라는 문제이다. 『기본개념』이 매우 다른 여러 유형의 사료를 수집하고, 이로부터 정치 · 사회적 개념들의 용법에 대한 증거를 도출하는 것에 대해 뒤에서 논할 터인데, 이때 이 문제를 좀 더 거론하겠다. 이 사료에는 추상 수준이 높은 정치철학자의 저술과 함께 보다 구체적 언어로 독자에게 발언하는 대중선동가의 글도 포함된다.

『기본개념』 편집자들의 공시적 언어 분석과 통시적 언어 분석 간 엄격한 구분 또한 소쉬르에게 빚진 것이다. 소쉬르는 19세기 문헌학 창시자들의 접근방식이었던 사실상의 역사적 언어 연구 일변도와 결별하면서, 그는 언어의 기술 및 분석 방법에는 두 양식이 있고 이 둘은 결코 혼동해서도, 함께 실행해서도 안 된다고 강변했다.

> 특정 언어의 통시적 기술은 한 언어의 역사적 발전을 추적하고, 연속적인 시간의 점 사이에 일어나는 변화를 기록하므로, '통시적'(diachronic)이란 '역사적'(historical)이란 말과 등가이다.

특정 언어의 공시적 기술은 무역사적(non-historical)인데, 즉 그 언어를 시간상 한 점의 상태에 있는 것으로 보고 설명하는 것이다.[63]

이 두 가지 언어 분석 양식은 상보적인 것으로 간주되지만, 오늘날 언어학자들은 통시적 분석을 사실상 배제한 채 공시적 분석을 실행하고 통시적 분석은 거의 사라진 과거의 학문으로 간주하는 경향이 있다. 이 무역사적 강조는 오늘날 언어학자들의 의미론 연구에도 마찬가지로 적용된다. 언어학자이든, 촘스키(Noam Chomsky)의 생성문법 같은 언어학적 이론을 사용하는 철학자이든, 혹은 분석철학자이든, 의미론은 거의 전적으로 단어, 문장, 또는 담론의 '의미'에 대한 공시적 분석방법을 통해서만 실행되고 있다.[64]

이런 점에서 『기본개념』은 현재의 거의 모든 언어학자, 음운론 연구자, 담론 및 이데올로기 분석가들의 연구관행을 무시하고 있다. 『기본개념』 편집자들 주장의 핵심은 공시적 분석과 통시적 분석의 교행적 실천이 분석적으로 유익하다는 점이다. 그들은 주장하길, 이 방법만이 그들의 이론적 강령을 수행하면서 〈개념사〉를 쓸 수 있는 길이다. 그러므로 『기본개념』은 역사적 의미론을 장기간에 걸친 개별 단어의 의미 변화 고찰로 국한한 19세기 문헌학의 한계를 뛰어넘으려고 하였다. 자연 언어의 단어를 대상으로 한 이와 같은 의미론적 사전의 편찬은 민족어 사전을 주도한 문헌학자들의 목표였는데, 그림 형제의 『사전』(Grimms' *Wörterbuch*)과 머리(James Murray)의 『옥스퍼드 영어사전』(*Oxford English Dictionary*) 따위이다. 그들은 문학적 전거에 지나치게 의존했기 때문에 정치 · 사회적 언어 관련 표제어의 신빙성은 비록 떨어지지만, 이 민족어 사전들은 통시적 분석에 의해 수행된 사전편찬학에서 길이 남을 업적이다. 하지만 『기본개념』은 개별 단어의 역사에 대한 서술 이상을 추구한다. 개념의 의미 변화를 명료하게 파악하고 이를 그 구조적 문맥에서의 변화와 연관하려는 노력의 일환으로, 『기본개념』은 공시적 분석과 통시적 분석을 교대로 실천한다.

『기본개념』 집필자들의 의도는 개별 개념에 내포된 의미들의 연속 및 전반적 차이에 관한 일람표를 구성하는 것이다. 그와 같은 통시적 분석을 수행할 때, 특정 개념이 가리키는 지시물들이나 의미들을 분석을 위해 일부러 그 역사적 문맥으로부터 떼어 내어, 그들끼리의 상호관계를 따진다. 이런 방식으로, 〈개념사〉를 통해 우리는 특정 개념의 의미가 세월 속에서 지속되고 변화하는 양상, 동시에 정치적 · 사회적 · 경제적 구조의 지속 및 변화와 그 개념의 관계까지 판단할 수 있다. Bürger가 지칭하는 바는 1700년에는 도시의 시민(Stadtbürger), 1800년에는 국가의 시민(Staatbürger)이고, 1900년에는 무산계급이 아닌 자(Nichtproletarier)였다.[65] Bürger라는 단어가 계속 사용된다는 사실 자체는 그 의미의 지속이나 변모에 대해서 말해 주지 않는다. 오로지 통시적 분석의 방법으로만 우리는 특정 개념의 옛 의미와 새로운 의미 사이에서 의미 단절이 언제 어떻게 일어났는지 알 수 있다.

가끔은 특정한 정치적 또는 사회적 질서가 혁명적 변화를 겪은 결과, 과거의 의미가 그 질서에 이젠 적용될 수 없기 때문에 변화가 생기기도 한다. 예를 들면, '명예'(Ehre; honor), '위엄'(Würde; dignity), 및 '고귀'(Adel; nobility) 개념은 예외 없이 구체제의 신분체제나 서열체제의 법체계 내에서 규정된 상위 집단에게 적용되었다. 일단 그 체제가 폐지되자, 이 개념들은 원래의 위치와 의미를 상실한다. 후대에 오면 정치 · 사회적 상위 신분의 집단에만 적용될 수 있었던 가치와 다른, 개인과 집단의 속성 모두에 적용하게 된다. 이러한 변화는 〈개념사〉에 적용한 언어학적 기법으로 인하여 파악할 수 있다. 공시적 분석과 통시적 분석을 교대로 실행함으로써, 특정 개념이 정치 · 사회적 의미장에서 중심적 역할을 마감했는지 아니면 시작했는지를 결정할 수 있다.

『기본개념』은 분석의 두 양태를 모두 사용하지만, 결코 둘을 섞지는 않는다. 이렇게 하여 분석가는 특정 양태만의 배타적 사용으로는 결코 획득할 수 없는 정보를 획득한다. 공시적 분석은 다음과 같은 핵심적 질문을 던진다. 주어진 상황 속에서 일정 독자를 상대로 한 텍스트를 저술함으로써, 이론가 또는 정치선동가는 무엇을 하려고 의도했는가? 개념을 표시하기 위해 어떤 어휘를 사용하였는가? 그 어휘는 당시 언어 속에서 무엇을 의미하며, 그것에 담긴 발화내적(illocutionary) 힘은 무엇인가?

여기에다 통시적 분석을 통해 추가정보를 획득할 수 있다. 통시적 분석은 개념의 의미상 변화를 포착할 뿐만 아니라 의미장 내로 개념들이 추가 또는 탈락되는 양상을 파악할 수 있다. 이리하여 〈개념사〉는 과거 개념들이 사유 및 의사전달의 여러 양상들 내에서 지속되거나 중단되는 정도에 주목한다. 특정 개념에서 그 내용이나 지시능력의 감소는 개념적 변화를 야기하거나 필연적으로 동반하게 되는데, 두 유형의 분석을 교대로 실행함으로써 이런 개념적 전이를 식별할 수 있다. 이리하여 '명예'의 예가 보여 주듯 오로지 사라진 사회적 질서와 조응했던 의미들을 식별할 수 있다. 그 밖에 우리는 이전에 인지하지 못했던 새로운 정치 · 사회적 현실을 개념을 통해 알게 될 수도 있다. 코젤렉은 나폴레옹 침공 당시 프로이센의 법률 개정 과정에서 시민권이 재개념화된 과정에 대하여 주의를 환기한다.[66]

『기본개념』의 개념 분석에 적용된 또 하나의 구분은 총의론과 총칭론이다.[67] 총의론은 특정한 하나의 단어, 용어, 또는 개념이 지닌 의미 전부에 대한 연구이다. 무엇보다 『기본개념』은 그 의미들을 완벽히 포괄하겠다는 의도를 버렸다. 그 대신 정치 · 사회적 어휘 내에서의 용도로 제한하였다. 총칭론은 한 언어 내에서 동일한 사물 — 이 경우는 개념이겠지만 — 을 지칭하는 모든 명칭 또는 용어에 대한 언어 연구이다. 『기본개념』 편집자들의 입장에서 볼 때 상이한 용어가 그저 동일 개념을 지칭하는 동의어일 가능성도 있지만 그것이 타당한지는 체계적으로 검토해야만 하는 일이었다. 총칭론이 이 과업을 보조했다. 하지만 여기서도 편집자들은 언어적 포괄성을 성취하려고 시도하지 않았다. 단지 정치·사회적 개념, 동의어 또는 유사어 가운데 중복되는 경우만을 『기본개념』에서 다루었다. 은유와 환유에 대한 체계적 연구는 『기본개념』 집필자들에게 과중한 부담을 주기 때문에 배제하였다. 편집강령을 결정했던 때가 1960년대이니 컴퓨터 데이터베이스의 사용 또한 포함되지 않았다.[68]

『기본개념』은 총의론적 분석과 총칭론적 분석을 왕래한다. 그 이유는 두 가지인데, (1) 단어와 개념의 구분 및 (2) 개념을 의미장 또는 언어장의 일부로 취급할 필요성 때문이다. 첫 번째 이유에 대해서는 『기본개념』은 단어와 개념의 차이를 텍스트 분석을 통해 실천적으로 해결해야 할 일로 취급한다는 정도로 말하고 여기서 그치겠다. 세속화 같은 특정한 역사적 현상을 지칭하는 것이 단 한 개의 개념인지, 여러 다른 개념들인지, 아니면 개념들의 묶음인지 확정하려면 연구가 필수적이다. 만일 연구자가 개념을 지칭하는 단 하나의 명칭만을 추적한다면, 그러한 탐구의 결과는 불완전하거나 잘못될 수 있다. 세속화 현상은 협의 및 광의 어느 쪽으로도 이해될 수 있다. 협의적 취급은 교회 또는 교회관련 조직으로부터 개인 또는 국가로의 재산권 양도에 국한하거나 그런 조직의 폐기를 지칭할 것이다. 보다 넓게 취급하면, '세속화' 용어는 종교적인 동기, 이해, 기관들이 세속적인 동기, 이해, 기관들로 대체됨을 지칭한다. 독일어권 유럽에서 요즘 연구자들이 세속적 현상을 지칭하기 위해 가장 흔히 사용하는 단어는 세속화(Säkularisierung)인데, 단어 하나의 역사를 추적하는 것으로는 결코 충분하지 않으며, 지금까지의 연구에 의하면 추가적으로 다른 두 단어, 즉 세상화(Verweltlichung: 이승에서 특정 과업을 실현하고 구현하는 일)와 시간화(Verzeitliching: 즉 특정한 세속

적 시간 속에 특정 과업을 배치)를 함께 추적해야 한다.[69]

그러므로 코젤렉은 "개념 탐구는 총의론만으로 수행될 수 없으며, 단어들의 의미 및 의미 변화로 국한할 수도 없다"고 적었다.[70] 다시 말해, 주어진 시점의 의미론적 장을 구성하는 개념 전체를 반드시 식별하고 수집해야 한다. 총칭론적 연구는 병렬적 또는 동의적 개념을 찾고, 매번 반대어 혹은 대비어로 간주할 수 있는 개념을 밝히고, 마지막으로 고찰 대상 개념과 의미론적으로 중복되는 용어를 수집한다. 주어진 의미론적 장에서 부정확한 중복적 개념이 사용되는 경우는 언제나 가능한 일이다. 그러한 발견이 중요한 까닭은 특정 시점의 정치언어 영역에서 용어들 간에 명확하게 확립된 구분이 없다는 사실을 종종 확증해 주기 때문이다.[71]

『기본개념』 속으로 도입된 언어학 이론의 네 번째 측면은 사전적 의미론과 특정한 시점이나 공시적 상태에서 개념이 기능하는 영역을 지칭하는 공간인 의미장 간의 구분이다. 『기본개념』의 편집자들은 이 의미장에 대해서 자주 언급을 하였음에도 불구하고, 이에 대해서는 방금 설명한 세 가지 다른 구분에 부여한 만큼의 정성을 쏟지 않았다. 그러나 『기본개념』은 이 구분에 기반하여 사전적 의미론을 거부하기 때문에 의미장 개념은 논의할 가치가 있다. 『기본개념』은 알파벳 형식으로 분리해서 취급한 개념들을 통합할 수단을 하나도 제공하지 못했는데, 이는 실행과정에서 가장 두드러진 문제 가운데 하나이다.

이 이론의 창시자 가운데 한 사람인 요스트 트리어(Jost Trier)는 언어장(sprachliches Feld)이란 명칭을 선호했는데, 이 이론을 고도로 발전된 총칭론으로 이해하는 것이 최상이겠다고 말했다.[72] 의미장 또는 언어장 개념은 어떤 주어진 시점에 한 언어의 어휘체계에서 비교적 통합된 부분을 말한다. 그 부분의 어휘체계(이 경우는 정치 · 사회적 언어) 내에서 각 요소는 조직화되어 서로를 규정하고 서로에 의해 규정받게 되고, 그리하여 "각 요소의 의미는 존재하는 개념의 수와 성질, 또는 우리의 분류방식에 의해 결정된다."[73] 연구 결과는 정치 · 사회적 개념들이 정확하게 규정됨을 보여 줄 수도 있지만, 그렇지 않다는 것을 보여 줄 수도 있다. 이 영역 내에서 개념들은 부정확하거나 중복적일 수도 있지만 그렇지 않을 수도 있는 것이다.

이 이론은 중요한 함의를 지닌다. 연구자들은 친족관계, 도덕, 색깔, 군사조직, 여러 유형의 지식이나 기술 등 다른 분야에 이 이론을 적용한 결과, 그들은 그러한 분야에서 언어가 다르면, 그리고 동일 언어라도 시기가 다르면 어휘체계가 비대칭적일 수 있다는 사실을 확인하였다.[74] 즉, 특정 언어에서 매우 중요한 구분이 다른 언어에서는 아예 없기도 하다. 특정 언어 내에서 잉태한 변별들은 과거의 대립이 하나로 묶여지면서 사라지기도 한다. 언어가 달라지면 비교가 불가능한 방식으로 개념화되는 어휘 영역도 있다. 이런 식의 연구가 아주 성공한 분야는 일련의 언어 내에서 색깔을 지칭하는 용어들에 관한 연구이지만, 특정한 의미 영역에 대한 선구적 탐구 작업은 중세 고지독일어에서 지식, 기술, 이해를 지시하는 지적 개념들을 대상으로 수행되었다.[75]

트리어는 1200년경 지식을 지칭하기 위해 통용된 세 개념을 언급하면서, 자신이 언어장 또는 의미장이라고 부른 것을 설명하였다. 한 세기 지난 후에 용어는 여전히 세 개였지만, 똑같은 세 개가 아니었다. 그렇다면 다음과 같이 두 개의 언어 영역이 존재한다.

공시적 상태 (1), 1200년 추정: wisheit, kunst, list
공시적 상태 (2), 1300년 추정: wisheit, kunst, wizzen

1200년경, kunst는 고급의 궁정적 지식 형식을, list는 하급의 비궁정적, 기법적 지식과 기술을 가리키고, wisheit는 kunst 또는 list 각각의 대체어로 기능하거나, 또는 둘을 통합한 의미, 즉 "한 인간을 전체적으로 파악하며, 그리고 지적 · 도덕적 · 궁정적 · 미학적 · 종교적 요소들을 사회적 입지와 결합한" 의미로 사용할 수도 있었다.[76]

1300년경, 언어장이 변했다. 지식은 이제 한 세기 전 사용된 세 용어와 매우 다른 것을 의미하는 용어들에 의해 지칭되었다. 첫째 각 용어의 의미가 달라졌고, 둘째 그들 사이의 관계가 이제 달라졌다. wisheit는 오로지 종교적인, 아주 신비적인 의미를 띠게 되었다. 그러자 그것은 다른 두 단어 각각의 대체어로서, 혹은 둘을 합친 통합어로서 더 이상 사용될 수 없었다. 1300년경 kunst는 한 세기 전에 담지했던 궁정적 · 사회적 의미를 상실했고, list는 마술 및 야바위와 관련된 경멸적 의미를 띠게 됨에 따라 지식 용어의 영역에서 탈락했다. wizzen은 1200년의 사회와 엄청 달라진 사회에서 작동했던 언어장에서 핵심 용어가 되었다. '지식'과 '예술' 간 구분이 생겨나기 시작했다. 이런 변화는 궁정적 업적들 사이의 구분이나 봉건적 관계가 한 세기 전만큼 중요하지 않다는 것을 반영한다(근대 독일어에서, Kunst는 예술[art], Weisheit는 지혜[wisdom], List는 술책[cunning, craft], Wissen은 지식[knowledge, learning]을 의미한다).

이와 같은 두 공시적 언어장의 통시적 비교는 예전의 역사적 의미론에서는 없었던 가능성을 보여 주었다. 본래 이 분야는 19세기에 개별 단어의 의미 변화에 대한 통시적 연구('사전적 의미론')로서 창안되었다. 하지만 그와 같은 연구가 개별 단어에 대해 많은 정보를 제공했지만 단어들 간 의미관계의 구조 전체가 변모하는 과정은 보여 주지 못했다. 요컨대 용어 또는 개념들 간의 관계는 연구와 이론의 어느 쪽에서도 의제로 삼은 적이 없었다. 개별 단어의 통시적 연구에 국한할 때에는 다음과 같이 말할 수 없었고, 하려고 하지도 않았다.

> 지적 활동 전체의 대강, 그리고 그것의 인지와 해석은 어떻게 하여 그렇게 급진적으로 재편성되고, 재구성되고, 재정의되었는가? 그것은 하나 이상의 평면(사회-일반적, 종교-세속적)에서 어떤 방식으로 무게중심을 옮겼는가? 한 세기 동안의 언어적 발전의 결과 어떻게 하여 새로운 프리즘이 나타났는가? 아주 단순화시켜 말한다면, 구조 전체가 어떻게 변했는가?[77]

이 의미장 또는 언어장 이론은 언어, 특히 단어와 개념의 관계에 대한 편집자들의 언급 속에 암묵적으로 취급된 것 같으나, 이 문제에 대해 더 자세히 언급하지 않은 까닭은 간단히 설명될 수 있다. 아마 그들은 실천적 목적을 가진 자신들의 방법론을 특정한 하나의 언어이론이나 의미론에 전적으로 의탁하기를 꺼려했을 것이다. 그들의 개념사 취급방식은 이미 살펴본 대로 언어 일반보다도 그들이 정치·사회적 언어의 특징으로 간주한 특성들과 더 밀접히 연관되어 있다. 그리고 대부분의 역사학자들처럼 그들도 이론보다 실천이 더 나은 법이다. 기획 전체에 대한 코젤렉의 메타이론적 진술은 언어학자들로부터 계속 공격받았다. 그러나 역사적 기획으로서의 『기본개념』은 그 성과와 실제적 실천을 따져 평가받아야 한다. 『기본개념』의 메타이론을 비판한 사람들이 『기본개념』의 작업보다 우수한 상당한 성과를 낼 때 비로소 비판자들의 비판이 과연 정당했던가를 판단해야 할 것이다.[78]

그렇지만 『기본개념』 편집자들이 논의한 정도 이상으로 논의할 가치가 있는 문제가 있다. 추상 수준 및 원래 목표로 삼은 독자의 수준이 상당히 다른 자료들로부터 사료들을 뽑게 될 때, 개념적 용법의 입증자료로서의 가중치를 재단하는 문제이다. 요컨대 『기본개념』에서 사료 및 사료적 용법의 취사선택은 얼마만큼 적절했던가?[79]

정치이론가들은 자신이 다루는 주제의 역사에 등장하는 독일 저명인사들의 발언이 정치적 개념의 의미상 지속, 변화, 혁신 여부를 결정하는

데 자료의 중요한 한 축이 된다는 점을 적절하고 편리한 일로 생각할 것이다. 독일 정치이론 분야의 '고전' 외에도, 『기본개념』은 철학, 신학, 경제학, 법학, 그리고 이보다 빈도는 낮지만 문학 분야의, 유사한 수준의 저술들을 활용한다. 편집자들은 선도적 저자들의 업적이 정치 · 사회적 언어에 대한 필수불가결한 정보원임을 알았다. 물론, 고전급 저자들은 색인이나 어휘집을 곁들인 전집으로 출간되었다는 사실도 그들이 정치 · 사회적 어휘 사료들 가운데 두드러져 보이는 한 가지 이유이다. 하지만 이보다 적실한 지적은 매우 저명한 저자인 경우 그 자신이 개념적 변화의 강력한 주도자였거나, 아니면 다른 사람들의 용법적 변화에 아주 민감했다는 사실일 것이다. 대가급 인물들은 개념 재정의 시도, 의미장의 변화, 또는 다른 언어로부터의 차용에 대항하여 과거적 용법을 옹호하거나, 아니면 그 자신이 신조어를 만들거나 만들어진 신조어에 대항했다.[80)]

그러나 만일 〈개념사〉의 연구목적이 지난 시대 개념들의 용법 지도를 그리는 것이라면, 대가급 저자들로부터 뽑은 증거를 다른 사료에서 추출한 자료와 비교하여 중요성을 따져야 할 문제가 생겨난다. 이 문제는 개념과 사상을 취급하는 여러 다른 역사기술 분야에서도 반복되는 문제이다. 이미 살펴본 대로 A. O. 러브조이는 이념사 연구의 가장 좋은 자료는 최고 수준의 지적 성취가 아니라 그 아래에 있는 저자라고 주장했다. 이것은 또한 『편람』 편집인 라이하르트의 견해이며, 존 포콕과 퀜틴 스키너가 이런 저런 교육 유형이나 교조적 학파의 정전에 등장하는 소수의 대가급 저자를 기초로 서술된 지성사를 공격하면서 제기한 요점 가운데 하나이다.

그러나 『기본개념』 편집인들은 행정기관, 법률기관, 그리고 국가기관에서 만든 서류는 물론, 신문, 저널, 전단, 의회 회기보고서에 나오는 정치 · 사회적 언어까지 함께 취급하였다. 물론, 이러한 자료는 양이 너무 방대하기 때문에 그 어휘에 대한 단행본 분량의 선행연구가 있지 않으면 취급하기 어려웠다. 또 다른 자료는 회고록, 서신, 일기이다. 하지만 이들로부터 추출한 인용이 얼마만큼 대표성을 가지는지 이 또한 가늠하기 쉽지 않은 일이다. 모노그래프 분량의 후속연구에 의해 빈 공간이 해소될 때 비로소 이들 자료로부터 추출한 개념적 용법 보고서의 정확성을 판단할 수 있다. 아무래도 신뢰할 만한 작업이 이루어지려면 『기본개념』 편집인들의 추천으로 포함된 방대한 양의 사료를 포괄하는 데이터베이스가 만들어질 때를 기다려야 할 것이다.

이전의 유사한 작업과 비교할 때, 『기본개념』 기고가들이 더 성공적으로 활용한 자료가 또 하나 있다. 이것은 자신들이 담당한 각 시대마다 출간된 독일어, 이중언어, 다중언어 사전의 체계적 활용이다. 여기에는 또한 백과사전, 편람, 유의어사전 내의 관련 항목도 포함된다. 이 분야는 종종 개념적 연속성이나 변화의 파악에 필수불가결한 언어적 단서를 제공한다. 『기본개념』은 첫 권에서 집필자들이 참조해야 할 자료목록을 활자화했는데, 이것은 소중한 목록이다. 편집인들이 이 오래된 참고문헌에서 관련 항목을 찾아 집필자들에게 제공한 적도 종종 있었다.

이미 지적했듯이, 이들 자료의 비상응성으로 말미암아 중대한 방법론적 문제가 발생한다. 『기본개념』 편집자들은 증거기록의 본성과 가치를 비판적으로 판단하는 데 익숙한 역사학자이기 때문에 이 문제를 모를리 없었다.[81] 그러나 집필 팀별로 사용한 자료가 서로 다른 것은 연구를 반드시 해야 할 필수 영역을 정하는 적절한 절차가 확립되지 않았음을 암시한다. 이런 경우 늘 그렇듯, 편집자들은 제출된 발견사실 대부분을 수용하지 않을 수 없었다. 집필자들이 특정 자료에 더 친숙한 것은 피할 수 없는 일이었다. 법률사 전공자들은 정치철학 전공자나 또는 특정 시대의 의회논쟁이나 전단문학(pamphlet literature)에 친숙한 역사가들이 선택하는 자료들과 다른 자료에 주목하였다. 그 결과 편집자들은 강령에서, 추상 수준이 가장 높은 이론적 저술과 정치적 · 사회적 · 법적 용어의 보다 세속적 사용 사이에서, 〈개념사〉와 사회사 사이에서, 통시적 분석과 공시적 분석 사이에서, 총의론적 분석과 총칭론적 분석 사이에서 다양한 종류의 균형을 추구했지만, 이 균형은 실제적으로 지탱하기 어려운 것으로 판명되었다.

그러므로 편집자들의 강력한 주문에도 불구하고, 『기본개념』 집필자들이 특정 개념을 담지하고 전파하는 집단, 계층, 계급, 업자들과의 관계 속에서 자리매김하지 못한 경우도 드물지 않았다. 마찬가지로 개념사보다 사회사가 본령인 집필자의 경우에도 자신들에게 가장 친숙하고 이용 가능한 자료들이 논지의 핵심을 결정한다. 그리하여 항목 집필자의 전공에 따라 발견사실들이 왜곡될 수 있다. 그리고 이것은 분과학문마다 다른 사료를 사용하는 차이와 관계가 없지 않다. 집필 항목들의 일반적 수준이 매우 높은 사실은 편집자들의 전례 없는 노고와 집필자들의 박람과 조사연구 덕으로 돌려야 할 것이다. 편집자들은 다수의 항목을 전부 또는 일부 직접 집필한 것 말고도, 특정 개념의 용도로 제출된 예가 실제적 대표성이 있는지 결정하는 데 상당한 시간을 들였다. 편집자가 표제어 하나를 검토하기 위하여 말 그대로 원 사료 수백 쪽을 읽는 경우도 가끔 있었다.[82] 『기본개념』 독자들은 이 작업에 많은 것을 빚지고 있으며, 미래의 후속연구는 이 작업에 기초하여 진행될 것이다. 특정 개념에 대해 자신이 친숙한 영역에서 특화된 적용을 넘어서까지 기꺼이 추적하려는 집필자를 구하기가 쉬운 적은 없었다. 『기본개념』이 전문가 연구팀의 전반적 활용으로 인해 연구자의 개별적 노력이 훨씬 줄기는 했지만, 대다수 집필자들은 사전의 강령적 요구를 충족하기 위하여 자기 영역을 확장하려 노력하였다는 점에서 찬사를 받아야 한다. 상당수 집필자들이 이 요구에 부응했는데, 이는 사전의 이론적 토대를 공유하거나 최소한 이해하고 있는 현재진행형 연구단을 구축한 정책 덕분일 것이다.

『기본개념』의 요약과 평가를 겸할 수 있는 한 가지 유용한 방법은 세 편집인들이 사전의 주요한 성과로 파악한 세 가지 주장부터 검토하는 것이다. 여기서 질문의 요지는 〈개념사〉에 대한 편집인들의 주장이 어디까지 정당한 것으로 옹호될 수 있느냐는 것이다. 일단 이 질문이 일단락되면, 『기본개념』의 평가를 위해서는 다른 기준도 반드시 고려해야 한다.

첫 번째 주장은 아마 논란의 여지가 가장 적은 것으로, 『기본개념』이 정치 · 사회적 개념, 이를 지칭하는 단어, 그리고 그것들이 기능해 온 의미장에 대하여 전례 없이 심원한 정보를 제공한다는 것이다. 거의 모든 사전에서 정치 · 사회적 어휘 취급은 충분치 못하고, 과거의 개념적 용법에 대한 자료 상당수는 비교적 구하기 어렵기 때문에, 『기본개념』은 텍스트에서 방대한 양의 문장들을 선택하고, 일차자료 및 이차자료에 대한 참고목록을 함께 제공한다. 사전 집필자들은 용어 사용의 첫 번째 사례를 다수 발견했는데, 종종 라틴어, 그리스어, 프랑스어, 영어로부터의 번역이었다. 이런 정보로 말미암아 『기본개념』은 사회과학 및 사전 편찬자들에게 유용한 도구가 되었다. 이 점에 대해서도 이견의 여지가 거의 없다. 『기본개념』은 정치 · 사회적 텍스트에 나오는 개념의 의미를 이해하려고 노력하는 사람 모두의 필독서이다. 독일어권에 국한된 외형적 한계에도 불구하고, 『기본개념』은 고전 유럽어와 근대 유럽어의 정치 개념사를 추적한 다른 어느 저작보다 우수하다.

두 번째 주장은 『기본개념』 제1의 이론적 관심사 가운데 하나와 연관된 것으로, 근대 세계 탄생과정의 세밀한 탐구를 목적으로 고유한 방법론의 적용이다. 여기서 핵심은 구조의 변화 과정 및 그러한 변화를 경험한 사람들이 사용하는 언어의 개념 속으로 그 변화가 등록되는 과정 양자를 보여 주기 위하여 『기본개념』이 개념사와 사회사를 결합한 시도이다. 이는 풍부한 자료 축적을 넘어, 특정 이론의 적용 시도를 말하는 것이다. 이 점에서 『기본개념』의 시도는 얼마나 성공적인가?

이 점에 관해서 『기본개념』은 다소 균등하지 못하다고 평가할 수밖에 없다. 집필자 전원이 모두 『기본개념』의 이론적 목표를 이해하고 충족시키기 위해 똑같이 열심히 노력한 것은 아니었다. 전문적 훈련을 받았으면 개념사와 사회사 양자를 다 올바르게 다룰 수 있었겠지만, 집필자 모두가 전문 훈련을 받은 것은 아니었다. 폴커 젤린(Volker Sellin)이 쓴 'Politik'(정치, 정책) 개념은 핵심 항목이 되었어야 마땅하지만 전반적으로 실망스럽다. 만프레트 리델이 '시민사회' 항목, 그리고 사회 영역이라고 분류할 수 있는 범주의 진화 과정을 처리한 것과 비교한다면, 이 항목은 정치와 정치 영역의 근대적 개념화의 중요성을 명료하게 파악하고 평가하는 데 실패하였다. 또한 모든 항목이 사전의 강령이 밝힌 집필방식을 따른 것도 아니다. 그러나 개별 연구였든 팀별 연구였든 충분히 준비되고 이론적으로 『기본개념』 강령의 함의에 민감했던 학자들에게 적절한 개념이 맡겨졌을 때, 그 결과는 엄청난 보상으로 돌아왔다. 그와 같은 항목에 대한 자세한 분석이 제3장의 주제이다.

마지막으로, 편집인들은 『기본개념』이 과거와 현재의 용법을 비교할 비판적 기반을 제공하리라 믿는다. 지난 시대의 정치사상 연구자들은 〈개념사〉 덕분에 핵심 용어의 용법이 오늘날의 것과 상당히 다른 시기에 쓰인 텍스트를 해석할 때 시대착오적 오류를 피할 수 있을 것이다. 개념 정의가 이제는 비역사적 용어로 서술되거나, 또는 앞으로 난해하거나 불가능한 수준의 추상적 진술이 되어야 할 이유가 없다. 그리고 개념사가 발견한 사실들은 우리 자신이 정치와 사회에 관해 사고하기 위하여 사용하는 개념을 더욱 깔끔하게 밝혀 줌으로써 우리는 현재를 더욱 명확히 이해할 수 있다. 이리하여 〈개념사〉는 이데올로기의 역사적 고찰은 말할 것도 없고 이데올로기의 인지와 극복에도 공헌할 수 있다. 정치·사회적 개념에 관한 한, 〈개념사〉는 그것들이 등장한 맥락 및 그것들의 함의를 밝혀 준다. 하지만 Herrschaft를 다룬 다음 장에서 지적하겠지만, 개념사가 결코 이론을 대체할 수는 없다.

『기본개념』의 성과 중 일부는 『기본개념』을 구상했던 편집인들 생각으로는 대단찮은 것이었고, 대단한 것일 수도 없었을 것이다. 이 가외의 성과로 가장 혜택을 보는 것은 비독일어권의 정치 · 사회사상 및 역사 전공자들인데, 왜냐하면 『기본개념』은 독일어로 저술된 정치 · 사회적 이론의 번역자들에게 다른 곳에서는 구할 수 없는 도움을 주기 때문이다. 『기본개념』은 과거 특정 시점의 용어들의 정치적 용법에 대해 이전에 출간된 어느 다른 작업보다도 훨씬 정확하게 진술한다. 그 결과 독일 정치이론가들의 언어, 술어, 의미장과 관련된 문제들에 대해 이제는 과거 어느 때보다 훨씬 자세하게 답변할 수 있다. 다음 장에서 나는 막스 베버 저작의 영어 번역자들이 채택한 관행에 대해 간단히 조감하겠다. 베버 번역자들과 주해자들은 이론에 해박하고 독일어를 유창하게 구사했지만 베버가 사용한 개념들의 역사에 대해서는 사실상 무지했다. 베버는 용어를 자신의 정치적 · 사회학적 목적에 맞춰 어느 정도 새로 정의했는데, 만일 『기본개념』을 참조할 수 있었더라면 번역자들은 독자들이 재정의의 정도를 알 수 있도록 번역했을지도 모를 일이다.

〈개념사〉의 두 번째 성과는 개념 분석을 강조하는 분석양식을 활용해서 저술하는 영어권 정치철학자들에게 줄 잠재적 혜택이다. 주제와 관련된 역사적 접근 중에서 그 어느 것보다도 개념사가 이들 정치철학자의 필요성과 매우 부합된다. 이런 식의 개념사는 여러 방면으로 유용할 것이다. 개념사를 통해 분석자들은 개념의 과거적 용법과 현재적 용법, 과거의 관행과 현재의 관행 간의 관계를 볼 수 있을 것이다. 또한 철학자들은 특정한 시대의 개념들의 연결 관계에 대한 고찰을 기반으로 하여, 개념들 사이에 어떤 논리적인 연관과 대립이 있겠다고 직관적으로 가정할 수도 있다. 과거 용법 또는 다른 지역 용법에 대한 지식을 갖게 되면 그와 같은 연관이 전혀 필연적이지 않음을 밝혀 줄 것이다. 또한 그동안 한 개념에 대한 비판의 근거가 다양했다는 사실도 보여 줄 것이다. 그와 같은 반대 이유를 알게 된다면, 정치철학자는 반대가 설득력이 있는지 따질 수 있고, 예전의 비판을 피하거나 또는 선제적으로 답변하기 위해 논지를 개발하는 것도 가능해진다.

『기본개념』은 정치·사회적 언어에 관한 놀라운 발견, 통찰, 일반화들로 넘쳐난다. 그것은 정치·사회이론, 그리고 그 어휘들이 특정한 제도적·사회적 맥락 속에서 수행한 기능들을 연구하는 사람 모두의 필독서이다. 『기본개념』의 이론적 강령은 통합적 얼개를 제공하고, 집필자들의 연구 수준은 매우 높다. 이것은 사소하게 볼 사실이 아닌데, 왜냐하면 긴 항목의 경우, 『기본개념』의 의도를 이해하는 전문가들 간 팀별 협업형식을 크게 활용하였기 때문이다. 다수의 필자가 참여하는 작업에서 예상할 수 있듯, 항목마다 필자들의 실제 성과와 『기본개념』 강령에의 충실도 양면에서 상당한 차이가 있다. 그럼에도 불구하고 『기본개념』은 이 분야 연구의 성취도에 대한 척도로 길이 남을 것이다. 개별 항목을 비판하는 사람들의 특징은 독일어권 유럽에서 정치·사회적 개념의 역사라고 일컬어지는 것에 대한 정밀한 연구들을 한자리에 모은 작업의 중대성을 간과하는 경향이다. 이들 개념사는 이제 참조와 출발의 지점이며, 여기서부터 다른 학자들이 『기본개념』의 연구결과물을 앞으로 수정하고, 정정하고, 보충해야 한다. 다른 모든 분과학문처럼 〈개념사〉도 이전의 발견사실들을 계속해서 수정하고 향상시켜야 한다.

그러나 정치·사회적 언어 연구인 『기본개념』은 성공했기 때문에 몇 가지 문제점이 드러났다. 이 어려운 문제들 가운데 상당수는 사전형식을 택했기 때문에 생긴 것으로, 『기본개념』이 학문적 기획과 출판사업 두 측면 모두에서 살아남으려면 사전형식을 대체할 실질적 대안이 없다는 결론이 났기 때문에 탐탁찮지만 채택하였다.[83] 미해결의 문제 가운데 첫 번째는 알파벳순으로 배열한 개별적 개념 목록들로부터 정치·사회적 언어의 결정적 전개 지점에서 정치 · 사회적 어휘체계의 통합적 재구축에 도달하는 문제이다. 공시적 기준에 따라, 한 언어의 특정 분야의 어휘체계를 구성하는 개념들을 하나의 집합으로 분류한다면, 어느 시기의 개념을, 어느 정도 시차를 두고 한자리에 모을 것인가? 개념의 통시적 비교는 『기본개념』 강령의 목표 가운데 하나일 터인데, 무엇을 통시적 비교의 근거로 삼을 것인가?

『기본개념』 완간 이후 가장 필요한 것이 그 발견사실들에 대한 추가적 분석임은 명백하다. 추가 분석은 지금까지 각기 유리된 채 취급된 개념들 간 연관과 대립을 파고들어야 한다. 사전이 완간되면, 아마 기존의 연구로 해결되지 못한 채 남아 있던 문제들에 초점을 맞춘 새로운 연구로 대체될 것이다. 『기본개념』의 강령과 방법론에 대한 종합적 판단은 상당한 분량의 연구 분석이 축적된 후에야 가능할 것이다. 이 기획이 착수되었을 때 제기되었던 여러 문제에 답하려는 사람들에게 20년 이상의 연구를 보여 주는 7,000쪽이 넘는 연구결과는 유용한 자료이다. 『기본개념』은 안장시대 동안 개념 변화의 본질에 대해 가설을 가지고 있는데, 『기본개념』에 담긴 연구들이 그 가설을 입증하는지 부인하는지, 아니면 일부분만 입증하는지, 그 정도에 대한 체계적 평가가 우선순위가 가장 높은 의제임은 말할 바 없다.

또한 영미권의 연구가 제기한 질문들로부터 나오는 일군의 문제들이 있다. 영미권 연구자들은 개념화된 이런 저런 용어들을 사용하는 사람들의 인식 및 행위 결과에 정치언어의 차이가 미치는 영향을 탐구하였다. 특정 집단에 국한된 개념은 어떤 것이 있었는가? 어떤 개념이 보다 널리 수용되었는가? 어디까지가 정치언어의 범위인가? 정치 · 사회적 담론 내의 개념 및 관행을 둘러싼 갈등은 어느 정도까지 의사전달을 촉진하거나 방해하는가? 구조적 변화의 개념화 방식은 개인, 집단, 정부 같은 주체들의 행위 결과에 어떤 차이를 야기하는가? 이러한 질문에 진지하게 답변하려는 연구자는 『기본개념』에서 축적된 새로운 자료들을 활용할 수 있을 것이고 또 이 자료들을 다른 새로운 모형들과 적절하게 조율할 수 있을 터인데, 이때 포콕과 스키너가 개발한 프로그램을 일부 변형한 것도 그 이론적 모형에 포함될 수 있겠다. 이 두 사람의 작업이 기존의 〈개념사〉 작업과 얼마만큼 호환성이 있는지는 두고 볼 일이다. 독일어권 및 영어권에서 정치사상의 언어를 대상으로 진행된 두 뭉치의 작업결과를 하나로 통합하려고 시도한다면 어떤 결과가 나올까? 이 질문은 제7장에서 다시 제기할 것이다.

마지막으로, 이 장의 모두에서 제기한 문제로 돌아가자. 창립 편집인들이 기획 출범 때 가졌던 정치적 견해는 지난 25년간 『기본개념』에 기고된 집필 항목들에 얼마나 영향을 미쳤는가? 학문적 전문성의 발전을 측정할 수 있는 한 가지 방법은 『기본개념』의 'Krise'(위기) 항목을 코젤렉의 초기 저작 『비판과 위기』 속의 그 용어의 개념사와 비교하는 것이다.[84] 이 저작에서 위기 개념의 역사는 비교적 짧은 일련의 각주에서 다루어지고 있으며, '위기' 개념은 종교전쟁(confessional wars)과 종교적 광신에서 유럽을 구출한 절대주의 국가를 전복한 것으로, 코젤렉은 의심의 여지없이 적의를 가지고 해석하였다.[85] 코젤렉은 『비판과 위기』에서 구체제에 대한 계몽주의적 비판자들이 전개한 새로운 역사철학이 프랑스혁명의 길을 닦았다고 주장하였다. 위기와 비판 개념은 파괴적이면서 동시에 유토피아적인 이 역사철학의 틀 속으로 들어왔고, 그리하여 막강한 이데올로기적 무기가 되었다.

『기본개념』의 'Krise' 항목은 코젤렉이 전체를 집필했는데 위 저작에서 개진한 처음의 설명보다 훨씬 길고 자세할 뿐만 아니라, 위기 개념의 역사를 현재에 이르기까지 추적한다. 코젤렉은 18세기에 위기 개념이 수행한 역할에 대해서 자신의 원래 해석을 크게 바꾸지 않았지만, 『기본개념』에서는 위기 개념을 동원한 경우가 이때만이 아니라는 사실을 독자들에게 인식시켰다. 위기 개념을 이용한 운동과 정치집단은 이전에도 이후에도 적지 않았다. 전술적 차원에서 대중조작용으로 사용된 적이 있는 반면 카를 마르크스(Karl Marx)의 경우처럼 매우 정교하고 자료가 제공된 이론에 근거하여 사용된 적도 있었다. 또한 경제위기 분석은 마르크스주의에 국한된 것도 아니었다. 위기 개념은 경제적 분석 및 진단의 주된 대상이 되었다. 마르크스와 엥겔스(Friedrich Engles)에게 항목의 한 부분을 할당하였고, 정통 경제학자들에게 또 한 부분을 할당하였다. 게다가 위기가 일상적 용법에서 필수불가결한 개념으로 변하는 과정을 다룬 부분도 있다. 실로 코젤렉이 내린 결론은 위기 개념이 지금 너무 보편적이고 무차별적으로 채용되기 때문에 사실상 의미를 상실했으며, 따라서 앙투안 메이예(Antoine Meillet)가 칭한 '의미론적 탈색'에 꼭 맞는 실례라는 것이다.

『기본개념』 항목 집필 과정에서 코젤렉은 논쟁에서 '위기'의 사용법을 역사적 시대별로, 그리고 의학, 신학, 국내 및 국제정치 따위의 영역별로 구분한다. 위기 개념은 후설이 『유럽 학문의 위기』(*Krisis der Europäischen Wissenschaften*)에서 진단할 때처럼 인식론적으로도 사용 가능했고, 또한 니체가 『이 사람을 보라』(*Ecce Homo*)에서 했던 바로 유럽 문화에서 중시한 모든 것들의 가치전환을 강요하는 전례 없는 위기와 같은 표현으로 사용될 수도 있었다.

'위기'의 정치적 용도를 분석하면서, 코젤렉이 지적한 또 한 가지는 논쟁에서 위기 개념이 가진 수사적 기능이다. 특정한 상황을 위기라고 진단하는 것은 극적 상황을 상정하는 것이고, 따라서 행위의 주역들에게 화해 불가능한 과격한 선택들 중에서 즉각적 결정을 내리라고 요구하는 것이다. 이 중 어떤 선택도 기존 질서의 존속이나 붕괴를 가져올 것이라고 말한다. 위기 개념의 사용은 의도적으로 행동반경을 축소하고, 타협과 협상의 가능성을 폄하하고, 마침내는 신중과 합의가 아니라 상호배제적인 실존적 선택들 사이에서 단호하고 신속한 결단을 내리는 의지를 최고의 정치적 덕목으로 자리매김한다.

『비판과 위기』는 세계가 위기상황이라는 진단으로 시작하며, 또 이 저작에서 절대주의 국가에 대한 분석에서, 그리고 절대주의 국가 및 절대주의에 근거한 국제체제 유형이 프랑스혁명에 의해 붕괴된 이유들에 대해서 코젤렉은 카를 슈미트의 『리바이어던』에 의지하고 있다. 그런데 이런 저런 위기의 존재를 강조하는 이론의 수사적 기능을 밝힘으로써 코젤렉은 이와 같은 자신의 주장을 이해시키면서 동시에 그 주장을 뒤엎을 수도 있는 수단을 독자에게 제공하였다.

코젤렉의 첫 저작은 원자무기로 인하여 역사상 최초로 인류의 생존을 위태롭게 만든 국제적 위기를 상정하면서 시작하였다. 여러 요인이 결합하여 이런 상황을 야기했는데, 코젤렉은 그 요인의 진단이 시급하다고 주장했다. 이 작업을 하기 위해 코젤렉이 관심을 돌린 곳은 자신이 살던 시공간과 가까운 그 어디가 아니라 18세기 프랑스였다. 저작의 부제는 "부르주아 세계의 병리적 원인"(A Pathogenesis of the Bourgeois World)이었다.[86] 카를 슈미트의 경우를 보면, 그는 바이마르 공화국 시기의 헌정 위기를 진단한 여러 권의 책을 저술했는데, 여기서 슈미트는 이 위기를 해소하려면 여러 선택에 직면했을 때 그 가운데 가장 과격한 결단을 내릴 수 있는 무제한적 권한을 행정부와 국가에 부여해야 한다고 주장했다. 의회주의, 민주주의, 그리고 바이마르 공화국 정통성의 위기를 줄기차게 부각시킴으로써, 그는 심대한 비상사태 국면에서 자신의 주류집단적 가치를 지향하는 결단을 내렸다. 그런데 슈미트는 그의 '결정주의'(decisionism) 담론에서 '위기'를 빈번히 사용했으며, 또 바이마르 헌법은 단지 적법성에 기반하고 있을 따름이고 따라서 오로지 민족(Volk)만이 부여할 수 있는 정당성을 구현한 기구에 의해 대체될 필요가 있다는 과격한 주장을 하였는데, 코젤렉의 항목을 읽은 후라면, '위기'의 빈번한 사용과 그의 과격한 진단 사이에 연관성이 있음을 쉬 파악할 것이다.

'관용'(Tolerance/Toleration)이 『기본개념』에서 가장 긴 항목 가운데 하나라는 사실에서도 무엇인가 추가로 말해 주는 바가 있을 것 같다. 두 명의 집필자 가운데 한 사람이 클라우스 슈라이너인데, 지금까지 오토 브루너 비판 중 가장 철저한 필자였다. 이 항목의 결론 부분에서, 정치적 · 종교적 관용은 반드시 다원주의에 바탕을 두어야 한다고 믿는 슈라이너는 카를 슈미트가 다원주의에 대해 무자비하고 적대적인 지식인이라고 변함없이 통렬하게 비판하고 있다. 슈라이너의 결론 뒤에 숨어 있는 정치적 판단은 『기본개념』이 출간되기 시작할 무렵 이후부터 연방공화국 내에서 모습을 드러낸 합의에 기초하고 있다.

그러므로 그 이후 4반세기의 편집과정에서 코젤렉은 독자에게 첫 번째 저작에서 발견했던 진단뿐만 아니라, 카를 슈미트에게서 물려받은 분석에 대해 이의를 제기할 수 있는 수단까지 제공하였다. 콘체와 더불어, 코젤렉도 『기본개념』의 독자들에게 독자들 스스로 자신의 목적을 위해 사용할 수 있을 자료와 분석을 제공해야 한다는 책무를 받아들였다. 그 결과 나타난 것을 보면 『기본개념』 식 개념사를 주도한 역사가들은 그들 스스로 중요한 가설들을 확립할 해석의 틀을 가지고 있었음에도 불구하고 사전에서 인위적 누락이나 천착을 통해 자신들의 견해를 적극적으로 홍보하려 하지 않았다. 단연코 그들은 『기본개념』이 다룬 시대가 모든 면에서는 아니나 많은 점에서 혁명적 성격을 가진다고 규정하였지만, 시대정신이나 민족정신으로 명명할 수 있는 어떤 의견일치나 한 무리의 개념이 있었다거나, 있을 수 있다고 믿지 않는다. 그들의 접근법이 제시한 것은 갈등상태에 있는 개념들인데, 즉 정치와 사회의 기본 제도를 둘러싸고 정치집단과 사회구성체들 사이에서 서로 상충되는 이해관계, 의견, 이상을 명증하게 기록한 개념들이다.

03
『기본개념』의 한 예—Herrschaft 개념의 역사

『기본개념』에 의해 모습을 갖추게 된 〈개념사〉를 이제부터는 일련의 강령적 진술이 아닌 실제적 성과에 의거해서 고찰해 보자. 이 사전을 추천하게 만드는 속성들을 아직까지 이 사전을 이용해 보지 않은 사람들에게 이해시키기는 만만치 않다. 하지만 『기본개념』이 담고 있는 것을 어느 정도 알지 않고서는 방법론이든 발견사실이든 그 가치에 대해 일시적 판단조차 내릴 수 없다. 집필 항목 여러 개를 요약하거나 서술하는 대신, 나는 라인하르트 코젤렉이 주도한 팀이 서술한 Herrschaft (영어로는 dominion, domination, lordship, rule, command로 번역)에 관한 장문의 기고에 대한 자세한 해설을 제시하는 쪽을 택하였다. 이 개념은 1945년 이후 영어권 사회과학자, 역사가, 정치철학자의 어휘들 가운데서 단연 도드라지게 부상했기 때문에 독자들은 『기본개념』이 자신들이 가진 기존 지식에 새롭게 무엇을 보탤 수 있는지 스스로 판단할 위치에 있을 것이다.

항목 자체의 구조는 아래에 번역된 개략적 구도가 보여 주듯, 『기본개념』의 일반적 형식을 따르고 있다. 그렇지만 내 글은 막스 베버(Max Weber)의 저작에, 그리고 널리 알려진 베버의 세 유형의 Herrschaft의 정당성(카리스마적, 전통적, 합리적-법적)을 영어로 옮겨야 할 때 독자와 번역자가 부딪히는 문제에 초점을 맞추어 서술하겠다. 이 용어 자체는 그냥 번역하지 않고 놔둘 것이며, 따라서 독자들은 내 요약을 바탕으로 이 용어를 어떻게 옮겨야 할지 스스로 결정할 수 있을 것이다. 혹은 독자들은 독일어 용법이 영어의 용법과 크게 달라서 번역하지 않는 게 최상이라는 다른 선택을 할 수도 있겠다.

제2차 세계대전 이후, 사회과학계에 강력한 영향을 발휘했던 베버의 이론과 방법론은 중립적(neutralized), 규범적(stipulative), 그리고 외견상 탈가치적 정의들을 내놓았다. 이것들은 정의의 전형으로 확정되다시피 하였다. 이 자리에서 논의하게 될 Herrschaft를 비롯하여, 권력(Macht), 폭력(Gewalt), 정당성(Legitimität) 개념은 20세기 후반 영어권 정치 · 사회 이론에서 필수불가결한 또는 피할 수 없는 개념이 되었다.[1]

이 한 꾸러미의 용어들은 이론가들이 반드시 언급해야 하는 사회과학의 표준으로 자리 잡게 되었으며, 심지어 베버 식의 정의를 거부하거나 딴죽을 걸더라도 언급을 피할 수는 없다.[2] 『기본개념』 집필 항목에서 힐거(Dietrich Hilger)가 지적했듯이, 마치 병사가 비상식량을 지고 전투에 임하듯 대학원생들은 대대로 베버의 정당한 지배(legitime Herrschaft) 세 유형에 대한 정의를 품고 시험장에 들어섰다. 이들 중 다수는 교수가 되어서도 힘든 처지였을 때 크게 도움이 되었던 이 정의와 개념들을 결코 잊지 않았고, 오히려 그 기억을 충실하게 간직했다. 그러므로 『기본개념』에 백여 면에 달하는 Herrschaft 개념사가 담긴 것은 잘된 일이고, 그 역사는 아래에 요약하였다. 독자들은 내가 압축적으로 서술한 발견결과들을 검토함으로써 『기본개념』의 방법론과 공헌을 평가할 수 있을 것이다. 아래서 논의한 대로 'Herrschaft' 항목이 베버에 집중된 것은 아니지만, 그럼에도 불구하고 이 부분은 『기본개념』이 실천한 〈개념사〉의 자세한 예로서, 그리고 편집자 자신들의 견해가 그들의 신념의 중핵을 구성하는 개념들에 미친 영향의 정도를 보여 주는 예로 볼 수 있다.

이 항목을 읽고 난 후 예전에 몰랐다 알게 되는 것이 무엇인가? 그런 지식을 갖게 되면 무엇이 달라질까? 아마 만일 『기본개념』의 'Herrschaft' 항목을 읽고 나서 베버 시대의 용법과 함께 베버 이전의 용법을 적시할 수 있다면 『기본개념』 식 〈개념사〉를 옹호할 수 있을 것이다. 그렇다면 그 항목을 읽기 전에는 몰랐지만 읽고 나서 우리는 다음을 알 수 있다. 베버가 Herrschaft를 자기 식으로 개념화할 때 의도한 것을 깨달을 수 있고, 베버가 자신의 텍스트에서 이 용어를 어떻게 사용했는지 알 수 있고, 베버 식 공식화에 맞선 이론적 대안들을 인지하고 평가할 수 있다. 또한 이런 역사적 설명은 베버의 이론을 평가하려는 사람들 모두에게 베버가 왜 그런 식으로 이론을 전개했는지 이해하는 데 도움을 줄 것이다. 이렇게 하여 『기본개념』 방법론은 이론적 현안에 대한 우리의 인식을 예리하게 만들 것이다. 끝으로, Herrschaft의 기존 번역어는 '권위'(authority; Gerth and Mills, Parsons), '지고의 조정'(imperative coordination; Parsons), 또는 '지배'(domination; Bendix, Rheinstein, and Shils; Roth and Wittich; Mommsen)인데, 이 독일어 개념에 대한 적절한 역사적 해설이 있다면 기존 번역을 문제 삼지 않고 수용하는 독자들이 범하게 될 오해를 미연에 방지하겠다.[3] 비록 마지막 번역어가 아마 가장 저항이 적은 등가물이겠지만, '정당한'이란 용어와 함께 쓰여 베버의 legitime Herrschaft의 번역어가 '정당한 지배'(legitimate domination)로 된다면 '지배'라는 번역은 적어도 영미권 정치이론가들에게는 인식론적 부조화를 야기한다. 지배가 정당한 적이 과연 있었던가?

Herrschaft는 『기본개념』에서 가장 인상적인 항목 가운데 하나이다. 아마 개인적 작업이었더라면 그렇게 훌륭할 수 없었을 것이다. 해당 주제에 대해 공동연구를 펼친 학자들은 뛰어난 협업을 수행했고, 그리하여 학제적 공동연구란 것이 한 연구단에 소속되어 지속적으로 연구할 때 불가능하지 않음을 보여 준다. 이 항목은 긴 개괄적 도표로부터 시작하는데, 독자에게 긴 항목들이 다루는 범위를 보여 주는 한 예가 되기에 여기서 번역하였다. 항목을 요약하면서 다수의 주제와 집필자 이름을 뺄 수밖에 없었다.

정치 · 사회적 개념으로서의 HERRSCHAFT

I. 서문[집필: 라인하르트 코젤렉]

II. 중세 시대 Herrschaft 개념[집필: 페터 모라(Peter Moraw)]

1. 서론
2. 언어학
   (a) 독일어 용법
   (b) 라틴어 용법
3. 중세 초기
   (a) 게르만계 독일어
   (b) 라틴어
4. 중세 후기

III. 근대 초기부터 프랑스혁명까지 Herrschaft의 개념[집필: 호르스트 귄터(Horst Günther)]

1. 개념, 의미(Bedeutung) 및 용법

2. 16세기의 Herrschaft:
   (a) 마키아벨리(Machiavelli)
   (b) 종교개혁기 독일에서의 Herrschaft의 개념
   (c) 칼빈주의적 개념 — 형성 및 법사상의 영향
   (d) 이 과정의 변증법에 대하여
   (e) 위기에 대한 보댕(Jean Bodin)의 해법
3. Herrschaft와 계약이론
   (a) 알투시우스(Althusius)와 그로티우스(Grotius)
   (b) 홉스(Thomas Hobbes)와 절대주의
4. [III/4에 국한하여 집필: K.-H. 일팅(K.-H. Ilting)] 합리주의적 자연법 또는 자연권(Naturrecht), 17, 8세기의 Herrschaft
5. 세 가지 논제의 지속
   (a) Imperium과 dominium
   (b) '가계'(house)에 대한 가부장(Hausvater)의 Herrschaft
   (c) 부역의 의무, 가노(Gesinde)와 예속(Knechtschaft), 주인(Herr), 및 노예(Knecht)
   (d) 당대 사전에서 이들 관계의 언어적 반영
6. 계몽주의 및 Herrschaft의 혁명화
   (a) '이성의 Herrschaft'
   (b) Herrschaft 개념의 역사화와 현실화 과정
   (c) 모든 Herrschaft에 대한 비판
   (d) '공포의 Herrschaft'
7. '주인됨(Herrschaft)과 예속됨(Knechtschaft)'
   [아래 III/8-9의 집필: 코젤렉]
8. Herr와 Knecht의 어휘적 관계
9. 모든 남성을 Herr로 칭하는 용법의 일반화 과정

IV–IX. [집필: 디트리히 힐거]

IV. 혁명기 Herrschaft의 개념: 개념사적 특성

V. 대혁명 직전의 개념

1. 직접 민주주의적 Herrschaft 및 시민의 대리자에 의한 통치 (kommissarische Regierung)

(a) Herrschaft와 평등

(b) 자치와 절대정치

(c) Herrschaft 개념과 통치(government) 개념의 분리

2. 공화주의, 사인적(private individuals) Herrschaft 및 도덕법

(a) '공화주의와 전제주의'

(b) 자신의 '가계'에 대한 가부장의 Herrschaft와 개인적 권리

VI. Herrschaft 개념이 경제학에 적용되는 과정

1. '상업사회'(commercial society) 내에서의 기능

2. 부르주아 계급의 Herrschaft와 프롤레타리아 계급독재

(a) 변증법적으로 스스로를 규정하는 노동의 Herrschaft

(b) 타인 전체에 대한 일부 극소수의 최후의 Herrschaft

(c) 무계급사회와 진정한 민주주의

3. 공장 Herrschaft로부터 경영자의 통치로의 이행

VII. Herrschaft와 Genossenschaft(협회, 조합)

1. 헌법사(Verfassungsgeschichte): 무형적 Herrschaft에 의한 유형적 Herrschaft의 대체

2. 헌법사: Herrschaft와 Genossenschaft 간 변증법. 이 발전의 내재적 목적

3. 혁명 전후의 정치언어. 용법의 민주화

4. 사회과학의 일반 용어로서의 Herrschaft와 Genossenschaft

VIII. 영도(Führung) 개념에 의한 Herrschaft의 대체

IX. 그 이후 Herrschaft의 용법: 개념으로서의 현재의 위상에 대한 개관과 평가

이 'Herrschaft' 항목(103면, 각주 464개)의 시작은 코젤렉의 도발적 서문인데, 여기에는 안장시대(Sattelzeit: 약 1750년에서 1850년까지 이행기)에 출간된 사전들에서 Herrschaft의 취급에 대한 탁월한 분석이 포함되어 있다. 페터 모라는 중세 독일어와 라틴어 용법의 명료한 도해로부터 Herrschaft 개념의 역사적 분석을 시작한다. 모라의 명쾌한 분석에 이어, 호르스트 귄터는 꼼꼼한 다언어적 연구를 통하여 마키아벨리(이탈리아어본과 독일어본을 모두 취급)로부터 헤겔의 Herrschaft와 Knechtschaft 간의 비교 — 때에 따라 'lordship-bondage'(주인됨-예속됨)이나 혹은 'master-slave'(주인-노예)의 관계로 번역되는 두 용어 간의 유명한 비교 — 에 이르기까지의 줄거리를 서술한다. 마지막 장은 독일의 사회, 경제, 정치의 격변기였던 19세기와 20세기 동안 Herrschaft의 의미와 용법의 변화에 대한 디트리히 힐거의 풍부하고 날카로운 해설을 담고 있다. 결론 부분에서 힐거는 논문의 발견사실들과 그것들의 현재적 의미를 요약하며 끝내는데, 막스 베버를 특별히 강조하고 있다.

표제어 'Herrschaft' 항목에서 빠진 것으로 여겨질 부분은 고전 그리스어 및 로마어 용법 부분이다. 항목의 모두 발언에서 코젤렉은 이것이 의도적 누락임을 분명히 밝히고 있는데, 크리스티안 마이어의 고전 그리스어 및 로마어 용법 분석, 그리고 'Macht'(권력, power), 'Gewalt'(힘, force) 및 'Gewaltenteilung'(권력분립)의 일부를 집필한 파버(Karl-Georg Faber)와 펜스케(Hans Fenske)의 분석에 기초하여 누락을 결정하였다. 코젤렉은 고전 그리스어의 arche 개념이나 로마어의 용어 dominium, imperium, 또는 auctoritas는 Herrschaft의 등가어가 될 수 없다고 주장한다. 왜냐하면 독일어에서 Herrschaft는 중세 후기 용법에서 비로소 일반적 개념으로 부상하여, 근대 초기 절대주의 국가 시대에 처음으로 추상적 용어로 온전히 기능하게 된다. 그러므로 이 개념의 발전과정은 고전 시대부터가 아니라 중세 초기 고대 고지독일어의 용법을 필두로 추적하여야 한다. 그 시점에서 Herrschaft의 함의는 Herr(주인)로 알려진 사람이 일정한 물건, 사람, 또는 영토적 관할구역에 대하여 행사하는 구체적이고 특정한 인적 · 물적 관계이다. Herr는 또한 하느님(Lord God)을 지칭하기 위하여 사용되었다. 이 모든 관계는 종교법이나 자연법, 아니면 전통법이든, 법으로부터 유래하였고 법과 합치하였다.

그러므로 Herrschaft는 주권, 즉 법적으로 무한한 국가권력의 의미를 가지지 않았고 가질 수도 없었으며, 이 의미는 후대에 보댕이나 홉스를 추종한 근대 초기의 독일 이론가들이 Herrschaft에 부여하였다. 더구나 중세 초기에는 독일어권 유럽에 실제 중앙집권적 정치권력이 존재하지 않았으며, 오로지 로마제국의 세속적 통치자와 교황 양자가 각기 권력이 제 것이라 주장하며 경합하고 있었다. 독일적 관행은 로마법이나 교회법에서 유래한 관행과 매우 다른 유형의 사상과 법으로 발전하게 되었다. 달리 말하면, 1400년 이전에 Herrschaft는 아직까지 토지 소유자(주인)가 주장하는 또는 토지 소유자에게 귀속되는 법적 권한의 특정한 행사를 열거하거나 추가하는 것을 의미하며, 이를 넘는 어떠한 추상적 의미도 아직 획득하지 못한 상태였다.

페터 모라는 자신이 담당한 중세 시대 부분에서 Herrschaft의 중세적 용법에 대한 코젤렉의 주장을 더욱 포괄적으로 발전시킨다. 모라는 독일어 용법과 라틴어 용법 모두를, 처음에는 따로따로, 나중에는 함께 취급한다. 그의 분석은 두 가지 중요한 발견으로 이어진다. 첫째, 그는 라틴어 용법이 독일어와 다른 노선을 따라 발전되었다는 점에 주목한다. 그리하여, 로마법과 교회법에서, 또한 신성로마제국이나 프랑스 국왕 등 세속적 통치자와 교황 사이의 알력 시에 사용된 정치언어에서

imperium, dominium, auctoritas 및 potestas 같은 로마법 개념 사용이 확장되었다. 14세기 말경이 되면 독일어에서 특정한 관계를 제한적으로 지칭했던 이전의 용법으로부터 추상화된 일반적 의미의 Herrschaft가 나타난다. 그리하여, 처음으로 Herrschaft는 이런 저런 라틴어 용어의 등가적 독일어로 취급받게 되었다. 그러나 이런 용법이 생긴 이후에도 Herrschaft는 이 의미장의 다른 개념들과 마찬가지로 복수적이고 확정되지 않은 뜻을 담지하였다. 그와 같은 의미의 중복과 불명확은 근대 초기 Herrschaft의 용법에도 존속되었다.

호르스트 귄터가 담당한 15세기부터 헤겔까지의 전개과정은 아주 완벽하면서도 차이를 꼼꼼히 밝히고 있는데, 특정 텍스트의 분석, 그리고 저자와 독자에게 그 텍스트의 의미에 대한 분석은 물론, 이와 함께 사전편찬적(lexicographical) 연구에 토대를 둔 독창적 공헌이 적지 않다. 근대 초기의 개막부터 프랑스혁명까지 그가 담당했던 전체 기간 동안 정치적 · 사회적 · 법적 개념으로 사용되는 Herrschaft에 여러 의미가 부여되었으며, 상충적인 의미가 부여된 적도 종종 있었다. Herrschaft의 용법 중에서 다른 언어로 올바르고 명확하게 옮길 수 있는 용법은 단 하나도 없었으며, 또한 다른 독일어와 정확히 일치하는 동의어로 취급될 용법도 없었다. 아주 일찍 출간된 이중언어 혹은 다중언어 독일어 사전과 번역본조차도 출간 당시 Herrschaft의 등가어로 취급될 수 있는 개념을 여럿 보여 주고 있다. 이는 독일어 단일어 사전과 백과사전에도 적용되는 사실이다. 다음은 귄터가 발견한 Herrschaft의 동의어 또는 등가어 목록이다.

영어: authority, command, dominion, empire, lordship, manorial estate, masterly rule, reign, rule, sovereignty, domination.

프랑스어: autorité, domination, empire, jurisdiction, maîtrise, pouvoir, puissance, seigneurie, souveraineté.

라틴어: auctoritas, dignitas, ditio, dominatus, dominium, imperium, jurisdictio, majestas, potestas, principatus, territorium.

독일어: 의미를 공유하는 단어들은 Herrschung, Beherrschung, Gewalt, Gebiet, Gerichsbarkeit, Regiment, Obrigkeit, Magistrat. 가끔 필요에 따라서는 Grundherrschaft, Landesherrschaft, Oberherrschaft처럼 더 전문화된다.[4)]

권터는 Herrschaft와 이 개념의 독일어 언어장은 프랑스어, 영어, 라틴어에 비해 분화 정도가 훨씬 낮다고 주장한다. 권터의 분석은 복잡하지만, 그렇다고 Herrschaft 개념이 사용자들에게 지시하는 의미를 일반화하는 일을 거부하는 것으로 끝내지는 않는다. 이 개념의 역사에 대한 그의 해설은 워낙 예가 풍부해서 많은 발견사실 가운데 선택이 쉽지 않다. 헤겔의 용법까지 포함한 이 개념의 독일적 전개과정에서 특히 중요한 것은 루터가 성경을 번역하면서 Herrschaft를 신학적 · 비유적으로 해석한 경우들이다. 여기서 예수는 인류의 구세주로 왕림한 주(Herr)의 노예(Knecht)로 묘사되고 있다.

추가적으로, 권터는 그가 담당한 시기 동안 개념의 변화와 정치 · 사회적 구조의 발달에 대하여 다음과 같은 점을 지적한다. (1) 정치 개념으로서 Herrschaft의 용법은 여러 문제를 야기했는데, 원래 로마공화정 때 만들어진 dominium(노예 소유를 포함한, 사법에 의거한 재산권)과 imperium(공법에 의거한 공공권력과 사법권의 행사) 간의 차이를 참조함으로써 이 문제를 해결하려는 노력이 계속 있었지만 한 번도 성공하지 못했다. (2) 근대 초기 독일어권 유럽에서 Herrschaft 적용사례에서 가장 중요한 것 가운데 하나는 가부장(Hausvater)에게 그의 지위에 고유한 재산권 형식으로서 주어진 권한들이다. 가노(Gesinde)에게는 가부장에게 당연히 바쳐야 할 강제노역(Dienstbarkeit)의 책무가 있었다. 가족의 재산으로 간주되는 다른 종류의 사람들의 경우, 그들과 가부장의 관계는 예속(Knechtschaft)이란 말로 규정되었다.[5)]

사회사는 이 지점에서 〈개념사〉에 도움을 준다. 근대 초기의 절대주의 통치자와 가부장은 모두 동일한 바탕에 근거하여 그들의 지배권을 요구하였는데, 즉 자신들의 피지배자에 대해 재산권을 보유하고 있다고 주장하였다. 가부장은 처에 대하여, 또 가부장은 처와 함께 자신들의 자녀에 대하여 절대권력을 행사하였는데, 바로 이 절대권력을 근거로 통치자는 신민(Untertanen)에 대하여 Herrschaft를 행사하였다. 가부장은 노예(Knechte)에 대하여 Herr로서 행동하였다.

귄터는 계속해서 계몽사상의 영향을 설명한다. 그의 설명에 따르면, 계몽사상은 소유주가 인신에 대해 보유한 재산권에 바탕을 두고 정당화했던 과거의 인적 의존 및 복종 형식을 배척하였다. 한발 더 나아가, 계몽사상가들은 그와 같은 재산권을 원칙적으로 거부했기 때문에 Herrschaft 개념 자체를 부정할 수 있었고, 실제로 부정했다. 이제 일부 계몽사상가들은 '해방'(Emancipation, 이 자체가 『기본개념』 항목의 주제이다)을 역사의 목표로 규정하였다. 이 목표는 만인이 평등한 지위를 누리고, 그래서 인간은 다른 누구에게도 인신적으로 예속되지 않는 사회 상태를 향한 진보로 개념화되었다.

이리하여 Herrschaft는 그 자체 부당한 것으로, 자신이 다른 사람보다 우월하다고 착각한 자들에 의한 정당하지 않고, 정당화될 수도 없는 폭력의 행사로 선언되었다. 통치(Regierung)가 법률에 따라 정당한 목적을 지향하는 정치적 관계라면, Herrschaft는 이와 반대로 자의적 · 억압적 관계로 간주하게 된다. 이제 Herrschaft는 법적으로 평등한 전체 시민의 권리와 양립 불가능하다고 말해지게 된다. 확립된 국교가 있어야만 하는가라는 문제를 둘러싼 국민의회 내 논쟁 때 미라보(Honoré Mirabeau)가 사용한 것은 바로 이 언어였다. 미라보는 지배적 국가종교라는 개념 자체를 공격하는 데 그치지 않고, 나아가 다음과 같이 지배 개념의 정당성을 부정하였다. "여러분들은 지배적 교회라는 말을 계속 듣고 있습니다. 지배적이라! 신사 여러분, 이건 제가 이해하지 못하는 단어입니다. 정의를 내려 주십시오. 이 말을 쓰는 분들은 억압적 교회를 의미하는 것인가요? (중략) '지배한다는 것'. 이 말은 우리 법체계에서 반드시 추방해야 할 전횡적 단어입니다."[6)]

권터가 지적하듯, dominier는 이 당시 herrschen의 등가어였다. 미라보는 정치적 논쟁을 하는 동시에 domination, Herrschaft 개념의 비판에 관여하여 정치적 · 이론적 입지에 근거하여 언어적 용법을 둘러싸고 싸웠던 것이다. 그러므로 프랑스혁명 기간 중 국가 및 사회의 혁명적 변모는 예전 Herrschaft가 가진 의미에 세 가지 근본적 변화를 가져왔다. 혁명 이전의 사유재산에 관한 기존 법은 소유권과 재산권의 정의 속에 인신을 포함하였는데, 구체제에서 이 개념은 기존의 사유재산권을 정치적 · 법적 이론으로 확장시켜 여러 사례에 적용하였다. 이제 그런 주장들은 모두 폐기해야만 했다. 그 결과 이 개념의 사용에 일어난 변화를 권터는 아래와 같이 요약했다. (1) Herrschaft의 근거를 더 이상 중세 시대 원래의 의미였던 다수에 대해 극소수가 행사한 재산권 개념에 둘 수 없고, 따라서 이 말을 굳이 사용한다면 반드시 시민 전체의 일반 이익을 위한 공법의 행사로 정당화되어야만 했다. (2) Herrschaft는 스스로 의사결정 능력이 없다고 간주된 사람들(처, 아동, 하인)에 대해 아버지가 보유하고 있는 것으로 이미 인정된 권한을 지배자에게 확대한 것으로 더 이상 취급될 수 없었다. 그 대신 Herrschaft는 시민 전체에서 나오는 최고권력으로 재개념화되어야만 했다. (3) 피지배자는 더 이상 예속(Knechtschaft)과 등가적 지위를 가진 신민으로 간주될 수 없고, 오히려 스스로를 다스리는 시민으로 간주되었다.[7)]

권터가 주장하듯, 개념으로서의 Herrschaft는 민주주의적 관행과 화해가 늘 힘들었다. 이는 중요한 지적으로, 이 문제는 베버의 Herrschaft 개념이 그 자체 정치이론의 일부로 새로 기술될 때 다시 부각된다. 프랑스 혁명 후에는 베버와 함께 Herrschaft의 새 용법이 생겨나는데, 이때 Herrschaft는 하인에 대한 주인의 개인적 권리와 연관되었던 과거의 용법과 작별하고 추상적 존재에게 부여된다. '이성의 지배'(vernünftige Herrschaft)가 그러한 새 용법의 한 예이다.

권터의 사전편찬적 연구에 이어 코젤렉의 보충연구는 개념의 지속, 변화 및 신조어를 판단하기 위해 한 시대의 사전과 백과사전을 사용하는 방식을 보여 주는 모범적 사례이다. 이 과정에서 코젤렉은 개념사는 물론 사회사에도 몇 가지 눈부신 공헌을 할 수 있었다. 19세기 독일어 사전과 18세기 독일어 사전의 Herrschaft 항목을 대조함으로써 그는 1800년경이 되면 Herr-Knecht 관계는 과거의 일, 즉 한때 존재했지만 이제는 볼 수 없는 현상으로 취급되고 있음을 입증한다. 다시 사전편찬적 접근방식을 통해 코젤렉은 구체제 시절부터 내려오던 구분이 소멸되었음을 보여 준다. 18세기 및 19세기 초에 호칭양식으로서의 Herr의 사용은 자신에게 공손하게 구는 사람들보다 자신이 더 높은 정치적 · 사회적 지위를 가졌다고 생각하는 남성들에게로 제한되었지만, 19세기 말경이 되면 모든 남성을 지칭하는 관습적 호칭양식이 되었다. 그러나 독일 노동계급 내에서는 일반적으로 Herr보다 Genosse(동지)라는 용어를 선호했다.

이 항목의 나머지 부분은 다른 두 저자의 기고문이다. 법철학 역사학자 K.-H. 일팅은 세속적 자연법 이론가들의 Herrschaft 용법에 대한 부분을 기고하였다. 그러나 귄터의 의미론적 접근이 보여 주는 세심한 변별과 비교하면, 일팅은 Herrschaft를 '복종을 요구할 권리'로 단순하게 정의하고 있다. 이와 같은 환원적 정의가 입증하는 바는 외관상 〈개념사〉로 보이는 영역에서 사용되는 실증주의는 법적 실증주의든 철학적 실증주의든 예외 없이 『기본개념』 내부 작업팀의 작업과 사실상 양립 불가능하다는 점이다.

19세기와 20세기를 다루는 Herrschaft 항목의 나머지는 디트리히 힐거의 작품이다. 그는 결론 부분에서 이 개념의 용법과 의미 변화에 대한 분석을 우리 시대에까지 확장한다. 그러므로 힐거의 검토에 포함된 것은 칸트와 그의 동시대 철학자들이 취한 입장, 헤겔 및 그의 계승자들이 Herrschaft에 부여한 의미들, 그리고 독일 보수주의자, 자유주의자, 역사주의자, 낭만주의자, 민족주의자들이 이 개념에 남긴 족적들이다. 이들에 의한 전개양상은 독일 특유의 배경과 형식 속에서 진행되었기 때문에 하나하나가 궁극적으로 독일어권 유럽 밖에서는 발견되지 않은 새로운 적용사례가 된다.

또한 힐거는 18세기와 19세기의 상업혁명과 산업혁명에 의해 야기된 의미와 용법상의 변화를 추적하고 있다. 그가 지적하고 있듯이, 부르주아 이론가와 사회주의 이론가가 공히 경제활동, 재산, 가족, 계급, 사회계층화, 개인 간 관계에 있어 전통적 형식과 근대적 형식을 구분하려 할 때 Herrschaft 개념에서 새로운 용도를 발견하였다. 마르크스와 엥겔스는 자본주의를 부르주아 계급의 Herrschaft와 프롤레타리아 계급의 Knechtschaft라고 비판하였다. 그들이 상정한 미래상에 따르면, 혁명 후 첫 단계는 노동계급의 Herrschaft가 지속되다가, 마침내는 일부 사람이 타인에 대해 행사하는 모든 Herrschaft가 소멸하는 지점에 도달한다. 사회주의자만이 Herrschaft를 폄하하여 사용한 것은 아니다. 예를 들면, 비스마르크(Otto von Bismarck)는 의회 내 자신의 비판자에 대하여 그들의 진짜 목적은 모든 타인에 대한 지배권(Herrschaft)을 획득하는 것이며 이 목표를 달성하기 위하여 (언론, 종교, 노동조합 결성의) 자유라는 구호를 교묘하게 이용한다고 비난했다. 그러므로 빌헬름 시대에서 Herrschaft 개념은 사회적 · 경제적 · 정치적 관계를 기술할 때 중립적이거나 긍정적 의미로 사용하기 쉽지 않았다.

이렇게 폄하된 함의에도 불구하고 Herrschaft는 19세기 후반에 지적 담론의 용어가 되었고, 이 현상은 20세기에서도 마찬가지이다. 19세기 말경 이 용어를 부각시킨 첫 번째 학자는 오토 폰 기르케(Otto von Gierke)인데, 그는 당대 가장 영향력 있는 법학자 가운데 한 사람이었다. 폰 기르케는 독일 헌법사와 법률사를 새로 썼는데, 그는 이 역사를 Herrschaft(지배관계)와 Genossenschaft(조합관계) 간 변증법적 상호작용으로 기술했다. 그에게 Herrschaft는 정치적 · 법적 개체들에 대해 국가의 중앙집권적 통제권의 행사를 의미했다. Genossenschaft는 이와 정반대되는 것으로, 기르케가 국가의 통제권에 종속되지 않는 권리와 특권을 가진 게르만 전통의 조합집단에서 찾은 자유결사의 개념을 의미했다. 기르케는 흡사 헤겔 풍으로 이들 두 정치원칙 간의 갈등을 도표화한 후 군주제와 입헌제를 겸한 근대 독일 국가에서 양자의 궁극적 화해를 발견한다.[8)] 기르케 이후, Herrschaft 개념은 대부분 사회과학과 법학의 기술적 담론에서 쓰이게 된다. 19세기 말경이 되면 Herrschaft는 일상언어 및 학술저작에서는 점점 자취를 감추게 된다.

특히 심리학과 사회학 영역에서, 그리고 이들 분과학문을 정치적으로 적용할 때, Herrschaft는 보다 멋져 보이는 영도(Führung) 개념에 의해 대체되었다. 그리하여 19세기 말부터 1930년대까지 근대 대중사회는 그 구성원들의 욕구를 만족시키기 위해서 영도자를 필요로 했다는 주장이 있었는데, 왜냐하면 대중들의 삶은 한때 정치적 · 경제적 혁명으로 와해된 과거의 위계질서에 의해 관리되고 있었기 때문이다. 바로 이렇게

Herrschaft가 일상적 · 학술적 언어의 대열에서 거의 탈락하였기 때문에 막스 베버는 부담 없이 그 개념을 전유해서 의미를 중립화한 다음, 그것을 자신의 비교역사적 정치사회학에 적용하고, 다시 그것을 자신이 상호 연관이 있다고 생각한 개념인 Macht(권력), Gewalt(폭력) 및 Legitimität(정당성)와 연결하였다.

현대 독일어의 용법을 다룬 마지막의 전망(Ausblick) 부분에서 힐거는 세 유형의 legitime Herrschaft에 대한 막스 베버의 논의를 『기본개념』이 제공하는 이 개념의 역사 속에서 자리매김하려 한다. 이 방식을 택함으로써 힐거는 베버가 자신의 주제를 정의하고 이론을 개진했던 시각을 찾을 수 있었다. 마찬가지로 힐거는 베버의 언어실증주의적 접근의 결과를 보여 줄 수 있는데, 즉 그의 형식론적 정의들은 일상언어적 용법이나 기존의 정치적 · 사회적 · 입헌적 관행과의 연계성보다 오히려 과학적 효율성을 앞세운 중립적 · 탈가치적 용어를 의도한 것이었다.

18세기 독일어권 유럽에서 가장 주요한 참고서적인 체들러의 백과사전은 18세기 중반에 Herrschaft는 정당한 통치를 의미한다고 설명하였다.[9] 이리하여 이 개념은 고전적 유형의 체제(regime)의 틀 속에 남아 있었다. 그때까지도 폭정 개념 및 복종 거부권 또는 부당한 지배에 대한 저항권 개념이 공인된 기준을 충족하지 못하는 정부에 맞설 수단을 제공하였다. 그리하여 통치자와 피통치자 간 관계는 부당하다고 입증될 때까지는 정당한 것으로 간주한다는 가정이 지속되었다.

힐거의 주장에 따르면, 대략 1800년경 이후 독일어권 유럽의 상황이 변하는데, 입증 책임 부담의 소재가 바뀌었다. 그 이후부터 모든 Herrschaft는 말하자면 폭력에 의한 권력 장악에서 유래한 것으로 상정되었다. 그러므로 체제의 정당성을 옹호하려는 시도는 하나같이 엄청난 시련에 직면하였다. 이와 동시에 프랑스로부터 확산된 무질서와 혁명에 대한 두려움으로 인해, 질서는 공공선의 선결조건이며 따라서 국가에 대한 어떠한 저항도 원칙적으로 용납될 수 없다는 가설이 생겨났다. 이런 두 가정은 결합된 형태로 일 세기 후까지 지속되는데, 우리들은 이런 결합을 베버의 국가에 대한 정의에서, 또 불복종권리 및 저항권이나 그런 주장에 근거한 정치적 행위 결과 등에 대한 베버의 무관심에서 발견할 수 있다.

힐거가 강조한 또 한 가지 사실은 베버 시대에 사용된 Herrschaft 개념은 고도의 개념적 추상화와 탈인신적 함의를 지녔다는 점이다. 또한 힐거는 영도(Führung)가 Herrschaft를 대치하여 정치, 사회조직, 법 영역의 토론에서 가장 일반적으로 용인된 핵심 개념이 되었다고 지적한다. 그리하여 베버는 『경제와 사회』(*Wirtschaft und Gesellschaft*)에서의 학술 담론 속에서 당시 거의 사용되지 않던 Herrschaft 개념을 전유할 수 있었다. 이 저작에서 베버는 Herrschaft를 '권위주의적 명령권'(the authoritarian power of command)으로 정의를 내렸다.

> 따라서 Herrschaft는 단수 또는 복수의 통치자의 표명된 의지(명령)가 일인 이상의 피통치자의 행위에 영향을 주려고 의도되었고 실제로 행위에 영향을 준 결과, 피통치자들이 명령의 내용을 마치 그 자체로 자기 행위의 수칙으로 삼은 것처럼 사회적으로 적절한 수준으로 그들의 행위가 발생하는 상황을 의미한다. 이 상황을 다른 쪽 끝에서 본다면 '복종'이라고 부를 것이다. '권력'(Macht)이란 특정한 사회관계 속의 어떤 행위자가 저항에도 불구하고 자신의 의지를 관철할 수 있는 위치에 있을 개연성이며, 이러한 개연성을 받쳐주는 토대와 상관없이 의지를 관철할 수 있어야 한다. Herrschaft는 일군의 집단들이 어떤 특정한 내용을 가진 명령에 복종할 개연성이다.[10]

힐거는 베버가 복종의 도덕적 또는 심리적 근거에 대해서는 관심이 없었음을 지적한다. 그와 같은 이유들은 그가 의도적으로 선택한 형식론적 방법론(formal method)에 의해 배제된다. 그런데 복종은 행위자가 부여하는 매우 다른 기준들에 의해 결정될 수 있고 결정되어 왔다고 힐거는 주장한다. 이런 대안적 경우를 베버가 강조하는 무조건적 복종과 대비시키기 위하여 힐거는 "왕에게 빚진 것은 복종이 아니라 충성(Treue)이다"라는 중세 프랑크 왕조시대의 수칙을 인용한다.[11] 충성이 복종을 배제하는 것은 아니라고 힐거는 주장한다. 충성은 신민의 복종을 전제로 할 경우가 그렇지 않을 경우보다 더 많다. 그러나 그와 같은 행위는 베버가 제시한 복종 개념의 범주에는 들어가지 않는다.

> '복종'이 의미하는 바는 복종하는 자가 명령 자체의 가치(또는 무가치)와는 상관없이 … 명령의 내용을 그 자체로 행위의 원인이 되는 것으로 받아들여(lediglich um des formalen Gehorsamverhaltnisses halber) 행위하는 것이다.[12]

막스 베버의 정치사회학에 〈개념사〉를 이렇게 적용하면 어떻게 될까? 물론 『기본개념』 항목의 요점은 Herrschaft 개념의 역사를 제시하는 것이지, 베버 저작의 정치적 의미에 대한 결정적 해석을 제공하려는 것이 아니다. 그렇지만 힐거는 Herrschaft에 대한 베버의 입장을 이 개념의 역사적 맥락 내에 자리매김함으로써 베버가 명령-복종 관계를 그의 정치사회학의 중심으로 삼았다는 점을 입증한다. 그리하여 베버는 즉각적·무조건적 복종이 모든 정당한 형식의 Herrschaft를 규정하는 요소라고 강변한다. 이 점은 그가 빌헬름 시대의 다른 이론가와 공유했던 주장 가운데 하나인데, 다른 하나는 지도력(leadership) 문제에 대한 집착이다. 그는 지도력과 대중을 강조하는 정치심리학 및 정치사회학을 수용했는데, 이는 베버 시대 독일에서 전혀 예외적 경우가 아니었다. 민족주의자들은 독일이 적대적 경쟁자들로 에워싸인 국가임을 강조했다. 그러므로 독일의 존립은 독일의 신민들로부터 완벽한 복종을 도출하고, 지도자들이 신속하고 합리적 결정을 내리고, 제국주의 열강으로서 경쟁에 이기는 것에 달려 있었다.

〈개념사〉가 베버의 정치사회학을 반박하기 위하여 사용될 수 없다는 점을 반드시 말해야겠다. 또한 비역사적인 규범적 정의, 이념적 사용, 비교정치사회학 등 베버의 방법론을 더 자세히 논의하지 않고 거부할 근거가 개념사 내에 있는 것도 아니다. 〈개념사〉는 이론의 대체물도 아니고, 베버가 생각했던 현상들의 비교분석적 처리에 대한 대안이 될 수도 없다.

베버와 Herrschaft 개념사의 관계를 알게 될 때 혹시 얻을 수 있는 이득은 무엇인가? 첫째, Herrschaft에 대한 베버의 취급이 당대의 전문적 용법에 부합하거나 일탈한 정도를 알게 되면 새롭게 명확해지는 것들이 있다. 베버가 자신의 정치사회학의 중심적 개념들을 방법론과 실제 양면에서 취급한 방식을 아는 것은 중요한 일이다. 추측하건대 베버는 하이델베르크 대학 동료인 게오르크 옐리네크(Georg Jellinek)의 법실증주의에서 유래한 스타일로 자신의 개념을 정의하였다.[13] 베버는 Herrschaft를 매우 추상적 수준에서 취급하였는데, 말하자면 무조건적 복종을 부과하고 복종을 받는 힘의 관점에서 정의를 내렸다. 그 세대 사람들이 흔히 그렇듯, 그는 권력을 정치의 특징적 면모로 파악했다. 또한 그는 이 사실을 안타까운 일로 여기지 않았다. 권력투쟁을 관습적 · 관료적 사회를 변화시킬 행동을 가능케 하는 몇 안 되는 기재 가운데 하나로 파악했기 때문이다. 이런 사고방식에도 불구하고 베버는 독일 정부의 국내외 정책을 강력히 비판할 수 있었지만, 마찬가지로 이런 사고방식으로 인해 그는 궁극적으로 국민투표를 통해 지도력을 확보하는 민주주의 유형을 옹호하게 되는 결과를 낳고 말았다. 그러나, 그는 자신의 정부가 국력을 극대화하고 국력을 효과적으로 사용하기 위해 사용한 방법이 부적절하다고 생각했기 때문에 비판과 옹호의 두 입장 모두를 견지하였다. 베버는 사회의 관습화를 극복할 방법으로 국가에 대한 저항을 고려해 보지 않은 것 같은데, 이는 놀라운 사실이다. 그는 기존 권위에 대한 저항은 결코 도덕적 또는 정치적 선택이 될 수 없다는 전제 하에서 정당한 Herrschaft를 정의하였다. 인간 행위를 고찰하는 학도로서 베버는 정당성에 대한 믿음이 실제 행위에 상당히 영향을 미친다고 갈파했다. 그렇지만 그는 정부가 정당하지 못하다는 믿음이 중대한 결과를 산출한 역사적 사례에 대해서 관심을 보인 적이 거의 없다.14)

독자에게 베버의 정치 · 사회적 분석을 이해시키고 평가하는 데 도움을 준다는 면에서 〈개념사〉의 가치를 말한다면, 『기본개념』 항목들은 이 과업을 아주 원활하게 도와준다. 정치적 개념으로서 Herrschaft의 역사에 대한 『기본개념』의 해설 덕분에, 우리는 베버의 개념적 용법이 정치철학적 관점에서 이제는 쉬 파악할 수 있는 특정한 입장에서 유래했다는 것을 알 수 있다. 왜냐하면 국민투표적 '영도자민주주의'(Führerdemokratie: 강력한 지도자가 이끄는 민주주의)를 선택했음에도 불구하고 베버는 '일반의지' 이론에 구현된 유형으로서 전 구성원의 참여에 기반한 민주주의 이론은 어떤 것이든 거부하였다. 그는 Herrschaft 없는 정치체의 가능성도 부인했다. 1908년 베버는 로베르트 미헬스(Roberto Michels)에게 보낸 서한에서 다음과 같이 적었다. " '국민의지', 즉 국민의 진정한 의지 따위는 이미 오래전에 죽어 나에겐 존재하지 않는 개념이고, 다시 말해 그런 개념은 허구입니다. 인간에 대한 인간의 Herrschaft를 폐기하려는 이념은 다 '공상적'인 것입니다."15)

베버가 비판한 이념들은 권터가 기고한 글에서는 프랑스 계몽사상과 대혁명 기간 중에 크게 부상했고, 힐거가 담당한 부분에서는 마르크스와 엥겔스가 독자적 이론의 관점에서 새로이 진술한다. 그러므로 베버가 그 자신이 정의한 바의 Herrschaft가 모든 정치체제에서 불가피하다고 선언할 때, 그는 정치이론상 특정한 입장을 취하게 되는 것이다. 진정한 자치의 가능성에 대해서는 어떤 유형이든 미리 배제함으로써 베버는 정치이론가들 사이에서 오랫동안 논의되어 온 문제에 대해 한쪽에 가담하게 된다. 다시 말해, 『기본개념』 항목은 Herrschaft 개념을 어떤 유형의 자치에도 적용하기 어렵다는 점을 지적함으로써 독자들에게 판단 태세를 갖추게 한다. 그리하여 베버는 Herrschaft의 본성에 관하여 저간의 입장을 취한 결과 그는 그 자신이 표현한 바의 '영도자 없는 민주주의'(führerloss Demokratien)보다 국민투표적 영도자-민주주의 쪽을 향해 경도되었다.

지금까지 필자의 말 가운데 베버가 정치이론상 방어하기 힘든 취약한 입지를 견지했다는 점을 입증할 목적으로 한 말은 하나도 없다. 그러나 베버의 작업도 전통적 의미의 정치이론에 속한다는 점을 그의 번역자 모두가 선선히 인정하려 한 것은 아니다. 그가 의식적으로 개편했던 개념들의 역사에 대한 지식이 중요한 것은 개념사적 지식이 있으면 베버의 독자들이 그가 정치이론과 사회이론에서 선택했던 입지들을 판별할 수 있기 때문이다. 또한 독자들은 베버가 언어 사용방식과 가치의 본질에 대한 철학적 입장이 이러했기 때문에 스스로 자신이 취한 입장을 어느 정도 정당화할 수 있었던 것이 아닐까라고 질문할 수 있다. 아마 베버가 비판했던 정치이론들보다는 베버의 정치이론이 더 우수한 선택이었을 것이다. 그러나 베버가 Herrschaft 같은 핵심 개념에 대해 규범적 정의라는 형식으로 자신의 판단을 제시할 때, 베버가 실은 아닌 척하면서 정치이론상 중대한 선택을 하고 있다는 점은 인지할 필요가 있다. 왜냐하면 논란 많았던 문제들에 대한 이런 판단들이 탈가치적 · 순학문적 정의로 제시되었기 때문이다.

『기본개념』의 Herrschaft 항목은 다음과 같이 몇 가지 다른 의제를 제기하는데, 이 자리에서 반드시 언급되어야 한다. 특정 개념이 명시적으로 형태를 갖추어, 실제 정치담론에서 주장되고 사용되었다고 할 수 있는 것은 언제부터였는가? 이 점에 대해서는 『기본개념』의 개념 취급을 그 분량은 물론 정치 어휘체계 내 다른 개념들과의 관계라는 관점에서 『철학사전』의 취급과 비교하는 것이 도움이 되겠다. 또 다른 의제는 한 언어 내에서 특정 개념의 역사에 대한 지식 획득이 타 언어로의 번역에 영향을 미치는 정도이다. 나는 Herrschaft 영어 번역을 훑어보고, 이 개념의 역사에 대한 번역자들의 지식에 대해 논의한 다음, 번역자 개개인의 번역이 영어권 베버 독자들에게 미친 영향을 평가해 보겠다.

『기본개념』에 따르면, 중세 시대에 Herr(영어로는 master, lord, God)는 구체적이고 특정화된 일련의 용법에서 사용되었다. 『기본개념』 작업팀은 Herrschaft가 로마법과 교회법에서 유래한 중세 후기의 용법과 동일시되기 시작한 시점부터 개념으로 취급한다. 이미 언급한 바대로, 코젤렉은 자신이 쓴 서문에서 중세 초기 Herrschaft의 의미를 고전 그리스 시대의 arche 개념이나 로마 시대의 dominium, imperium 또는 auctoritas와 동일시하는 것은 오류라고 주장한다. 그런데 『기본개념』의 이 항목에는 고전 시대를 다룬 부분이 없다. 왜 이렇게 되었는가? 그 이유는 Macht(권력)와 Gewalt(힘, 폭력)처럼 베버의 이론에서 큰 역할을 했던 개념들의 항목 속에 제시되어 있다. 이들 항목을 한 자리에 모아놓고 보면, 『기본개념』에서 총칭론의 실행 방식—즉 동일한 의미론적 장 내에서 거의 대부분의 동의어에 해당되는 개념들 간에 경계선을 긋는 방식—이 드러난다. 또한 이러한 실천적 절차와 발견사실들은 『기본개념』이 특정한 정치 어휘체계 내의 개념적 자료에 관한 질문들에 어떻게 대응했는지를 시사해 준다. 이런 의제들은 퀜틴 스키너같이 분석적 수련을 거친 영어권 언어사학자의 방법론에서도 매우 중요하게 취급된다.

이들 항목은 반드시 Herrschaft 항목과 함께 읽어야 하는데, 여기에서 크리스티안 마이어와 카를-게오르크 파버는 동일한 의미장을 구성하는 개념들의 통시적 의미 변화를 명료하게 추적할 필요성과 함께, 동일 언어 내에서 공시적 상태로 존재하는 의미장들을 조감할 필요성을 강조한다. 파버는 Macht와 Gewalt와 같은 개념의 의미는 Herrschaft, Autorität(권위), Staat(국가) 및 Gewaltenteilung(권력분립) 등 연관된 다른 개념과의 관계를 분석하지 않고서는 이해할 수 없다고 주장한다.

마이어는 고전 그리스어, 로마공화정 라틴어, 로마제국 왕정기 라틴어, 근대 독일어 등 네 가지의 공시적 언어 상태로 존재하는 정치담론의 의미장 내에서 이 개념들의 용법을 분석한다. Herrschaft에 대한 설명에서 『기본개념』과 『철학사전』 간 상충되는 부분이 있는데, 이 네 가지 분석 가운데 딱 하나가 상충적 설명과 관련이 있다. 마이어는 고전 그리스어의 정치언어에서 '권력'과 '폭력'을 지칭하는 데 쓰인 용어가 많았다고 결론을 내린다. 고전 시대에 일군의 표현들이 서로 얽혀 있었는데, 그리스인들은 이 표현들을 근대 독일어에서처럼 개념화되고 상호 변별적인 규정적 용어라기보다 오히려 서술적 방식으로 사용하였다. 여기에 해당되는 고전 그리스어로는 arche, kratos, kyros, exousia, dynamis, ischys와 bia가 있다. 앞의 세 용어는 Macht뿐만 아니라 Herrschaft를 의미할 수 있었다. 이들 용어들은 중복적으로 사용되었는데 어느 한 용어에 대해 다른 모든 것과 변별되는 독립적 개념으로 정확한 의미를 부여하는 것이 불가능할 정도였다. 요컨대 이 정치 용어들은 굳이 구분할 정도까지 상호 변별되지는 않았다.

『철학사전』에서 파펠라카스(J. C. Papelakas)가 쓴 짧은 항목은 『기본개념』의 신중한 개념분류와는 대조적으로 Herrschaft를 고전 그리스어 arche와 동일시하며, 아리스토텔레스(Aristotle)의 사회조직(regime) 분류를 독일어 Herrschaftsformen(지배형식)으로 번역한다. 파펠라카스는 근대의 Herrschaft의 역사를 요약하면 그것은 언제나 '자유'(liberty)의 반대말로 사용된 것으로 이해하면 되겠다고 강변한다. 파펠라카스는 오늘날

Herrschaft 개념은 보통은 (오용이긴 하지만) Macht나 Autorität와 동일하다고 진술한다. (그는 논증이나 증거를 제시하지도 않고) 다른 언어에도 Herrschaft에 합당한 동의어가 많다는 단순 주장을 펴고 있다.

> Herrschaft (출전: 고대 고지독일어의 hêr-scaft; hêr=연장자의, 존경받는, 나이 많고 힘센 사람들의 권리와 재산에 속한 것; 그리스어: arche; 라틴어: dominium, potestas, auctoritas; 프랑스어: domination, pouvoir, autorité; 영어: dominion, rule, command.[16]

『기본개념』은 Herrschaft를 Macht 및 Gewalt와의 관계 속에서 취급하는데, 고전적 고대뿐만 아니라 근대 초 유럽 지역어에 이르기까지 해당되는 의미장에 대해 설명한다. 이 두 영역의 경우, 필자들은 이 시기 동안에는 다른 시기에 만들어진 용법적 차이와 유사한 용법 차이가 없었다는 결론을 주저 없이 내렸다. 그래서 정치언어 연구는 정치와 사회에 대해 저술하고 발언하는 사람들이 변별적 구분이 확실하지 않은 개념만을 사용해야 하는 시대나 장소도 있다는 점을 우리에게 보여 주는데, 이는 유익한 정보이다. 그러므로 파펠라카스의 주장처럼, 그가 언급한 모든 시대와 모든 언어에서 정치 저술가와 행위자들이 Herrschaft 개념의 정확한 의미를 실제로 담지하고 있었다고 단정하는 것은 시대착오적이다.

『기본개념』 유형의 〈개념사〉가 가진 또 다른 가능성은 정치·사회이론 분야 텍스트를 번역할 때, 번역의 적절성에 대한 정확한 시금석으로서의 용도이다. 나는 막스 베버의 『경제와 사회』 영어 번역본에서 현저하게 나타나는 몇몇 개념에 이 시금석을 적용해 보겠다. 이 텍스트의 영역본 출간은 사회과학의 발달방향을 바꾸었는데, 20세기 후반 사회과학 분야에서 일어난 가장 중요한 학문적 전개 가운데 일부는 베버의 첫 영역본 출간으로 말미암아 이루어졌다. 베버의 핵심 개념의 영어 번역은 그의 주요 저작, 특히 『경제와 사회』에 관한 논의에서 핵심적인 문제이다. 어쩌면 거스(H. Gerth)와 밀스(C. W. Mills)는 예외일 수 있지만, 베버의 번역자 가운데 그의 legitime Herrschaft 개념 재정립의 중요성을 인식하지 못한 번역자는 없었다. 베버의 번역자 거의 모두가 Herrschaft에 꼭 맞는 영어 등가어가 없다는 사실에 주목했다. 그런데 영어 등가어의 부재라는 현 상황에서 서로 다른 번역들이 생겼는데, 그 대부분은 베버의 이론과 의도에 대한 번역자 개개인의 해석에 기초한 결과들이었다. 자신의 해석을 언어 일반, 특히 독일어 용법에 대한 진술을 통해 옹호하는 경우도 드물지 않았다. 베버의 용어가 담지한 의미에 대한 이들 주장은 대부분 인상적 수준에서 제기된 것들이었다. 이들이 개념사를 다룰 때의 이런 아마추어적 자질은 베버 번역자들과 해석자들이 가진 이론적 정교함과 묘한 대조를 이룬다. 베버를 공부하는 영어권 학생 모두는 그들에게 빚지고 있다. 하지만 여기서 현안은 의미, 역사적 의미론 및 개념사라는 문제들에 대한 그들의 감수성이다.

베버의 핵심 개념들의 역사에 대한, 그리고 베버 자신의 용어, 정의, 개념의 사용과 이 개념사의 관계에 대한 정확한 지식의 결여가 그들의 번역과 주석에 얼마나 영향을 미쳤는가? 그들은 번역관행을 따랐는데, 이 관행들은 영어권의 베버 이해에 심대한 영향을 미쳤다. Herrschaft에 대한 『기본개념』의 역사(지금 우리는 참조할 수 있지만 그들에겐 불가능했다)에 바탕을 두고 말한다면, 베버 개념들에 대한 지금까지의 영어식 번역으로 인하여 베버의 실제 입장이 오해되었다는 사실이 확연해진다. 영어권 학자와 독일어권 학자들 간에 벌어진 그 유명한 1964년 하이델베르크 갈등의 유일한 원인은 아니었지만, 독일어 텍스트와 영어 텍스트 사이에서 유래한 해석의 불일치는 이 논쟁의 원인이 되었을 것이다.[17)]

Herrschaft는 영어로 어떻게 번역되었으며, 어떤 결과를 낳았는가? 최초의 중요한 베버 선집을 번역 출간한 거스와 밀스는 문제를 제대로 이해하지 못했다. 그들은 설명도 해명도 없이 'authority'(권위)를 사용하였다. 그리하여 베버의 세 유형의 Herrschaft는 정당한 권위의 유형학으로 이해되었다. 탤컷 파슨스(Talcott Parsons)는 이런 인상을 강화시켰는데, 그는 1937년 영어권에서 베버 번역 가운데 가장 영향력이 있는 번역을 제시하였다.[18] 파슨스는 나중에 『경제와 사회』의 한 부분을 번역하면서 영어에는 Herrschaft를 지칭할 만족할 만한 등가어가 없다고 발언한다.[19] 그러므로 그는 문맥의 해석 여하에 따라 얽매이지 않고 다르게 옮겨야 한다고 느꼈다. 그는 가장 일반적인 의미로는 '강제적 조정'(imperative coordination)을 선택했는데, 이는 명령에 대한 복종의 개연성을 강조하려는 의도였다. 나중에는 그러한 복종을 도출하는 능력을 지칭하는 추상어로 '지도력'(leadership)을 선호했다. 그러나 파슨스도 거스나 밀스처럼 대개의 경우 Herrschaft를 'authority'로 옮겼다. 그리하여 한 세대에 걸친 미국의 사회과학자들은 베버가 비정치적 · 객관적 이론가이며, 그의 관심은 오로지 정당한 권위에 대한 사회적 인식의 특성과 결과들을 탈가치적 용어로 서술하는 것이었다는 믿음을 가지고 학문에 매진했다.

베버 저작의 선별적 번역이라는 점도 일 세대 독자들의 베버에 대한 이러한 이해를 심화하는 데 일조했다. 귄터 로스(Guenther Roth)가 지적했듯이, 거스-밀스 선집(아마 아직도 교과서로 가장 많이 사용되는 번역본일 것이다)은 베버의 Herrschaft 개념 처리가 관료주의와 카리스마 간의 대립체계에 기반하고 있다는 인상을 심었다. 파슨스-핸더슨의 『경제와 사회』 발췌번역은 저작에서 역사를 다룬 부분을 생략했고, 나아가 데이비드 이스턴(David Easton) 같은 영향력 있는 저자로 하여금 베버가 그의 분석범주들을 실제 사회에 적용하지 않았다는 잘못된 결론을 내리도록 유도함으로써 혼란을 가중시켰다.[20]

Herrschaft의 번역은 베버의 이론적 의도에 대한 해석 여하에 따라 달라졌다. 파슨스의 해석에 따르면, 베버가 Herrschaft 개념에서 폭력이나 폭력행사의 위협이란 의미를 배제하지는 않았지만, 그럼에도 불구하고 "정당화(legitimation)의 중요성을 매우 강조"했다. 그러나 나중에 라인하르트 벤딕스(Reinhardt Bendix)로부터 이 점을 비판받는데, 이런 비판에도 불구하고 파슨스는 legitime Herrschaft를 'legitimate authority'(정당한 권위)로 번역한 것이 타당하다고 재차 확인하였다. 아주 흥미로운 사실은 벤딕스 역시 파슨스가 그랬던 것처럼 이 핵심적 용어에 꼭 맞는 영어 등가어가 없다는 점을 공언하면서 Herrschaft에 대한 논의를 시작했다는 점이다. 그러나 벤딕스는 그 용어를 최초로 'domination'(지배)으로 옮긴 역자에 속한다. 벤딕스의 결정을 뒷받침한 언어적 토대가 무엇인지 모호하기만 한데, 왜냐하면 그는 (아마 독일어 원어민으로서의 자신의 직관에 의거해서) "독일어 Herrschaft는 통치자의 권력행사를 의미하는 만큼이나 추종자들이 그 경험을 정당한 것으로 수용하는 것을 의미하며, 이 의미는 봉건주의 하에서 주군과 가신의 관계까지 거슬러 올라간다"고 생각하였기 때문이다. 현재의 영어적 용법으로는 'domination'과 'authority' 중 어느 것도 Herrschaft에 내재하는 (지배자의) 권력과 (피지배자의) 동의의 대칭관계라는 의미와 일치하지 않는다고 벤딕스는 주장했다. 그러나 베버는 권력문제 취급 시 현실주의자로서의 면모가 너무 강하기 때문에, 벤딕스는 지배자의 명령이 암시하는 폭력적 위협을 강조함으로써 독자들이 범할 수 있는 오해를 불식하는 게 최상이라고 생각하였다. 그리하여 Herrschaft는 'domination'으로 번역될 수밖에 없는데, 벤딕스는 이 영어의 통상적 의미를 "동의가 있든 없든 명령할 권리"로 새겼다. 이것이 영어의 domination이 담지하고 있는 의미에 대한 적절한 성격 규정인지는 뒤에서 논의하겠다. 다만 여기서는 'legitimate'와 'domination'의 단어 차원 번역은 두 용어가 함께 사용되어 'legitimate domination'을 지칭할 때에는 그 의미를 제대로 전달하지 못한다는 점만 말해 두자. 정치이론가들은 이 용어를 형용모순으로 취급하는 경향이 있는 데 반해, 이 표현에 별 개의치 않는 부류도 있는데, 특히 법이론가와 사회과학자들이 그렇다. 후자 부류에 속한 사람들의 생각을 막스 라인슈타인(Max Rheinstein)의 표현을 빌려 말한다면, "베버가 이 용어들을 사용할 당시 의도한 바를 우리들에게 알려 주어 우리가 그의 생각이 어땠는지를 알도록 하는 것"이 베버의 목적이었다는 것이다.[21]

베버는 일상언어를 중립화하기 위하여 자신이 규범적 정의를 사용하고 있다고 생각했다는 점을 감안하면, 파슨스와 벤딕스 두 사람이 독일어와 영어 모두에서 아주 흔히 사용되는 언어적 용법을 제시한 것은 당혹스럽다. 벤딕스는 저술할 당시 자신이 발견한 두 의미의 균형은 Herrschaft의 시원적 의미에 의해 결정되었다고 주장했는데, 이런 역사적 주장은 아득한 과거 최초의 의미라고 주장되는 것에 특권적 위상을 부여하는 '어원론적 오류'의 명확한 예이다. 또한, 벤딕스의 주장은 그가 저술할 당시 참조할 수 있었던 연구들에 비춰 보더라도 정확하지 않으며, 실제로 벤딕스와 여러 번 공동작업을 했던 귄터 로스 역시 혼자 『경제와 사회』를 재번역할 때 벤딕스의 주장을 따르지 않았다.

재번역본에서 로스는 벤딕스의 'domination' 선택을 Herrschaft의 정확한 번역으로 수용하였지만, 그럼에도 불구하고 그 용어에 대해 텍스트 내에서 여러 다른 영어 단어를 사용한 파슨스의 전례를 따랐다.[22] 로스는 Herrschaft를 보통은 'authority'로 옮긴 파슨스의 전례를 따르지 않았다. 대신 그는 베버가 정당성보다 폭력에 더 관심을 가졌다고 생각되는 문장에서는 'domination'을 택했다.

> 사회학적으로, Herrschaft는 하명(superordination)과 복명(subordination), 지도자와 피지도자, 지배자와 피지배자의 구조이며, 그것은 다양한 동기와 다양한 강제수단에 기반하고 있다. … 그러나 10장에서 그[베버]는 Herrschaft의

> 양면, 즉 정당성과 폭력을 다루고 있다. … 'domination'과 'authority'는 각기 Herrschaft의 다른 부분을 강조하고 있지만, 둘 다 '정확하다'. 더구나, 제2부에서 Herrschaft는 아주 특정한 의미로 중세의 seigneurie(군주) 또는 영지를 말한다. … 이 역시 이 용어의 역사적 파생어이다. … 오토 브루너의 『토지와 지배』(*Land und Herrschaft*)를 참조하라.[23)]

로스는 훌륭한 해설적 주석을 덧붙였는데, 여기서 그는 Herrschaft가 'domination'과 'authority'의 두 요소를 가졌다는 자신의 해석을 필히 이해시키기 위하여 Herrschaft를 독일어 그대로 사용하고 있다. 하지만 그가 이 용어를 독일어로 일관되게 옮기지 않은 이유, 또 번역과 주석에서 Herrschaft를 괄호 속에 넣어 표기함으로써 독자들이 텍스트 내에서 베버가 그것을 사용한 곳을 알 수 있도록 하지 않은 이유가 무엇 때문인지는 명확하지 않다. 로스는 그 자신이 명명한 이른바 베버의 '지배(domination)의 사회학'의 중요성을 강조하였다. 거스와 밀스, 그리고 파슨스의 두 번역본이 사용한 번역 관행들로 인하여 이 용어는 영미권 독자들에게 보이지 않게 되었다고 그는 주장한다. 왜 로스 자신은 'Herrschaft의 사회학'이나 'domination'(Herrschaft) 식으로 용어를 사용하지 않았는가? 로스 자신이 보여 준 바에 따르면, 이렇게 하지 않는 것은 베버가 만들고 사용한 개념의 의미론적 균형을 파괴하는 것이었다.

볼프강 몸젠(Wolfgang Mommsen)은 로스 및 공역자 비티히(Claus Wittich)의 번역 관행에 대해 몇 가지 유용한 논평을 하였다. 몸젠은 베버의 수정주의적 해석자들 가운데 가장 중요한 인물이지만, 그 자신 베버의 정치학에 대한 견해로 말미암아 벤딕스와 로스로부터 비판을 받았다. 몸젠은 로스와 비티히의 번역에 대해 두 가지 점에서 의견을 달리하는데, 그중 하나는 온당하게 보이지만 다른 하나는 『기본개념』에 근거해서 볼 때 미심쩍다. 몸젠은 이렇게 기록했다.

> Herrschaft를 영어로 번역하기는 거의 불가능하다. 우리는 로스, 비티히와 달리 … 'domination'이란 용어를 시종 사용하기로 … 결정하였다. 더구나, 로스와 비티히가 행한 타협안은 베버의 체계화 작업이 지닌 세심하지만 완고할 정도로 견고한 대칭성을 보이지 않게 만든다는 약점을 가지고 있다. … 'domination'과 가까운 말 가운데 Herrscher(지배자)라는 단어와 등가적 의미를 가진 적절한 영어는 불행히도 없다. 다른 한편, 'domination'이란 용어는 독일어 Herrschaft가 담지한 다소 권위주의적인 의미에 근접하고 있는데다, 이 용어는 독일어 용어 Herrscher의 완벽한 등가어인 라틴어 용어 dominus에서 유래한 파생어이다.[24)]

몸젠은 Herrschaft와 같은 의미심장한 개념을 베버가 언제 사용하였는지 독자가 정확히 아는 것이 중요하다고 강변했는데, 이는 옳은 지적이다. 그러나 Herrschaft에 대한 몸젠의 어원 추적은 나중에 『기본개념』이 제공한 설명과 심각할 정도로 어긋나며, 라틴어 dominus에 대한 언급도 마찬가지이다. dominus와 Herrschaft의 관계는 항상 복잡했고 또 변모하였다. 몸젠 자신의 번역에 대해 말하자면, 그가 Herrschaft를 괄호 속에 넣어 사용한 것은 몸젠이 제대로 지적한 두 가지 사항, Herrschaft가 한 단어의 영어로 번역 불가능하다는 점 그리고 베버의 논지에서 핵심적 용어를 형성한다는 점을 독자에게 일관되게 전달하는 행위라는 점에서 다른 번역가나 논평자들보다 우수한 번역이다.

베버의 번역자와 논평자는 모두 정치 · 사회적 독일어 개념의 역사에 대해 전문지식을 갖추고 있다고 믿었던 것 같다. 사실 『기본개념』은 이들 누구도 보지도 갖지도 못했던 정보를 제공한다. 이것이 시사하는 바는 영어권에도 『기본개념』이 제공하는 유형의 정치언어 연구를 할 여지가 있을 뿐만 아니라, 독일어 텍스트에 대한 영어권 학자들의 이해가 〈개념사〉 분야의 그러한 연구결과에 의해 크게 증진될 수 있다는 것이다. 마지막으로, 번역 문제에 대한 민감한 자세는 이론적 현안에 대한 인식을 깊게 한다. 왜냐하면, 앞서 언급한 그 누구도 독일어 legitime Herrschaft를 영어 legitimate domination으로 번역해야 할 때 생길 수 있는 용어상의 모순을 직시하지 못했다. 지배가 언제 정당한 적이 있었던가? 명령에 대한 복종만으로 정권의 정당성 여부를 결정짓는 식으로, 정당성 이론이 순전히 행동주의적이고 탈가치적일 수 있는가? 일단 이렇게 질문하고 나면, 그때 독자들은 베버가 사실상 정치이론과 사회이론에서 특정한 입장을 취하고 있는 것이며, 이 입장은 결코 자명하지도 비정치적이지도 않다는 것을 깨달을 것이다.

베버를 영어로 옮긴 번역자들의 Herrschaft 개념사에 대한 지식은 불완전하였다. 지금 『기본개념』이 제공하는 지식을 그때 이용할 수 있었더라면 베버의 번역과 해석은 어떻게 달라졌을까?

아마 가장 큰 혜택은 그들과 그들의 독자들이 베버가 취한 고유한 입장—언어적 · 방법론적 · 실재적 입장—을 더 정확하게 식별할 수 있었을 것이다. 베버가 "이미 잘 알려진 역사적 · 경제적 · 법적 · 신학적 용어"를 자신의 사회과학적 목적을 위해 자의식적으로 재정의한 과정을 정확히 알게 된다면 독자들 대부분은 베버를 더 잘 이해하게 될 것이다.[25] 그리하여 과학적 담론이란 개념을 설정하였기에 베버는 일상언어와 전문용어 모두를 중립화하고, 목표가 무엇이든 상관없이 목표 달성의 효율성을 제외한 그 외 모든 도덕적 · 정치적 가치평가로부터 담론을 단절시켰다.

이런 식의 언어 사용을 장점으로 옹호할 수도 반박할 수도 있겠지만, 독자들로서는 베버의 공식화가 일상적 독일어나 영어와 아무런 상관이 없다는 사실을 아는 것이 바람직하다. 베버가 수정하려 애썼던 개념의 역사적 지식을 알게 될 때의 장점은 독자들이 베버 자신이 물려받았지만 공식화하지는 않았던 여러 대안들 가운데서 정치이론가이자 사회이론가로서 그가 취했던 선택들을 더 잘 이해할 수 있게 된다는 점이다. 예를 들면, 그의 이론을 그 이전의 Herrschaft 개념사 속에 자리매김하고 보면, 그가 Herrschaft에 기반한 제도를 비판한 이전 주장들을 공상적 주장으로 거부한 사실이 명확해진다. 이미 앞에서 보았지만, 계몽주의와 프랑스 혁명기에 다수의 정치적 자유주의자들이 Herrschaft에 반대하는 논지를 개진하였고, 마르크스와 엥겔스도 Herrschaft 비판을 이론적으로 공식화하였다. Herrschaft가 상당히 제도화된 상태에서 자치란 것이 가능한가? 또는 소수의 사람들이 폭력이나 다른 수단을 통해 다수에게 무조건적 복종을 강요하는 것은 불가피하거나 필연적인 것인가?

아마 이 질문들에 대한 베버의 답변이 베버가 명시적 · 묵시적으로 비판한 답변들보다 더 나을 수도 있다. 그러나 베버가 Herrschaft의 의미를 정의한 다음, 사회학 내에서 중핵적 지위를 이 용어에 부여했을 때, 그가 문제 삼았던 의제가 무엇인지 알 가치가 있음은 말할 바 없다. 베버의 가설과 명시적 주장들 가운데 상당수는 Herrschaft, '정당성', '권력', '폭력', '기율' 같은 그의 핵심 개념들의 역사와 연결시킬 때 훨씬 선명하게 부각된다. 그렇지만 이런 정보는 오로지 개념사로부터만 제공받을 수 있는 것이기에 영어로 베버를 읽은 독자에게는 여태껏 제공된 바 없다. 지금까지 베버의 번역자들로 인하여 그가 이 개념들을 사용한 함의가 가려졌던 것이다.

마지막으로, Herrschaft 항목은 앞서 제기했던 문제, 즉 전후 첫 20년 기간 동안 『기본개념』 창시자들이 지닌 애초의 정치적 전망과 연방공화국이 입헌민주주의로 발전해 간 그 다음 20년 기간 동안 『기본개념』을 위해 기술된 항목 사이의 관계에 대해 어떤 점을 밝혀 주는가? 1930년대에 오토 브루너는 민주적 제도는 근원적 결함을 가진 제도로 폐기하였다. 그는 중세 후기 사상에 대한 자신의 역사적 설명이 국가사회주의 이데올로기 범주인 영도(Führung: 지도력의 최우선성) 및 민족공동체

(Volksgemeinschaft: 독일 국민으로 이루어진 공동체 내에서 국가와 사회의 완전한 통합)에 대해 게르만적 계보학을 제공한다고 주장했다. 1950년대에 오면, 브루너는 자기 스스로 수정한 민족사(Volksgeschichte)를 대부분 옹호하고 실천하였지만, 그는 이 수정사를 그후 구조사(Strukturgeschichte)로 개명하였다. 그는 콘체의 주도 하에 훗날 성공하게 될 두 사업을 위한 길을 닦는 일에 일조하였는데, 하나는 과거 역사주의의 특징인 정치사, 외교사, 군사사에 대한 강조를 폐기하고 사회사와 경제사에 대한 진지한 연구를 제도화한 일이었고, 다른 하나는 역사적 맥락을 고려하지 않았던 과거의 〈정신사〉를 폐기하고 〈개념사〉를 채택한 것이다.

그러나 근대사, 특히 정치사상에 대한 브루너의 관점은 크게 변하지 않았다. 그는 게르하르트 리터(Gerhardt Ritter) 같은 보수적 민족주의 역사가의 예를 좇아, 국가사회주의의 원인을 가까운 시기 독일 역사의 제 국면에서 찾지 않고, 프랑스혁명에 의한 혁명 전 유럽 질서의 파괴 및 교회를 대신한 세속적 정치종교의 탄생으로 돌렸다. 「이데올로기의 세기」(The Century of Ideologies)라는 글에서 브루너는 국가사회주의나 그 이데올로기에 대해서 거의 언급하지 않았다. 대신 그는 1789년으로 되돌아가서 대중사회(Vermassung) 발전의 책임을 프랑스혁명에 지웠다. 브루너는 공산주의와 나치즘이 전체적 · 세속적 세계관을 겸비한 운동이었다는 이유로 둘을 유사한 것으로 취급하였다.[26] 브루너는 이런 판단을 제외하고는 국가사회주의에 대해 명시적 분석을 한 적이 없고, 강한 비판은 더더욱 하지 않았다.

1945년 이후 근대 세계에 대한 보수적 관점을 신봉했던 독일 역사학자가 많이 있었는데, 『기본개념』 서문("Einleitung")은 이 보수적 관점을 견지한다. 코젤렉이 안장시대 동안 정치 · 사회적 개념에 부여한 네 가지 특성은 브루너와 카를 슈미트의 분석과 모두 일치한다. 코젤렉 스스로 간단없이 주장하길, 역사가라면 반드시 수긍해야 할 전제는 모든 인간 사회의 특징은 어떤 유형이든 Herrschaft 체제라는 점이라 하였다. 이것은 바로 막스 베버가 미헬스에게 보낸 서신에서 표명한 견해이다.[27)]

그렇지만 『기본개념』의 Herrschaft 항목은 독자들로 하여금 이 개념을 두고 지금까지 얼마나 갈등을 겪었고 지금도 갈등상태임을 인식하도록 해준다. 요컨대, 『기본개념』의 실제 연구는 독자에게 개념들을 창출하고 통제하려 했던 투쟁에 관해 넉넉히 정보를 제공하였고, 또 개념적 용법의 결과에 대해 특정한 입장을 취한 정치적 · 사회적 구성체들에서 현안이 되었던 이해관계가 무엇인지 찾아냈다. 핵심 항목인 Herrschaft의 집필범위가 전반적이고 포괄적이란 점은 『기본개념』의 〈개념사〉가 믿을 만하다는 것과 동시에 기획의 강령을 전문적이고 철저하게 수행했음을 보여 준다. 물론 모든 면에서의 완벽한 중립성은 도달 불가능하고, 어쩌면 바람직하지도 않을 것이다. 그럼에도 불구하고, 집필자들과 편집자들은 전반적으로 갈등상태의 의제를 둘러싼 대안적 입장들에 대하여 신뢰할 만한 진술을 제공하고 있다. 독자들에게 원 사료에서 찾은 예문을 제시하는데, 이 예들은 새롭게 연구 · 보충 · 재해석될 수 있을 것이다. 『기본개념』의 풍부한 인용 및 정치운동과 사회구성체에 대한 분석은 이를 참조하는 독자들에게 어떤 식이든 여러 가지 용도를 제시할 것인데, 이 독자들이 자신의 용도대로 사용하는 것을 막을 수 있을지는 알기 어렵다.

『기본개념』의 어느 항목이든 때가 되면 비판을 받고 대체되면서 나아질 수도 있겠지만 이 사전의 필요성이 가까운 장래에 사라질 가능성은 거의 없다. 이런 점에서 이 사전은 사전이 취급하고 있는 주제에 대한 연구를 시작한 연구자는 반드시 최초로 참조해야 할 저작으로서, 파울리(August Pauly)의 『고전적 고대 학문 진성백과사전』(*Realencyclopädie der classischen Altertumswissenschaft*)과 동급으로 평가되어야 할 것이다.

04

심성의 역사와 개념의 위상
— 프랑스 정치 · 사회 개념 『편람』

『편람』, 즉 『프랑스 정치 · 사회 기본개념 편람 1680~1820』은 한때는 라인하르트 코젤렉의 조수였고 때론 공동연구자인 롤프 라이하르트가 편집하고 있다.[1] 필자는 『편람』의 기획을 서술한 뒤에 그 강령과 실제를 『기본개념』과 비교하고, 『편람』의 대표적인 항목들에 대한 비판적 해설을 제시하겠다. 이는 독일어로 된 두 작업을 정치언어에 대한 포콕과 스키너의 유사한 작업과 비교하는 제6장으로 길을 놓을 것이다. 제6장에선 실질적인 논점과 함께 방법론적인 문제들이 고려될 것이다. 한 예로 다음과 같은 질문을 들 수 있다. 스키너의 표현처럼 "엄밀히 역사적"임을 주장하는 사유를 논의하는 데 있어 꼭 필요한 언어적 · 의미론적 맥락의 성격과 범위는 무엇인가?

지금까지 살펴본 것처럼, 『기본개념』은 정치, 사회, 경제 구조의 연속성 또는 비연속성의 맥락 속에 정치 · 사회적 개념들을 배치하고자 한다. 급격한 변화를 경험한 사람들이 기존의 사고지평에 비추어 어떻게 그 변화를 이해하고 개념화했는지가 『기본개념』 기획의 중심 주제이다. 이를 다루기 위해 『기본개념』은 〈개념사〉와 특정한 형태의 사회사를 함께 활용하였다. 두 유형의 역사가 상호의존하면서도 생산적 긴장 상태에 있다고 상정한다는 점에서 『기본개념』의 강령은 반환원주의적이다.

『편람』의 강령은 두 가지 방식에서 『기본개념』과 다르다. 첫째, 『편람』은 개념사를 사회사의 아래에 둔다. 둘째, 사회사에 대한 인식이 『기본개념』과 같지 않다. 『편람』의 공공연한 목표는 이론가나 철학자들의 형식적 · 추상적 사유와 구분함으로써 스스로의 연구주제를 규정했던 아날 학파 세대들의 심성사에 자료를 제공하는 것이다. 심성 연구는 가능한 최대로 "경제학적 · 인구학적 · 사회학적 연속자료의 분석 방법과 유사하게 동질적이고 반복적인 자료의 방대한 수집에 기초"한다.[2] 사회사에 대한 『기본개념』의 구조적 인식과 동시대 프랑스 연구자의 방법을 구분 짓는 이러한 차이 때문에 『편람』의 (1970년대 중반) 아날 학파 모델의 채택은 이론과 실천 면에서 『기본개념』과 의미심장한 차이를 낳는다. 혁명 이전과 혁명기 프랑스에서 두드러졌던 정치 · 사회적 개념들의 고전 시대, 중세, 근대 초기 용법들을 추적하는 시도들이 누락된 것과 마찬가지로, 이는 (『기본개념』 사료의 일부분을 차지하는) 대가급 정치, 철학, 법 이론가들에 대한 개념 분석이 『편람』에서는 대부분 누락된다는 것을 의미한다. 다른 한편, 『편람』은 심성을 강조한 결과 『기본개념』에서는 찾아볼 수 없는, 시각적 · 비언어적 표현양식과 행위방식을 포함하여 다소 낯설고 보다 민중적인 형태의 정치 저술들을 체계적으로 활용하는 방법을 개발했다. 하지만 『편람』이 다른 어떤 아날 모델보다도 정치 · 사회적 언어에 훨씬 더 주의를 기울이고 있고 개념을 중심으로 조직되어 있다는 점은 주목해야 한다. 그리고 연속자료사(serial history)의 방법이 여전히 『편람』의 목표로 남아 있긴 하지만 실제로는 하나의 이상(理想)으로 취급되었다. 이는 정치·사회적 언어의 역사가들이 입수할 수 있는 자료와 정보로 늘 성취할 수는 없거니와 심지어 보통 때에도 가능한 방법은 아닌 것이다. 아날 학파의 방식은 장기간에 걸쳐 서서히 구조가 바뀌는 것을 보여 주는 연속적 문서들에 양적인 분석을 가한다.

지금부터는 『편람』 특유의 강령과 방법, 범위를 살펴보자. 『편람』의 항목들은 모두 독일어로 쓰였거나 옮겨졌지만 필자들의 국적은 프랑스와 독일로 거의 균등하게 양분된다. 『편람』이 1680년에서 1820년에 이르는 기간을 아우르기에 항목들은 1789년 이후 프랑스어로 들어온 신조어 항목들을 제외하곤 구체제 기간 동안 프랑스에서 사용된 기본적인 정치·사회적 개념들을 다룬다. 그러나 작업의 초점은 정치 및 사회 영역에 관한 그 이전의 개념화가 혁명의 발발과 진행 과정에서 어떻게 변형되고, 폐기되고, 대체되는지에 맞추어져 있다. 각 권 200면 정도의 분량으로 출간된 『편람』은 1985년에 첫 권이 나왔다. 그것은 사회사에, 그리고 대가급 사상가들보다는 민중적 '심성'에 역점을 둔다. 그것은 또한 사회가 경쟁 집단의 대리인들 및 통치 권력을 쥔 의사결정자까지 포함한 모든 구성원들에게 납득 가능한 현실 개념을 창출하고 유지하는 주된 방식으로 언어를 취급할 것을 역설한다.[3)]

『편람』은 독일과 유럽의 정치·사회적 개념들이 안장시대(Sattelzeit: 1750~1850년경)라 불리는 기간 중에 4가지 측면에서 결정적으로 변화했다는 『기본개념』의 구성 가설을 거의 언급하지 않는다. 『기본개념』에서 프랑스혁명은 이 기간 동안 독일 사상이 겪은 개념 변화에 있어 상당한 부분을 차지하긴 하지만 결정적인 역할을 부여받지 못한 반면, 『편람』에서는 프랑스혁명이 프랑스의 개념들과 심성에 있어 핵심적인 분수령으로 여겨진다. 『기본개념』과 달리 『편람』은 고전 시대, 중세, 또는 근대 초기 프랑스 밖 유럽에서의 개념 사용을 재구성하고자 하지 않는다. 개념 사용의 통시적 변화에 대한 분석이 이루어지긴 하지만, 강조점은 혁명 전 프랑스와 혁명기에 일어난 정치 · 사회적 개념들의 언어 용법상의 연속성 또는 오히려 비연속성에 있다. 『편람』은 더구나 코젤렉이 근대 정치 · 사회사상에 부여한 특징들을 약 150여 개의 개념들(그중 다수는 『기본개념』에도 나타난다)이 어느 정도까지 공유하는지 판단하고자 하지 않는다.

실제로 『편람』에서 정치언어와 개념들은 미셸 보벨과 같은 아날 학파 사학자의 노선을 따라 프랑스 내 심성의 사회사를 기술하는 수단으로 취급된다.[4] 이러한 사회사 인식의 수용은 근대성을 구성하는 정치 · 사회적 개념들을 설정하려는 『기본개념』의 관심을 완전히는 아니지만 상당히 밀어낸다. 그리고 심성 사회사의 우위가 『기본개념』이 추구하는 개념사와 국가, 사회, 경제의 구조사 사이의 균형을 대체하였다.

아날 학파(École des Annales)의 창립자인 마르크 블로크(Marc Bloch)와 뤼시앵 페브르(Lucien Febvre)는 "일회적이고 반복 불가능한 사건에 대한 매료, 개선된 국가 연대기와 역사의 동일시, 그리고 마지막으로 … 역사에서 무엇이 '사실'로 여겨지는가를 설명하는 데 있어 선택 기준의 부재, 즉 문제틀의 결핍 등과 싸우려고" 했었다.[5] 뒤에서 살펴보겠지만 『편람』은 사건들을 일정한 심성 안에서 그것들을 상징화하는 언어학적 용어들의 전개와 연결하고자 한다.

프랑스어 '심성'(mentalité)은 모호해서, 다들 부정확한 것으로 악명 높은 용어들인 '이데올로기'(ideology), '감성'(sensibility), '집단적 재현'(collective representation), '역사 심리'(historical psychology), '집단 무의식'(collective unconsciousness) 등과 구분하기 어려운 것이 사실이다.[6] 개념 해명을 위한 몇 안 되는 시도 중 하나에서 보벨은 "개인들이 상상하는 바와 그들의 실제 존재조건 사이의 관계"라는 알튀세(Louis Althusser)

의 이데올로기 정의를 인용할 뿐이다. 뤼시앵 페브르와 로베르 망드루(Robert Mandrou) 같은 구세대 아날 학파 구성원들은, 예를 들면 페브르의 「감성과 역사: 과거의 정서적 삶은 어떻게 재구성될 수 있는가?」에서처럼 그들의 연구대상을 가리키는 데에 '감성'(sensibilité)이라는 용어를 선호했다. 망드루는 자신의 주제를 '역사 심리' 또는 '세계관'으로 기술했다. 필립 아리에스(Philippe Ariès)는 '집단 무의식'(l'inconscient collectif)을, 조르주 뒤비(Georges Duby)는 '심성의 역사'(l'histoire des mentalités)와 함께 '집단적 상상'(l'imaginaire collectif)을 사용했다.[7] 로버트 단턴(Robert Darnton)은 사회사학자들이 심성을 제대로 연구할 수 있는가에 대해 의문을 제기한 사람들에 속한다.[8]

'이데올로기'를 제외한 이 모든 용어들이 공유하는 점은 뤼시앵 페브르가 말하는 사회구성원 모두 또는 특정 집단에 공통적인 정신 기제(outillage mental)와 보벨이 '형식화 또는 명료한 사고'라 부르는 과학적·학문적·학구적 담론 사이의 뚜렷한 구분이다.[9] 이러한 구분은 고급문화와 민속 또는 민중 문화를 구분하는 데서 기인하지만 또한 교양 있는 상류층에서 배제된 대다수의 사람들에 공감하는 데서 비롯하기도 한다.

이런 식의 심성에 대한 역사적 연구는 역사기술의 측면에서 몇 가지 중요한 전환을 가져왔다. 그 하나는 탐구주제의 변화이다. 사회사는 정신 상태와 사회 관습 — 죽음, 가족, 성, 유년, 여성 역할에 대한 태도, 종교적 신앙이나 그것의 상실, 종교적·공적·전통적 축제, 카니발, 휴일의 기능과 의미 등 — 을 포함하는 것으로 재규정되었다. 또 다른 변화는 지금까지 알려지지 않은 대다수 사람들, 정치사와 패사(稗史)가 무시한 사람들 — 문맹자, 당시에 지위가 낮은 것으로 분류된 사람들, 여성이나 아이들처럼 사회적으로 무의미하다고 무시되거나 어떤 의미에선 무능한 것으로 범주화된 사람들, 성적 일탈자나 보통의 범죄자로 낙인찍힌 사람들 등 — 의 일상 경험의 역사를 복원하려는 시도에서 비롯한다. 마지막으로 학자들의 포부가 있었다. 아마도 이는 1960년대와 1970년대에 양성된 아날 세대에서 가장 강할 텐데, 그것은 연속적 통계에 기초하여 최대한의 측정 및 정량화를 통해 구조와 경향에 관한 역사, 즉 '세고, 재고, 다는' 역사를 기술하려는 포부였다.[10)]

보벨이 기술한 심성사는 롤프 라이하르트의 역사기술과 비교해 볼 만하다. 라이하르트는 아날 양식에 상당한 영향을 받았지만 그럼에도 일정 부문 『기본개념』의 특성을 지니고 있다. 그는 구체제와 혁명기 프랑스에 관한 가장 매력적인 사회사학자 가운데 한 사람이다. 그는 콩도르세(Nicolas de Condorcet)에 관한 인상적인 연구를 저술한 후 비로소 『편람』과 『편람』 식 탐구노선에 관심을 돌렸는데, 콩도르세 연구는 코젤렉이 생각한 바의 〈개념사〉적 요소를 상당히 포함하고 있으며, 실제로 코젤렉이 이 연구의 진행을 도와주었다.[11)]

라이하르트는 1978년 독일 독자들을 대상으로 쓴 묵직한 서평에서 프랑스 학계의 심성 연구를 평가했다. 그의 개관은 『편람』에 자신만의 방법을 적용하기 위한 준비로 의도된 것이었으나 혁명적 심성에 관한 그의 최근 통합적 연구에 의해 이미 부분적으로 대체되었다.[12)] 이는 프랑스혁명이 프랑스인의 정치적 정체성과 과거 인식에 항구적인 균열을 일으켰는가라는 질문을 다루는 학술대회의 700여 쪽 발표논문집에 붙인 그의 서문과 기고논문에 나타난다.[13)] 자신의 입장에 관한 라이하르트의 최근 진술은 다음 장에서 고찰될 것이다.

라이하르트에게 심성은 딱히 무엇을 의미하는가? 그의 견해에 따르면 심성은 사회체제의 문화적 측면을 표현한다. 그것은 이데올로기와 완전히 구분되는 것은 아니지만 이데올로기보다는 덜 반영적이고, 좀 더 유동적이고 융통성 있으며, 보다 단순하고 오래 지속된다. 이렇게 인식된 심성과 이데올로기는 몇몇 기능들을 공유한다. 둘 다 순응을 강요하는 사회통제의 수단이다. 양자의 지배하에 있는 사람들에게 왜곡된 현실상을 강제한다. 하지만 이데올로기와 심성은 사회통합과 안정에 공헌함으로써 집단적 기억과 이미지를 비롯한 사회적 의미들을 상징형식으로 제공하기도 한다. 이러한 사회적 의미들은 개인들에게 다소 기만적이긴 하지만 일정한 목표의식과 삶에 대한 통제력을 가져다준다. 이러한 정식화는 뒤르켕(Émile Durkheim)의 집단 재현(representations collectives) 개념이 아날 사학자들에게 끼친 영향을 보여 준다.

특히 심성을 다른 것과 구분 짓는 것은 사회 전체 또는 한 계층에 특징적인 집단적·익명적 성격이다. 발전도상의 복합사회는 전통사회와 달리 도전받지 않는 단 하나의 심성보다는 서로 경쟁하는 여러 심성을 가지는 경향이 있다. 심성은 집단 재현의 체계들이다. 이들은 서로 상호작용하고 함께 기능하는 경향이 있다. 사회 심성의 어떠한 변화라도 사회조직과 구성원들의 행동에 중대한 결과를 가져온다. 심성은 비교적 안정적이고 오래 지속되는 경향이 있기에 장기적으로 고찰해야 한다.

프랑스 학계의 작업에 대한 이러한 요약은 여러모로 라이하르트의 혁명 전과 혁명기 프랑스 심성사회사에 대한 전범이 된 미셸 보벨의 작업과 어떻게 비교될 수 있는가?[14] 보벨은 알베르 소불(Albert Soboul)의 뒤를 이어 소르본 대학 프랑스혁명사 연구소장이 되었다. 보벨은 자신을 심성사학자이며 정량사회사학자인 동시에 전임자와 같은 마르크스주의자로 간주했다. 미테랑(Mitterrand)은 보벨에게 1789년 혁명의 200주년을 공식적으로 기념하는 각종 역사적인 행사들의 조직을 맡겼다.

보벨은 『바로크 신앙과 탈기독교화』(*Piété baroque et déchristianisation*)라는 방대한 연구로 명성을 얻었다. 그것은 정량적·연속적 사회사인 동시에 18세기 후반 프랑스에서 전반적인 '탈기독교화' 또는 신앙의 상실이 실제로 있었는가라는 논란이 많았던 질문에 공헌한 바가 인상적이었다.[15] 달리 말하면, 프랑스혁명 중 취해진 가톨릭교회에 대한 징벌조치는 이전의 역사학이 주장한 것처럼 계몽사상가들의 탓으로 돌릴 수 있는가? 그것은 여전히 다수가 기독교인이었던 혁명기 프랑스에서 소수 혁명적 엘리트의 광기의 결과였는가? 아니면 혁명의 교권반대주의 정책은 구체제 기간 중 이미 전 인구에 걸쳐 진행 중이던 추세에 의해 마련되었는가? 보벨은 그 자체로 하나의 주제이기도 한 죽음에 대한 태도 변화 연구를 통해 더 큰 주제에 접근했으며, 이 주제에 있어 그의 공헌은 탁월한 것이었다. 그의 선구적 연구는 점점 시각예술과 도상학을 강조하게 되었다.

보벨의 대규모 작업은 새 장을 열었고, 피에르 쇼뉘(Pierre Chaunu)는 이것이 심성이나 문화를 연구하는 새로운 방법을 추가함으로써 아날 강령을 완성했다고 환호했다. 그는 이를 분석의 제3 수준이라 명명했는데, 이전까지 아날 학파의 일차적 관심으로 여겨졌던 경제 · 사회사의 확장이었다.[16]

보벨은 약 20,000건의 유서를 분석하고, 프로방스(Provence) 전 지역의 추도회와 매장 조항을 지역별로 상술함으로써 다양한 사회집단에 걸쳐 죽음에 대한 태도가 심대하게 변화했음을 입증했다고 주장했다. 유서에서 보벨은 종교의식과 미사를 점점 더 적게 제공하는 경향을 발견했다. 이는 1720년과 1730년 사이에 시작되어 18세기 후반까지 지속되었다. 자신의 죽음을 종교적으로 추념할 것을 요구하는 유서 조항의 뚜렷한 감소가 있었던 것이다. 이러한 증거에 더해 보벨은 성직에 귀의하는 수의 감소, 그리고 형편이 되는 집안에서조차 묘지 조각상의 사용이 감소하는 경향 등 다른 지표들을 제시했다. 그러나 이러한 자료가 '세속화'나 '탈기독교화'를 향한 지배적인 경향을 입증하는가?

보벨은 유언작성 행위를 자료화하는 엄밀한 방법을 통해 이러한 변동을 논증했다고 스스로 결론지었다. 새로운 심성이 등장했고, 이 심성은 종교 행위 및 관습으로 드러났으며, 이것들은 시간과 공간 내에서 발생빈도의 관점에서 경험적으로 연구되었다(백 점이 넘는 지도와 표, 도표가 분석에서 중요한 역할을 한다). 여러 학파의 역사가들은 이러한 전반적인 전환이 종교적 생활 관행과 교회에 대한 태도에서 일어났다는 점을 인정하면서도 그것을 어떻게 규정할 것인가에 관해서는 학파에 따라 의견이 달랐다. '세속화'(secularization), '속화'(laicization), '탈신성화'(desacralization), '탈기독교화'(dechristianization) 등은 이를 규정지으려 서로 경합하는 용어들 가운데 몇몇이었다. 보벨의 견해에 따르면, 어떤 개념을 사용할지에 관한 결정보다 이 현상의 성격과 방향을 설정하는 데 이용한 정량적 방법과 사료의 선택이 더 중요했다. 비슷한 형식의 문서 수천 점에 행위로 기록되어 드러난 심성의 변화를 그는 실증적으로 입증했다고 주장했다.

그래서 보벨은 종교나 죽음에 대한 일반적인 태도를 '형식화 또는 명료한 사고', 즉 과학적 · 학문적 · 학구적 담론과 구별했다. 여기서 그는 한때 지배적이었고 종종 서로 맞물려 있던 마르크스주의와 아날 학파의 프랑스혁명 연구 경향, 다시 말해 역사에서 사상, 언어, 정치가 차지하는 역할을 최소화하거나 부차적인 현상으로 취급하고, 아니면 전적으로 부인하는 경향을 재강조했다.[17] 1972년 "이념사는 … 현재 좀 더 일반적인 운동의 일환으로서 심성의 역사 속으로 소멸하고 있다"라고 기술했을 때, 보벨은 사상을 궁극적으로 경제 토대에 의해 결정되는 상부구조의 일부로 취급했고, 구조주의 언어학의 역사학적 적용에 적대적이었던 소불의 견해와 보벨 식 사회사에 공통적인 생각을 표현하고 있었다.[18]

군주제의 몰락에 관한 보벨의 저서는 이념사의 경시를 보여 주는데, 여기서 그는 프랑스혁명이 계몽주의라는 지적 운동에 의해 준비되고 지원받았다고 마지못해 결론짓는다. 그러나 이성과 진보에 대한 신념, 그리고 과거의 악폐를 공격함으로써 세계를 변화시키고자 했던 합리주의 등, 친숙하고 다소 진부하기까지 한 용어들로 사상을 간단히 규정하는 것 말고는 사상 자체에 대해서는 거의 말하지 않는다. 계몽주의가 요구한 것은 자유를 중심으로 한 새로운 가치체계였다.

사회적인 관점에서 볼 때 지극히 전통적으로 보일 수도 있는 엘리트 집단의 창조물이든 아니든 간에, 계몽주의의 취지는 부르주아 계급의 무기가 되는 것이었다. 이해관계가 같은 진짜 공동체가 없다면 동질적인 엘리트 집단이 있을 수는 없을 것이다.[19]

따라서 보벨이 계몽주의 사상을 의례적으로 다루는 것은 새로운 증거나 분석에 기초한 것이 아니라, 오히려 정치 개념을 심성사의 일부로 취급하고, 궁극적으로는 '혁명'을 부르주아 계급의 승리로 보는 프랑스 마르크스주의 계급 분석의 선험적인 도식주의를 받아들이는 환원주의일 뿐이다.

보벨이 공언하듯이 그가 선호하는 영역은 '민중계급의 문화'이고, 그의 방법은 탈기독교화와 죽음에 대한 태도 변화 연구로 자신이 발전에 기여한 그 기법이다. 종교적 신앙의 쇠퇴와 혁명적 심성의 발전 사이에 암묵적인 유비관계가 있음을 입증하려고 시도하면서, 보벨은 '여전히 미개한 세계'의 범죄에 관한 형사기록 증거와 민중의 종교 활동을 연구할 수 있고, 문맹층의 신앙체계를 꿰뚫을 수 있는 수많은 기법들을 활용한다.[20] 달리 접근이 어려운 인구집단을 연구하기 위해 그가 제안하는 또 다른 방식은 식량 폭동이나 광범위한 밀수 등 집단적 행동의 분석이다.

보벨이 '고급문화'라 부르는 것은 분명 그에겐 그리 큰 흥밋거리가 되지 못한다. 그는 프랑스혁명에 대한 초기 마르크스주의 관점, 즉 "귀족계급에 맞선 부르주아 대혁명과 같은 지나치게 단순화된 도식"을 거부하면서, 또한 "귀족뿐만 아니라 제3신분의 식자층, 교양 있는 상층 부르주아지도 포함하여 문화적으로 연합한 엘리트 집단"이 있었다는 수정주의적 발견도 인정하는 사람으로 자신을 제시한다. 그러나 그는 프랑스혁명은 우연이었다거나 엘리트층의 두 분파 간 갈등에서 비롯되었다는 두 가지 잠정 결론으로부터는 뒷걸음질 친다. 결국 보벨은 또 다른 환원 과정을 통해 마르크스주의적 해석을 재도입한다. "'생산자'와 '소비자', 달리 말해 읽을 수 있고 고급문화에 (제한적이나마) 접근할 수 있는 사람을 구분함"으로써 엘리트 문화를 분석하는 것이다.[21] '고급문화' 차원에서 그의 가장 큰 관심은 계몽주의의 핵심 사상이 어떻게 또 어느 정도 사회 속으로 침투했는가라는 질문에 있다. 여기서 그가 선호하는 방법은 서적의 생산을 연구하고 '소비자'의 변화하는 취향과 관심을 추적하는 것이다. 보벨은 프랑스혁명 전에 이미 '집단적 준(準)무의식'(행동, 실천, 취향 등)의 영역에서 세속화, 정치에 대한 관심 증가, 소가족화, 유년의 재발견, 귀족의 전통적인 이상인 신사(l'honnête homme) 관념의 폐기 등을 향한 결정적 전환이 있었다고 결론짓는다.[22]

군주제의 몰락에 관한 종합적인 짧은 저작 이후 보벨의 관심과 방법이 프랑스혁명에 적용되었을 때 어떤 형태를 띠게 될지는 불분명했다. 수년 동안 아날 학파의 대표적인 특징은 연속자료 연구방법의 강조였다. 이 방법은 1789년 이후 프랑스에서의 혁명적인 진전으로 야기된 전례 없이 빠르고 심대한 변화에는 적용될 수 없는 것처럼 보였다. 그러나 최근 보벨은 프랑스혁명 중 잉태한 혁명적 심성에 관한 연구에 착수했다. 심성이라는 아날 학파의 개념은 오랜 기간 ― 페르낭 브로델의 저 유명한 장기지속(longue durée) ― 동안 발현되고, 기본구조가 느리게 변화하는 사회에 적용할 수 있는 것인데, 이를 정치의식의 급진적인 변환에 적용하는 데에는 표면상의 역설이 따른다는 점을 그는 숨김없이 지적했다.[23]

이전 작업보다 덜 정량적이긴 하지만, 혁명적 심성에 관한 보벨의 저서는 그가 마르크스주의 분석과 융화될 수 있다고 본 사회사를 계속 실천하고 있다. 이는 개념, 언어, 정치, 질적 해석 등에 대한 보벨의 거의 노골적인 불만에서 분명히 드러난다. 보벨은 추상적 사유, 심지어 로뱅(Régine Robin)이나 기요무(Jacques Guilhaumou) 같은 범(凡)마르크스주의적 유형의 정치적 · 법적 언어에 대한 담론분석으로부터도 멀찌감치 떨어져 있다.[24] 보벨은 당대의 담론을 분석함으로써 혁명기 민중적 심성에 대한 지식이 결정적으로 진전될 수 있음을 마지못해 인정한 뒤에, 내심 안도하며 자신에게 좀 더 맞는 다른 주제로 돌아선다. 담론분석은 인쇄된 문자뿐만 아니라 혁명기에 폭발적으로 등장한 축제 형태로 조직화된 몸짓(gestures)의 화음과 이미지들도 포함해야 한다고 그는 기술한다.[25] 하지만 혁명적 심성에 관한 자신의 저작에서 정치언어를 다루지는 않았다.

『편람』의 기고자들과 라이하르트의 작업을 보벨과 비교하는 것은 유익하다. 라이하르트는 많은 주제와 기법을 보벨로부터 가져왔다. 이들 중엔 대가급 사상가, 형식적 사유와 담론, 즉 고급문화로부터의 이탈도 포함된다. 라이하르트 자신의 작업은 소책자, 신문, 전단과 더불어 이미지, 인쇄물, 그림, 놀이 등의 비언어적 사료 같은 민중적 정치 표현 양식을 점점 강조해 왔다. 방법론적인 차원에선 가능하다면 연속성 문헌을 활용했다. 라이하르트는 이 기법을 장기간에 걸쳐 같은 주제를 다루는 소책자, 논설책자, 편람 등에 응용했다. 보벨에게서는 개념, 정치언어, 의미론 · 사전편찬이론의 논의 등에 대한 『편람』의 강조와 비슷한 것이 발견되지 않는다. 그러나 보벨의 방식 대부분은 『편람』 안에서 지속되고 있다. 이는 대가급 사상가나 형식적 사유보다는 민중적 심성을, 개별 텍스트보다는 연속적인 문서의 분석을, 가능하면 정량화하기를, 문맹인과 반문맹인들이 무엇을 생각하고 있었는지 결정하는 수단으로서 비언어적 사료를 이용할 것을 강조하는 데서 잘 드러난다.

이러한 연속성에도 불구하고 『편람』은 사회 · 정치적 개념을 고작 지배계급의 이데올로기나 상부구조의 일부, 물적 토대의 작용, 또는 문화 생산물의 생산자와 소비자 사이의 관계 등으로 환원하는 이론을 거부한다. 『편람』의 편집인은 또한 사상과 언어가 장기간에 걸친 경제구성체 및 사회구조와 비교할 때 상대적으로 사소한 연구 분야라는 여러 프랑스혁명사학자들이 한때 주장했던 검증되지 않은 가설을 반박한다. 따라서 『편람』은 언어가 역사행위자들이 인지하는 바의 현실에 대해 실효적 규정을 창조한다고 본다. 방법론적인 진술의 서두에서 라이하르트는 심성이 혁명 전, 중, 후에 사용되는 언어와 개념에 주목하여 연구될 수 있고, 또 그래야 한다고 주장하게 된다.

『편람』이 인정하는 프랑스적 영향에 아날 사회사만 있는 것은 아니다. 편집인은 원래 『편람』의 기획을 프랑스 계량어휘론(lexicométrie)과 독일 〈개념사〉 사이에 위치하는 것으로 규정했다. 다시 말해, 프랑스혁명의 정치 어휘와 담론을 연구하기 위해 생클루(Saint-Cloud) 대학에서 개발한 정량적 컴퓨터 활용 방법과 『기본개념』의 덜 정밀하지만 좀 더 이론적 · 정성적 · 해석적인 접근 사이에 자리하는 것이다. 라이하르트의 대단히 유익하고 명쾌하며 논증이 잘된 『편람』 서문에서, 정치 · 사회적 언어를 취급할 때 이와 같은 대안 모델 중 어느 하나도 그를 만족시키지는 못하는 것으로 드러난다.

계량어휘론이란 무엇인가? 라이하르트가 자신의 기획에 대해 설명한 것을 이해하려면 프랑스의 이 대안적 방법에 대해 설명을 약간 해야 하겠다. 이 방법을 실천하는 학자들 중 일부는 『편람』이 자신들의 작업을 보완한다고 평했다.[26] 1967년 바그네르(R. L. Wagner)와 투르니에(M. Tournier)는 생클루 고등사범학교(Ecole Normale Supérieure of Saint-Cloud)에 '정치어휘학 실험실'을 설립했다. '18세기와 혁명' 연구회(Équipe "18ème et Révolution")는 에베르(Jacques-Rene Hébert), 루(Jacques Roux), 르클레르(Théophile Leclerc), 고르사스(Antonie Joseph Gorsas)가 발행한 신문들과 함께 로베스피에르(Maximilien Robespierre), 생쥐스트(Louis Saint- Just), 마라(Jean Paul Marat)의 연설문들을 수집해 왔다. 이 텍스트들은 표준 프로토콜 아래 컴퓨터 파일에 입력되었다. 이들의 노력은 핵심어에 대한 의미상의 대립어 목록과 더불어 단어 빈도, 예시목록, 단어들의 상관관계 또는 '병발'(倂發, co-occurrences) 등에 관한 연구를 산출해 냈다. 따라서 강조의 일부는 개별 단어의 역사를 축적하는 데 있었다. 이 기획의 또 다른 구성 요소는 특별히 고안된 컴퓨터 프로그램을 이용한 텍스트 담론분석(analyse automatique du discours)이었다. 이 방법은 젤리그 해리스(Zelig Harris), 미셸 페쇠(Michel Pêcheux), 루이 알튀세의 이론들을 결합하고자 했다. 이는 객관적인 과학적 형식주의 방법론으로 제시되었지만 그 안에 주관적 또는 해석학적 요소를 도입했고, 따라서 실패한 구조주의적 망상으로 평가되어야 한다고 최근의 분석은 결론짓는다.[27]

『편람』 서문에서 라이하르트가 논평한바, 이 작업은 혹독한 평가를 받았다. 그는 그것이 정치언어 연구에 의해 제공된 새로운 통찰이라고 주장한 것에 비추었을 때 프랑스혁명 이데올로기의 역사를 조명하는 데 거둔 성과는 상대적으로 보잘것없었다고 봤다. 라이하르트가 말하길 통계적 정확성은 질문의 수를 스스로 엄격하게 제한한 대가로 얻어졌고, 의미 있는 분석의 부재를 초래했다.[28] 담론의 컴퓨터 분석의 경우 이것은 텍스트가 쓰인 상황에서 텍스트에 각별한 의미를 부여한 개념의 정치적 의미를 다루기보다는 텍스트의 기능과 내적 구조 같은 형식적 언어 문제를 강조했다. 미셸 보벨도 언급했듯이, 정치적 계량어휘론 또는 어휘학 두 형태는 정량적 언어학의 전문가가 아닌 역사가들에게는 접근이 불가능한 것이었다.[29] 보벨과 라이하르트가 이후 그들의 혹독한 평가를 어느 정도 변경했는지는 여기서 논할 수 있는 문제가 아니다.[30]

라이하르트가 보기에 시급한 일은 독일어권 유럽의 정치·사회적 언어 전개를 규명하기 위해 『기본개념』에서 훨씬 더 풍요롭게 활용된 일련의 질문과 방법을 프랑스 정치언어 연구에 가져오는 것이었다. 라이하르트는 『기본개념』의 이론적인 정식화가 없었다면, 그리고 개념 변화의 가속적 속도, 유형, 의미와 이것들과 사회사와의 관계에 대한 흥미로운 가설들이 없었다면 『편람』은 잉태될 수도 없었을 것이라고 아낌없이 시인한다. 라이하르트는 안장시대 동안 정치 · 사회적 개념이 따르는 유형에 관한 코젤렉의 가설들, 즉 역사화, 개념의 이데올로기 속으로의 투입, 민주화, 정치화 등에 대해서 공로를 높이 평가한다.

그러나 라이하르트가 보기에 『기본개념』의 〈개념사〉는 근대의 도래와 연결된 일련의 거대한 구조적 변화를 독일어권 유럽이 어떻게 개념화했는가를 보여 주려는 시도에 있어 전적으로 성공적이지는 않았다. 『기본개념』이 탁월하게 정식화한 강령은 실제로는 실현되지 않았다. 특별한 형태의 개념사를 기술하는 데 필수적이라고 상정한 사회사 영역에서 특히 그랬다. 그렇다면 『기본개념』은 어디에서 잘못되었는가? 그리고 이 결함은 핵심 개념들을 통해 프랑스의 정치 · 사회적 언어를 연구하는 라이하르트 자신의 기획에서는 어떻게 방지될 수 있는가?

라이하르트와 그의 동료들은 『기본개념』에 대한 일부 언어학자와 문학 비평가, 그리고 사회사학자들의 부정적인 평가를 통해 이 점을 확신했다.[31] 이들의 비판은 『기본개념』의 사료가, 특히 위대한 관념 사상가와 작가로 정전화된 인물들의 비중을 볼 때, 엘리트 문화 쪽으로 과도하게 편향되어 있다고 본다.[32] 대가급 작가만으로 또는 위주로 개념사를 기술하는 것은 『편람』의 편집인들에겐 대단히 다른 여러 사회계층들이 실제로 생각하거나 말한 바에 대한 경험적 서술로 받아들일 수 없었다. 『편람』은 『기본개념』의 실제 실천을 하나의 지적인 정점에서 다른 정점으로 나아가는 '정점이동'(Gipfelwanderungen)이라 표현한다. 갈등과 위기를 겪는 복합사회에서 입증되지도 않은 사상적 통일의 존재를 추정했기에 이미 신뢰를 상실한 〈정신사〉에 『기본개념』의 기고자들이 너무 많이 관련되어 있다고 본다. 더구나 이 견해에 따르면, 『기본개념』의 편집인들은 대가급 이론가들 너머의 지정 사료를 참고하라는 약규를 기고자들에게 강요할 수 없었다. 라이하르트는 『기본개념』의 이와 같은 이론적 · 실천적 오류들이 용납할 수 없는 왜곡을 낳았다고 주장한다.

이러한 잘못은 프랑스혁명에서 중요한 역할을 담당한 계급, 계서(orders), 계층의 심성을 연구하는 역사가들에 의해 반복되어서는 안 되는 것이다.

또 다른 비판은 『기본개념』이 다루는 개념들의 광범위한 시간대에서 비롯한다. 『기본개념』의 목적은 개념의 고전적 · 중세적 의미에서 그것이 근대 초기 및 근대의 독일 사상에서 획득한 새로운 의미로의 변동을 확인하는 것이기 때문에 『기본개념』 집단은 신조어와 더불어 옛 개념들에 상당한 관심을 기울였다. 고전적 고대에서 근대에 이르는 개념의 의미 변화를 추적하고, 동시에 각 시대의 관련 사회구성체에서 이 개념들이 정확히 어떻게 사용되었는지 상술하는 것은 라이하르트가 보기에 너무나 어려운 일이다. 따라서 프랑스혁명기에 일어난 프랑스어의 거대한 변화를 적절히 다루기 위해서는 『편람』의 시간범위를 제한하는 것이 필요하다고 라이하르트는 결론짓는다. 그것은 1680년 이전으로 더 이상 올라가지 않고, 1820년 무렵까지로 끝난다. 『편람』이라는 제목은 주제가 명백히 제한되었음을 뜻한다. 그것은 프랑스 정치 · 사회언어 사전의 결정판이라고 감히 말하길 거부한다.

『편람』 서문에서 라이하르트는 프랑스혁명기 프랑스어의 비범한 변화 속도를 강조한다. 그러고 나서 언어의 사용과 남용에 관한 논쟁들의 의미를 분석한다. 그는 또한 프랑스 정치 · 사회적 어휘의 통시적 · 공시적 분석으로 얻어진 새로운 정보에 관해 자신의 견해를 밝힌다. 그가 보기에, 『편람』이 다루는 약 150개 용어들은 프랑스혁명의 행위자들이 교회나 세속의 종교를 포함한 일반 신념, 나아가서 언어, 정치질서, 사회구조, 그리고 자신들에게 일어나는 바에 대한 그들의 이해를 어떻게 개념화했는가에 대한 새로운 징표를 제공한다.

같은 규모의 이전 어떤 작업보다도 더 『편람』은 프랑스혁명 동안의 언어와 개념에 관한 논쟁의 중요성을 강조한다. 급변하는 혁명적 전개

상황에서 당시의 사전편찬자와 프랑스어 관련 종사자들이 (현대 소쉬르 언어학자들이나 푸코 유의 후기구조주의자들이 상정하듯이) 언어가 비개인적 힘과 불특정 동인에 의해 형성 중이라고 주장하기는 불가능했다. 『편람』이 새로 발견하거나 처음 체계적으로 고려한 사료들은 언어와 개념의 정치적 이해를 요구한다. 의미와 정의는 대개 개념이 자신의 이익과 강령에 끼치는 영향에 관심 있는 집단들의 논쟁 대상이었다. 혁명정부는 프랑스혁명의 이론과 실천에 대한 반혁명 세력의 적대적인 개념화에 대항하고 동시에 공화정을 지지하는 시민 교육과 정치 통제 방식을 개발해야 했다. 좀 더 일반적 차원에서, 라이하르트는 1680년과 1820년 사이의 어휘체계에서 용어들의 가속적 의미 변화가 초래한 프랑스 사회와 정치 내부의 위기에 관해 중요한 논점들을 제기한다. 정치, 법률, 사회 영역 용어의 급속한 소멸과 개념 혁신 현상은 그것을 경험하는 사람들에 의해 인식되고 또 많이 토론되었다.

한 친혁명적인 사전편찬자는 단어 '남용'(abus)에 대한 항목에서 다음과 같이 기술했다.

> 혁명이 진행되는 동안 어떤 단어도 이토록 기이한 변형과정을 겪은 것은 없다. 지금은 자유로워진 프랑스인들이 '남용'이라 부르는 것을 구체제는 '권리'(droit)라 불렀다. 새 체제가 '권력의 남용'이라 부르는 것을 구체제는 '권력의 사용'(l'usage du pouvoir)이라 불렀다.[33)]

프랑스혁명 내내 언어의 사용과 남용에 대해 격렬한 투쟁이 일어났다. 언어의 정치적 기능에 관한 이러한 18세기의 논쟁적인 이론들은 때로 20세기 그람시(Antonio Gramsci)와 오웰(George Orwell)의 발견이라고 말해지는 것을 예견했다. 구체제의 개혁가들과 구체제 몰락 이후의 혁명가들은 교회와 국가가 언어를 헤게모니적 지배와 억압의 도구로 사용했다고 비난했다. 나중에 프랑스의 자유주의적이고 반혁명적인 집단들은 혁명 체제가 특히 '공포정치 시대'(the Terror)에 완전히 그릇된 새 용어들을 창조했고, 일상적이고 확립된 단어용법 및 단어와 사물과의 관계를 조직적이고 치명적으로 전도시켰다고 비난했다. 망명 왕당파(emigré) 사전은 '수상'(殊常, suspect)이라는 단어가 행사한 공포에 주목했다.

> 잘 알려진 의미를 지닌 두 음절의 사소한 말. 몇 해 동안 무시무시한 외연이 그것에 부여되었다. … 어느 시민에게나, 심지어 가장 존경할 만한 시민에게 무심코라도 흘린다면, 이 사소한 말은 갑자기 그의 육체적 · 도덕적 존재 전체를 마비시킬 것이다.[34]

라이하르트는 정치 · 사회적 언어의 의미를 통제하려는 투쟁의 함의에 대해 중요한 질문들을 제기한다. 프랑스혁명이 진행되는 동안 이루어진 정치 어휘의 급진화와 의미론적 양극화는 얼마나 깊고 영구적이었는가? 프랑스혁명기에 존재했던, 기본개념의 의미 해석 방식을 둘러싼 근본적인 불일치는 1815년 이후 얼마나 지속적이었는가? 프랑스혁명은 사회 전체에 걸쳐 언어의 기본 의미에 장기적인 변화를 창출했는가? 단어의 의미에 관한 오랜 토론은 사회적 자기인식에 일어난 심각한 위기, 정치 · 사회적 현실과 가능성의 성격에 관한 점증하는 불확실성의 특정한 형태가 아닌가?

이 질문들에 대답하기 위해 『편람』은 일군의 소중한 방법과 사료를 도입한다. 사료 중 특히 두드러진 것은 새 단어를 기록하고, 더 이상 사용되지 않는 옛 체제의 용어를 열거하며, 의미의 혁명적 변화에 대한 찬반의 입장을 취한 혁명기 사전들이다. 이 사전들은 브리게테 슐리벤-랑게(Brigette Schlieben-Lange)에 의해 18세기 사전편찬과 의미이론의 맥락에서 비판적으로 평가되고 신중히 배치되었다.[35] 40쪽 항목에서 그녀는 프랑스혁명 전과 혁명 중의 의미이론과 사전편찬 양식에 대해 전에 없던 대단히 귀중한 길라잡이가 되어 준다.

『편람』은 또한 정치 · 사회적 언어와 개념을 다룬 15쪽 분량의 원 사료와 2차 사료 목록을 포함한다. 이는 단지 서지에 불과한 것이 아니다. 이 모든 사료는 게르트 반 덴 호이벨과 아네테 회퍼라는 두 연구자에 의해 4년의 작업을 통해 체계적으로 검토되고 발췌되었다. 『편람』의 모든 기고자는 이 사료 가운데서 각자의 항목에 관련된 텍스트 사본을 받았다. 이러한 체계적인 작업이, 연구자가 아무리 뛰어나다 하더라도, 의미들에 대한 그의 직관보다는 훨씬 낫다는 것은 굳이 말할 필요도 없다. 더구나 라이하르트 자신이 이 기획의 목적과 관련된 실제 자료에 대해 귀중한 주해(annotated) 평가를 제공한다.

1. 사전: 일반 언어 사전과 백과사전; 전문 또는 직종 사전, 예를 들어 상업종사자를 위한 사전; 정치 소평론 사전으로 더 세분
2. 정기 간행물: 회고록 잡지(mémoires-journaux), 신문, 잡지로 세분
3. 전단, 소책자, 집회 보고서, 자료총람
4. 교육받지 못하거나 부분적으로 교육받은 계층에게 유포된 매체 사료: 교리 문답서와 연감, 풍자와 노래, 그림 문자와 널리 퍼진 시각 자료[36]

이러한 목록이 무미건조해 보이고, 또 목록 자체는 이런 자료가 왜 사회사학자에 의해 연구되어야 하는가에 대해 시사하는 바가 거의 없다는 인상을 줄지 모르지만 이는 잘못된 것이다. 옛 언어와 새 언어 사이의 갈등을 명확히 하기 위해 종종 대화를 예시로 사용한 친혁명 사전에서 한 예를 들도록 하겠다.

가문, 태생(naissance). 어느 날 선량한 공화주의자(sansculotte)가 고위 귀족에게 '너라고 말을 걸기로'(tutoyer) 했다.

A(귀족): 어떻게 감히 내게 그런 식으로 말을 거느냐?

S(공화주의자): 평등이 그렇게 할 수 있게 해주지.

A: 무슨 평등? 넌 언제나 내 '태생'을 존중해야 하고, 네겐 아무런 '태생'도 없거늘.

S: 뭐라! 내게 '태생'이 없다면 난 존재하지도 않을 테고, 네게 말을 하고 있지도 못할 텐데.

A: 감히 네 '태생'을 내 것과 비교하느냐?

S: '태생'이 너에게 무슨 권한을 주었기에, 네 것이 내 것보다 더 우월하다고 여기느냐? 너도 나와 마찬가지로 벌거벗은 채 울면서 태어났거늘.

A: 하지만 내 집안은 높은 지위(haute naissance)를 지니고 있고, 네 집안은 그렇지 않다.

S: 네 말은 너무 터무니없구나. 난 네가 저 아래 벌판에서 태어난 반면 내 탄생은 저 높이 산 위에서 일어났다는 사실을 알고 있지.

A: 내 장담하건대, 네가 네 생각(vos sentiments)을 바꾸지 않으면 경을 칠게다.

S: 네 예측은 조금도 신경 쓰이지 않는다. 점성술사가 내 태생(ma naissance)을 봤을 때 내겐 행운이 있을 거라 했다고 어머니께서 종종 말씀하셨지. 하지만 널 보니 너는 참수형으로 끝을 볼 거라 얼굴에 쓰여 있군.[37)]

이 예는 정치적인 동시에 사회적이었고 구체제에 중심적이었던 개념,

naissance('가문' 또는 '태생')의 재개념화를 둘러싼 갈등을 혁명기 사전들이 어떻게 기록했는지 보여 준다. 구체제에서 귀족 태생은 사회적으로 인정된 지위의 표지일 뿐만 아니라 특권을 부여하는 제도화된 법적 범주였다. 단어의 의미에 관한 가시적 불일치는 혁명기 위기의 징후였다. 적어도 급진 공화주의자들의 눈에 이 위기는 공포와 폭력을 통해서만 해결될 수 있었다. 이러한 의미 전환은 정당성 구조의 근본적이고 갈등적인 변화를 암시했다. '평등'은 이전에 정치권력과 사회 지위를 결정했던 생득 지위 또는 태생의 원칙보다 이제는 우위에 섰다고 주장되었다.

다른 주제처럼 〈개념사〉 관련 작업에서도 실제 실천이 공표된 강령과 편집인들의 엄밀히 구체화된 방법론으로부터 종종 벗어날 수 있다는 것은 이미 언급한 바 있다. 이는 『기본개념』과 마찬가지로 『편람』에도 적용된다. 그러나 이러한 작업을 이해하고 판단하려는 독자들이 편집인의 눈에 강령을 최고 수준으로 예증한다고 보이는 본보기를 요구한다 하더라도 그것은 불합리한 일이 아니다. 그런 성취 중 하나는 라이하르트 자신의 '바스티유'(Bastille)에 관한 64쪽 분량의 항목이다. 그것은 『편람』에서 사용된 참신한 방법론을 보여 주는 동시에 그 방법론이 어떤 종류의 역사지식 획득을 가능하게 하는지 독자가 가늠할 수 있게 해준다. 이 항목은 개념의 의미와 용도의 결정적인 전환이 심성의 변화, 정치·사회적 구조의 근본적인 변동, 그리고 이에 수반하는 정치 투쟁과 어떻게 서로 관련을 맺을 수 있는지 보여 주고자 의도되었다. 라이하르트의 목적 중 하나는 사건이 국가의 집단적 자기 기억에 있어 역사적 상징으로 쓰이도록 개념화되는 방식을 다루는 것이다.

라이하르트가 언급하듯이 바스티유는 프랑스 공화주의운동과 좌파 정치운동 모두의 상징체계에서 두드러진 위상을 오랫동안 누려 왔다. 1989년 프랑스인이면 누구나 미테랑 대통령이 프랑스혁명의 정치적 상징으로서의 바스티유에 얼마나 정성을 들였는지 모를 수는 없을 것이다. 이전에 1981년 선거에 승리했을 때 지지자들은 승리를 경축하기 위해 바스티유 광장(Place de la Bastille)에 즉흥적으로 모였다. 그럼으로써 미테랑 지지자들은 1871, 1848, 1830년의 유사한 상황에서 일어났던 일을 재현했는데 이 모두는 1789년 7월 14일 사건과 연대를 표했던 것이다. 제3공화국의 입지가 강화되고 있던 1880년, 바스티유 기념일(Bastille Day)이 다시 한 번 국경일로 제정되었다. 그 당시 1789년에 기원을 둔 인쇄물들이 다시 인쇄되고 판매되었다. 그러한 현상은 분명 역사가의 분석과 설명을 요한다. 그러나 어떤 종류의 현상이 문제이고, 그것은 어떻게 탐구되어야 하는가?

민중의 기억 속에 보존된 바스티유 함락은 근대사에서 '총체적 사건'(total event)으로 여겨질 수 있는 몇 안 되는 경우에 속한다.[38) 『편람』의 편집인들에게 '바스티유'의 의미는 무엇인가? 그리고 아날 학파의 작업, 예를 들어 보벨과 비교할 때, 그것은 심성을 연구하는 편집인들의 목적에 대해 무엇을 밝혀 줄 수 있는가?

아날 학파는 저명인사, 조약, 전투를 중심으로 한 정치 · 외교 · 군사적 서사 형식의 역사에 대한 반발로 등장했기에 역사적 사건의 지위는 아날 학파의 주요 표적 중 하나였다. 그러나 라이하르트와 그의 공동연구자이자 현재 『편람』의 공동편집인인 한스-위르겐 뤼제브링크(Hans-Jürgen Lüsebrink)는 심성의 사회사와 사건 사이의 오랜 반목에 의문을 제기했다. 그들은 네 가지 유형의 사건을 구별한다. (1) 다미앵(Robert François Damiens)의 루이 15세 암살 미수와 같은 선정적인 사건(l'événement-sensation) (2) 루이 14세의 전쟁 공보문이나 나폴레옹의 포고문처럼 정치적으로 창출되었지만 기존 보도매체에 의해 전파된 사건(l'événementalité politique) (3) 드레퓌스 사건 같은 촉매적 핵심 사건(l'événement-clé catalyseur). 이런 사건은 그 자체가 오랜 기간 작동해 오던 힘과 긴장의 결과이면서 일반적으로 단일 사건의 탓으로 결코 돌릴 수 없는 전체적 결과를 창출해 낸다. (4) 정치질서를 정당화함으로써 특유의 국가 정체성을 창조하고, 이후 의례예식의 초점으로 기능하며, 사회 또는 그 주요 부문의 집단 기억에서 중심적인 상징이 되는 상징적 사건(l'événement-symbole).

바스티유 습격은 네 유형 모두, 특히 네 번째의 가장 중요한 역사적 사건을 포괄한다는 점에서 각별하다. 프랑스의 경우 바스티유 함락이라는 하나의 상징적 사건을 기념하는 축전이 루이 9세를 성(聖) 루이로 성자화하는 다른 축전을 대체했다. 1298년에서 1789년까지 그날은 왕정의 국경일이었다. 이 점을 지적함으로써 라이하르트와 동료들은 프랑스의 이후 국민생활에서 강력한 통합과 정당성 부여 기능을 발휘한 상징으로 바스티유의 의미를 강조했다. 그들의 서술은 이 사건을 이야기하는 다른 두 방식을 넘어선다. 한 방식은 프랑스혁명이 야기한 연속성과 전통의 단절만을 다루는데, 즉 무엇을 잃었는지는 다루지만 그것을 대체한 것이 무엇인지는 다루지 않는다. 1989년 내내 이런 식의 반혁명적 서사에 관해 말들이 많았다. 다른 방식은 바스티유에 관하여, 그리고 그 안에서 벌어졌다고 알려진 일련의 끔찍한 사건들과 확인 가능한 사실 사이의 불일치에 관하여 기술하는 것이다.

라이하르트의 항목이 이 간극을 상술하긴 하지만, 장기간에 걸친 역할 탓에 면밀한 분석을 요하는 특정한 현상을 군중의 무지로 간단히 처리해 버리거나 그것을 비웃지 않기 위해 바스티유의 성격을 상징적 사건으로 규정하는 것은 또한 이 사건에 호감을 가진 사람들이 루이 16세의 처형부터 공포정치를 거치면서 그것을 급진화한 이들이기보다는 초기의 개량주의적 단계에서 프랑스혁명을 옹호한 이들이라는 사실을 강조하는 일이기도 하다. 처형부터 공포정치 시대를 거치는 기간 동안 루이 16세의 처형은 한동안 기념되었고 공휴일로 제정되었다. 이러한 상징적 사건을 7월 14일의 경축과 대조시킴으로써, 『편람』의 항목은 바스티유 함락이 나중에 비교적 온건한 건국 신화로 기능했다는 점을 확고히 했다. 물론, 1820년에서 이야기를 마감한 것은 『편람』이 이미 밝힌 바이나, 그럼에도 이것은 바스티유 상징체계가 지닌 분열적 기능을 누락하는 결과를 초래한다. 프랑스혁명이 야기한 분열이 종지부를 찍었다고 볼 수 있는 것은 아마도 비시 기간(1940~1944) 동안의 보수적 반공화주의에 대한 불신 이후, 즉 제2차 세계대전 이후일 것이다.

개념의 의미 및 적용의 통시적 변화를 기록하는 『기본개념』의 얼개를 '바스티유' 항목이 따르는 듯이 보일지도 모르지만, 『편람』의 항목은 다른 목적을 지향했다. 『편람』의 고유한 특성을 규정하는 것은 『기본개념』과 심성 연구의 결합이다. 연속자료사의 방법을 자신의 연구에 적용하면서 라이하르트는 1730년과 1789년 사이에 나온 일군의 반(反)바스티유 소책자들을 재구성하고 분석했다. 담론의 점증적 급진화를 기록하기 위해 도식과 도표를 사용한 것은 라이하르트의 중요한 혁신 가운데 하나이다.

'바스티유' 용어의 주요한 의미 변화는 다음과 같이 일어났다. 원래 그 단어는 백년전쟁 동안 요새 목적으로 세워진 성을 가리켰다. 여덟 개의 탑이 있는 파리의 성은 세월이 지나 군사시설로서의 기능을 잃었다. 리슐리외(Richelieu) 시대 즈음 바스티유는 첩자와 반역자를 처벌하기 위한 감옥이 되었다. 일반 대중에게 바스티유는 국왕 사법권의 무서운 엄정성을 연상시켰다. 그러나 결정적 전환은 루이 14세가 위그노 교도를 수감하고 루이 15세가 얀센파를 처벌하기 위해 바스티유를 사용하자 일어났다. 처음으로 바스티유는 목소리 큰 이들 소수파가 정권의 절대주의적 성격에 대항하여 논쟁적으로 공격하는 초점이 되었다. 한때 요새의 명칭이었던 것이 이제는 신민의 기본권 및 정치적 자유의 자의적 부정과 관련하여 정부를 규정하는 정치적 구호로 영원히 고정되었다.

바스티유가 종교적 이단뿐만 아니라 검열당국이 보기에 지나치게 공개적으로 국가에 비판적인 작가도 감금하는 감옥이 되면서 이러한 경향은 18세기 내내 심화되었다. 따라서 1730년과 1770년 사이에 사상과 표현의 자유를 침해하는 정권의 상징으로 바스티유를 바라보는 비판적인 관점이 생겨났다. 다른 문제에 관해서는 견해차가 있었음에도 계몽사상가들은 교회와 국가 모두를 자유롭게 비판하는 것이 그들의 권리인 동시에 공익이라는 데 동의했다. 이 단계에서 투옥되었던 작가들은 바스티유를 야만적 억압의 상징으로 공격했다. 바스티유는 계몽사상을 억누르기 위해 봉건적 과거의 강압과 폭력으로 권력을 잡은 사람들이 사용하는 잔인한 무기 중 으뜸으로 여겨지게 되었다.

1774년과 1789년 사이에는 특별히 바스티유를 겨냥한 저술이 숫자상 증가했을 뿐만 아니라 더욱 급진화되었다. 바스티유는 감옥 이상의 어떤 것으로 여겨지게 되었다. 진정 그것은 봉인편지를 통해 법적 절차 없이 개인의 감금을 명령하는 국왕의 자의적 의지, 그리고 강압과 공포로 통치하는 전제주의(despotism)의 원천으로 그려졌다. 바스티유가 귀족의 방탕아들을 국왕의 '봉인편지'(lettres de cachet)로 그곳에 감금하려는 귀족 가문의 목적을 종종 수행했다는 사실이 바스티유를 공격한 이들에겐 그다지 중요하지 않았던 것으로 보인다. 사드 공작(Marquis de Sade)의 경우가 꼭 그러하다.

비판이 성토로 바뀌던 무렵 바스티유의 실제 조건은, 이것이 바스티유의 공적인 이미지에 큰 영향을 끼치지는 않았지만, 상당히 개선되었다. 의료의 질은 상당히 향상되었고, 지하 감옥(cachots)의 독방 감금은 폐지되었으며, 고문은 이미 오래전부터 중지되었다. 실제로 수감자 수는 바스티유 운영의 효용성을 관리자들이 의심할 정도로 떨어졌다. 왕정의 내부로부터 바스티유를 파괴하자는 제안이 나왔다. 1784년 발표된 그러한 계획 하나가 실행되었더라면 바스티유 광장은 루이 16세 광장으로 바뀌었을 것이다. 왕립 건축원 위원회는 바스티유를 원래의 성탑보다 더 높은 자유의 조각상으로 대체하자고 제안했다. 1789년 바스티유가 습격으로 함락되었을 때 그곳은 사실상 비어 있었을 뿐만 아니라 행정당국자의 마음에는 이미 파괴된 것이나 다름없었다고 라이하르트는 말한다.

바스티유 함락과 함께 그것은 억압의 상징에서 자유의 상징으로 바뀌었다. 혐오스러운 성이 무너지자 대량의 민중 인쇄물과 기념 메달, 주화가 '전제주의의 보루'에 대한 민중의 승리를 묘사했다. 급진 공화주의 문답서에서 "바스티유는 무엇이었는가?"라는 질문에는 "폭군이 폭정에 당당히 맞선 모든 이들을 산 채로 묻은 잔혹한 감옥"이라는 대답이 따랐다.[39] 바스티유 해체를 맡았던 팔로(Pallot)는 '인간 및 시민의 권리선언'(Declaration of the Rights of Man and the Citizen)을 지하감옥 벽돌에 새겨 만든 혁명 기념품을 성공적으로 판매했다. 파리 외곽의 다른 바스티유들도 역시 해체되었다. 프랑스 전역에서 반복된 급진 문답서는 민중이 권력을 쥐는 한 "어떤 바스티유도 지상에 남아 있지 않을 것이고, 어떤 폭군도 권좌에 앉지 못할 것이며, 어떤 민중도 사슬에 매이지 않을 것이다. …"라고 엄숙히 선서하는 형식을 취했다.[40]

1789년과 1794년 사이 바스티유 개념은 또 하나의 차원을 획득했다. 그것은 이제 시민의 의무를 강조함으로써 공화정의 미래를 담보하는 것을 지향하게 되었다. 바스티유를 함락한 이들은 프랑스혁명의 국내외 적들이 추구하는 전제주의의 회귀를 막기 위해 동원 가능한 공화주의 전위, 자유를 위해 죽을 용의가 있는 시민의 귀감이 되었다. 따라서 급진 공화주의자들은 이런 강한 상징을 포함하여, "가부장, 시민, 전사, 바스티유 정복자인 우리"와 같은 언어로 자신을 묘사했다.[41] 동시에 이 상징은 프랑스혁명의 외부 적들, 나아가서 교회지지자, 공화정의 적들, 폭리를 취하는 '독점 모리배들' 등과 싸우는 도덕적 의무와 연관되었다. 그러나 바스티유 상징을 사용한 이들은 온건파와 자코뱅파라기보다는 가장 급진적인 도시 사람들이었다. 온건파와 자코뱅파는 군중의 통제되지 않은 집단행동을 두려워할 만한 나름의 이유가 있었다. 그들은 그것을 바스티유 함락과 동일시했다.

또 다른 전개는 바스티유(이제 복수형으로 쓰인 bastilles)에 대한 예전의 부정적 함의의 지속과 함께, 국내의 정적들을 낙인찍는 방법으로 embastiller(압제적으로 투옥하다)와 embastilleur(경찰력을 남용하는 폭군)와 같은 신조어가 생겨난 것이었다. 용어의 부정적인 혐의가 아주 강해서 프랑스혁명의 보수적인 적들을 포함하여 모든 집단이 부정적 의미로 이 단어를 사용했다. "예전에 우리는 단 하나의 두려운 바스티유를 알고 있었다. 이제 수많은 바스티유가 프랑스 전 도시에 존재한다." 공포정치 시대에 앙라제(Enragés)는 자코뱅에 대항하여 이 용어를 다음과 같이 사용했다. "프랑스를 하나의 거대한 바스티유로 만듦으로써 우리의 혁명이 세계를 정복하는 것은 아니다." 이와 유사하게 온건파와 보수파는 "옛것보다 수천 배 더 잔인하고 압제적인 새로운 바스티유들"을 창조했다고 자코뱅을 비난했다. 테르미도르의 반동 쿠데타(1794년 7월) 후에 자코뱅과 다른 혁명파들은 매일 바스티유들이 공화주의 헌법의 신실한 동지들을 집어삼킨다고 불평했다.42)

흥미롭게도 바스티유의 부정적 함의가 1789년 7월 14일 사건의 좀 더 긍정적인 또 다른 의미에 영향을 끼치지는 않았다. 바스티유 함락은 중단, 전제적 과거와의 영원한 단절, 새 시대의 시작으로 인식되고 상징화되었다. 종종 프랑스인들은 대사건 전엔 노예였고, 그후 처음으로 자유롭게 되었다고 주장되었다. 프랑스혁명 중엔 축제들이 이 역사적인 전환을 기념했고, 연극과 오페라가 의뢰되었으며, 인쇄물과 이미지들이 판매되었다. 바스티유 상징은 공포정치 시대엔 억압받았지만, 자코뱅파 및 반혁명파 모두와 스스로를 구분하고 싶어 했던 집정부(Directory)에 의해 적극적으로 장려되었다. 테르미도르 이후 바스티유는 집정부가 공포정치 시대의 과잉을 뒤로 하고 되돌아가고자 했던 1789년 온건한 프랑스혁명의 상징으로 기능할 수 있었다. 바스티유의 긍정적인 이미지는 나폴레옹에 의해 전복되는데, 왜냐하면 그는 바스티유의 긍정적 이미지가 권위에 도전하는 민중 봉기를 찬미하기에 위험하다고 봤기 때문이다. 제국의 마지막 10년 동안 그는 7월 14일의 찬미를 허락하지 않았고, 바스티유 습격에 참여한 이들에게 연금 지불을 거부했다. 자유를 찬미하는 기념비를 바스티유 광장에 세우려는 제안은 거대한 코끼리 상으로 귀결되고 말았다. 워털루 이후, 바스티유 상징은 1789년 사건과 연관된 일이라면 전율했던 부르봉 왕정복고로 인해 다시 한 번 억압되었다.

그러나 바스티유는 공화주의에 애착을 지닌 계층에서 상징으로 살아남았다. 왕정복고기 인기 샹송 작가였던 베랑제(Pierre Jean de Béranger)는 바스티유 습격의 이미지를 통해 자유의 상실을 강력히 상기시켰다. 실제로 1830년 혁명은 새로운 바스티유 함락으로 환영받았다. 7월 왕정으로 권좌에 오른 오를레앙(Orléans) 가는 스스로를 1789년 온건 혁명의 정당한 계승자로 내세우고, 부르봉 왕가의 구파를 연상시키는 '전제주의 및 봉건주의'와 결별하려고 했다. 이를 위해 자유의 석주(column of liberty)를 바스티유 광장에 세웠고, 바스티유 함락에 오래전에 참여한 이들에게 연금을 지급했다.

사건과 기본구조의 변화가 대집단에 의해 개념화되고, 언어와 다른 수단을 통해 오랜 시간에 걸쳐 전해져 집단의 기억 속에 보존되는 방식을 이해하는 데에 라이하르트의 바스티유에 관한 긴 항목이 기여한 바는 무엇인가? 개념과 상징은 어떻게 역사적 힘으로 작용하는가? 지금까지 본 것처럼 라이하르트는 사건이 사회사와 무관하다는 견해를 거부하는 동시에 혁명과 반혁명 기간 중 심성의 태동과 기능을 설명하는 새로운 방법을 계속 모색했다. 실제로 추상적 개념이 아니라 사건이 상징으로 되는 과정을 강조하였고, 라이하르트는 어떻게 사회적 의미가 새롭게 전개되고, 논란 속에서도 지속되며, 부분적으로 변형되거나 보존되고, 또는 다른 의미로 완전히 대체되는지 보여 주고자 했다. 하지만 『편람』이 선호하는 주제는 『기본개념』에서 발견되는 유형의 추상 개념이 아니다. 사료 역시 정치 · 사회이론가들의 텍스트가 아니다.

『편람』이 연구의 초점을 민중적 심성에 맞춘 것은 정치적 정체성과 정당화가 혁명기에 창조되는 방식에 관한 질문들에 버거와 루크만이 제의한 지식사회학을 어떻게 적용하는지 잘 보여 준다. 방법론의 면에서는, 라이하르트와 일부 공동 연구자들이 보탠 것은 인쇄물, 주화, 메달, 노래 같은 자료에 더해 일련의 소책자에서 중요한 상징적 주제를 찾아내고 분석하는 체계적 사료 접근법이다. 마지막으로 라이하르트는 구조주의 의미론을 통하여 혁명기에 개념과 상징이 사회 · 정치적 대집단의 정신 또는 심성 속에서 어떻게 연결되는지 증명하고자 했다.

개념/상징으로서 바스티유 용어의 전개과정에서 라이하르트는 단수화, 정치화, 새 층위에서의 재복수화라는 세 단계가 있었다고 결론짓는다. 바스티유들(bastilles)이라는 복수형은 중세 말 도시에서 탑을 갖춘 중세적 요새를 지칭하기 위해 기술적인 일반 용어로 시작했는데, 그 용법은 사라졌다. 바스티유(Bastille)라는 용어는 단수의 장소, 파리의 성과 동일시되었다. 루이 14세와 루이 15세가 위그노 교도와 얀센파, 정부에 비판적인 작가들을 그곳에 투옥했기 때문에 바스티유는 계몽사상가들이 구체제를 비판하며 묘사한 '전제주의'의 두드러진 예시어, 즉 정치적 용어가 되었다. 그러나 이것은 프랑스 정부에 대한 경멸적 판단을 담고 있었기에 왕정의 다른 모든 감옥들을 지칭하는 것으로 일반화되었고, 이에 따라 다시 복수형, '바스티유들'로 사용되게 되었다. 구체제와 연관된 부정적 연상은 바스티유의 함락으로 과거와의 결정적인 역사적 단절이 일어난 날이라는 1789년 7월 14일의 긍정적이고 민중적인 이미지로 대체되었다. 이 사건과 관련된 상징체계는 사건의 필연성, 정당성, 역사적 의미를 긍정적으로 강조했다. 또한 바스티유는 공화주의에 기초한 새로운 화합, 즉 건국과 관련된 전투적인 애국주의를 상징하게 되었다.

'바스티유' 항목에서 라이하르트는 혁명 전후의 두 소책자에 나타난 이 용어의 의미론적 용법상의 변모와 연속성을 모두 보여 주는 하나의 도식을 제시한다. 이 도식에 깔린 분석틀은 『편람』 서문에서, 그리고 보충적인 도표와 도식이 제시된 여러 논문에서 논의된다. 좀 더 최근 작업에서 라이하르트는 주요 정치·사회적 개념과 상징 사이의 유형화된 관계를 포함하는 더욱 포괄적인 도식을 개발하고자 했다.[43] 이러한 방향으로 움직이면서 그는 자기 자신의 방법을 만들어 나갔고, 『기본개념』의 〈개념사〉로부터, 생클루 집단의 계량어휘학으로부터, 그리고 보벨의 심성사를 객관적으로 기술하려는 목표로부터는 아니지만 그의 방법으로부터도 점차 멀어졌다. 라이하르트의 언어와 개념에 대한 끈질긴 관심은 보벨의 작업과 그의 작업을 그후로도 구분하게 만든다.

라이하르트는 생클루 집단의 수학적 상관관계가 역사가들의 흥미를 거의 끌지 못했다고 판단하면서도 아날 학파의 정량적 객관성을 확보하려는 열망에는 늘 충실했다. 『편람』은 역사적 의미론과 언어학의 상황 그리고 주제가 허용하는 한 최대한 엄밀하도록 의도되었다. 따라서 문제는 인상주의적 판단을 최대한 제거하고, 그 자리에 동일 주제의 사료 총체에서 얻어진 균일한 정량적 절차의 정립 방법을 어떻게 개발하는가이다. 다시 말해 항목은 '신사'나 '바스티유' 같은 주제에 관하여 소책자, 논문, 지침서, 그 밖의 간행물에서 추려진 일련의 텍스트들에 기초하도록 의도되었다. 여기서 나온 증거는 연속자료의 분석 결과에 적용될 언어적 도식의 관점에서 정렬된다. 기존 자료로 무엇을 할 수 있는가에 대한 냉정한 평가로 순화되긴 하지만 정량적 연속자료사를 기술하려는 포부는 지속된다. 다음 장은 이것과 『편람』 강령의 다른 측면들에 타당성이 있는지 검토할 것이다.

05
『편람』의 혁신과 비판

『편람』의 원래 강령은 『기본개념』이 개념을 이해하는 과정에서 개발한 방법을 프랑스 역사기술과 관련된 두 연구유형, 즉 보벨이 예시하는 아날 방식의 심성 및 프랑스 어휘학자들이 예시하는 정치 어휘의 정량적 처리와 결합할 것을 제안했다. 지금까지 본 것처럼, 정량적 어휘학은 면밀히 살펴볼 때 정치언어 연구에 크게 기여하지 못했고 혁명적 심성 연구에 대한 기여도 훨씬 적었다고 라이하르트는 결론 맺었다. 정치 개념과 언어 연구가 프랑스혁명기 심성에 대해 지식을 제공하고자 한다면, 『편람』의 연구결과는 다른 수단으로 종합되어야 할 것이다. 라이하르트가 바로 그렇게 하고자 시도했다. 따라서 『편람』에 대한 필자의 평가는 편집인의 최근 기고도 포함할 것이다. 그러나 사전에 고려해야 할 일군의 논점들이 있다. 라이하르트 연구 강령의 상당 부분을 차지하는 선배 세대 아날 사학자들을 겨냥하여 로제 샤르티에(Roger Chartier) 같은 프랑스 사회사학자들이 최근 강력한 비판을 개진했는데, 이에 비추어 『편람』의 기획이 재검토될 필요가 있기 때문이다.

묶어서 보면 샤르티에의 견해는 라이하르트가 『편람』의 방법을 『기본개념』의 방법으로부터 구분할 때 고려한 몇몇 요소들—저명한 추상적 또는 형식적 사상가들과 고급문화의 증거에서 얻어진 개념 형성 및 사용에 관한 결론의 거부, 사료가 허용하는 한 최대치의 정량화에 대한 고집, 시각적 여타 비언어적 자료, 축제와 카니발, 종교적 · 준종교적 실천, 집단행동 등을 포함하여 민중 문화에 적용된 개념으로부터 심성을 재구성하는 것에 대한 강조—을 의문시한다.

3세기에 걸친 '교양'(civilité) 개념에 대해 샤르티에 자신이 『편람』에 기술한 바는 검토할 만한 가치가 있다. 사회사에 대한 그의 수정적 견해는 라이하르트가 『기본개념』의 실천에 비판적으로 반발하며 개발한 방법을 일부 무시하면서 그것에 어떻게 도전하는지 예증하기 때문이다. 다음은 『편람』에 나타난 샤르티에의 방법과 수행을 라이하르트의 원래 기획 및 기여와 비교한다. 라이하르트는 이후 정치언어가 어떻게 개별 개념의 역사로부터 재구성될 수 있는가라는 〈개념사〉의 핵심 문제를 해결하는 데 꼭 필요한 방법을 개발했는데, 이에 대한 토론이 뒤따른다. 본 장은 개념사에 대한 『편람』의 기여를 비판적으로 평가하는 것으로 끝맺는다. 이는 영어권에서 유사한 논점을 다루는 방식과 비교할 수 있는 토대를 마련하고, 영어권 국가의 정치 · 사회적 개념의 역사에 무엇이 포함되어야 하는가에 대해 토론을 시작하고자 의도되었다.

샤르티에는 보벨 세대 사회사학자들에게 특징적인 아날과 마르크스주의 가설의 결합에 도전해 왔다. 『구체제 프랑스의 독서와 독자』(*Lectures et lecteurs dans la France d'ancien régime*, 이하 『독서와 독자』)에서 샤르티에는 초기 아날식 심성사에 중심적인 수많은 전제들을 공격했다. 샤르티에가 전적으로 또는 부분적으로라도 옳다면, 『편람』 서문에 나타난 라이하르트의 가설들은 재검토될 필요가 있을 것이다. 메타이론과 실제 실천에 나타난 라이하르트와 샤르티에의 부분적인 의견 차이는 비록 '교양' 개념의 역사에 관한 샤르티에의 소론이 『독서와 독자』에 실리긴 했지만, 『편람』을 위해 의뢰되었고 그 안에 등장하기 때문에 더더욱 고려할 만한 가치가 있다.[1]

샤르티에는 민중 문화와 식자층 문화의 구분을 거부하면서 『독서와 독자』를 시작한다. 이러한 이분법은 문화적 분할을 예외 없이 사회적 구분에 기초한 것으로 취급한다. (아날과 여타 사회사학자들은) 이를 혁명 전 프랑스에 적용할 수 있다고 가정했지만 이야말로 증명을 요하는 일이다. 혁명 전 프랑스 사회 · 정치 구성체들 사이의 차이점과 더불어 중요한 공통점은 어느 정도까지 있었는가? 예를 들어, 사회사학자들이 가정한 '민중 종교'가 교회의 교육, 선전, 훈육 기관들을 통하여 위계질서로 하급 성직자에게 강요되고 관철된 공식 교리로부터 실제로 격리되었다는 것이 항상 사실이었는가라고 샤르티에는 묻는다.

샤르티에의 연구결과는 이른바 '민중 종교'가 문화적으로 변용되는 동시에 변용하고, 교회의 가르침과 근본적으로 구분되지도 않으면서 전적으로 그것을 본받지도 않는다는 점을 지적한다.[2] 샤르티에는 행상인들이 대단히 성공적으로 판매한 일련의 도서, 푸른 문고(*Bibliothèque bleue*)를 재검토함으로써, '민중 문화'로서의 푸른 문고에 대한 로베르 망드루의 영향력 있는 연구와 같은 다수의 아날 사회사들이, 정식 교육을 받고 사회적으로 뛰어나다고 여겨지는 사람들로부터 이러한 문헌이 완전히 분리되었다는 검증되지 않은 전제에 기초했다고 결론짓는다.[3]

『편람』의 이론이나 실천에 채택된 적은 없지만, 보벨이 실천한 방법의 또 다른 핵심은 통계 분석의 광범한 이용이 문화사를 기술하는 최선의 방식이라는 가설이었다. 샤르티에는 그가 한때 받아들였던 정량화에 대한 강조에 반대하여, 각기 문화적 주제에 있어 나름의 차별성과 반복성을 지닌, 수많은 지역적 변이와 이질적인 구성체를 포함한 한 사회의 표현 형식과 사회적 의사소통 양식 전체를 그 모든 복잡함 속에서 질적으로 파악할 필요가 있다고 단언한다. 문화 연구에 통계적 접근방식을 취한 사람들은 프랑스 사회에서 가장 중요한 단 하나의 측면은 사물, 담론, 행위의 불균등 분포였다고 가정했다. 그들은 이들 각각이 정량화될 수 있는 일련의 문서들로 연구되어야 한다고 주장했다.

샤르티에의 대안은 사회의 서로 다른 집단들이 공동의 재화, 몸짓, 실천을 다르게 사용하고 전유하는 것에 분석을 집중하는 것이다. 샤르티에는 문화적 특성과 행동, 예를 들어 보벨이 수집하고 분석한 유언 형태의 죽음을 준비하는 행위를 다루는 데 있어 통계적 방법의 사용을 비난한다. 샤르티에의 견해에 따르면, 이러한 통계적 문화 분석은 사회적 위상(position)과 문화적 지평 사이의 상관관계를 전제하기 때문에 환원주의적이며, 따라서 사상과 행동을 주로 가장 반복적이고 미분화된 양상을 통해 처리한다. 다른 곳에서 샤르티에는 구성원 모두에게 공통적이라고 추정되는 단 하나의 상징체계를 참조함으로써 혁명 전 프랑스 문화를 분석할 수 있다는, 그가 보기에 역시 미분화된 가설을 공격했다.[4)]

'교양'에 관한 항목에서 샤르티에는 미리 정해진 『편람』의 강조와 방법을 모든 면에서 따르지는 않는다. 그는 『편람』의 초점인 프랑스혁명기와 이후 정치언어의 전개보다는 구체제 기간 중 개념의 역사에 더 많은 비중을 둔다. 실제로 그의 분석의 핵심은 "구별과 누설: 교양과 도서"(Distinction et divulgation: la civilité et ses livres)라는 『독서와 독자』의 소론 제목에 사용된 용어들이다. 대체로 샤르티에는 '교양'을 사회적 개념으로 취급하고, 그 핵심을 다양한 청중의 태도, 구성, 필요에서 찾는다. 샤르티에의 방법이 암시하듯이, 청중이 이 개념을 받아들이는 방식은 다른 집단이 '교양'을 취급하는 방식에 종종 직접적으로 영향받았다. '교양'은 소수가 이해하고 실천하는 개념인 한, 사회적 구별 양식으로서 효과적으로 작동했고, 조신(courtiers)과 귀족을 위해 16, 17세기에 수립된 새 규범을 수용한 사람들은 이를 존중했다. 그러나 '교양'이 빈민 학교에서 교육되고 발행 부수가 상대적으로 많은 책들로 대중화되면서 '누설'되기 시작하자 좀 더 배타적인 사회구성체의 구성원들이 작성하거나 그들을 겨냥한 문헌에서 이 개념은 비난받고 업신여겨졌다.[5] 샤르티에는 '점잖음'(honnêteté), '품위'(bienséance)와 더불어 이 영역의 어휘체계에 중심적인 용어들인 '교양'과 '예의'(politesse)의 변화하는 의미론적 관계에 주목함으로써 사회적 개념으로서의 '교양'의 개념사를 정리한다.[6]

또 다른 계통의 '교양' 개념 전개는 예전에 에라스무스(Erasmus)에 의해 개시되었다. 그는 계급 구별에 기초하기보다는 보편적인 도덕 기준에 따라 어떻게 아동을 양육할 것인가에 관한 대단히 성공적인 책을 저술했다. 개별 민족어로의 번역, 그리고 발췌, 요약, 문답으로의 재구성에 더해 16세기에만 80개 이상의 라틴어 판이 있었다. 에라스무스의 라틴어 제목, 『아동행동의 교양에 관하여』(*De civilitate morum puerilum*, 1530)는 프랑스어로 번역되었을 때 이제까지 알려지지 않았던 '교양'의 의미를 창조했다. 그것은 '문명'(civilitas)의 동의어가 되었다. 따라서 '교양'은 문명화된 행동을 규정하고, 문명과 '야만' · '전제주의' 사이의 대조를 창조하는 데 결정적인 용어가 되었다. 에라스무스는 또한 '교양'의 의미론적 장을 성립시켰다. 그것은 성인생활을 준비하도록 의도된 아동교육의 유형과 행동 규범에 이제 처음으로 초점을 맞춘 것이었다. 프랑스어 번역은 『아동 교양』(*la Civilité puérile*, 1559)이란 표제가 붙여졌다. 곧 개혁 교회들이 개작을 발행했다.

아동교육이 개신교도와 인문주의자에게만 맡겨진 것은 아니었다. 1703년 장 바티스트 드 라살(Jean Baptiste de la Salle)은 가톨릭 학교에

다니는 비귀족 학생들을 위한 책, 『기독교 학교에서의 용법에 있어 둘로 나뉜 품위와 기독교적 교양의 규칙』(*les régles de la bienséance et de la civilité chrétienne devisé en deux parties à l'usage des écoles chrétiennes*)을 출간했다. 따라서 '기독교적 교양'(civilité chrétienne)은 프랑스혁명기에 다시 번성하게 될 행동의 장을 지칭하는 용어로 '아동 교양'(civilité puérile)과 결합되었다. 국가가 아동 교육 또는 교화를 교회로부터 가져온 것이 바로 이때였기 때문이다. 샤르티에는 에라스무스와 라살이 개시한 운동에 중요한 사회적 기능을 부여한다. 샤르티에는 그들이 진화하는 근대 초기 유럽 사회의 점증하는 대규모 집단들에게 행동과 훈육의 규범을 제공했다고 본다. 이러한 새로운 양식은 구식 중세 모범을 대체하도록 의도되었다.

샤르티에가 작성한 항목의 대부분은 지금은 잊힌 또는 익명의 작가들이 '교양'을 다룬 도서, 논문, 안내서 등을 분류하고 분석하지만 저명한 저자들을 생략하진 않는다. 종종 그는 아리스토텔레스, 에라스무스, 파스칼(Blaise Pascal), 코르네유(Pierre Corneille), 몰리에르(Moliére), 몽테스키외(Charles de L. Montesquieu), 루소(Jean Jacques Rousseau) 등에 대한 짧지만 효과 있게 언급하여 독자를 이끎으로써 『편람』의 자료를 보충한다. 이들 정전 작가들에 주로 또는 전적으로 의존하는 것은 아니지만 샤르티에는 그의 개념 지도에서 거물들을 생략하지 않는다. 이 전략으로 얻은 것은 많지만 잃은 것은 거의 없다. 앞으로 보게 될 것처럼 샤르티에가 아리스토텔레스와 고전적 교양 개념을 짧게 언급하는 것은 필수불가결한 비교 관점을 제공해 준다. 이는 절대주의 통치자들의 궁정, 푸른 문고, 아동 교육에 관한 인문주의 논문 및 기독교 논문 어디에서나 비정치적 또는 반정치적 태도가 근대 초기 '교양' 개념을 얼마나 지배했는지 증명해 준다. 샤르티에는 이 견해를 아리스토텔레스와 대조시킴으로써 처음으로 시민권(citizenship)을 강조한 개념 용법의 또 다른 전환에 대해 논의할 수 있는 발판을 마련한다. 이러한 전개에 핵심적인 것은 몽테스키외와 루소가 확립한 '교양'과 시민권 사이의 밀접한 관계였다. 이러한 연결은 1789년 이후 민중적 공화주의 혁명 담론에서 차지하는 '교양'의 중심적 위상에 결정적이었다.

대가급 작가의 인상적인 인용은 샤르티에가 인간 조건에 대한 파스칼(Blaise Pascal)의 급진적인 진단을 이용할 때 다시 나타난다. 이는 17세기 작가들이 왜 '교양'을 효과적으로 경시할 수 있었는지 설명하는 데 도움이 된다. 당시 그들은 '교양'을 많은 사람들이 누구나 배우고 받아들인 피상적인 체면의 규약에 불과하다고 인식했다. 이미 샤르티에는 사회적 상승을 꾀하는 이들에게 행동 양식을 가르쳐 주는 장르, 즉 '누설'(divulgation)의 문헌으로서 이러한 형태의 '교양'을 사회사와 관련하여 논의한 적이 있다. 그러나 파스칼 인용은 '교양'을 공격하는 저술에 또 다른 차원을 추가하는 것이다. 샤르티에는 그러한 적대감을 사회적 속물근성의 탓으로만 돌리기보다는 파스칼의 신학적 · 지적 · 도덕적 주장의 힘을 고려한다. 파스칼이 세속적인 '교양' 개념을 무시하는 데 성공한 것은 여기에서 기인한다.

흥미롭게도 샤르티에는 『편람』의 기획에 관한 진술을 드러나게 언급하지 않았고, 신중한 선택과 조사로 이루어졌으며 그에게 상당한 문서 자료를 제공한 『편람』의 사료 총체에 대해서도, 그리고 프랑스혁명기에 발달한 사전과 언어이론에 관한 슐리벤-랑게의 긴 평론에 대해서도 역시 전혀 언급하지 않는다. 샤르티에는 혁명적 사전에 나타난 '교양' 개념을 인용, 비교하지도 않고, 그가 프랑스혁명에 관한 축약된 절에서 논의하는 새로운 용법에 대해 반혁명 세력이 보인 적대적 반응도 다루지 않는다. 샤르티에가 정치 문답서에 나타난 '교양' 개념의 용법을 언급할 때 예전의 2차 자료에 의존하는 것은 라이하르트가 수집한 연속간행 형태의 자료와 그의 분석을 잘 모르고 있었다는 점을 암시한다. 독일 〈개념사〉의 이론과 실천에 대해 그가 아는 바가 무엇이든, 샤르티에는 그의 소론을 의뢰한 『편람』의 강령을 포함하여 〈개념사〉를 그저 지나는 말로 살짝 언급할 뿐이다. 이전 심성사 기술 양식에 대한 그의 비판은 주로 프랑스어 작업을 겨냥한다. 따라서 『편람』 식 심성의 역사를 직접 논평하진 않는 것이다.

틀림없이 샤르티에 항목의 이러한 측면들은 다수의 프랑스 기고자들과 연락관계를 수립하고 유지하는 데 라이하르트가 겪은 어려움으로 설명될 수 있다. 항목을 쓰기로 동의했을 때 이들 모두가 『편람』의 강령을 이해하거나 수용했던 것으로 보이진 않는다. 근대사회사연구회는 콘체가 1957년 든든한 재정으로 설립한 이후, 우호적이고 박식한 기고자들을 『기본개념』과 『산업세계』 총서 모두에 제공하는 데 협력해 왔는데, 『편람』에는 이와 같은 실무 집단이 없다.

개별 개념의 역사에 반드시 따르는 한계가 샤르티에가 보기에 무엇인지 자신의 소론 서두에 밝힌다는 점은 유념할 필요가 있다. 그가 개념사 자체를 거부하는 것은 아니다.[7] 오히려 그는 『편람』 집단이 체계적으로 수집한 자료로부터, 그리고 자신의 조사로부터 정당하게 추론할 수 있는 바를 조심스럽게 제한한다. 샤르티에의 진술은 프랑스와 그 문화에 관한 발군의 사회사학자가 개념사에 대해 신중하게 반성하고 성찰한 견해로서 고려할 만하다. 그의 진술은 '교양'의 경과를 추적하는 자신의 경험에 기초한 것이기에 값지다. 샤르티에가 『편람』이나 『기본개념』의 〈개념사〉 강령 및 실제 실천을 명시적으로 다루었다면 그 기여는 더 컸을지도 모른다.

샤르티에는 자신의 임무를 16세기부터 18세기에 이르기까지 프랑스에서 '교양'이 무엇을 의미했는지 결정하는 것으로 규정했다. 이는 사회적 형식이 종종 신분과 조건의 규범화된 재현이었고, 우리에겐 종종 불투명한 옛 사회 속으로 진입하는 것과 관련된다. 노르베르트 엘리아스

(Norbert Elias)를 따라 샤르티에는 한때 허용된 행동 유형이 개인 생활에서조차 금지되어 가는 시점에서 그의 이야기를 시작한다. '교양' 개념은 카니발과 축제의 기능과 대조되어 즉흥성과 무질서를 억누르고, 기존 정치·사회적 위계질서의 분명한 도식을 제공하며, 사회질서의 지속적 존재와 구성원들에게 제공된 공간에 위협적인 폭력을 근절하기 위한 노력의 일환으로 생겨났다.[8)]

17세기 중반부터 1789년까지 '교양'은 종종 약간의 또는 전혀 상호관계 없이 수많은 이질적인 의미 맥락에서 사용되었다. 첫 번째 장은 '교양'(civilité)과 '문명'(civilisation)의 어원과 더불어 사전상의 근접성에 의해 '야만' 그리고, 그리스 사유의 유산으로 말미암아, 전제주의 개념과도 대조되어 나타났다.[9)] 두 번째 의미론적 연쇄 고리는 세속적 덕목을 지닌 이들을 지칭하는 형용사들, 즉 '점잖은'(honnête), '정중한'(courtois), '우아한'(gracieux), '상냥한'(affable), '본대 있는'(bien élevé), '세련된'(poli) 등과 관련하여 '교양'을 규정했다. 사전들은 종종 '교양'의 형용사 형태인 '교양 있는'(civil)의 반의어로 '촌스러운'(rustique)을 들었다. 이 두 번째 맥락은 내면보다는 외면적인 특징을 강조했고, 따라서 도덕적 또는 정치적 덕목보다는 겉모습의 문제로 '교양'을 명시했다. 세 번째 군의 언어적 관계는 '교양'과 가장 자주 비교되거나 구별되는 추상적 용어들, 즉 '점잖음', '품위', '예의' 등에 의해 창조되었다. 세 용어 모두, 특히 '예의'는 '교양'과 불안정한 의미관계 속에 서 있었다. '교양'에 비해 이들 다른 용어들은 어느 시기에는 우월한 것으로 다른 시기에는 열등한 것으로 여겨졌다.

또 다른 어려움은 '교양'의 다양한 의미를 결정하는 일이다. 용법에 관한 사료의 일부는 사전, 동의어 관련 저술, 심지어 기존 정의를 전복하는 텍스트 같은 저작들로 구성된다. 이 모두는 '교양'이 무엇인가 또는 무엇이어야 하는가에 관한 규범적 발화들을 포함한다. 자료의 또 다른 일부는 에라스무스처럼 인문주의적이든, 라살처럼 기독교적이든, 상세한 행동 규약을 규정하는 논문들로 구성된다. '교양'이 어떻게 이해되었는지 결정하기 위해서는 문자로 알 수 있는 저자의 의도를 메시지를 수용하고 해석하는 청중이라는 사회적 틀 속에 놓아야 한다. 그러나 이는 분석가가 부적절한 도식주의에 의존하지 않고 저자와 청중 모두의 사회적 위치를 결정할 수 있는 능력을 실제로 지니고 있음을 전제하는 것이다. 여기서 샤르티에는 마르크스주의의 기성 계급 범주로 도피함으로써 이 질문을 회피하는 사회사학자들, 특히 선배 아날 세대 연구자들의 역량을 의심한다.

샤르티에는 16세기부터 18세기 전반까지의 사회적 개념으로 '교양'을 다룬다. 이 시기 이후, 특히 1789년 이후엔 그것이 정치화되었다고 주장한다. 제1제국과 왕정복고 기간 동안 '교양'은 다시 탈정치화되었고, 이전의 사회적 · 윤리적 의미로 돌아갔다. 300년 동안 다양한 지점에서 '교양'은 '점잖음'처럼 귀족이, 또는 다른 의미에서 신분과 상관없이 덕 있는 사람이 보여 주는 도덕적 자질에 적용되었다. 다른 시점에서는 '교양'이 '예의'와 관련하여, 즉 어떻게 대화하고, 어떻게 사교 모임에서 쾌활해지고, 어떻게 윗사람과 아랫사람을 부를지 아는 것과 같은 세속적 덕목을 구체화하는 행동 규약으로 이해되었다. '교양'과 '예의'의 관계는 종종 뒤집어졌다. 때로는 전자가 후자보다 우월한 것으로, 때로는 열등한 것으로 평가되기도 했다.

마지막으로, '교양'은 '공'과 '사' 구분의 일부분으로 사용될 수도 있었다. 이러한 구분은 아리스토텔레스가 인간을 정치적 존재, 즉 본성상 '도시국가'(polis) 또는 라틴어 civitas(국가)에서 살도록 창조된 존재로 정의한 것과 처음 관련된 고전적 의미에서 유래했다. 아리스토텔레스를 (라틴어에서) 고대 프랑스어로 처음 옮긴 니콜 오렘(Nicole Oresme)의 번역은 '교양'을 "도시나 공동체의 예의, 질서, 또는 통치"로 표현했다.[10] '교양'은 16세기에도 여전히 시민권('도시의 권리'[droit de cité], '시민의 자질'[qualité du citoyen])을 나타내는 데에 사용되었지만 18세기 후반까지 완전한 정치적 · 공적 의미를 되찾진 못했다. 그때 『백과사전』(*Encyclopédie*)의 조쿠르(Jaucourt)는 '예의'가 특정 사회 계급의 구성원들에게 아첨하기만 한다면 '교양'은 사회 전체에 본질적이라는 몽테스키외의 이론을 대중화했다. 몽테스키외는 인간의 악덕을 억제하고, 따라서 사회의 타락을 방지하는 '도덕관'(moeurs), 즉 스스로 부과한 규칙과 '교양'을 연관시켰다. 몽테스키외는 '교양'을 도덕적 덕목으로 여긴 것은 아니지만 그것의 간접적이고 의도하지 않은 결과가 인간이 점차 서로 의존하게 되고 사회적 기능이 점점 더 특수화되는 근대 유럽 사회에 이로울 것이라 생각했다. 샤르티에는 몽테스키외가 '교양'을 일반화된 표현으로 정식화한 것을 기술한다. 그것은 18세기 말 이 용어의 프랑스어 용법을 여전히 지배했다.

특히 공화국에서 '교양'이 정치적 덕목으로 이렇게 부흥하는 데에는 루소가 두 가지 방식으로, 첫째 그의 비관습적인 개인행동과 『에밀』(*Emile*)에서 표현하는 '예의'라는 세속적 덕목에 대한 경멸, 둘째 시민적 덕목만이 정당한 국가, 즉 공화국을 창조할 수 있다는 주장을 통해 더욱 기여했다.[11] 공화주의적 '교양'이라는 관념이 프랑스혁명기에 생겨났고, 처음에는 '자유'(liberté)와 나중에는 '평등'(égalité)과 연관되었다. 『J. J. 루소의 후원 아래 어린이와 젊은이를 위한 공화주의적 교양의 원칙』(*Principles of Republican Civility for the Benefit of Children and the Young under the Auspices of J.-J. Rousseau*)에서 L. M. 앙리크(Henriquez)는 공화주의적 교양이 자유의 기초를 창조한다는 이론을 표명했다. 아버지 아리스트(Ariste), 아들 프로스페르(Prosper), 딸 아델(Adéle) 사이의 대화 형식으로 쓰인 이 책은 혁명 질서의 공화주의적 '교양'이 창조한 자유와 구체제 전제주의의 대립에 관하여 핵심 요점을 진술한다.

아리스트: 모든 이들 사이에 상호존중을 확립하려는 '교양'은 자연법처럼 타인들이 우리에게 하도록 바라지 않는 것을 그들에게 행하지 말라고 규정한단다. 교양은 인간을 의지로 이끌고 그의 자유를 보존하지.

프로스페르: 아빠, 자유[의 창조] 이전에 산 사람들에겐 '교양'의 관념이 없었나요?

아리스트: 확실히 대답할 수 있단다. 전제주의 정권에선 '교양'은 금지되고, 미덕은 드물었단다. 그럼에도 몇몇 개인들은 동료들이 빠져든 한탄스러운 조건을 상쇄하는 데 기여하지.[12)]

1796년 『공화주의적 교양』(*la Civilité républicaine*)이라는 또 다른 책은 '교양'이 자유 못지않게 평등을 규정한다고 단언했다. 저자는 새로운 평등의 시대가 창조한 자연스런 도덕을 혁명 전 신분 사회의 인위적인 예의범절을 특징짓는 불평등과 대조시켰다.

> 권력, 신분, 또는 재산에 따라서만 자신을 규정하고 타인에 의해 규정되는 시대에는 사교에 있어 예의 있는 행동의 모든 미묘한 차이들을 배우는 데 많은 노력이 필요했다. 오늘날 타인과의 관계에서는 자유롭고, 겸손하고, 확고하고, 자신의 말에 충실할 것이라는 단 하나의 규칙만 따르면 된다.[13)]

따라서 '교양'은 프랑스혁명 초반에 주요 덕목으로 재개념화되었고, 공화정이 지속되려면 그저 다수의 지지만이 아니라 자신의 이익을 공동선에 종속시켜야 한다고 확신할 수 있도록 정치 교육을 받은 시민들의 지지가 요구된다는 몽테스키외와 루소의 제언을 강화했다. 공화주의에 중심적인 덕목으로 '교양'을 이렇게 재구성한 것은 앙리크에 의해 문답

형식으로 제시된다.

> 아델: 아빠, '교양'이 무엇인지 말씀해 주세요.
>
> 아리스트: 아이들아, 그것은 부드럽고 정직한(honnête) 인간관계를 확립하고, 이중성이나 꾸밈이 없는 공손한 예절을 창출하는 덕목이란다. '교양'은 시민이 겉으로 드러나는 모습을 확립하는 것 이상을 한단다. '교양'은 시민의 영혼을 안내하여 그를 사회적 존재로 만들어 주기 때문이지.[14)]

그리고 앙리크는 공화주의적 '교양'의 덕목만이 "자신 이외의 어떤 지배자도, 인민의 권력 이외의 어떤 권력도 인정하지 않고, 모든 제도가 공동의 이익을 위해 작동하는" 국가를 창설할 수 있다고 덧붙인다.[15)] 구체제로부터 여전히 살아남아, 공화주의자들이 보기에, 새 질서와 양립할 수 없는 의식(ceremonies), 예절(manners), 예법(etiquette)의 총체를 지칭하기 위해 1792년 '무교양'(incivilité) 개념이 만들어졌다. 『파리의 혁명들』(*Révolutions de Paris*)에는 '행정권의 무교양'(Incivilité du pouvoir exécutif)이라는 제목의 한 항목이 등장했다. 저자는 루이 16세가 하원(National Assembly)의 대표단을 주권을 지닌 인민의 대표로서보다는 궁중 예법이 규정하듯이 안하무인격으로 대접했다고 비판했다. 새로운 '교양'은 인민이 어떤 식으로든 왕에게 예속되어 있다는 생각을 국왕이 버릴 것을 요구했다.[16)]

겨우 8년 뒤 신세기 초엔 공화주의적 '교양' 개념이 거의 남아 있지 않았다고 샤르티에는 말한다. 나폴레옹 치하에서 공화주의적 '교양'이 거부됨에 따라 '교양'의 옛 정의가 복귀한 반면 질서와 기독교의 개념들은 『젊은 기독교인의 교육을 위한 프랑스 교양 신론』(*Nouveau Traité de la civilité française pour l'instruction de la jeunesse chrétienne*)과 같은 저서에서 복권되었다.[17] 1714년까지 거슬러 올라가는 '교양'에 관한 책의 판본들이 그때 재판되었다. 다시 한 번 '교양'과 '예의'의 관계는 뒤집어졌다. 동의어에 관한 자신의 책에서 모랭(B. Morin)은 '교양'을 '예의'보다 훨씬 낮게 놓는 세 가지, 즉 사회적 · 문화적 · 도덕적 이유를 들었다.

> 백성의 한 사람으로 [사회적으로 간주되는] 단순한 농부조차 '교양'을 드러낼 수 있는 반면 '예의'는 상류 사회 사람들에게 한정된다. 문화적으로는 '교양'이 저급한 양육과 양립 가능한 반면 '예의'는 탁월한 양육을 전제한다. 도덕적으로는 '교양'이 관습을 따르는 것에 불과하기에 열등한 반면 '예의'는 진정으로 예의바른 사람의 세련된 감정과 섬세한 영혼을 요구한다.[18]

그 후 '교양'이 도덕적 · 종교적 연상뿐만 아니라, 원래 몽테스키외, 조쿠르, 루소의 성과이며 프랑스혁명 초반에 가장 강했던 공화주의적 의미를 상실한 것은 거의 놀랄 일이 아니라고 샤르티에는 언급한다. 이때부터 '교양'은 모두가 함께 살기 위해 요구되는 단지 최소한의 상호 호의만 의미하게 되었다. 그것의 현 의미는 상류 계급 행동규범의 지식과 실천을 가늠하는 기준, 아동 양육이 따라야 할 도덕적 또는 종교적 가치, 그리고 마지막으로 공화정 유지에 필수적이라고 여겨지는 새로운 기풍의 열쇠라는 이전 여러 의미들에 대한 평가절하를 나타낸다.

샤르티에의 항목은 일부 누락에도 불구하고 '교양'의 역사에 크게 공헌한다. 그가 정치적 개념으로서의 그것에 관해 우리에게 말해 주는 바는 더 많이 알고 싶어 하는 우리의 욕구를 크게 자극한다. 아리스토텔레스와 '문명'(civilitas)에 대한 다른 고전적 표현들을 언급한 것이 근대적 개념을 긴 안목으로 볼 수 있게 하기에 충분하지만, 독자는 『기본개념』에서라면 찾을 수 있었을 고대와 중세의 용법에 관한 부분을 아쉬워하게 된다. 샤르티에가 '교양'을 1789년에서 1820년까지 축약하여 다룬 데에는 틈이 너무나 많다. 급진 공화주의자들과 자코뱅들이 개념을 어떻게 사용했는지, 또는 공포정치 시대가 끝난 뒤 집정부의 도래와 함께 의미의 전환이 일어났는지를 우리는 듣지 못한다. 샤르티에는 '교양'의 공화주의적 의미가 채 10년도 안 돼 사라졌다는 놀라운 결론을 그저 진술할 뿐이다. 그는 정치적 설명, 즉 프랑스혁명의 공화주의적 유산에 대한 나폴레옹의 체계적인 억압과 부르봉 왕정복고의 유사한 적대심에서 유래하는 검열 및 선전을 고려하지 않는다.

샤르티에가 『편람』의 강령을 무시한 것은 연구범위에 몇 가지 틈을 더 만들어 낸다. 그는 '교양'이 17세기 말 프랑스의 주요 사전 세 종에서 어떻게 다루어졌는지에 대한 분석으로 자신의 항목을 시작하지만, 프랑스 한림원 『사전』(*Dictionnaire*) 후기 판본에서의 용법이나 다른 사전에 대해서는 더 이상 보고하지 않고, 백과사전에 나타난 '교양'을 이따금씩 다룰 뿐이다. 무엇보다 샤르티에는 프랑스혁명 중 발간된 어떤 사전도, 또는 혁명 전 전개의 매단계마다 정치언어의 성격에 관한 혁명론자와 반혁명론자, 온건파와 극단주의자의 명시적인 논의도 언급하지 않는다. 논객들의 언어학적 토론이나 프랑스 한림원 『사전』의 발간을 재개하려는 기획에 대해서도 말이 없다.

반면에 사회사를 기술하는 샤르티에의 수정적 방법은 '교양'의 개념사에 몇 가지 상쇄적 이점을 지닌다. 에라스무스를 다룸으로써 샤르티에는 민중 문화와 식자층 문화의 구분을 비판하면서 개진한 요점을 자신의 개념사에서 증명한다. 에라스무스는 16세기에 활동했지만 공화주의적 형태를 포함한 '교양'의 지속적 역사에서 강력한 힘으로 남아 있었기 때문이다. 게다가 샤르티에는 18세기 후반, 그리고 1791년까지의 프랑스혁명 기간 동안 '교양'의 개념 전개를 구성하는 데 있어 몽테스키외와 루소가 지배적인 역할을 했음을 보여 준다. 샤르티에는 고급문화와 민중 문화의 분리를 거부함으로써 17세기 '누설'의 문헌에 활용된 용법을 한탄한 자들이 왜 '교양'을 업신여기게 되었는지에 대해 설명한다. 마지막으로 샤르티에는 '부르주아 계급의 부상'과 같은 계급 범주를 사용하는 역사가처럼 도식적 · 목적론적 관점에서 개념사를 기술하는 것을 거부함으로써 '교양'과 '예의'의 관계에 나타난 중요한 반전들을 명료하게 파악할 수 있다.

샤르티에는 일반적인 단일 개념의 역사와 특수한 '교양'의 역사를 기술하는 일에 대해 여러 쪽에 걸쳐 경고하면서 항목을 시작했다. 샤르티에는 특정 개념을 논의한 저작들을 통해 '교양' 같은 개별 개념을 다루어야 하는 경우 그로 인해 많은 어려움에 연구자가 봉착하게 된다고 지적한다. '교양'을 가장 자주 언급하는 텍스트(사전, 신문, 회고록, 안내서, 논문)의 수집은 언어적 용법에 대한 일반화의 기초로서 충분히 신뢰할 만한 사료 총체를 이루기에는 여전히 모자라다. 왜냐하면 '교양'은, 인쇄된 저작의 참조를 통해 실제 준수 여부를 결정할 수 없는, 규칙적이고 습관적인 실천에 관한 명시적인 행동 규약과 관련된 일군의 의미를 지니고 있었기 때문이다. 다시 말해, 규범적 규칙과 관련하여 수집된 문서가 그것이 준수되는 정도에 대해 우리에게 알려 줄 수는 없는 것이다. 훨씬 더 심각한 문제는 '교양'이 광범위하고, 가변적이며, 동시에 변동적인 의미장의 일부분에 불과하다는 사실이다. 17세기 중반부터 1789년까지 '교양'은 종종 서로 거의 또는 아무 관계도 없는, 수없이 다른 의미론적 맥락에서 사용되었다.

개별 개념의 역사에 관해 샤르티에가 지적한 어려움을 대면한 것은 라이하르트의 큰 공로이다. 이는 『기본개념』의 어휘집 형식 — 이 점에 있어서는 『편람』도 마찬가지인데 — 에서 기인하는 문제, 즉 안장시대나 프랑스혁명의 정치언어가 그것의 어휘체계를 이루는 개별 개념의 역사로부터 어떻게 재구성될 수 있는가라는 문제이다.[19] 자신의 『편람』 경험과 더불어 프랑스혁명의 언어적 결과에 대한 연구를 바탕으로 라이하르트는 개별 개념 연구로 성취할 수 있는 바에는 분명한 한계가 있다고 주장한다. 오랫동안 사용된 핵심 정치 개념은 동시에 새로운 보완 또는 반대 개념을 만들어 내지 않고는 거의 변화하지 않는다는 것이 그의 가설이다. 일단 만들어진 신조어도 또한 기존의 또는 최근에 창조된 개념들과 새로운 관계를 생성한다. 특히 혁명 시대에는 새로운 핵심 개념의 창조나 옛 개념 의미의 근본적인 변화에는 연쇄 반응이 따른다. 반대어, 보완어, 또는 동의어로 사용될 개념들과 의미상 서로 뗄 수 없는 관계를 이루는 새로운 개념 망 또는 군들이 서로 밀접히 관련된 변화로부터 창조된다.

샤르티에가 잠시 언급하는 논점, 즉 프랑스에서 혁명 과정으로 인한 정치 · 사회적 언어와 심성 구조의 변화가 얼마나 깊고 영구적이었는지를 라이하르트처럼 판단하고자 하는 사람 모두에게는 이 가설이 특히 중요하다. 라이하르트는 1789년부터 1820년까지 발생한 정치 · 사회적 개념망들을 다시 구성하고, 이들을 프랑스혁명 이전에 자리하고 있던 것들과 비교할 수 있는 도식을 제안한다. 그는 다음과 같은 두 가지 부정적인 방법론적 원칙을 수립하고자 한다. 첫째, 정리하고 비교할 개념들의 총체는 저명한 저자일지라도 개별 저자의 추상적 사유로부터 전적으로 추출되어서는 안 된다. 둘째, 다양한 장르와 유형의 자료로부터 추출된 개념들이 일반적 용법에 대한 믿을 수 있는 증거를 구성하지 않는다.[20)]

이 금언들은 라이하르트가 수립하고 증명하고자 하는 긍정적인 조사 원칙으로 길을 트기 위해 의도되었다. 왜냐하면 그가 보기에 정치 · 사회적 어휘의 의미 창조와 변동은 단일한 장르 안에서 연속적으로 — 동일한 주제에 관련하여 확인 가능한 청중에게 전달되고, 이상적으로는 다른 개념들과의 관계 속에서 텍스트 사이의 비교를 가능하게 하는, 일정한 기간에 걸친 일련의 텍스트를 통해 — 연구되어야 하기 때문이다.

이렇게 하면 어떤 개념이 특정 시대의 정치 어휘체계로부터 떨어져 나가거나 주변으로 밀려났는지, 그리고 어떤 개념이 초점으로서 이를 대체했는지 확인하는 것이 통시적 분석을 통해 가능해진다. 분명 이는 아날의 연속자료 분석을 개념의 역사적 분석에 사용되는 자료 유형에 적용한 것이다.

이 절차는 『편람』에서 사용된다. 그것은 정치적 소책자 분석에 활용되고, 나아가서 원래 귀족들이 자신들의 행동을 제어하도록 의도된 원칙들에 성격을 부여한다고 이해한 개념들, 즉 혁명 전과 혁명기 프랑스에서 '신사'(l'hônnete homme), '점잖음', '점잖은 사람들'(honnêtes gens) 등의 부침(fortunes)에 관한 아네테 회퍼와 라이하르트의 기고, 그리고 '교양'에 관한 로제 샤르티에의 항목 같은 사회사를 위해서도 이용된다. '점잖음'에 관한 문서들은 고상한 이상의 규범적 정식화에서부터 지망자들이 어떻게 보이고 처신해야 하는지 알려 주는 저작에 이르기까지 그 긴 역사에 걸쳐 다양하다. 프랑스혁명기 '점잖은 사람들'처럼 복수형으로 사용될 때, 이 용어는 혁명의 적대계급으로 추정되기에 시민의 권리가 부정되어야 하는 귀족 태생의 모든 사람을 지칭하기 위해 급진 공화주의자들이 적용한 치명적인 욕설로 바뀌었다.

연속자료 연구방법을 적용하여 개념을 연구할 때도 정치·사회적 개념의 의미에 있어 지속과 변화의 구조적 분석을 수행하고자 하는 연구자는 만만찮은 어려움에 직면한다. 라이하르트는 이런 상황에서 프랑스혁명 전, 중, 후 개별 용어들의 의미와 함께 그 과정의 다양한 지점에서 용어들 사이의 관계를 비교할 수 있는 도식을 일거에 구성하는 것은 불가능하다고 결론짓는다. 이 공격은 생클루 집단의 어휘학자들이 사용한 정량적 절차에 가해진다.

그렇다면 무엇을 할 수 있는가? 라이하르트는 나름대로 프랑스혁명의 정치 어휘체계에서 전개된 개념망의 재구성 방법을 개발했다. 포콕의 정치언어사 기술 양식은 또 다른 잠재적 전략을 제공할 수도 있다. 이는 다음 장에서 검토될 것이다.

라이하르트는 대단히 독창적인 논문에서 프랑스혁명기 의미의 구조에 대한 두 가지 통시적 재구성을 시도했다. 그가 다루는 첫 번째 장르는 기원이 1640년으로 올라가고 이후 2세기 동안 주제와 규칙 모두 자주 수정된 '거위 놀이'(le Jeu de l'Oie)라는 게임으로, 그 자체로 주목할 만한 발견이다.[21] 프랑스혁명 이전에 이 놀이는 개념을 많이 이용하지 않았고, 아마도 검열 때문에 주제에 있어 비정치적이었다. 그러나 1791년에 나타난 혁명 판은 예전 것들과 결정적으로 달랐다.[22] 정치화된 추상적 재편성으로 인해 개념과 몇몇 개별 역사 행위자, 사상가, 작가는 이제 놀이를 통합한 혁명적 관점에서 볼 때 긍정적 또는 부정적으로 분명히 식별되는 유형화된 관계 속에서 서로 연결되고 대립되었다. 의미의 구조는 새로웠고, 놀이는 일관된 당파적 평가로 말미암아 이제 이치에 맞았다.

익명으로 출간된 또 다른 판이 1792년에 등장했다.[23] 한쪽에는 새로운 혁명 도덕을 요약하고 프랑스 역사의 재평가 시각을 제공하는 『도덕감』(*Sens moral*)이라는 제목의 교훈적인 글귀가, 다른 쪽엔 놀이 규칙이 있었다. 놀이는 단 한 명의 통치자, 앙리 4세만 호의적으로 언급하면서 '신헌법'(1791)을 프랑스 역사의 목표로 삼는 목적론적 역사기술을 제공했다. 규칙은 앙리 4세, 몽테스키외, 루소, 볼테르(Voltaire), 미라보처럼 존경받는 이름들로 표시된 공간뿐만 아니라 자유, 평등, 관용, 공익, 애국주의처럼 긍정적으로 분류된 공간에 도달한 놀이 참여자를 보상했다. 역으로 규칙은 전제주의(바스티유, '봉인편지'), 노예제, 미신, 파산, 국채, 세금, 반역처럼 사악한 반대말에 도달한 사람을 징벌했다. 시민 집단, 인민, 인권의 수호자들 같은 부류는 최고의 지위를 부여받았다. 반면 성직자, 수도사, 수녀, 귀족, 귀족 사회, 군주, 대신, 세금징수장(farmer-generals),

세리(tax collectors) 같은 집단은 반혁명 착취 세력으로 낙인찍혔다. 이들 모두 전제주의, 무지, 불화, 부정, 무질서, 정복 정신, 잔혹과 연결되었다. 그림 상징으로 인쇄된 놀이는 시각적 재현과 추상적 개념의 이분법적 망들을 서로 대조시켰다. 이 모두를 함께 고려할 때 놀이는 의미론적 대립, 등가, 보완 관계가 재구성될 수 있는 개념틀을 이룬다고 라이하르트는 단언한다. 여기에는 또한 프랑스혁명을 과거와의 결정적인 단절, 연속성의 뒤집을 수 없는 중단으로 정의한 역사 분류의 도식도 존재한다.

그러므로 이 놀이의 1792년 판은 개별 개념을 다룰 때 발생하는 문제를 극복하기 위해 라이하르트가 제안한 역사적 구조 의미론 모델에 근접한 무언가를 제시한다. 이러한 개념틀은 분석가가 사후에 덧씌운 해석이라기보다는 바로 혁명기에 창조된 것이다. 라이하르트는 여기서 텍스트의 해석과 개념의 의미가 어떻게 '엄밀히 역사적인' 원칙으로 결정될 수 있는지 증명했다. 왜냐하면 현대 '해석'의 실천가 다수와 달리 라이하르트는 과거에 살았던 사람들보다 자신의 판단이 우월하다고 주장하지 않았기 때문이다. 그는 조사대상 시기에 대한 새로운 유형의 증거를 찾는 것을 저버리지도 않았고, 20세기 후반 해석자에게 특권을 부여하는 새로운 역사 텍스트 독법을 자신이 지닌다고 주장하지도 않았다.

그 다음에 라이하르트는 상대적으로 새로운 장르인 일련의 정치 문답서에 기초하여 정치적 개념의 두 번째 망을 분석한다. 이 문답서들은 18세기 중반에 나타나기 시작해서, 프랑스혁명과 제1제국 시기에 증가했고, 나중에 제3공화국 기간 동안 정치 교육의 중요 장르가 되었다. 이러한 형태의 정치적 교화에 대한 라이하르트의 강조는 개념을 사회 · 정치사의 조사단위로 효과적으로 이용하는 한 방식을 예증한다. 이러한 〈개념사〉에는 현 수준에서 '엘리트주의적'이거나 과도하게 지적인 것은 전혀 없다. 실제로, 정치 문답서를 의뢰하고 작성한 사람들은 교회가 오랫동안 성공적으로 사용한 가르침의 한 형태를 세속 정치의 요구에 맞게 의식적으로 변용함으로써, 민중의 지지로 정당성을 획득하고 민주적이라 자임하는 새 체제의 지지 확보를 위한 핵심적 매체 창조에 중요한 진전을 이루었다. 이 매체를 찾아내고 강조하는 것은 개념 분석이 이전엔 알려지지 않았던 정치 유형의 전개에 어떻게 적용될 수 있는지 보여주기 위함이다. 개별 작가들이 시작하긴 했지만, 모든 종류의 정권이 이러한 정치 교육 형태를 이어받아 이용했다.

정치 문답서는 아이들뿐만 아니라 정식 지적 훈련을 받지 못한 성인, 그리고 문맹 또는 문맹에 가까운 사람들이 이해하기 쉬운 수준에서 추상적인 개념들이 어떻게 가르쳐질 수 있었는지 설명해 준다. 장르로서의 정치 문답서는 연속적으로 조사될 때 프랑스혁명의 매단계마다 개발된 정치·사회적 어휘체계와 개념망의 지속적인 변화에 관하여 소중한 정보를 제공한다.

독특한 대화적인 형식 때문에 정치 문답서는 간결한 표현과 상대적으로 단순한 정의를 강조한다. 단순히 하나의 협소한 부문이나 계급보다는 정치 생활 일반에 적용될 수 있는 개념과 탄력적인 격언에 중점을 두었고, 그런 이유로 초등학교에서 종종 사용되었다. 성인을 대상으로 할 때 그것은 교육을 가장 많이 받은 계급이 아니라 가장 적게 받은 계급을 대상으로 삼았다. 신앙인을 가르치기 위해 교회가 오랫동안 효과적으로 이용한 모델을 따라 정치 문답서는 학교와 그 밖의 장소에서의 교화에 있어 철학자들이 '설득적 정의'라 불러 온 것을 활용했다. 정치 문답서에서 사용된 정의에 대한 라이하르트 저작의 예 하나를 인용해 보겠다. "'조국'(patrie)은 무엇인가? 그것은 '국민'(nation), '시민'(citizens) 전체이다."[24] 이러한 '조국' 개념은 물론 프랑스혁명의 창조물이었다. 당시 무장한 국민은 새 질서의 파괴를 노리는 유럽 군주국들에 대항하여 그것을 방어했다.

이러한 저작이 불러일으키는 특유의 음조는 보다 긴 발췌에서 훨씬 더 분명히 드러난다. 다음은 1791년 파리 서적상이 쓰고 간행하고 판매한 정치 문답서에서 가져온 것이다.

요구(DEMANDE): 전제주의란 무엇인가?

반응(RÉPONSE): 전제주의는 통치자나 통치 집단이 그들의 의지, 변덕, 또는 특수 이익 등에 대한 어떤 법의 제한도 없이 모든 권력을 행사하는 상태이다.

D: 국민만이 법을 제정할 권리를 가지는가?

R: 그렇다. 왜냐하면 주권은 국민에게 주어지고, 국민만이 주권을 구성하는 권력을 위임할 수 있기 때문이다.

D: 그렇다면 최선의 헌법은 무엇인가?

R: 인권과 시민권에 기초한 것.

D: 무슨 뜻인가?

R: 그것은 누구나 타고난, 포기할 수 없는, 어떤 구실로도 박탈당할 수 없는, 자연적이며 양도할 수 없는 권리이다.

D: 인간은 항상 이 권리들을 누려 왔는가?

R: 불행히도, 너무나 오랫동안 인간은 이들을 박탈당했다.

D: 이러한 박탈은 어떻게 언제 일어났는가?

R: 성직자, 귀족, 제3신분(third estate)이라는 세 계서(order)로의 분할에 의해서이다. 야만과 무지의 시기에 언제나 가장 강력한 처음 두 계서는 전제적인 지배의 멍에로 제3신분을 속박했다.

D: 무엇이 마침내 우리의 눈을 뜨게 해주었는가?

R: 철학이 국민을 계몽했고, 일단 모이자 국민은 본연의 자리를 되찾았다.

D: 시민 모두가 법을 따르는 사회 형태(l'Etat)는 무엇일까?

R: 지상낙원. 모두가 자유롭고, 바르고, 재산이나 노동에 의해 풍요롭기에 행복할 것이다.[25)]

정치 문답서 분석에서 기대할 수 있는 것에는 한계가 있다고 라이하르트는 인정한다. 1760년대에 창조된 이 장르는 혁명 문답서가 비교될 수 있는 장기적 연속의 전례를 지니고 있지 않다. 구체제 문답서와 혁명 문답서 사이에 상당한 단절이 있었던 것도 아니다. 양 시기 모두 사회, 명예, 행복, 이성, 권리, 의무, 이익 같은 개념들이 강조되었다. 두 번째 어려움은 예를 들어 정치 연감과 비교할 때 프랑스혁명 이전의 이 장르에 대한 충분한 연구가 아직 이루어지지 않았다는 점이다.[26)]

1789년 이후 정치 문답서는 놀랄 만한 숫자로 등장했다. 그로부터 라이하르트는 여섯을 골랐다. 각각은 발간되었을 때 분명 성공적이었고, 주요 정당 어느 하나의 정치적 입장을 취했으며, 다른 것과 구분할 수 있는 시기에 저술되었다. 이들은 비교할 만한 어떤 공통점을 지니고 있는가? 이들 모두 개별 저자가 보기에 국가와 사회의 재구성에 결정적인 개념들을 분명히 하기 위한 동일 도식을 따랐다. 모두 사회 집단 사이의 권리와 의무에 대한 견해를 제시했고, 무엇이 정치적 · 사회적 미덕과 악덕을 구성하는지에 관한 나름의 설을 지니고 있었다. 그러나 이러한 항목들이 여섯 텍스트 모두에서 발견되는 것은 아니라고 라이하르트는 인정한다. 그리고 발간 날짜에 있어서도 이들이 전적으로 만족스러운 연속을 구성하는 것은 아니다.

이러한 한계에도 불구하고, 라이하르트는 문답서 각각에 어떤 개념들이 나타나는지 판단할 수 있는 절차를 고안해 냈다. 그러고 나서 그는 개별 문답서들에 나타난 개념망들을 비교한다. 이러한 비교를 통해 그는 자신의 논문에서 제시한 정치 문답서 여섯에 대한 개념 분석을 이루어 낸다. 모든 텍스트는 동일한 절차로 분석된다.

이러한 절차로부터 무엇을 배울 수 있는가? 그것은 전문 역사가들에게 다른 방식으로는 제공할 수 없는 분석을 가능하게 하는가? 라이하르트는 그렇다고 주장한다. 연속자료에서 골라낸 정치 문답서 여섯의 저자들이 어떤 개념을 사용하는지 결정하기 위해 자신이 개발한 기술을 이용하여, 그는 이 개념들 간 관계의 의미를 증명하고자 한다. 따라서 개념들을 사용 빈도순으로 배열하고, 그 상호관계를 이해하는 것이 중요하다.[27)]

보르도(Bordeaux) 법률가인 세주(Saige)가 1775년에 작성한 첫 번째 문답서는 1789년 이전 적어도 네 번 발간되었다.[28)] 이 텍스트에는 두 가지 양식의 사상이 결합되고 변형되었다. 하나는 신분과 계서(société des ordres[계서 사회], Ständestaat[신분 국가])에 기초하고 전통으로 정당화되는 고대 헌법, 즉 '고등법원'(Parlements)의 이상이고, 다른 하나는 일반의지가 지배하는 민중 국가를 창조하고, 신분이나 계서보다는 국민 전체에 대의(代議)를 기초하는 것과 같은 추상적 이성의 지침에 노골적으로 새로이 호소하는 것이다. 세주의 문답서는 '왕'(Roi), '고등법원'(Parlement), '국민'(Nation) 같은 옛 개념들을 사용했다. 이들은 원래 '특권'(priviléges), '재산'(propriété), '안전'(sûreté)의 보장을 통해 개인과 집단의 이익을 증진함으로써 자유와 공익 모두에 봉사할 거라고 전제하는 언어 안에서 표현되었다. 그러나 세주는 그들을 새로운 망 속에 집어넣어 이 개념들의 의미를 결정적으로 바꿔 놓았다.

이러한 의미장의 선도개념(Leitbegriff)은 자연법 이론에서 발견되는 추상적 견해인 '정치적 사회'(societé politique)였다. 그것에 계약, 자유, 개인, 시민, 권리, 법 등의 개념들이 연결되었다. 세주의 문답서는 행복(bonheur)과 인류(humanité) 전체 이익의 극대화를 추구한 일부 세속적 계몽사상의 관점에서 표현되었다. 개인 권리(시민적 자유, 재산, 자유)의 보장을 강조하는 이런 식의 사상은 또한 시민들이 실상 기본법에 의해 보호받는 경우, 그들은 치안 판사에 순종할 의무를 지닌다고 주장했다. 따라서 세주가 구성한 개념망은 '사회'를 다른 핵심 개념들에 직접 연결하지 않았다. 오히려 이 개념들은 국민, 자유, 법 등의 개념과 '사회' 사이의 관계에 의해 매개되었다. 이 새롭고 불안정한 복합체 속에는 아직 잠정적으로 모순적이라 여겨지지 않은 두 요소, 한편으론 루소의 일반의지(volonté générale) 형태의 국민 주권 개념, 다른 한편으론 권력을 제한하고 분산시키는 기본 헌법을 정치적 자유와 동일시한 '고등법원'의 견해가 있었다. 각 견해는 '사회-치안판사-시민'(société-magistrats-citoyens) 개념들과 '자유-법-시민'(liberté-loix-citoyens) 개념들이라는 나름의 삼자 관계 집합을 생성했다. 이 1775년 개념망을 도해하고 이후의 혁명기 문답서의 개념들과 비교하면 세주 판은 프랑스혁명 후기에 그렇게 강조된 '조국-인민-미덕'(patrie-peuple-vertu) 개념들을 사실상 전혀 이용하지 않는다는 사실이 드러난다. 반면 혁명 전 문답서와 혁명기 문답서 모두에서 정치적 자유의 반대어로 경멸적으로 사용된 개념들에는 두드러진 연속성이 있다. 자유의 반의어로 부정적으로 여겨진 것은 '봉건 통치'(feudal government), 그리고 무엇보다 '전제주의'였다. 전제주의는 또한 그것과 양립할 수 없다고 여겨진 '정치적 사회'와 '시민성'(civisme)의 정반대로 기능했다.29) 이러한 '전제주의'의 용법은 지속되었고 프랑스혁명의 개시와 함께 심화되었다. 그때 바스티유는 앞서 보았듯이 계속해서 전제적이라 불린 구체제의 부정적 측면들을 상징하게 되었다.

라이하르트가 도해한 나머지 다섯 문답서 중에서 셋, 즉 르 바쇠르(Le Vasseur)의 저작(1791), 프랑스혁명의 가장 급진적인 단계의 개념들을 담고 있는 데그루아스(Desgrouas)의 저작(1793년 6, 7월), 그리고 테르미도르가 가져다준 비정치화 기간 중에 푸아송 드 라 샤보시에르(Poisson de la Chabeaussière)가 생산한 상대적으로 온건한 텍스트 등(1795)은 특히 주목할 만한 가치가 있다.[30] 비교 가능한 여러 텍스트를 활용하는 것의 가치는 연속적인 분석을 통해 점증적으로 나타난다. 새로운 개념과 강조가 확인할 수 있는 형태로 나타난다. 그리고 다음은 비교를 위해 결코 덜 중요하지 않은데, 이 방법은 어떤 개념이 떨어져 나갔고 또는 새로 등장하는 구조의 주변으로 밀려났는지 결정하는 일을 가능하게 해준다. 이는 연속적 방법과 더불어 통시적 분석의 이점이다.

르 바쇠르의 1791년 문답서는 새 정부의 미덕과 옛 정부의 불공평 사이의 선명한 대조를 통해 제헌 의회(Constituent Assembly)가 얼마나 급진적으로 되었는지 보여 주었다. 르 바쇠르에서 두드러진 것은 대단히 경멸적인 일군의 용어들이었다. 이 용어들은 '전제주의의 지배'를 재창조하기 위해 공모하는 귀족들에 대한 자신의 증오를 공유한다고 그가 추정한 청중에게 호소했다. 르 바쇠르는 혁명 전 체제의 해악을 귀족, 사제, 판사, 재정가 네 계급의 탓으로 돌렸다. '자유'와 더불어 가장 강조한 긍정적인 개념들은 프랑스 국민과 무장 조국을 가리키는 '국민'(nation), '프랑스인'(Français), '조국'(patrie)이었다. 기본법의 우위와 대의를 통한 간접 통치처럼 '고등법원'과 지롱드 당원(Girondins) 모두에게 귀중했던 헌법적 원칙과 연관된 '헌법'(constitution), '법'(lois), '대의'(représentation) 등, 한때 세주의 문답서에서 두드러졌던 개념들은 르 바쇠르의 망 주변에 자리했다. 비록 르 바쇠르가 1791년 헌법에 상당한 인권을 포함시킨 사람이긴 하지만 '정치적 사회'라는 세주의 온건한 이상은 르 바쇠르에게서 거의 사라졌다.

급진 공화주의자들을 겨냥한 데그루아스의 문답서는 르 바쇠르보다 더 나아가 국민 주권, 국가 권력을 제한하는 헌법이라는 견해를 제쳐 놓았다. 통치 형태에 관한 그의 유일한 언급에서도 데그루아스는 '순수 민주주의'를 고집했다. 다른 긍정적인 개념들은 전에 보지 못한 강도로 비중 있게 다루어졌다. '자유'는 '평등'과 함께 '혁명'과도 복수의 연관성을 획득했다. '미덕'은 '자유' 및 '인민'과 결합되어 데그루아스가 사용한 가장 중요한 개념들에 속하게 되었다. 그러나 전처럼 선량한 시민의 미덕과 연관되는 대신, 단수의 '미덕'은 이제 급진 공화주의자들, 그리고 그들이 진정한 공화국을 구성한다고 주장한 자유와 평등의 해석과 동일시되었다. 또 이들 문답서에서 전에는 정치·사회적 개념이었던 '평등'은 처음으로 경제에 적용되었다. 시민의 수입에 있어 평등을 성취하지 못하면 프랑스혁명은 지켜질 수 없다고 주장되었다.

르 바쇠르는 1791년 이미 계급 분석에 관여했지만 이 강력한 도구의 이용을 혁명 전 체제의 구악을 진단하는 데 제한했다. 데그루아스는 계급투쟁 이론을 1793~94년 당시 혁명적 정치 상황에서 경쟁하던 당파들에 적용함으로써 판을 확대했다. '인민'(peuple)과 '조국'(patrie) 개념의 반의어로 데그루아스는 '무질서', '귀족', '온건파'(즉, '온건주의'[moderantisme] 신봉자), '반역자'를 배치했다. 이러한 개념군을 사회적 귀속과 관련하여 분석하면 계급 범죄의 험악한 속성을 포함하는 훨씬 노골적인 어휘가 등장한다. 이 문답서가 청중으로 삼는 집단들은 적들이 그들을 '무정부주의자', '약탈자', '민중'(populace)이라 부른다는 점을 알고 있었다. 그러나 마음속으로 그들은 자신을 고결한 사람, 애국자, 인민, 급진 공화주의자로 생각했다. 그들의 목표는 평등, 우애, 순수 민주정부, 공화국, 프랑스혁명이었다. 길을 가로막는 것은 혁명 운동을 저지하거나 늦추려는 적대 계급이었다. 반혁명을 대표하는 집단들은 인민을 다시 구속하려 한다고 비난받았다. 따라서 그들은 국민에 대한 반역(lèse-nation)의 죄를 저질렀다. 인민의 적은 누구인가? 귀족, 부르주아 계급, 상층 부르주아 계급, 방데(Vendée)의 약탈자들, 지롱드 당원(Brissotins), 이기주의자, 프랑스혁명이 창조한 새 사회의 문란을 도모하는 자들(les désorganisateurs), 온건파(les hommes de marais), 자칭 점잖은 사람들(honnêtes gens), 멋쟁이(les muscadins), 범죄자, 반역자 등 다양한 대답이 대개 계급적인 관점에서 주어졌다.[31)]

데그루아스 문답서의 급진주의와 사회적 대립은 급진 공화주의자의 견해를 반영했다. 테르미도르의 도래와 공포정치의 종언으로 새 체제의 좀 더 온건하지만 여전히 혁명적인 입장을 표현하는 새로운 진술이 필요해졌다. 이는 최고의 초등교육 교과서(1795년 초판)로 상을 받은 바 있는 푸아송 드 라 샤보시에르에 의해 제공되었다. 그것은 집정부 기간 동안 아홉 번 그리고 1825년부터 1885년까지 적어도 서른 개의 다른 판본으로 재판되었다.[32)] 집필 당시의 정치적 쟁점 회피와 도덕적 틀에도 불구하고 이 『프랑스 문답서』(*Catéchisme français*)는 1789년 들라크루아(Delacroix) 문답서를 빼닮은 완전히 정치적인 텍스트였다. 인민과 무장국민 개념이 집정부가 대체한 급진 운동에 중심적이었기에, 계급 전쟁의 어휘체계로부터 나온 모든 경멸적인 사회적 명칭들처럼 '인민'도 완전히 떨어져 나갔다. 좀 더 추상적인 '국민'은 자유와 조국 프랑스를 약하게 연관시키는 것으로 대체되었다. '미덕'은 이제 가장 많이 사용되는 단일 개념이 되었지만 시민적 미덕뿐만 아니라 개인 도덕적 의미로 사용되었다. '정치적 사회' 같은 자유적 헌법주의 개념들이 '법' 및 '정의'와 마찬가지로 다시 나타났다. 이러한 새로운 개념 망의 중심에는 데그루아스에서 발견되는 집단적인 인민 개념을 대체하는 개별 시민이 있었다.

1789년부터 1795년까지 프랑스혁명의 개념망에 대한 개관과 구조적 의미론을 제시하려는 라이하르트의 첫 시도는 이렇게 마무리된다. 특징적으로 그의 논문은 이들 문답서의 짜임새와 강조가 어떻게 변동했는지 가리키기 위해 고안된 또 다른 일군의 도표로 끝을 맺는다. 나는 지금까지 라이하르트가 도표로 제시한 요점을 말로 요약하고자 시도했다. 그는 혁명기 문답서들의 서로 다른 정식화가 지니는 장기적인 효과에 대해 거의 말하지 않는다. 다만 그들 중 어느 하나도 결정적으로 다른 것들을 소멸시키지는 않았다고 지적할 뿐이다. 푸아송 판이 왕정복고와 제1, 제2제국에서도 살아남긴 하지만, 1793~94년의 급진적인 의미론적 혁명은 또한 프랑스 수공업자와 노동 운동의 역사에, 그리고 프랑스혁명에 대한 일군의 태도와 프랑수아 퓌레(François Furet)가 '혁명적 문답서'라 부른 자기 이해에 항구적인 영향을 행사했다.[33]

『편람』의 극히 일부만이 등장했지만, 프랑스혁명 전, 중, 후의 시대형성적인 변화들을 프랑스어가 등록하고 동시에 이끈 방식을 새롭게 이해하는 데에 그것이 얼마나 공헌했는지는 이미 명백하다. 이 저작은 여러 측면에서 공헌했다. 그것은 언어의 성격, 의미론, 문법, 그리고 기존 질서를 유지하거나 전복하는 데 어휘와 올바른 용법의 규정이 발휘하는 역할 등에 대한 (프랑스혁명 전과 중 모두의) 논의를 포함함으로써 역사적 맥락의 정의를 확장했다. 이전의 어떤 작업보다 더 세밀하고 비판적으로 『편람』은 개념사와 관련된 다양한 사료의 총체를 확립했고, 이 총체의 체계적인 점검에서 얻은 발견들을 기고자들에게 제공했다. 최상의 항목들은 주어진 견해를 다루는 비언어적 장르뿐만 아니라 연속자료를 통해 개념 용법의 역사를 탐구하는 신선하고 유익한 방법에 기초하고 있다. 마지막으로, 『편람』의 연구결과를 기초로 라이하르트는 정치 · 사회적 개념들이 작용한 의미론적 장들을 파악하고 비교할 수 있는 도식을 제안했다. 이 방법은 개별 개념이 아니라 중요한 시점에 함께 사용된 개념들의 무리 속에서 공시적 · 통시적 분석을 결합한다.

『편람』은 언어 관련 정치사상 연구를 포콕과 스키너에게 배운 영어권 정치사상사 학자들에게 특히 중요하다. 『편람』은 스키너가 언어 관습을 강조했음에도 흥미롭게도 무시한 여러 주제를 정치사상과 언어 사이의 관계에 대한 역사적 연구에 추가한다. 여기에는 개념들을 생각하고 형성하며 과거의 문맥에서 이용하는 사람들이 자의식적으로 품었던 의미와 기호의 이론, 즉 의미론의 역사가 포함된다. 스키너가 묘사하듯이, 정치사상가들은 그들의 언어 관습이 정치적 정당화 유형을 허용하거나 제한하는 역사적 행위자들이다. 그들 자신과 상대편이 참여하는 언어 놀이의 규칙에 대해 그들이 생각하고 기술한 바를 알아내는 것이 가능하다면 우리도 그렇게 해야 하는 것은 당연한 귀결이다. 『편람』이 사상, 담론, 또는 이데올로기의 역사에 없어서는 안 될 추가적인 연구주제로 설정한 것에는 또한 언어의 기원을 포함한 언어의 성격에 관한 이론과 사전편찬 — 볼테르의 『철학사전』(*Dictionnaire philosophique*) 같은 장르의 서적과 더불어 사전, 단어집, 용어집, 동의어에 관한 저작, 올바른 용법에 관한 논문 등을 통한 (개념을 지칭하는 단어들을 포함한) 단어 용법의 실제 기록, 체계화, 빈번한 가치판단 등 — 이 있다. 『편람』에서 강조된 사료 중 아마도 가장 놀라운 것은 언어의 정치·사회적 기능과 함께 언어의 사용과 남용에 관한 프랑스혁명기의 명시적인 논의이다. 이 격렬한 논쟁은 프랑스혁명, 집정부, 제국, 왕정복고에 걸쳐 사납게 휘몰아쳤다.

이는 정치·사회사상사와 언어사학자들이 연구대상인 사람들에 대해 우월감을 가져서도, 20세기 언어철학만이 정치사상사를 해명할 수 있다고 추정해서도 안 된다는 사실을 다시 한 번 상기시켜 준다. 선전과 조작에 관한 이전 연구와 더불어 정치 언어, 담론, 수사학에 관한 오늘날의 이론에서 새롭게 제시된 많은 것들이 프랑스혁명 전과 중에 프랑스에 살았던 이들에겐 놀랍지도 상당히 인상적이지도 않았을 것이다. 언어의 정치적 기능에 관한 그토록 노골적이고 논쟁적인 논의가 일어난 것은 단지 1789년 이후였는가? 아니면 많은 증거가 암시하듯, 이러한 논쟁적인 접근은 18세기 후반에 이미 화제가 되었는가?[34) 정치·사회적 언어의 성격에 관한 논쟁은 어느 정도까지 반복되었는가? 전문화된 연구만이 적절한 대답을 제공할 수 있다. 어쨌든 『기본개념』과 『편람』이 보여 준 대로, 정치 이론과 언어의 관계 분석이 근대 초기에서 1789년의 200년 이후까지 확장될 때, 중요한 방법론적 문제들이 '언어', '담론', '이데올로기' 관련 정치사상 사학자들에게 제기된다. 포콕과 스키너에 영향받은 이들은 프랑스혁명기와 이후에 전개된 정치언어를 아직 탐구하지 못했다. 『편람』의 많은 공헌은 정확히 이 기간에 해당된다.

정치적인 쟁점과 언어적인 쟁점을 연결하는 논쟁에 대한 지식의 진전은 영어권 학자들에게 특히 중요하다. 너무 오랫동안 프랑스혁명기 언어의 역할에 대한 에드먼드 버크(Edmund Burke)의 당파적 견해가 비판 없이 받아들여졌다. 영어권에서 활동하는 가장 박식한 정치이론가 중 한 사람은 이 주제에 관한 여러 책을 평하는 과정에서 저작 하나에 대해 "우리 모두가 그러하듯이 버크로 시작한다"라고 논평한 바 있다.

> 브리소(Jacques Pierre Brissot)를 공격하며 버크는 다음과 같이 진술했다. "학살과 살육의 동의어와 완곡한 표현을 찾기 위해 언어의 전 영역이 시험되었다. 학살은 때론 '동요'(agitation), 때론 '비등'(effervescence), 때론 '집행'(exercise), 때론 '혁명 권력'(revolutionary power)의 과도한 지속적 집행이다."[35)

그러나 프랑스혁명의 정치언어에 관심을 가진 사람들은, 『편람』과 함께 18세기와 혁명기 프랑스 정치언어에 관한 프랑스와 독일의 연구가 제공하는 틀 속에 버크의 견해가 자리매김되어야 한다는 점을 알아야 한다. 라이하르트의 『편람』 서문, 그리고 프랑스혁명 전과 중 프랑스 사전편찬사에 대한 슐리벤-랑게의 소론을 읽고 나면, 18세기 중반 구체제에 비판적인 많은 이들이 구체제가 공식적으로 후원하는 언어를 국가, 귀족, 교회의 유지를 위해 사용된 무기로 간주했다는 사실이 분명해진다. 버크의 독자들은 혁명 전의 프랑스어가 공평하고 비논쟁적이었으며, 그 의미가 정치적 · 사회적으로 중립적인 상식적 용어들만 포함했다는 그의 함축적인 메시지를 종종 받아들인다.[36] 그 반대의 확실한 증거를 『편람』 또는, 그 사료 중 하나인 『프랑스 한림원 사전』(*Dictionnaire de l'Académie française*)의 혁명 전 판본 어느 하나라도 참조한 사람이면 누구나 입수할 수 있다.[37] 더구나 일단 프랑스혁명이 시작되자 전적으로 프랑스에만 한정되지 않은 버크의 동시대인들, 특히 프랑스혁명가들이 정치 담론 용어의 평범한 의미를 무책임하고 살벌하게 역전시키고 있다는 그의 주장에 강력한 반박을 제시했다는 사실을 우리는 이제 알고 있다.

그러한 왜곡이 일어났다는 점을 부정하는 것은 아니다. 실제로 프랑스혁명이 더 급진화됨에 따라 언어의 남용은 그것이 정당화한 처형처럼 배가되었다. 그러나 이와 같은 언어의 변경은 혁명적 남용의 표적이었던 온건파, 성직자, 귀족, 왕당파가 알아채지 못한 채 지나가진 않았다. 라아르프(Jean François La Harpe)의 『혁명 언어 안의 광신주의』(*Du fanatisme dans la langue révolutionnaire*) 같은 저작은 프랑스 정치 어휘의 대규모 변형을 열렬히 주창하고 실천한 자들을 용서하지 않았다.[38] 자코뱅의 앙투안 투르농(Antoine Tournon) 같은 '전투적 언어학'(linguistique militante) 일당과 더불어 프랑수아-위르뱅 도메르그(François-Urbain Domergue) 같은 '애국적 문법학자'(grammairien patriote)가 있었기 때문이다. 양자 모두 프랑스혁명 200주년 기간에 로베스피에르와 공포정치의 태연한 옹호자에 의해 찬미되었다.[39]

따라서 우리 시대 언어학자와 역사가가 그러하듯이, 상충하는 집단과 당파들은 프랑스혁명기 프랑스어의 변화를 매우 다르게 묘사하고 평가했다. 언어의 성격에 관한 이러한 논쟁이 모든 당파의 정치 행동 의제의 일부로 처음 나타났다는 점은 대단히 중요하다. 언어를 통제하거나 중립화하는 것의 중요성에 대한 자의식적인 인식은 혁명의 벗과 적이 창조한 정치 문화의 일부가 되었다. 이런 맥락에서 표현의 자유에 대한 요구는 자명한 권리로 거의 취급되지 않았다. 정치언어에 대한 논쟁을 개념사의 중심에 놓은 것은 『편람』의 가장 큰 성취에 속한다.

많은 공헌에도 불구하고 『편람』의 어떤 측면은 비슷한 규모의 작업을 계획하는 개념사학자들에게 심각한 문제를 제기한다. 〈개념사〉를 '심성'의 사회사에 종속시키는 『편람』의 선회와 더불어 라이하르트의 『기본개념』 비판은 반론을 불러일으킨다. 『편람』의 견고한 성취를 최소화하지 않으면서도 라이하르트의 방법과 전적으로 또는 부분적으로 의견을 달리하는 것은 가능하다. 예를 들어, 개념사가 대가급 이론가의 텍스트에 배타적으로 기초해서는 안 된다는 라이하르트의 경고는 그들에 대한 참조를 전적으로 포기하지 않으면서도 수용될 수 있다. 기획의 다른 측면들은 방법론적 원칙보다는 자원 부족이 강요한 실제적인 어려운 선택들과 더 많이 관련된다. 『편람』의 범위를 1680~1820년 기간으로 제한한 결정, 그로 인해 고전 시대, 중세, 상당한 근대 초기 사상을 생략하게 된 것도 그런 종류이다.

다음의 판단은 사회사의 관점에서가 아니라 개념의 창조, 수용, 해석, 행위 맥락을 진지하게 받아들이려는 정치·사회사상 사학자의 관점에서 비롯한다. 라이하르트의 비판에도 불구하고 개념 의미의 통시적인 변화를 도해하는 『기본개념』의 절차는 정치·사회이론 사학자, 철학사학자, 지성사학자에게 상당한 보답을 제공한다. 대가급 사상가들만이 개념의 지속과 변화에 대한 일반화의 충분한 근거를 이루는 것은 아니지만, 그들을 생략한 어떤 분석도 그 자체로 만족스럽지는 않다. 『기본개념』은 이론가들의 저작과 다른 사료의 결합을 시도하고, 전체적으로 다른 데서 얻어진 것보다 더 만족스러운 결과를 제공한다. 일관성 없는 사료 유형의 선택과 이용에 관련한 많은 문제들이 분명 『기본개념』에서 해소되지는 않았다. 그러나 개념 변화의 잠재적 행위자로 대가급 사상가들을 배제하는 것은 너무 조야한 반응이다. 사안을 왜 예단하는가? 샤르티에의 '교양' 항목이 증명한 것처럼, 독자를 안내하기 위해 그가 이용하는 대가급 사상가들을 배제하는 것은 개념 전개에 중요한 에라스무스 같은 사료의 생략으로 이어진다. 대가급 사상가 모두를 무시하는 것은 '교양' 용법 변화의 의미를 흐릿하게 할 것이다. 샤르티에는 그 용법들을 아리스토텔레스, 파스칼, 몽테스키외, 루소의 개념 취급과 대조시킴으로써 '교양'의 의미를 명백히 밝힌다.

추상적 이론가의 사상과 개념 용법 사이의 관계는 정치언어의 사용이 특정 정치 · 사회구성체 소속에 의해 결정되는 정도를 섣불리 예단하지 않고, 각 사례에 따라 판단할 때 가장 잘 확인될 수 있는 경험적인 문제이다. 왜냐하면 역사가들이 이러한 사회언어학적 분석을 수행할 수 있다는 주장을 항상 정당화할 수는 없기 때문이다. 민중 문화와 식자층 문화 사이의 구분과 관련한 샤르티에의 도전은 라이하르트는 아니지만 사회사학자들이 종종 지니는 이 가설에 대한 논쟁을 재개시켜야 한다. 민중 또는 문맹이라 여겨지는 집단에서의 개념 용법이 정치이론가들의 그것과 근본적으로 달랐는지, 개념 용법이 부분적으로 그들을 모범으로 삼았는지 아니면 그들 사상의 단순화된 대중화였는지는 어떤 경우라도 확정되지 않은 상태로 남아 있다.

일반적으로 교육, 시험, 또는 교화를 위해 정전으로 함께 묶인 사상가들이나 대가급 사상가들에만 기초한 설명을 지성사, 정치사상사, 또는 정치언어사로 제시하는 것은 실수이다. 이 점에 있어 러브조이, 코젤렉, 라이하르트, 포콕, 스키너 사이엔 의견 차이가 거의 없다. 정치언어의 역사가 대가급 사상가를 포함해야 하는 정도에 관해서는 당연히 무슨 질문이 문제인지 구체화하지 않고서는 어떤 의미 있는 언급도 이루어질 수 없다.

한편 정치 · 사회적 어휘체계는 특수화된 영역, 즉 자연 언어의 의미론적 또는 언어학적 분야이다. 따라서 아마도 그것은 진기한 개별 스타일에 거의 영향받지 않는 언어(langue)와 독특한 개인적인 용법이 수없이 있을 수 있는 발화(parole)의 소쉬르적인 구분에 종속된다. 체계로서의 언어는 천천히 변화하기에 어느 개인이 그것에 상당한 영향을 끼칠 수 있다고 기대해서는 안 된다고 한다. 하지만 정치사상 사학자들은 종종 어떤 예외적인 개별 이론가들이 당대 또는 후대의 언어적 · 개념적 실천을 수정했거나 심지어 크게 변화시켰다고 단언한다. 이 가설은 언제나 그른가? 확실히 플라톤, 홉스, 벤담(Jeremy Bentham), 마르크스는 모두 당대 정치언어를 급진적으로 변경하기를 바랐다. 그러나 개인들이 완전히 새로운 정치 어휘를 제안했다 하더라도 그들이 창출하고자 했던 전적인 변화를 창출했는지 그리고 그들이 부여한 이유로 그랬는지는 실제적인 질문으로 남는다. 세계의 많은 지역에서 정치 · 사회 · 경제 어휘가 마르크스와 레닌이 소개한 혁신에 의해 변형되었다는 데에는 의심의 여지가 거의 없다. 그들의 개념으로 선행 개념을 대체한 것은 실질적인 효과를 창출했다.

우리가 개인의 생각, 행동, 실천이 체계로서의 언어에 영향을 끼치는가라는 언어학적 문제를 논의하느냐, 아니면 몽테스키외가 어떻게 18세기 정치 담론에 기여했는가 또는 루소가 어떻게 프랑스혁명의 정치언어에 영향을 주었는가와 같은 역사적 질문을 논의하느냐에 따라 많은 것이 달라진다. 때때로 개별 사상가들은 개념 형성과 일반 용법에 대단히 중요하다. 그들의 영향은 논증의 지적인 수준에서, 또는 동시대와 후대의 사람들이 그 대안을 구체화하는 것이 어려웠다는 사실에서 기인할 것이다. 아리스토텔레스와 데카르트는 그들의 개념틀이 지식인이 아닌 사람들마저 사용한 생각의 범주들을 오랫동안 지배한 사상가들에 속한다.[40]

라이하르트의 『편람』 강령이 제기하는 또 다른 논점은 여러 시기에 걸쳐 개념의 통시적 변화를 추적하는 『기본개념』의 도식에 대한 그의 거부이다. 앞서 지적했듯이 라이하르트는 『편람』에서 다루어지는 시간 범위를 1680~1820년으로 축소했다. 이는 『기본개념』의 기획이 수반하는 개념의 과거사 개관을 프랑스 사상과 관련하여 그의 팀이 반복할 수는 없다고 그가 생각했기 때문이다. 그렇게 하려는 어떤 시도도 『편람』이 포괄하는 프랑스 역사의 특정 시기 동안의 개념 전개에 대한 적절한 처리를 불가능하게 할 것이다. 프랑스혁명의 개념, 언어, 심성을 파악하는 것 자체가 이미 무척 어려운 작업이다. 이런 이유로 라이하르트는 자신의 기획을 '어휘집'이라 부르기를 거부하고, 대신 '편람'이라는 좀 더 겸손한 제목을 선택했다. 둘째, 그는 보벨과 마찬가지로 자신이 정치사상사를 포함한 이념사를 대체했다고 간주한 '심성'의 사회사에 기여하는 것으로 이 작업을 규정했다.

『기본개념』보다 훨씬 부족한 자원과 인력에서 비롯된 제한을 고려할 때 라이하르트의 결정은 이해할 만하다. 하지만 개념 용법을 그토록 짧은 기간에 제한하여 다룬 데서 비롯된 한계는 프랑스 개념사에 관한 유일한 주요 참고도서를 참조하기 위해 『편람』을 찾는 많은 이들을 실망시킬 것이다. 그리고 '심성'의 사회사에 할당된 분량을 모든 독자들이 비슷한 열정으로 맞이하진 않을 것이다. 고전적 고대부터 현재까지 『기본개념』이 다루는 개념 의미의 주요 변동에 대한 통시적 도해는 근대 독일의 정치·사회적 개념 사용이 앞 시대와 어떻게 갈라지는지 인지하는 것을 가능케 했다. 그런 이해는 쉽게 얻을 수 있는 것이 아니다. 『편람』이 프랑스 개념사에 대해 동등한 지식의 성취 수단을 우리에게 제공하지 못했다는 것은 아쉬운 일이다. 이런 규모의 참고도서를 곧 다시 시도하는 것은 쉽지 않기 때문이다.

개념의 역사적인 취급에 어떤 사료가 포함되어야 하는지 결정할 때 특정한 조사 유형이 압도적인 우선권을 가져서는 안 된다. 참고도서에서 배우는 사람과 그것에 기고하거나 개선하는 위치에 있는 사람의 관심에는 항상 상당한 차이가 있을 것이다. 한 사회의 추상적 사유가 역사에 중요하지 않다고 선험적으로 무시되어서는 안 된다.[41] 과거의 일부 철학자와 지성사학자들이 지배 계급이나 식자층을 제외한 모든 사회적 집단을 오만하게 무시한 것과 마찬가지로 이 태도 또한 비합리적이다. 개념사에 대한 심성 사회사학자나 담론분석가들의 기여를 제외하고 모든 것을 '구태의연한 지성사'로 폐기한다고 해서 라이하르트가 제기한 복잡한 문제들이 만족스럽게 해소될 수는 없다.

하지만 우리는 이 시기의 기록 자료에 생각의 흔적을 거의 남기지 않은 사회 집단이 사용한 정치·사회적 개념에 대해 『편람』이 알려 줄 수 있는 바를 반겨야 한다. 왜냐하면 혁명사를 형성하는 데 도움이 된 사회 구성체 모두의 개념과 정치언어에 관해 배울 수 있는 것에, 그리고 특정 시기의 추상적 또는 형식적 사유에도 역사가들이 동등하게 관심을 가져야 한다는 점은 샤르티에가 제안한 아날 사회사 수정의 당연한 귀결이기 때문이다. 그러나 고도로 교육받은 사상가들이 다른 층위에 끼치는 영향, 또는 비지식인들의 심성이 지식인들에게 영향을 주는 정도에 대해 명확하게 확립된 바는 거의 없다. 지적으로 교육받지 못한 집단에서 유래한 신념과 가치의 지성화(intellectualization)를 포함하여 이 관계는 여러 방식으로 작동할 수 있다는 샤르티에의 가설은 검증해 볼 만한 충분한 이유가 있다. 다양한 여러 시기의 기독교에 적용된 이 견해는 에른스트 트뢸치(Ernst Troeltsch)의 역사사회학과 그의 교회, 종파 유형학에 중심적이었다.[42]

사회사학자들이 여러 논평을 통해 『기본개념』에 가하고 『편람』의 관리 팀이 수용한 비판은, 이념과 이데올로기가 근대사에서 차지하는 역할을 무시하고, 이론의 다양한 수준에서 변화가 어떻게 개념화되고 이해되었는지 아는 것이 역사가에게 지니는 중요성을 경시한다. 왜냐하면 심지어 혁명적 상황에서의 행동도 의사결정에 책임이 있는 사람들이 실제로 지니고 실천에 옮긴 상황 규정과 분리해서 이해될 수는 없기 때문이다.

나 자신 사회사학자는 아니지만 나는 『편람』의 작업이 대단히 가치있다고 생각한다. 왜냐하면 그것이 언어를 진지하게 받아들이고, 프랑스혁명의 다양한 단계에 발생한 정치·사회적 대변화를 역사 행위자들이 개념화한 방식으로 그들의 자기 이해와 행동을 점검하기 때문이다. 그리고 『편람』은 혁명기 사유, 언어, 행동의 맥락을 연구할 때 고려해야 할 자료와 주제의 범위를 크게 확장한다. 그러나 샤르티에와 마찬가지로, 나는 이론가의 출판된 저작이 프랑스혁명 사상을 대중화하고 퍼뜨린 사람들에게 아무런 효과가 없었다는 선험적인 가정은 피하고 싶다. 연구할 필요가 있는 것은 정확히 다양한 수준에서 경험이 개념화되는 방식과 추상적 사유 사이의 상호작용이다. 결국, 라이하르트가 아주 유용하게 분석한 혁명기 놀이에서도 몽테스키외, 볼테르, 루소의 이름을 단 것들이 가장 긍정적으로 평가된 것이다. 라이하르트 자신이 보여 주듯이 과거, 현재, 미래에 대한 견해를 형성한 지평, 분석 범주, 그리고 다수의 개념을 직·간접적으로 제공한 사상가들을 언급하지 않는 혁명기 프랑스 서술은 설명력을 거의 지니지 못할 것이다.

06
포콕, 스키너 그리고 〈개념사〉

본 장은 최근 독일 개념사의 강령과 연구결과를 존 포콕 및 퀜틴 스키너의 작업과 비교한다. 영어권에서 그들은 다른 이들이 정치사상이라 부르지만 자신들은 각각 '담론'과 '이데올로기'로 지칭한 분야에서 가장 존경받고 본받는 역사가가 되었다. 그들의 방법론이 케임브리지 대학에서 개발되었기에 포콕과 스키너는 종종 함께 묶이는데, 그들은 〈개념사〉에 유익한 반론과 대안을 제시한다. 하지만 그들은 역사적으로 취급되는 정치언어에 대한 공동의 관심, 그리고 현재와 과거의 정치사상과 행위는 행위자들이 주어진 맥락에서 사용한 독특한 어휘를 언급하지 않고 이해될 수 없다는 주장을 독일 개념사학자들과 공유한다.

역사가로서 포콕과 스키너는 정치적 언어, 사상, 행동 사이의 복잡한 상호작용에 관심을 집중했을 뿐만 아니라 이들 주제에 맞는 역사기술을 개발하려고 시도했다. 초기에 그들의 주안점은 오류를 없애는 데에 있었다. 그들은 공통적으로 몇몇 해석학파와 더불어 철학사학자들에게서 여전히 발견되는 주지의 지성사로부터 얻어진 모든 결론을 명백히 비역사적이라고 무시했다. 이들은 정치사상 정전의 대가급 인물들이 불변의 동일 질문들을 다뤘고, 그들 자신의 동시대 정치와 직접 연관된 문제에 주의하기보다는 항상 서로와의 대화에 빠져 있었다고 가정하는 경향이 있다.[1) 포콕과 스키너 모두 방법론에 대한 논쟁에서 벗어나 실질적인 연구로 옮겨 갔다. 그 연구는 그들의 메타이론적인 입장에 영향을 받긴 했지만 지배되지는 않았다. 서로 독립적으로 작업하고 자주 의견차를 드러내지만 방법과 제재에 있어 많은 것을 공유하기에 그들을 『기본개념』과 『편람』에서 전개된 맥락적 방식의 두 〈개념사〉와 비교하는 것은 정당화된다.

이들 독일어권과 영어권 역사가들에 관한 많은 것들은 그들의 기획이 어떻게 존재하게 되었는지, 그들 각각의 이론과 연구 강령이 무엇이었는지, 그리고 정치 · 사회적 사상과 언어의 역사를 기술하는 예전 양식에서 각자 무엇을 거부했는지를 비교하면 명확해질 것이다. 독일어권과 영어권 집단의 비교는 언어 연구를 통한 역사 접근 방식에 각자 어떤 특이한 점이 있는지 밝혀 줄 것이고, 나아가서 나름대로 시대 범위를 규정하는 것이 그들 저작에 미치는 영향을 판단할 수 있게 해줄 것이다. 『기본개념』과 『편람』은 19, 20세기까지 조사를 수행하기 때문에 근대 초기 사상부터 프랑스혁명과 산업혁명의 시대를 지나 우리 시대까지 발생한 거대한 변화를 다루게 된다. 포콕과 스키너는 중세 후반과 근대 초기 역사로 시작하지만 18세기 후반 너머로는 거의 나아간 적이 없다. 근대라는 질문과 그 성격, 원인, 비용은 독일 역사가들에겐 거의 강박적인 관심사이다. 그런 주제는 영어권 역사가들의 의제로 거의 등장하지 않는다.

영어와 독일어 작업 사이에 현저한 대조가 있으리라는 점은 역사, 철학, 철학사, 역사철학을 기술하는 대단히 다른 전통과 더불어 상이한 국가적 정치 경험과 실천에 그들의 작업이 기원을 두고 있다는 사실에서 충분히 예상할 수 있을 것이다. 하지만 이 학자들이 공유하는 공통의 역사기술적, 실제적 관심거리는 놀라울 정도로 많다. 포콕의 논문집 제목, '정치, 언어, 그리고 시간'은 라인하르트 코젤렉의 『지나간 미래들』의 영역판 제목으로도 손색이 없을 정도이다.[2] 〈정신사〉 또는 〈이념사〉 양식으로 정치 · 사회사상을 다룬 이전의 독일식 역사에 『기본개념』의 편집인들이 가한 공격은 영어권에서 같은 주제를 비역사적으로 취급한 것에 대한 이들 케임브리지 역사가들의 비판과 유사하다.[3] 구체제와 프랑스혁명기 언어이론, 의미론, 어휘의 정치적 기능 등에 대한 『편람』의 관심은 스키너와 그의 영향을 많이 받은 사람들에게서 발견되는 언어의 일반 관습과 발화 행위(speech acts) 이론에 대한 강조를 보완하고, 그것을 좀 더 역사화할 수 있는 수단을 제공한다.

그러므로 이들 독일어권과 영어권의 사상, 언어 사학자들은 연구방법에 대해, 또는 이전에 무시된 유형의 자료를 어떻게 고려할 것인가에 대해 서로에게서 배울 수 있을 것이다. 하지만 한 쪽 학술 행위의 구성 원리가 다른 쪽의 작업을 확장하거나 통일할 수 있는 것으로 판명된다면 가장 흥미로운 이득이 생길 것이다. 물론 일군의 관심 사항이 쉽게 대체될 수 있다고 기대해선 안 된다. 심성에 대한 『편람』의 관심은 사회사에 무관심했거나 심성이 정치사상과 어떤 관련이 있다는 것을 원칙적으로 부인한 영어권 정치사상사학자들에겐 흥미를 주지 못할 것이다. 영어권 사학자들이 『기본개념』과 대면할 때에도 동일한 저항이 일어난다. 왜냐하면 그 기획은 개념과 그것을 사용한 사회 · 정치 구성체를 연결하는 것이고, 근대 사회에서 일어난 정치 · 경제 · 사회 조직 구조의 가속적이고 종종 혁명적인 변화들을 이론가들이 어떻게 개념화했는지

묻는 것이기 때문이다.

하지만 독일 저작 둘은 영어권 학자들의 흥미를 끌 만한 많은 것을 지니고 있다. 『편람』은 정치 · 사회적 개념을 고려하는 데 있어 축제, 소책자 문헌, 시각적 묘사에서 발견되는 상징 형식을 포함함으로써 새로운 영역을 개척했다. 그것은 언어이론과 관련하여 과거에 일어난 철학적 · 정치적 논쟁을 체계적으로 고려함으로써 언어적 맥락의 범위를 확대했다. 종종 정치 담론에서의 논쟁적 용법이 그러한 논의를 불러일으켰다. 『편람』은 프랑스혁명 전과 혁명기 언어의 남용이라고 일컬어진 것에 대한 경쟁적 역사 행위자들 사이의 논쟁을 확인했다. 비슷한 조사를 수행한다면, 언어적 · 정치적 맥락과 관습에 대한 포콕과 스키너의 좀 더 제한적인 규정에서는 찾아볼 수 없는 차원을 보탤 수 있을 것이다.

다른 한편 독일 학자들은 근대 초기 유럽의 이론가들이 이용할 수 있던 다양한 정치언어를 확인하고 도해한 포콕의 업적에 대해 더 많이 알아야 한다. 그의 분석은 이론가들이 이들 언어 중 어느 하나 또는 그 조합을 사용한 것이 그들에게 지녔던 함의를 부각시킨다. 스키너는 근대 초기 스토아철학 같은 추가적인 정치 관용구를 포콕의 가용 언어 목록에 덧붙이면서도, 이론화는 역사적으로 규정된 맥락 안에서의 언어적 행위로 일어난다고 좀 더 많이 강조했다. 이것이 이론가들에게 이용 가능한 정치적 정당화의 유형을 상당히 제한한다고 그는 주장한다. 이는 정치권력에 대한 언어적 제한이다. 언어를 항상 권력을 만들어 내는 것으로 또는 권력자의 도구로 보는 사람들은 이 가능성을 인정하지 않는다. 따라서 방법론과 세밀한 실질적 연구 모두에서 면밀하게 정교화한 포콕과 스키너의 기여는 격변기 프랑스 정치 · 사회적 어휘체계를 이루는 개념들에 대한 『편람』의 설명과 함께 『기본개념』의 독일 정치언어(『기본개념』의 부제를 기억해야 한다) 취급을 통일하는 데 활용될 수 있다.

독일어권과 영어권 역사학을 같은 지도 위에 놓는 작업이 쉬운 일은 아니지만 잠재적인 이점이 있기에 시도해 볼 만한 가치는 충분하다. 우선 포콕과 스키너는 개별적으로 다루어질 것이다. 그러고 나서 『기본개념』 및 『편람』과 대조될 것이다. 이 논의는 독일어권과 영어권 정치·사회언어 전공자들 사이의 토론을 촉발하기 위해 의도된 것이므로, 포콕과 스키너의 작업을 자세히 다룰 것이다. 하지만 그들의 공통적인 케임브리지 배경에 대한 분석은 여기서는 생략한다.[4]

포콕은 더 이상 자신을 정치사상사학자라 칭하지 않고, 오히려 '담론'(discourse)사학자라 부른다. 그것은 푸코, 레진 로뱅, 또는 자크 기요무의 관심이나 방법이 아닌 다음과 같은 것을 의미한다.

> 이론의 요소를 띠고 다양한 맥락에서 수행되는 '발화'(speech), '문헌'(literature), 그리고 공적인 발언 일반. 그것은 맥락과 다양한 방식으로 연관될 수 있다. 이 접근의 이점은 다른 인간들에게 영향을 주고, 그들이 정보를 얻는 환경에 영향을 준 행동의 역사로서 지적 활동의 역사를 기술할 수 있게 해준다는 것이다.[5]

포콕은 개념 세계와 권위 구조 또는 사회 세계 모두를 구성하는 데 일조하는 언어체계로 인간이 의사소통한다고 가정한다. 이들 개념 세계와 사회 세계는 서로에게 맥락으로 작용한다. 개인의 생각은 "사회적 사건, 의사소통과 반응의 행위이자 … 역사적 사건, 체계의 변형과정 중 한 순간"이다.[6] 따라서 포콕은 이념사를 사상가가 사용한 언어의 역사로 대체하고자 한다. 정치 텍스트의 의미를 확정하는 것, 저자가 실제로 말하거나 의도하거나 전달한 바를 발견하는 것은 텍스트가 기술된 담론 또는 담론들을 확정하는 일이다.

이러한 일반적인 진술로부터 포콕은 근대 초기 영국 정치이론가들이 활용할 수 있었던 여러 이론적 언어들을 확인하는 데까지 나아갔다. 다양한 시점에서 그것들을 '패러다임', '어휘', '수사', 그리고 최근에는 '담론'이라 부르기도 했다. 각각은 정치가 개념화되는 방식, 그리고 그 제도와 실천이 정당화되는 방식에 제약을 가하는 일군의 언어 관습을 수반한다.

지금은 고전이 된 그의 첫 저서에서 포콕은 영국 정치, 무엇보다 법제도와 관련된 자유를 지속적이고 부단한 고대 관습에 귀착시킨 '고대 헌법'의 언어를 다루었다.[7] 중세를 자유 부재의 시기로 여기던 17세기에는, 정치적 불일치는 또 다른 경쟁적 언어로 전치되었다. 각 언어는 영국 법체계와 정치 제도에 대한 독특한 역사적 설명에 기초했다. 18세기까지만 해도 정치적 판단은 여전히 이전의 관습법적인 용어로 표현될 수 있었다. 포콕은 이 언어가 에드먼드 버크에게 프랑스혁명에 대한 반론의 전부는 아니지만 다수를 제공했다고 주장했다.[8] 영국 혁명기에 두드러진 또 다른 언어는, 포콕에 따르면, 『리바이어던』(*Leviathan*) 중 경시된 셋째, 넷째 권에서 홉스가 대면해야 했던 종말론적 예언의 언어였다.

포콕의 두 번째 주요 저서, 『마키아벨리적 순간』(*The Machiavellian Moment*)은 또 하나의 근대 초기 정치언어인 '시민적 인본주의'(civic humanism) 또는 '고전적 공화주의'(classical republicanism)를 확인함으로써 현재의 정치이론에 항구적인 인상을 남겼다.[9] 포콕은 15세기 공화주의 플로렌스(Florence)에서 비롯한 이러한 정치언어가 제임스 해링턴(James Harrington)을 통해 17세기 영국으로 옮겨 왔다고 주장한다.[10] 18세기 동안 '시민적 인본주의'는 영국과 미 대륙 식민지에서 반대파가 선호하는 담론이 되었다. 포콕은 그것이 미국 혁명을 준비하는 데 큰 역할을 했다고 믿는다. 이러한 정치언어는 자유를 용병이나 상비군보다는 자족적인 시민의 자발적인 군복무를 포함한 시민 생활에의 참여로 규정했다. 훌륭한 삶의 미래상은 특수한 직업을 통한 개인 계발의 추구보다는 다재다능한 시민들이 공익에 헌신하는 것으로 이해되었다. 따라서 이론은 타락에 대한 방책으로 소지주처럼 경제적 독립과 '미덕'(virtù)을 지닌 무장 시민을 요구했다. 정치적으로 이론은 균형 헌법을 요구했다. 포콕의 저서는 르네상스 이탈리아, 17, 8세기 영국, 식민기와 혁명기 미국과 같은 다양한 배경에서 이 언어 또는 담론의 주제들을 한데 엮어 나가는 능란한 서사이다. 그의 분석 목적은 이러한 개념 언어가 어떻게 특정한 행동으로 이어졌는지 보여 주는 것이다. 만약 개념 언어가 없었다면 그 행동은 지지자들에게 무의미했거나 우리가 이해할 수 없었을 것이다. 그것은 또한 각 이론가가 해결이 가장 긴급하게 요구되는 문제로 이해한 것들을 확인해 준다.

포콕은 영국 정치사상과 행동 연구에 있어 그가 선택한 시기의 끝으로 오면서 시민적 인본주의 언어와 그로티우스, 푸펜도르프(Samuel Pufendorf)의 자연 법리(natural jurisprudence) 언어 사이의 해소되지 않은 갈등을 스코틀랜드 계몽사상에서 발견했다. 후자는 그가 보기에 또 다른 언어, 즉 관습법이 아닌 로마법의 법적 전통에서 궁극적으로 유래하는 재산과 권리의 언어이다. 포콕은 이 언어가 시민적 인본주의에 대항하는 새로운 방책을 스코틀랜드 계몽사상에 제공한 것으로 본다. 스코틀랜드인들은 따라서 (고전적 공화주의자들에겐 타락으로 보였던) 상업, (공화주의자들이 시민의 독립과 양립 불가하다고 본) 노동 분업과 더불어 상업 사회를 옹호할 수 있었다. 스코틀랜드 작가들은 그들의 역사 전개 4단계 이론에서 자유, 계몽, 상업적 부를 결합하는 새로운 수준의 문명을 가정했다. 그러나 시민적 인본주의 지지자들의 압력 속에서 새 질서의 가장 낙관적인 옹호자들마저 그것이 적극적 시민권에 핵심적인 자질들을 위험에 빠뜨릴 수 있다는 점을 인정했다. 포콕은 현재 기번(Edmund Gibbon)에 대한 상세한 논평을 저술하고 있다. 여기서 기번은 볼테르에 대응하는 영국 사상가가 아니라 네덜란드, 독일, 영국에서 발견되는 개신교 신학과 양립 가능하고 보수적이며 북유럽적인, 이전엔 확인된 바 없는 계몽주의 분파의 대표자로 나타난다.[11)]

따라서 17, 8세기에는 정치에 관해 이론화하는 사람들이 다양한 여러 언어들을 이용할 수 있었다. 이 정치언어들은 어느 정도까지 서로 배타적이었는가? 포콕은 하나 이상의 담론, 어휘, 또는 관용구가 단일한 텍스트에서 발견될 수 있다고 주장한다. 그것이 자연언어로 기술된 경우 많은 종류의 정치 담론들을 포함할 수 있다. 그것들은 서로의 편차에도 불구하고 의사소통을, 그것이 어려울지언정, 배제하진 않는다. 물론, 언어와 그것을 채용한 집단, 당파, 또는 청중 사이에 관련이 맺어져야 한다. 포콕은 자신의 이야기를 하고 언어들을 분류하면서 그러한 관련을 맺긴 하지만 정파, 집단, 엘리트, 운동, 청중, 또는 이론가들이 활동한 시기의 정치 · 사회 · 경제 구조 같은 정치 · 사회적 분석단위들에 체계적인 관심을 크게 기울이진 않았다. 포콕의 역사는 대체로 언어학적이고, 그가 현재 담론이라 부르는 것이 정치적 행동의 분야를 이론가와 행위자 모두에게 어떻게 규정해 왔는지 상술한다.

그러나 포콕이 언어와 정치이론 사이의 관계를 강조하지만 자신의 역사적 발견들을 언어이론 어느 하나에 기초할 의향이 전혀 없었다는 점은 주목할 만한 가치가 있다. 실제로 그의 저작에서 '언어'는 특정한 형태의 언어학, 의미론, 역사언어학, 또는 언어철학을 가리키기보다는 대개 하나의 은유로 기능한다. 해석학, 기호학, 푸코의 '고고학', 또는 데리다(Jacques Derrida)와 연관된 해체론(deconstruction) 같은 대륙적 특수 유형은 더더욱 아니다. 방법에 관한 그의 저술에서 포콕은 예전 용어를 보다 현대적인 용어로 번역하여 자신의 일을 묘사함으로써 유희적인 면을 보인다. 언어학의 '어휘', '관용구', '언어'는 이제 소쉬르의 '랑그'와 '파롤'이고, 철학에 있어 영어권 분석 양식의 초기적인 언어 놀이와 언어 행위는, 비록 푸코나 로뱅 같은 프랑스 논의를 명시적으로 언급하진 않지만, 이제 '담론'이다. 포콕은 또한 아날 역사, '중장기 지속'(moyenne and longue durée), '심성' 등을 언급한다. 그는 심지어 자신의 초기 은유인 쿤(Kuhn)의 패러

다임을 사용한다. 그는 이를 후회했지만 폐기하진 않았다.[12)]

헥스터(J. H. Hexter)는 "정치와 시간에 대한 인간의 인식에 있어 연속과 변화의 표지를 제공하기 위해 포콕이 사용하는 개념 장치", "약 … 275년 동안 … 변형되긴 하지만 비슷한 의미를 지닌 동일 단어의 반복적인 사용"에 주의를 환기시켰다.[13)] 이러한 관심은 아마 포콕의 초기 방법론적 저작에서 더욱 두드러졌다.[14)] 그의 개념 언어 취급이 종종 상상력이 풍부한 통찰과 탁월한 학식을 보여 주긴 하지만, 헥스터가 뽑아 낸 개념적 · 의미론적 문제들을 다루는 데 있어, 『기본개념』과 『편람』의 신중하게 표현된 방법들에 익숙한 독자들은 포콕의 절차가 상대적으로 절충적이고, 비체계적이며, 항상 일관성 있게 적용된 것은 아니라고 생각할 것이다.

그런 점에서 독일 〈개념사〉에서 개발한 개념 추적 방법이 정치 담론사를 기술하는 포콕의 기획에 상당한 정확성을 보탤 수 있을 것이다. 체계가 잘 잡힌 개념사는 포콕을 따르고자 하는 분석가가 동일 텍스트에서 이질적인 담론들의 구성 부분을 구별해 내거나 주어진 담론을 구성하는 개념들이 다른 담론으로 어떻게 이동할 수 있는지 증명하는 데 큰 도움을 줄 수 있을 것이다. 『기본개념』의 통시적 분석양식은 경쟁하는 개념 용법 중 정확히 어느 것이 텍스트에서 사용되는지 설정하는 데 도움이 될 수 있다. 그러나 근대 초기 영어권 정치 담론에 대한 포콕의 성공적인 도해가 개념이 작동하는 의미론적 장을 공시적으로 다룸으로써 독일 정치 · 사회 언어(Sprache)를 역사적으로 재구성하고자 하는 이들에게 모형으로 기능할 수 있다는 점도 또한 사실이다. 『기본개념』에서 사용한 기법은 포콕의 목표와 양립 가능할 뿐만 아니라 이 어휘집의 연구결과와 방법이, 영어권 정치적 개념의 역사에 적용된다면, 포콕의 기획 및 그와 유사한 것들의 수행을 활성화시킬 수 있다는 점은 여기서 강조할 만한 가치가 있다.

이러한 설명을 바탕으로 포콕이 르네상스에서 18세기에 이르는 정치 어휘의 역사에 역사가로서 무관심하다고 결론지어서는 안 된다. 그의 저작은 자신이 확인하고 대조한 각각의 정치언어에서 가장 두드러진 개념들에 주의를 환기시켰다. 자신의 비범한 연구에 더해, 그는 워싱턴 D. C., 폴저 셰익스피어 도서관(Folger Shakespeare Library)에 영국정치사상 연구소(Center for British Political Thought)를 설립했고, 여기에서 특화된 역사 세미나를 조직했으며, 그로부터 크게 도움을 받았다. 키스 토머스(Keith Thomas)가 썼듯이, 지난 30년간 이 분야에서 그보다 더 "풍부하고, 웅변적이며, 독창적인" 학자는 없었다.[15] "강한 일관성을 지닌 전 '저작'(œuvre)"을 모으는 과정에서 포콕은 또한 "과거의 정치 텍스트를 해석하는 데 역사 연구가 얼마나 긴요한 조건인지 예증하는 모범을 제공"했다.[16] 역사적 실천을 방법론적 논의에 종속시켰다고 그를 비난하는 이는 그에게 비판적인 사람들 중에도 거의 없을 것이다. 포콕의 성취는 좋건 궂건 언어철학자의 작업과 언어 역사가의 작업을 분명하게 구분하는 그의 강령을 예시한다고 일반적으로 동의할 것이다.[17]

퀜틴 스키너에 대해 모두가 이와 같은 판단을 하진 않을 것이다. 비판가들은 그가 언어와 행동에 관한 자신의 철학이론을 그것이 부적절하고 도움이 안 되는 주제에 강요한다고 자주 그를 비난한다. 비판가들은 스키너가 정치사상사학자에겐 쓸모없을 정도로 프로크루스테스적인(Procrustean) 자신의 방법론적 규정을 정당화하는 데 집착한다고 말한다. 올바른 방법에 대해 강조했기 때문에 자신이 정치사상에 대해 진정으로 역사적인 설명을 한 최초의 학자라 믿는다고 그들은 공격한다.[18]

그러나 사실 스키너는 그가 옹호하는 방법을 처음으로 정식화하거나 실천한다고 주장하지 않는다. 자신의 독창성을 최소화하면서 다른 이들에게 진 빚을 그는 인정한다. 그들의 실천을 자신이 명료화하는 것이라 말하는 것이다. 자신에 대한 비판에 최근 대답하면서 스키너는 다음과 같이 말했다. "나의 원 논문을 묘사하는 한 가지 방법은 포콕의 학문, 특히 래슬릿(Peter Laslett)의 학문이 기초한 것으로 보이는 가정들을 좀 더 추상적인 용어로 단지 확인하고 다시 기술하려 했을 뿐이라고 말하는 것일 터이다."[19]

실제로 스키너는 여기서 인정하는 것보다 훨씬 더 개성적이고 독창적이다. 그의 철학적 능력에 필적할 수 있는 정치사상사학자는 거의 없다. 그는 철학자이자 역사가로서 비범한 엄밀성과 명석함으로 글을 쓴다. 정치사상 또는, 약간은 이해할 수 없는 이유로 그가 선호하는 용어인, '이데올로기'의 역사가로서 스키너는 원서, 특히 라틴어, 이탈리아어, 프랑스어로 된 원서 작업과 그것을 해석하는 보조 자료 상태의 재평가 모두에 관심을 가진 신중하고 철저한 연구자이다. 하지만 그의 『근대 정치사상의 토대』(*Foundations of Modern Political Thought*)에 대해 적지 않은 평론가들은, 스키너가 선언하고 단호하게 옹호한 방법론적 금언들과, 역사가로서의 실제 수행이 — 그것이 아무리 인상적이라 하더라도 — 산출한 연구결과 사이의 관계에 대해 반신반의하는 평가를 내렸다.[20]

스키너 자신은 오스틴(J. L. Austin)의 발화 행위 이론이 그가 개발한 이론의 핵심 요소를 제공했다고 인정한다. 그러나 정치사상사를 어떻게 기술해야 하는지 스키너에게 처음 알려 준 것은 초기 세대의 비역사적 철학자들 중 유일하게 딜타이적이고 크로체적인(Crocean) 목소리를 지녔던 콜링우드(R. G. Collingwood)의 저서였다. 콜링우드는 사상사가 "규범적인 질문에 대답하는 일련의 시도로서가 아니고, 대답뿐만 아니라 질문도 자주 변화한 삽화의 연속으로" 기술되어야 한다고 주장했다.[21]

콜링우드는 또한 허튼소리를 용인하지 않는 경험주의적이고 실증주의적인 영국 역사가들을 공격했다. 그들은 인식에 관한 어떤 이론에 대해서도 회의적이었고, 루이스 네이미어 경(Sir Lewis Namier)처럼 정치사상을 이익이나 정치적 입장의 합리화에 불과한 '은어'(cant)로 무시하는 경향이 있었다. 스키너는 또한 다른 시대에 쓰인 텍스트의 의미가 단순히 그것을 주의 깊게 읽음으로써 복구될 수 있다고 가정한 사람들 모두를 거부하는 근거를 콜링우드에게서 찾았다. 비트겐슈타인(Ludwig Wittgenstein), 오스틴, 서얼(John Searle), 그라이스(Hebert Paul Grice)로부터 발전한 분석적인 발화 행위 이론에서 스키너는 자신의 철학적 이론틀을 발견했다. 언어 관습과 언어 놀이는 저자가 저술할 때 의도한 바를 다시 찾아내는 데 핵심적이다.

구어든 문어든 모든 발화의 의미는 행위자의 의도를 달성하기 위해 수행된 행동으로 이해되어야 한다. 이 분석기법은 지배적인 언어적 · 정치적 관습을 저자가 받아들이거나 거부하거나 무시하는 정도를 역사가가 결정할 수 있게 해준다. 텍스트의 의미를 일군의 관습 안에서 이루어진 저자의 행동으로 설명하는 것은 다른 텍스트 해석 양식에 비해 세 가지 이점을 지닌다. (1) 그것은 저자의 의도를 역사적 맥락 속에서 제시한다. (2) 언어 행위를 계급 이익과 같은 외부의 힘이 직접적으로 초래한 것으로보다는 이데올로기적인 목적과 관련하여 다시 설명한다는 의미에서 그것은 비인과적(noncausal)이다. (3) 그것은 맥락과 고립되어 텍스트를 연구하는 학자나 언어 관습을 고려하지 않고 맥락을 연구하는 학자 모두에겐 불가능한 방식으로 언어 행위가 얼마만큼 독창적이거나 관습적인지 역사가가 이해할 수 있게 해준다.[22] '이데올로기'를 연구하기 위해 역사가는 대가급 또는 정전 작가에 배타적으로 의존하기보다는 군소 인물들을 연구함으로써 그 관습을 확립해야 한다. 이는 그가 러브조이, 라이하르트와 공유하는 입장이다.[23]

스키너가 사용하는 '이데올로기'는 중립적인 용어로 의도되었다. 그것은 어휘, 원칙, 가설, 지식에 대한 주장을 시험하는 기준, 문제, 개념 구분 등 작가 다수가 공유하는 일군의 언어적 실천을 가리킨다.[24] 실제로 스키너는 개념 구분과 어휘체계에 대한 역사적 조사를 일반 관습, 최근에는 '이데올로기'의 수사학에 대한 강조에 종속시키는 경향이 있다.[25] 하지만 그러한 규칙과 문제에 대한 그의 분석은 개념의 역사와 용법에 대한 보다 상세한 조사에 의해 지연되기보다는 오히려 증진될 수도 있다. 스키너 자신의 연구 계획을 촉진하기 위해 의도된 이러한 탐구는 다음 질문들에 답하고자 한다. 개념 구분을 표현하기 위해 실제로 사용된 가장 중요한 용어들은 어떤 것이었는가? 이 용어들의 의미, 그들이 지칭하는 개념, 그들이 사용된 논의에서의 변동은 언제 그리고 왜 일어났는가? 이론가들은 어느 정도까지 개념 의미의 변동을 촉발하고자 했는가? 그들이 추천한 변화를 수용하도록 청중을 설득하는 데 그들은 얼마나 성공적이었는가? 신조어는 언제 그리고 왜 소개되었는가? 그것은 이론가의 언어적 실천에 어느 정도까지 편입되고, 또 의문시되거나 거부되었는가?

이 질문들에 대답하기 위해 『기본개념』과 『편람』 모두는 어휘체계와 개념 경계를 체계적 · 역사적으로 탐구하는 연구 강령과 조사 전략을 개발했다. 이는 사전, 편람, 동의어 사전, 동의어 서적, 백과사전, 그리고 조사 대상 시기의 언어에 관한 일반 저작 등을 활용함으로써 이루어진다.[26] 이런 연구는 추상적인 용어의 역사적 용법에 관해 스키너를 비롯한 여러 학자들이 제기한 주장에 많은 것을 보탤 수 있고, 뿐만 아니라 첫 번째 용례와 새로운 개념화의 이유를 확인하는 데 도움이 될 것이다. '이데올로기'를 제어하는 일반 관습을 역사적으로 엄밀하게 처리하기 위해 『편람』은 언어의 성질과 의미론에 관한 이론의 특수 역사에 주의를 환기시켰다. 역사적 맥락에 대한 스키너의 강조에도 불구하고 그가 수사를 제외한 '이데올로기'를 다룰 때, 그의 범주들은 과거 사상가들이 지녔던 언어이론보다는 현재의 언어분석철학의 용어로 표현된다. 『편람』은 경쟁하는 언어적 · 의미론적 이론들의 논쟁적인 용법에 주의를 환기시키면서 언어를 다루었다. 영어로 저술한 저자들에 대해서도 비슷한 자료를 구하고 찾는다면, 그것은 다른 시기의 사상가들이 그들이 따르거나 도전한 담론의 규칙을 어떻게 보았는지에 관한 우리의 지식에 크게 기여할 수 있을 것이다.

스키너는 언어분석철학에서 나온 철학적 핵심, 즉 언어 놀이나 일반 관습의 규칙지배적인 성격을 정치사상사에 적용하는 것에 주로 관심을 기울여 왔다. 스키너는 이 철학 이론을 정치사상사에 창의적으로 적용하면서 흔히 한데 묶이지 않는 두 입장을 강조한다. 즉, 이론가들은 계획(arrangement)을 정당화하기 위해 이데올로기의 관습을 조작할 수 있다. 그러나 일단 일군의 관습이 이런 식으로 사용되면, 그것은 이론가에게 열린 정당화 논의 유형에 뚜렷한 제한을 가한다. 스키너가 원래 볼링브룩(Bolingbroke)의 분석에서 전개한 두 번째 입장은 더 크게 강조될 만한 가치가 있다. 그는 이후 주장을 발전시켰고, 그 함의를 다음과 같이 추출했다.[27]

> 따라서 바라는 바를 얻는 동시에 행동을 정당화하고 싶어 하는 행위자가 당면하는 문제는 단순히 자신의 기획에 맞추어 규범 언어를 재단하는 도구적인 문제일 수는 없다. 그것은 부분적으로 이용 가능한 규범 언어에 맞추어 자신의 기획을 재단하는 문제여야 한다.[28]

지금까지 스키너의 주요 역사 저작은 약 13세기 말부터 16세기에 이르는 유럽 정치사상에 대한 2권 분량의 연구서, 『근대 정치사상의 토대』(이하 『토대』)이다. 이 저작은 그의 방법론의 실제를 예시하고, 따라서 "진정으로 역사적 성격을 지닌 정치이론사"를 어떻게 기술하는지 보여 주도록 의도되었다.[29] 그렇게 하는 것은 그가 이전에 확인한 오류를 피하는 일, 나아가서 고전 텍스트보다 '이데올로기'의 역사에 더 중점을 둔 역사를 작성하는 일과도 관련된다고 스키너는 주장한다. 사회의 관습적인 언어적 가설들의 얼개를 확립한 뒤에야 비로소 가장 잘 알려진 이론가들을 맥락 속에 놓고, 그들의 논점을 이해할 수 있다.

스키너는 "(그가 대문자로 표기한) 국가(State)의 근대 개념이 형성되어

온 과정"의 제시를 그의 실질적인 주 관심사로 생각한다. 그는 "국가의 근대 개념"을 막스 베버가 제공한 것으로 이해한다. 사실 정부의 기초가 통치자의 권력에서 국가 권력으로 이동했기 때문에 국가는 "영토 안에서 법과 정당한 힘의 유일한 원천으로, 그리고 신민이 지닌 충성의 유일하게 적법한 대상으로, 즉 뚜렷이 근대적인 용어로 개념화될" 수 있었다.[30] 스키너는 이 개념으로 수렴된 다양한 양식의 사상을 신중하게 그리고 탁월한 독창성으로 도해한다.

이 주제의 중심성은 스키너의 제2권 결론에서 더욱 강조된다. 여기서 그는 제도적 발전이 국가 개념('역사')에서 '국가'라는 단어('역사적 의미론')로의 개념 변화를 촉발한다는 생각으로부터 벗어난다. 따라서 16세기 State(영어 '국가')와 l'État(프랑스어 '국가')라는 단어의 사용은 "사회가 새 개념의 자의식적인 소유에 들어갔다는 가장 분명한 신호는 새 어휘들이 생성되고, 이와 관련하여 개념이 표현되고 논의되는 것으로 나는 받아들인다"라는 『토대』의 중심 논제를 확증한다.[31]

이 부분은 『기본개념』에서 전개된 방법, 간단히 말해 맥락적 개념사에 스키너의 방법이 가장 근접한 지점으로 보일지도 모른다. 그렇다면 그는 자신의 작업을 국가 개념이 표현되고 논의된 어휘체계를 구성하는 개념들의 복원으로 적어도 부분적으로 규정했을 것이다. 하지만 방법론적 저술에 나타난 스키너의 전제들은 새로 획득된 어휘체계의 개념들에 대한 진정으로 역사적인 탐구를 가로막는 것으로 보인다. 러브조이가 정식화한 이념사를 초기에 무시하면서 스키너는 이념사 기술을 시도하는 것은 언제나 실수라고 노골적으로 표명했다.[32] 글자 그대로 이해하면, 이 주장은 모든 형태의 〈개념사〉가 치명적인 결함을 지닌 것으로 보이게 한다. 이는 근대 국가가 어떻게 그리고 왜 개념화되었는지에 대해 『토대』에서 스키너가 행한 설명을 이해하는 데 어려움을 배가할 것이다. 1989년 그 자신은 개념 변화를 다루는 책 속에 '국가'에 관한 36쪽

의 장을 발표했다.[33]

스키너가 독창적인 점은, 개념은 연장(tools)이라는 비트겐슈타인적인 것이었다. 개념을 이해하기 위해서는 그것으로 행할 수 있는 일의 전부를 아는 것이 필요하다. 개념의 역사는 있을 수 없고, 오직 논쟁에서의 용법의 역사만 있을 수 있는 이유가 여기에 있다. "개념을 단순히 의미가 첨부된 명제로 봐서는 안 되고, 무기(하이데거의 제안) 또는 연장(비트겐슈타인의 용어)으로도 생각해야 한다는 심오한 진실"을 스키너는 역설한다.[34]

역사가가 개념의 정체성에 대한 입장을 취하지 않고, 또 (개념에 대한 명칭이나 용어와는 구분되는) 개념이 지니는 의미들의 연속과 변동을 파악하지 않고, 어떻게 논쟁에서의 개념 용법의 역사를 기술할 수 있는지는 명백하지 않다. 여기서 의미가 용법과 동일하다고 되풀이하는 것은 도움이 안 된다. 왜냐하면 역사가가 논쟁에 활용된 개념을 뜻이 거의 같거나 쉽게 혼동되는 다른 개념들과 어떻게 구분할 수 있겠는가? 또한 경험이나 믿음이 개념을 창조하지 않고 어떻게 '개념화'—스키너가 자주 사용한 용어—될 수 있는지도 불분명하다.[35] 개념을 창조한다면 개념의 역사는 파악될 수 있고 또 그렇게 되어야 할 것이다. 지금까지 본 것처럼, 그는 스스로 "누군가가 어떻게 세상을 보는지, 그가 어떤 구분을 짓고, 어떤 분류를 받아들이는지 포착하고 싶다면, 우리가 알아야 하는 것은… 그가 어떤 개념을 지니고 있는가 하는 것이다"라는 진술을 반복적으로 앞세우면서 바로 그런 역사를 기술했다.[36]

그러나 스키너는 자신의 입장을 분명히 했다. "개념을 이해하는 것은 그것을 표현하는 데 사용되는 용어들(2)의 이해와 더불어 그것으로 무엇을 할 수 있는가(1)에 대한 이해를 요구한다고 믿기에, 나의 유일한 의문은 (1)을 배제한 (2)의 역사가 있을 수 있는가 하는 것이다."[37] 여기서 스키너는 (『철학사전』에서처럼) 맥락을 참조하지 않고 개념을 지칭하는 용어의 역사를 기술하는 것과 (『기본개념』에서처럼) 개념을 지칭하는 다른 용어들을 확인할 뿐만 아니라 개념의 맥락과 논쟁에서의 용법 모두를 제공하기 위해 특별히 고안된 역사 사이에 차이가 있다는 점을 인정하는 것처럼 보인다. 예전이라면 모든 개념사에 대한 비난으로 여겨질 수도 있었을 입장을 이제 수정하는 것으로 보인다. 따라서 그는 개념의 용법에 주의를 기울이지 않는 개념사만 무시한 것으로 이해될 수 있다.

스키너의 이전 입장은 분명 두 저자의 방법, 즉 러브조이의 '단위이념'(unit ideas) 사용과 레이먼드 윌리엄스(Raymond Williams)의 『핵심어』(*Keywords*)에 대한 그의 반대에서 유래했다.[38] 용어의 용법과 용어 이해를 구분하지 못한 러브조이와 윌리엄스의 실패에 기초하여 스키너는 일군의 방법론적 전제들을 정식화했다. 그들은 연구범위에 있어 대단히 일반적이었기에 개념사를 가로막았던 것이다. 스키너의 초기 견해에 따르면 러브조이의 기획에는 용납할 수 없는 결과가 따른다.

> 이런 종류의 이념사는 … 인식 가능한 행위자들이 거의 사라진 역사, 이성이 관습을 이겨 내고 진보가 존재의 대연쇄(the Great Chain of Being)에 맞서는 역사를 우리에게 남겨 주는 경향이 있다. … 이 방법에 대한 주된 의심은 논쟁에서의 용법보다는 사상에 초점을 맞춤으로써 다른 역사적 시기에 다른 작가들이 주어진 개념을 활용할 수 있는 대단히 대조적인 방식들에 둔감해 보였다는 점이다.[39]

이러한 오류는 개념사를 기술하는 모든 시도에 내재적인가? 그것은 모든 형태의 〈개념사〉를 배제하는가? 1988년 비평가들에게 전투적으로 응답할 때 스키너는 전에 말한 바를 철회하기보다는 반복한 것으로 보인다.

> 나는 개념이 연장이라는 비트겐슈타인의 표현을 따름으로써 나의 반대를 가장 효과적으로 다시 재진술할 수 있다. 개념을 이해하기 위해서는 그것을 표현하는 데 사용된 용어의 의미만이 아니라 그것으로 행할 수 있는 일의 범위를 파악하는 것이 필요하다. 이것이 사상의 내적 유형을 의심할 바 없이 특징짓는 장기적인 연속에도 불구하고 개념의 역사는 있을 수 없고, 단지 논쟁에서의 용법의 역사만이 있을 수 있다는 나의 신념을 뉘우치지 않는 이유이다.[40]

이러한 최근 진술의 노골적인 공세에도 불구하고, 스키너는 『기본개념』이나 『편람』의 개념사 기술 방식에 명시적으로 이의를 제기하지 않았다. 사실 그가 계속 공격하는 것은 "행위(agency)와 설명에 관한 질문을 배제한 채 개념의 형태론을 다룰 수 있다고 가정하는 식의 역사이다."[41] 〈개념사〉에 대한 몇몇 미출간 논평에서 스키너는 『기본개념』과 『편람』에서 실천한 개념사와 러브조이의 이념사를 동일시하지 않는다. 그는 코젤렉과 라이하르트가 그들의 어휘집(lexicon)에서 사용될 방법을 규정하면서 이전 독일 이념사의 맥락 부재를 성토했고, 코젤렉이 언어의 변화를 인간 행위자와 연관시킬 것을 고집했다는 점을 인정하는 것으로 보인다. 『기본개념』은 (모든 사유는 개념을 통해 이루어져야 한다는) 인식론적 단언뿐만 아니라 (개념이 영구적이고 본질적인 특성을 가진다는) 존재론적 전제도 거부한다.

1989년 자신이 직접 쓴 '국가' 개념의 역사에서 이 주제에 대한 스키너의 작업은 『토대』로부터 나온 참고 문헌들로 철저하게 전증(典證)된다. 다시 한 번 그의 결론과 방법은 그의 메타이론적인 논문의 독자들이 기대하는 것보다는 좀 더 전통적이다. 낯선 인물들에서 유래한 몇몇 인상적인 진술들도 있지만, 스키너의 강조는 마르실리오(Ficino Marsilius), 마키아벨리, 보댕, 홉스, 로크, 보쉬에(Jacques-Bénigne Bossuet)

같은 주요 이론가들, 그리고 공화주의와 절대주의 같은 상충적 전통의 표준적인 해석에 있다. 스키너의 설명은 어느 정도까지 국가 개념에 대한 논쟁에서의 용법의 역사인가? 대체로 그는 경쟁 집단, 운동, 또는 권력자들 사이 투쟁의 언어 속에서 개념의 용법을 추적하기보다 개별 이론가를 공화주의나 절대주의 범주 속에 넣음으로써 논쟁의 맥락을 제공한다.[42] 그리고 여기에는 홉스가 정당화한 절대주의 국가 또는 막스 베버가 정의한 바의 근대 국가를 향한 역사적 발전이라는 목적론적 또는 휘그(Whig)적 전제가 강하게 존재한다.

하지만 이 개념사 소론은 『토대』에 나타나는 고도의 성취를 다시 한 번 보여 준다. 스키너는 중세 후기와 근대 초기 정치사상사에 있어 탁월한 선대 학자들의 미덕과 (견해 중 다수)를 지닌 대단히 뛰어나고 철저한 역사가이기 때문이다. 이 분야는 스키너만큼 명민하고 분석적인 학자를 끌어 오기가 쉽지 않다. 하지만 그의 메타이론적 기획은 실제 수행과 불분명한 관계 속에 서 있는 것처럼 보인다. 이제 그의 실제 수행을 포콕의 수행과 더불어 〈개념사〉의 유사한 작업과 비교할 것이다.

개념 구분과 정치적 어휘체계 연구를 포함하는 스키너의 강령에도 불구하고 실제 실천에 있어서 그는 정치언어의 일반 관습을 강조하는 반면 그 개념적 어휘는 간과하는 경향이 있다. 아마도 그는 국가 연구에서처럼 이제 자신만의 개념사로 옮겨 갈 것이다. '이데올로기'를 지배하는 일반 관습을 역사적으로 엄밀히 취급하는 데 있어 『편람』은, 이미 언급했듯이, 언어의 본질과 의미론에 관한 이론의 특수 역사에 주의를 환기시킨다.[43] 이는 청중이 따르거나 도전한 담론 규칙과 과거 사상가들의 관계에 관한 그들의 자기 이해를 분석하는 데에 크게 기여할 수 있었다. 포콕의 정치언어 분석의 경우, 그는 변화와 연속을 종종 정치언어의 개념 목록 안에서 다룬다. 하지만 그는 자신이 아주 유익하게 확인한 바 있는 '담론' 각각을 구분해 주는 개념사 연구의 체계적인 방법을 개발하지 못했다.

이 역사가들 중 어느 누구도 정치에 맞는 어휘체계, 의미이론, 언어이론에 관하여 역사 행위자들 사이 갈등의 시기에 등장하는 불일치를 정식으로 다루지 않는다. 하지만 그러한 언어적 쟁론은 경쟁적인 사회 · 정치적 집단을 대표하는 인물들 사이에서 특히 등장하기 쉽다.[44] 포콕과 스키너가 강조한 맥락적 분석에서 언어적 논쟁의 역사를 생략하는 것은 (좀 더 일상적인 의미에서) 정치 이데올로기의 적절한 처리를 어렵게 한다.

두 역사가는 모두 텍스트를 단순히 도식적 · 선험적 · 사회적 · 정치적 또는 경제적 범주의 예시로 환원하는 것의 위험성에 적절히 예민하게 대처해 왔다. 하지만 그들은 코젤렉과 라이하르트가 비환원주의적 유형의 사회사를 지적 맥락의 정의에 포함할 것을 옹호하며 제기한 논점들을 고려해야 한다.[45] 이러한 사회사는 역사적 맥락과 수용을 결정하는데 필수적인 질문들에 대답할 수 있게 해준다. 정치적으로 중요한 텍스트의 저자가 의도한 메시지는 적어도 작가와 다른 저자들의 의도를 결정하는 데 들어간 만큼의 역사적 관심으로 청중을 재구성하거나 확인하지 않은 채 다른 어떤 방법으로 이해될 수 있을까? 청중의 메시지 이해는 그 구성과 이해관계를 검토하지 않고 어떻게 설명될 수 있을까? 제도와 사회의 역사를 끌어들이는 문제는 국가가 어떻게 개념화되었는가에 대한 스키너의 작업을 『개혁과 혁명 사이의 프로이센』에 나타난 코젤렉의 작업과 비교할 때 드러나기 시작한다.

스키너와 코젤렉 사이의 가장 두드러진 차이 중 하나는 그들이 이러한 역사에 관련 있다고 판단하는 자료의 차이이다. 『토대』에서 스키너의 작업은 대상 이론가들의 범위가 넓긴 하지만 그들의 제도적 · 법적 맥락에 관해서는 거의 말하지 않는다. 좀 더 제한적인 시기에 대해 훨씬 더 상세하게 이루어진 코젤렉의 논문은 '시민', '재산', '지위', '국가'와 같은 핵심 용어의 규정 권력을 얻기 위해 투쟁하는 개인과 집단을 확인해 준다. 프로이센 식의 국가 개념은 그 자체가 이미 다른 많은 개념들이 존재하고 있었음을 전제하는 것으로 코젤렉은 취급한다. "국가가 개념이 되기 위해 '국가'라는 단어 속으로 무엇이 들어가야 하는지 고려해 보라. '통치' 또는 '지배'(Herrschaft), '관할권', '시민집체'(Bürgertum), '입법'(Gesetzgebung), '사법권'(Rechtsprechung), '행정', '과세', '군대'."[46] 따라서 여러 기술적 언어로부터 차용된 개념들이 국가 개념을 창출하기 위해 융합되어야 했다. 이러한 국가 개념은 특수한 역사 경험과 제도적 유형을 구체화하고 반영했다. 코젤렉은 『기본개념』의 방법이 규정한 광범위한 사료를 이용함으로써 프로이센에서조차 국가 개념은 명백하거나 이론의 여지가 없는 것이 아니었음을 증명했다. 실제로 중요한 주역들은 스스로 언어에 대해 자의식적이었을 뿐만 아니라 정치 · 사회적 핵심 용어들의 규정에 관한 표면상 법적이고 행정적인 논쟁이 지닌 심각한 실질적인 결과에 공중의 주의를 환기시켰다. 유사한 사안을 스키너도 다루지만, 그것은 하나의 특정한 형태로 개념화하는 것의 정치적 영향에 대한 역사 행위자들의 실제 인식보다는 현재의 분석적 관점에서 이루어진다. 그러므로 코젤렉의 사회사와 결합된 개념사 활용은 스키너가 윌리엄스와 러브조이를 비판하면서 진단한 오류들을 피한다. 코젤렉은 기존 법에 존재하는 핵심적 법 개념의 재규정의 중요성을 인식한 사람들이 확인 가능한 집단의 대표자들이었다는 것을 증명함으로써 "서로 다른 작가들이 주어진 개념을 활용할 수 있는 대단히 대조적인 방식들"을 증명했고, 이러한 차이들이 인식되거나 지지되거나 거부된 이유를 설명했다.[47] 이러한 절차는 모호한 사회적 힘이나 비결정적인 지적 영향보다는 인간의 행위로 설명하라는 스키너의 요구에 부합한다.

개별 이론가를 다루는 것을 선호하는 포콕과 스키너의 정치사상 취급에 있어 또 다른 빈틈은 집단, 운동, 또는 당파가 구조적 변화를 인식하고 평가하는 방식에 그들이 관심이 없다는 점이다. 급변하는 시기에 구조의 변모를 특징짓는 데 사용된 언어의 역사는 정치 · 사회적 언어 역사가들이 분석할 맥락에 포함될 가치가 있다. 포콕 자신이 그러한 주목할 만한 연구를 제공한 적이 있다. 그것은 영국과 스코틀랜드의 이론가들이 18세기 상업 사회의 도래를 기록한 상반된 방식을 다룬다.[48] 그러나 대규모 구조적 변화의 언어적 측면에 대한 분석은 스키너의 작업에서처럼 그의 작업에서도 대체로 결핍되어 있다.

따라서 포콕과 스키너는 서로 다른 기법을 사용하여 발화 행위의 철학 이론을 창조적으로 활용함으로써, 나아가서 영어권에서 사용된 근대 초기 주요 표현들을 확인함으로써 정치언어의 역사에 접근했다. 방법에 관한 저작에서 그들은 모두 시대착오나 역사적으로 정당화할 수 없는 독해를 양산하는 텍스트 분석양식을 확인하고 저지하고자 노력했다. 긍정적인 면은 양자 모두 과거 이론가들이 텍스트를 저술하고 자신과는 다른 정치 정당화 방식에 반박했을 때 그들이 무엇을 하고 있는지 스스로 이해한 바를 인식하려고 시도했다는 점이다.

포콕의 성취는 17, 8세기 영어권 작가들이 이용할 수 있었던 대안적이고 경쟁적인 정치 담론의 범위를 이전의 누구보다도 더 완전하게 확인한 데 있다. '고대 헌법', 고전적 공화주의, 또는 다양한 양상의 휘그주의 같은 분석과 신념의 통합 양식들은 그 추종자들에게 사고와 행동에 있어 무엇이 의미 있는지를 규정했다. 높은 학식을 전제하는 상세한 설명으로 포콕은 난제들로 가득한 복잡한 분야를 명료하게 파악하고 고찰하였다.

퀜틴 스키너는 이전엔 체계적으로 추구된 바 없는 두 가지 유형의 역사적 탐구, 즉 (1) 정치적 조정의 정당화를 촉진하는 동시에 제한하는 역사적 맥락, 언어 관습, 수사학과 관련하여 정치이론을 취급하는 것, (2) 그러한 이론 또는 '이데올로기'를 의도적인 발화 행위로 묘사하고 이해 가능하게 하는 것 등을 전적으로 새로운 발판에 올려놓았다. 지금까지 스키너의 메타이론적인 저작들은 의미와 용법의 비트겐슈타인적인 의미론적 동일시를 강조함으로써 그의 주장에 영향받은 이들 대부분을 어떤 개념사도 의심스럽게 바라보도록 이끌었다. 스키너 자신이 이젠 이 문제를 다시 열어젖힐 준비가 되어 있는지도 모르지만, 정치적 주장에 대한 그의 역사적 · 언어적 설명은 어휘체계를 구성하는 개념들의 역사를 도해함으로써 정치 · 사회적 언어를 재구성하려는 『기본개념』과 『편람』의 기획과는 상당히 다르다. 개념사에 대한 유사한 관심 부족은 포콕의 실제 작업에서도 발견된다.

결론적으로, 본 장을 시작하며 제기한 질문, '엄밀히 역사적인 방법으로 정치언어를 취급하는 이들 독일어권과 영어권 양식은 얼마나 양립 가능한가?'는 다시 한 번 제기되어야 한다. 내가 보기에 그들을 결합하는 데 있어 큰 장애는 없다. 오히려 정치 · 사회적 언어의 역사를 기술하는 두 가지 방식을 더 면밀히 이해하고 더 많이 앎으로써 실질적인 이익이 생겨날 것이다. 그들은 역사적 재구성이라는 생각 자체를 무시하는 다른 대안적 방식보다 서로 훨씬 더 많은 점을 공유한다.[49)]

분명 『기본개념』과 『편람』의 〈개념사〉는 포콕과 스키너의 방법으로부터 상당한 이익을 얻을 수 있다. 개별 개념들을 다루는 철자순 목록 형식으로 25년 동안 작업한 지금, 『기본개념』의 기고자들과 독자들은 원래의 문제틀로 돌아가서 정치언어사 서술의 핵심을 이해하는 다른 주요 방식들을 재고할 필요가 있다. 『편람』의 경우 라이하르트는 그 책에서 다루어진 개념들을 공시적으로 논의하는 자신만의 방식을 제안한 바 있다. 그의 강령은 주어진 시기의 정치 어휘 중 특정 개념의 부각을 어떻게 탐구할지 앞으로 고려할 때 면밀히 주의할 만한 가치가 있다. 라이하르트와 키스 마이클 베이커(Keith Michael Baker)가 세주와 프랑스 정치 문답서 취급과 관련하여 언급한 것처럼, 포콕과 스키너는 개념을 정치 담론과 이데올로기의 일부로 다루는 중요한 대안적 방식을 제공한다.

『기본개념』에 깔린 전제는 구조적으로 급변하는 시기에 복합 사회의 정치 · 사회적 어휘체계를 이루는 핵심 개념들을 공시적으로 파악하는 것이 가능하다는 것이다. 이들 개념의 분석을 통해, 비교적 불변인 채로 지속되었든지, 의미 있게 변화했든지, 아니면 처음으로 만들어졌든지 간에 언어의 특화된 영역의 전체 특징에 대하여 결론이 도출될 수 있다. 『기본개념』이 맥락 속에 신중히 배치한 개념들의 개별 역사와 더불어 중요한 시점의 전체 어휘체계를 특징짓고 비교하고 대조하려는 그 기획은 포콕과 스키너가 탐구한 사료, 방법, 질문 등에 많은 것을 보탠다. 사료 수준에서 『기본개념』과 『편람』은 사전편찬자, 언어이론가, 의미론 학자로 이미 활약하던 사람들의 저작과 함께 동시대의 사전, 동의어 관련 서적, 백과사전 같은 사료를 체계적으로 이용함으로써 정치언어의 역사적 연구에 얼마나 크게 기여할 수 있는지 증명했다.

영어권 양식으로 작업하는 이들이 독일 식 방법론을 고려함으로써 이익을 얻을 수 있는 다른 예는 소책자 및 시각적 · 비언어적 자료에서 발견되는 개념들에 대한 『편람』의 탐구, 그리고 『기본개념』과 『편람』의 비환원적인 사회사 이용이다. 비교해 보면, 포콕과 스키너는 개별 이론가나 학파보다 더 큰 분석단위에는 상대적으로 둔감한 것으로 보인다. 이는 1950년대와 60년대의 사회사와 비역사적인 사회학에 대한 초기 케임브리지 학파의 반감, 또는 조야한 마르크스주의의 선험적 계급 범주 사용에 대한 그들 자신의 정당한 반대 때문일 것이다. 그렇지만 양자 모두 조사 범위를 발화 상황에서의 개별 행위자로 제한한 언어 행위 철학 이론에 의존했기에 그럴 수도 있다. 또한 포콕과 스키너가 중세 후기와 근대 초기 역사를 전공했다는 점이 정치와 언어의 관계에 대한 그들의 평가에 영향을 끼쳤을지도 모른다. 심지어 에드먼드 기번에 관한 포콕의 현재 작업도 프랑스혁명 전에서 끝난다. 『기본개념』과 『편람』은 프랑스혁명과 산업혁명기의 정치 · 사회적 어휘체계 속에서 개념화된 거대한 구조적 변화를 고려한다. 『기본개념』의 가장 긴 항목 중 하나인 혁명에 관한 항목은 초기 형태를 다루긴 하지만 19세기를 거쳐 오늘날까지 개념의 역사와 기능을 추적하는 데까지 나아간다.

그럼에도 포콕과 스키너의 메타이론과 실천에는 『기본개념』과 『편람』의 분석에 적용되어야 할 것들이 많이 있다. 포콕이 근대 초기와 18세기 영국에서 사용된 정치언어들을 확인한 것은 특히 가치 있는 분석, 비교 기법이다. 이를 모범으로 삼는다면, 『기본개념』의 자료는 독일어권 유럽에서 사용된 주요 정치 · 사회적 언어를 파악하는 기초로 기능할 수 있다. 동일한 분석양식이 『편람』에서 작동하는 프랑스 정치언어에 적용된다면 두 독일 저작이 공유하는 시기의 독일적 실천과 의미 있는 비교를 가능하게 하는 기초를 제공할 수 있다. 따라서 『기본개념』의 연구결과는 독일사에서의 중요성에 따라 선택된 간격으로 안장시대 동안 활용된 정치언어와 관련하여 공시적으로 재분석될 수 있다. 휘그주의의 다양성에 대한 포콕의 경탄할 정도로 섬세한 취급은 『기본개념』에서 개별적으로 다룬 개념들의 자료로부터 조합할 수 있는 유사한 독일 정치언어사로 이끌 수 있다.[50] 다양한 언어의 지지자들 사이에 존재하는 개념의 의미와 알맞은 용법에 관한 갈등도 이런 과정을 통해 드러날 것이다. 『기본개념』에 존재하는 사회 · 경제언어가 정치와 통치를 논의하는 데 사용된 언어와 상당히 다른 것으로 또는 그렇지 않은 것으로 판명될 수 있을 것이다. 이들 언어에 내재하는 시간 범주들이 그 언어를 사용하는 이들의 이론과 개념에 어떤 영향을 주었는가라는 포콕과 코젤렉이 제기한 공통적인 질문 중 하나도 다루어질 수 있다.

『기본개념』의 재분석은 언어 행위 형식으로서의 정치사상과 이론화라는 스키너의 견해를 고려함으로써 크게 촉진될 수도 있다. 『기본개념』의 방법이 요구하는 고도의 맥락적 분석은 스키너가 신중하게 제기한 질문들 — 주어진 맥락에서 어떤 언어 관습이 정치 · 사회적 행위의 정당성을 규정하는 데 사용되었는가? 이들 어휘와 언어적 틀의 지속적인 사용은 어떤 정당화를 배제했는가? — 에 대답하는 것과 양립할 수 있다. 『기본개념』의 개념 연구가 깊이 있게 제공하는 정보를 활용함으로써 스키너의 조사틀에서 나오는 이 질문들에 상당히 구체적으로 대답할 수 있다. 코젤렉에 따르면 (이 용어를 그가 의미하는 것으로 사용하든 다른 의미로 사용하든) 이데올로기의 확산이 있었던 약 1750년부터 1900년까지의 기간에 스키너의 방법에서 나온 질문들을 적용하는 것은 특히 흥미로울 것이다.

스키너는 또한 일반적 언어 관습이 정치제도 정당화 양식에 끼치는 영향에 관하여 질문을 제기했다. 그의 작업은 『기본개념』에서 자주 사용되는 방법, 즉 정치 담론에서의 비정당화(illegitimation) 기능의 확인과 분석으로 보충될 수 있다. 이는 개념 자체가 어떻게 사용되었는가에 대한 분석에 개념의 정반대, 대칭개념(Gegenbegriffe)을 들여오는 기법이다. 종종 이들 대칭개념은 상대편으로 규정된 다른 집단이 사용하는 경쟁적 개념에 대하여 부정적이거나 탈정당화하는(delegitimizing) 중요한 기능을 수행하는 것으로 밝혀질 것이다. 따라서 부정적인 개념은 종종 정치 · 사회적 논쟁에서 중요한 일을 해낸다.[51)]

마지막으로 세 질문이 짧게 다루어져야 한다. (1) 개념은 정치사상사를 기술하는 데 가장 적합한 분석단위인가? (2) 〈개념사〉는 영어권에서 활동하는 학자들의 이미 풍부한 유사 역사 구상 목록에 보태져야 하는가? (3) 어휘집이나 편람 형식으로 정치 · 사회 사상의 특수 역사를 다루는 것의 장점과 단점은 무엇인가?

첫 번째 질문과 관련하여 테런스 볼(Terence Ball)은 스스로 '비판적 개념사'(critical conceptual history)라 부르는 것을 개발하고 정치 이론에 적용할 것을 설득력 있게 주장했다.[52)] 그러나 독일에서는 수년 만에 처음으로 정치 의미론에 관한 한 권 분량의 작업이 개념을 분석단위로

『기본개념』이 선택한 것에 대해 철저한 공격을 개시했다.[53] 저자인 언어학자 디트리히 부세(Dietrich Busse)는 푸코의 담론적 실천 이론에 아마도 가장 근접하는 일군의 제안들을 제공한다. 『편람』의 비판과는 달리, 『기본개념』에 대한 초기의 원칙적 비판이 그랬던 것처럼 부세의 저작은 여전히 강령적이고 비난조이다. 이러한 적대적인 판단에 대한 평가는 비평가들이 그들의 메타이론을 상세히 실제 역사 사건에 적용함으로써 그것의 우월성을 증명하는 날까지는 아마도 보류될 수 있을 것이다.

『기본개념』과 『편람』 모두 연구결과들을 개별 개념과 관련하여 제시함으로써 개념들 사이의 유형화된 관계를 어떻게 특징지을 수 있는가라는 의문을 해소하지 않은 채 남겨 두었음을 부정하는 것은 아니다. 포콕과 스키너는 당연히 개별 개념보다는 '담론'이나 '이데올로기'로 작업하는 것을 선호했다. 그러나 내가 주장해 왔듯이 그들의 작업이 『기본개념』과 『편람』의 맥락적 〈개념사〉와 양립 불가능한 것은 아니다. 포콕과 스키너의 인상적인 성취는 중요한 측면에서 독일 〈개념사〉의 강령, 방법, 연구결과 일부를 흡수함으로써 개선될 수 있을 터이다.

언어철학의 정치사상사 적용에 관심을 지닌 영어권 분석철학자들의 엄밀함과 독일 개념사는 서로 양립 불가능한 것이 아니다. 실제로 각자의 작업은 독일어-영어 분할 구도에서 다른 쪽의 성취에 주의를 기울임으로써 많은 것을 얻는다. 퀜틴 스키너가 『정치 혁신과 개념 변화』(*Political Innovation and Conceptual Change*) 서문에서 끌어낸 것처럼 개념 변화를 명확히 하는 구분은 받아들일 만한 이유가 충분하다. 스키너는 여기서 용어 지시의 변화, 적용 기준의 변화, 승인 또는 불승인의 가능자로서 용법의 변화를 서로 구분한다. 그는 주어진 용어의 역사에서 세 유형의 변화 중 일부 또는 모두 일어날 수 있다고 결론짓는다. 따라서 개념 변화가 일어났다고 주장될 땐 변경의 엄밀한 성격이 구체화되어야 한다.[54]

스키너의 가설 중 하나는 어떤 시간이나 장소의 정치적 주장을 이해하기 위해서 우리는 참여자들이 이용할 수 있는 개념 자원이 무엇인지 먼저 설정해야 한다는 것이다. 하지만 데이비드 밀러(David Miller)가 지적했듯이 고정된 개념 저장고가 있다는 식으로 생각하는 것은 곤란하다.[55] 우선 개념은 자기 생각의 모순을 조정하거나 또는 상대방이 사용하는 개념을 무너뜨리거나 중화시키고자 하는 정치 행위자들에 의해 재규정되거나 재설명될 수 있다.[56] 또 다른 고려 사항은 가속적인 개념 변화의 특정 시기를 확인한 『기본개념』과 『편람』의 증거에서 비롯한다. 이 시기에 개념적 신조어가 급격히 증가했다. 이 중 다수는 사건과 구조 변화의 전례 없는 국면을 이름 짓고 특징지으려는 시도였고, 다른 것들은 정치 · 사회적 변화의 미래 형태와 방향을 예측하려는 노력을 나타냈다. 개념 자원의 고정된 저장고라는 견해가 18세기 이전 시기에 아무리 도움이 된다 하더라도 이후 정치 · 사회적 개념의 전례 없는 확장을 모호하게 한다.

영어권에는 적절한 정치 · 사회적 개념의 역사가 없기에 독일어권 유럽에 대해 『기본개념』이, 그리고 프랑스에 대해 『편람』이 증명한 어휘 체계상의 폭발적인 변화가 영어권 사회에서도 일어났는지, 또 언제 일어났는지를 판단하기는 어려울 것이다. 따라서 영어권 정치 · 사회적 사상 사학자들 중 적어도 일부가 『기본개념』과 『편람』이 다룬 시기 동안의 개념사에 관심을 기울일 만한 사유는 충분하다. 그렇게 하는 것은 영어, 프랑스어, 독일어, 네덜란드어와 더불어 연구 예정인 다른 언어권 정치 · 사회적 개념의 비교분석 시도를 가능하게 할 것이다. 하지만 지금까지 영어권 학자들은 개념사의 체계적인 연구를 시작하지 않았다. 그때까지는 정치 · 사회적 사상의 역사, 정치언어와 행동 사이의 관계 연구자들은 더욱 빈곤한 상태로 남아 있을 것이다. 다음의 종장은 그러한 영어권 기획의 논거를 더욱 상세하게 제시한다.

07
"현자들의 노력으로" —영어권 정치 · 사회 개념사의 필요성

외견상 우리 말에 이전에는 알려져 있지 않던 용어는 현자들의 노력으로 이제 관습적으로 받아들여질 수 있고, 이로써 그 용어는 친숙해질 것이다. 로마인들이 그리스의 지혜를 그들의 도시로 번역했듯이, 우리가 원한다면 우리도 그들 모두의 학식과 지혜를 이 영국 땅에 가져올 수 있을 것이다. … 왜냐하면 우리의 태만과 게으름을 나무랄 만하게도 비슷한 작업이 프랑스인, 이탈리아인, 독일인에 의해 이루어졌기 때문이다.

존 엘리엇 경, 『위정자론』(1531)

… whiche terme, beinge semblably before this time unknowen in our tonge, may be by the sufferaunce of wise men nowe received by

custom, whereby the term shall be made familiare. That lyke the Romanes translated the wisedome of Graecia in to their citie, we may, if we liste, bring the lernyges and wisedomes of them both in to this realme of Englande. ...sens lyke enterprise hath ben taken by frenche men, Italians, and Germanes, to our no litle reproche for our negligence and slouth.

Sir John Elyot, *The Boke named the Gouernour* (1531)

마지막 장에서 나는 『기본개념』, 『편람』, 『철학사전』에 견줄 만하지만 영어권 사회의 정치 · 사회적 개념의 역사에 초점을 맞춘 기획의 논거를 제시한다. 물론, 일반적인 지성사와 특수한 정치 · 사회적 사상사를 기술하는 방식에 대해서는 경쟁적인 구상들이 이미 많이 존재한다. 그러나 앞서 언급했듯이, 문제는 이 주제를 다루는 다른 모든 방법들을 개념사가 대체해야 하는가는 아니다. 여기서 다원주의는 바람직하고 또 필수적이다. 정치 · 사회적 사상의 흥미는 여러 시각에서 바라볼 때 고조되는 것이다.

개념사에 대한 나의 논거는 그것이 정치, 통치, 사회 분야 어휘체계의 핵심 변동에 관하여 상세한 정보를 제공하는 독특한 형태의 지식이라는 점이다. 『기본개념』, 『편람』, 『철학사전』은 모두 전문 연구자와 일반 독자에게 긴요한 자원으로서 그 가치를 증명했다. 이들 모범 중 하나 또는 그 이상에 기초한 유사 어휘집이 영어가 사용되는 곳이면 어디나, 즉 전 세계에서 곧 귀중한 자리를 차지하리라고 믿을 만한 이유는 충분하다.

영어권 사회에서 사용되는 정치 · 사회적 개념의 역사를 도해하는 기획에 대하여 세 가지 반론이 제기될 수 있다. (1) 그런 사업은 영어권의 언어 또는 분석철학자들이 오래전에 불신한 일종의 독일 관념론을 소생시키려는 은밀한 기도이기에 치명적인 흠을 지닌다. (2) 상응하는 개념사는 영어로 기술된 참고 도서로 이용 가능하다. (3) 이러한 참고 도서와 더불어 영어 단어, 용어, 개념의 역사에 관심을 지닌 이들은 명저, 『옥스퍼드 영어사전』(*Oxford English Dictionary*, 이하 『옥스퍼드』)을 오랫동안 소유하고 있었다. 이는 높은 평가를 받은 제2판으로 최근 더욱 개선되었다. 이것이 현재 합리적으로 요구될 만한 모든 언어 정보를 통합한다고 주장할 수도 있다. 실제로 위대한 정치사상사학자, 매킬레인(C. H. McIlwain)은 『옥스퍼드』를 "우리의 독특한 제도와 사상의 역사에 대한 하나뿐인 최고의 교과서"로 평한 바 있다.[1] 『옥스퍼드』와 그 부록에 의존해 오던 다른 많은 이들은 그것을 개선할 절박한 필요성을 느끼지 못한다. 이들 잠재적인 반론 각각을 짧게 다루어 보도록 하겠다.

독일 개념사 저작을 처음 만날 때 영어권 정치 · 사회 사상사학자, 지성사학자, 철학사학자 중 분명 모두는 아니지만 다수는 독일 사상과 학문에 대한 정형화되거나 시대착오적인 이미지를 가지고 반응하는 경향이 있다.[2] 왜냐하면 독일 정치철학, 철학, 문화 일반에 대한 영어권 논의에는 폴 리쾨르(Paul Ricoeur)가 '의심의 해석학'이라 부르는 기존의 양식이 존재하기 때문이다. 이는 두 차례의 세계대전 동안 영미 사상과 문화에 대한 독일의 철저한 공격으로 인해 부분적으로 창출되었다. 이에 대해 산타야나(George Santayana)의 『독일 철학의 자기중심주의』(*Egotism in German Philosophy*), 듀이(John Dewey)의 『독일 철학과 정치』(*German Philosophy and Politics*), 그리고 후기 저작으로는 피터 비렉(Peter Viereck)의 『메타정치』(*Metapolitics*)와 맥거번(William M. McGovern)의 『루터에서 히틀러까지』(*From Luther to Hitler*) 등이 같은 방식으로 대응했다. 이런 식의 논쟁적 역사로부터, 개념사에 대한 관심이 추상을 물화하는 철학적 경향과 정치 문제를 실용적으로 다루지 못하는 정치적 무능을 결합하는 독일 특유의 실패에 기인한다는 가정으로 넘어가는 것은 쉬운 일이다. 그리고 이렇게 위험한 독일식의 지나친 단순화는 특유의 민족적 오만과 권력 의지에서 비롯한다고 여겨진다.

영어로 된 독일 정치사상사 정전이 없음에도 그에 대한 개요가 쉽게 이용 가능한 통설의 형태로 나타난다.[3] 분석철학 분야에서 교육받은 연구자들 사이에서 여전히 통용되는 통설 중 하나는, 개념사를 기술하려는 어떤 시도도 오래 확립된 독일식 오류를 필연적으로 반복한다는 혐의를 뒷받침한다. 이는 개념이 불변의 형식 또는 본질이라는 잘못된 가정을 독일 개념사학자들이 지닌다고 보는 것을 포함한다. 독일 개념사학자들의 오류로 여겨지는 또 하나는 언어적 용어가 '실제' 존재를 지시한다고 봄으로써 용어에 존재론적 지위를 부당하게 부여하는 잘못된 전제이다. 또 다른 종류의 비판은 앞 장에서 검토한 바 있는 역사주의적 · 맥락적 논의에 기초한 것으로 현재 독일 개념사학자들에게 영어권 동료들이 제기했다. 즉, 분석적 목적으로라도 어느 한 개념의 역사를 의미있게 추적하는 것은 불가능하다는 것이다. 왜냐하면 그렇게 하는 것은 개념이 개별적인 역사적 맥락과 논의에서의 용법과 무관하게 정체성을 지닌다고 가장하는 것이기 때문이라고 주장된다. 그러므로 역사를 지닌다고 취급될 수 있는 것은 아무것도 없다.

이 비판은 흥미롭다. '역사주의'(historicism, historism)가 제2차 세계대전 이전 독일에서의 역사 연구를 지배했기 때문에 전후 독일 역사가들은 영어권 동료들보다 훨씬 심하게 그 주요 논제들에 맞서도록 강요되었다. 1930년대 마이네케가 설명하고 옹호한 역사기술 입장이 독일 전문 역사가들 사이에서 오랜 정통성을 대표했다는 점에는 의심의 여지가 거의 없다. 아이제이아 벌린 경(Sir Isaiah Berlin)에 따르면,

19세기 역사 서술의 변모는 다분히 니부어(Niebuhr)와 뵈커(Boeckh)부터

몸젠과 부르크하르트(Burckhardt)까지, 사비니(Savigny)와 랑케(Ranke)부터 막스 베버와 트뢸치에 이르는 훌륭한 독일 대가들의 작업이다. … 그 시초는 여러 나라로 추적될 수 있지만, 그것의 체계적인 표현은 독일 사상가들 사이에서 처음 발견되었다. … 개별 사상가들과 이후 더 많은 집단들이 모든 인간 활동을 통합된 '유기적' 사회 전체 속의 요소로 인식하기 시작했다. … 그것은 고립된 부분들의 합성인 기계 장치처럼, 심지어 생각 속에서도, 부품으로 분해되었다가 다시 조립될 수는 없었다. …[4)]

이 학파의 주요 신조는 독일식 역사 접근을 지배했고 제2차 세계대전 이후 개념사의 창시자들이 공격한 지성사의 형태, 즉 〈정신사〉와 〈이념사〉에 중심적이었다. 따라서 콘체와 코젤렉은 과도하게 원자론적이고 충분히 맥락적이지 못하다는 그들의 방법에 대한 맥락적 · 철학적 비판 모두를 잘 알고 있었다. 현재 〈개념사〉를 실천하는 학자들은 특수하게 독일적인 발전과 사상 양식(특수성[Sonderweg])이라는 논쟁적인 견해에 친숙한 만큼 언어적 형태의 '역사주의'에도 친숙하다. 〈개념사〉에 대한 영어권의 회의는 앞서 설명한 다양한 형태의 독일연방공화국 개념사의 최근 실천에 대한 직접적인 지식보다는 이른바 독일 사상의 불변적 특징이라는 고정관념에서 유래한다.

루이스 화이트 벡(Lewis White Beck)은 다음과 같이 언급했다.

다른 나라 철학자들은 독일 정치 생활에 대해 좋아하지 않는 것의 설명을 독일 기질의 철학적 성향에서 발견 … 했다. 상당한 양의 위험한 허튼소리가 이 문제의 모든 측면에서 기술되었다. … 그런 노력은 … 결과에 있어 설득력이 없었으며 대개 동시대의 고정관념을 따랐고 선전으로 기능했다.[5)]

이 모든 이유에도 불구하고 개념의 역사에 관한 이야기는 영어권 역사가와 정치철학자에게 불편함을 주는 경향이 있다. 하지만 우리가 보았듯이 독일의 〈개념사〉 연구자들은 사실 여러 영어권 반론들을 두루 다룬 바 있다. 〈개념사〉와 구조적 사회사의 결합 필요성은 『기본개념』의 강령에서처럼 몇몇 경우, 독일 지성사 기술의 전쟁 전 양식을 따르는 연구자들과 헤겔주의자들의 비상황적인 일반 가설들을 분명히 거부함으로써 정당화되었다. 그리고 『철학사전』을 대강 훑어보더라도 1945년 이후 언어와 역사적 지식 문제에 관한 영어권의 철학 작업이 독일 철학자와 역사가에게 잘 알려져 있다는 것이 드러난다. 지난 40년 동안 연방공화국(Bundesrepublik)의 역사가들이 영어와 프랑스어권 동료들과 친밀한 유대를 발전시켰다는 것 또한 사실이다. 1945년 이후 철학과 역사 모두에서 연방공화국의 지적 활동이 크게 변했기 때문에 옛 이미지들은 거의 전적으로 실제 상황을 제대로 보여 주지 못한다.

영어권 사회의 개념사 기획을 실행하는 데 제기될 수 있는 두 번째 반론은 기존의 참고 도서들이 필요한 모든 정보를 이미 제공한다는 것이다. 사실 영어권에는 독일어권과 프랑스어권 유럽의 정치 · 사회 개념사를 개관하는 주요 독일 어휘집의 진정한 등가물이 없다. 『철학 백과사전』(*Encyclopedia of Philosophy*), 『이념사 사전』(*Dictionary of the History of Ideas*), 『국제사회과학백과사전』(*International Encyclopedia of the Social Sciences*), 그리고 범위는 작지만 좀 더 많이 이용되는 『블랙웰 정치사상 백과사전』(*Blackwell Encyclopedia of Political Thought*) 같은 참고 도서에 약간의 개념사가 있기는 하다. 그러나 이러한 개념사 거의 모두는 이론적 의제나 연구강령과 상관없이 이루어졌다. 개념사에 관한 독일 저작과 비교할 때, 영어권의 가장 근사한 작업에는 이론적 목표에 대한 신중한 규정, 그리고 오직 의도적인 발견적 탐구를 통해서만 얻을 수 있는 상세한 문서 고증 및 사료에 대한 관심이 모자란다.

유망한 예외는 『정치 혁신과 개념 변화』라는 제목의 책이다. 이는 영어권에서 사용된 정치 개념의 여러 역사를 제시하고, 더불어 그렇게 하는 것의 이론적 근거를 제공한 첫 시도에 속한다.[6] 이 저작은 마땅한 상찬을 얻었다. 그러나 편집인들이 지적하듯이 그들의 작업은 단지 시작에 불과하다. 그들은 독일 어휘집의 상세한 연구에 필적하거나, 명시적으로 제시된 일군의 문제들을 기고자들이 다루도록 하거나, 적합한 사료 총체에 적용되는 통일된 연구 절차를 따르려는 어떤 시도도 하지 않았다. 그러나 원칙적으로 이러한 절차가 영어로 기술된 정치 · 사회적 개념의 역사에 적용되지 말아야 할 이유는 없다.

비교분석은 또 다른 일군의 의문을 제기할 것이다. 옛 용법에 관한 쟁투 및 정치 · 사회적 신조어의 창조가 프랑스혁명기와 같은 정도로 일어난 시기가 영국사 또는 다른 영어권 사회에 있었는가? 그렇다면 이러한 언어 현상은 영국의 17세기 혁명기에, 아니면 산업혁명 초기와 같은 그 다음 시기에 일어났는가? 이들 질문에 철저히 대답하는 일은 영어권 사회의 정치 · 사회 개념사를 파악하는 데 대한 영어권과 독일어권의 기여를 결합함으로써 가장 유익하게 이루어질 수 있다. 이러한 개념사는 지금은 무시되는 질문들을 다룰 것이고, 방법과 제재에 있어 이미 나와 있는 것과 대단히 다른 연구강령을 제공할 것이다.

지성사 또는 정치사상사에서 작업하는 많은 역사가들은 영어권 정치 · 사회 개념사를 추적하는 여러 저자의 대규모 어휘집에 대해 세 번째 반론을 제기할 수 있다. 그들에게 『옥스퍼드』는 가능하거나 필요한 모든 일을 해준, 오랜 전통의 표준 저작이다. 최근 『옥스퍼드』의 제2판으로 통합된, 단어 · 용어 · 개념의 역사적 의미 수집을 오늘날 어떤 개인 또는 집단이 상당히 개선할 수 있다는 생각은 진정 개연성이 있는 것인가?[7] 『옥스퍼드』의 편집인은 다음과 같이 주장한다. "범위는 광대하고 취급은 집중적이어서 그것은 많은 언어의 어휘집으로 … 기능했고, 주로 단어를 다루지만 그것은 실질적으로 사물에 관한 정보의 백과사전적 보고이다."[8] 이전의 잠재적인 두 반론과 함께 『옥스퍼드』에 대한 이러한 견해가 조건 없이 받아들여진다면 독일 모형에 기초한 개념사 어휘집의 여지는 많이 남지 않을 것이다.[9]

『옥스퍼드』를 정기적으로 이용하는 사람이라면 그 누구도 역사적 사전편찬에 대한 그것의 진정 위대한 기여에 의문을 제기하고 싶어 하지 않을 것이다. 그것은 민족어 사전 중 최고로서의 자격을 어느 정도 지닌다. 그러나 그것이 일부 용어와 개념을 지칭하긴 하지만 결국 '단어'(words)의 역사로 의도되었다는 지적은 결코 단순한 비판만은 아니다. 『옥스퍼드』는 또한 영어의 역사도 아니다. 저작의 제목이 아직 정해지지 않았을 무렵 제임스 머리(James Murray)가 썼듯이, "사전은 언어가 아닌 단어의 역사를 보여 줄 수 있을 뿐이다. …"[10] 대부분의 이용자들은 과거 단어 용법의 문맥을 제공해 주는 예들을 반기지만, 머리와 그의 동료들 그리고 후임자들은 모두 옥스퍼드 대학 출판사가 편집인이 할 수 있는 인용 수에 과도한 제한을 가했다고 느꼈다. 『옥스퍼드』는 또 다른 문제들 때문에 정치·사회 개념사의 위대하지만 심한 결함을 지닌 자원으로 남는다. 앞으로 보게 되겠지만, 그것은 다른 많은 사전들처럼 반의어(antonyms), 또는 반대(contrary), 대립(opposite), 역(converse) 단어를 규칙적으로 제공하지는 않는다.

위대한 민족어 사전들—『옥스퍼드』, 그림 형제의 『사전』, 그리고 프랑스 한림원, 리트레(Littré), 로제(Roger), 『프랑스어의 보고』(*Trésor de la langue française*, 진행 중) 등의 프랑스어 사전—에 대해 앞서 언급한 두 비판에 『기본개념』과 『편람』 모두 동의한다는 점은 유념할 만하다. 첫째 결함은 정치, 사회, 경제 언어를 취급하는 데 있어서의 철저한 부적합성이고, 둘째는 조사 사료에 대한 편견이다. 『옥스퍼드』의 제2판은 제1판에서 취급된 시기 이후를 다루는 보유편들을 포괄하지만, 최초 13권을 개정하지는 않았다. 여러 해가 지난 뒤 옥스퍼드 대학 출판사는 『옥스퍼드』의 전면 개정을 계획 중이라고 발표했다.[11] 이는 제1판 이후 축적된 정보를 통합할 것이다. 전임 연구자들이 이러한 자료를 분석하고 그들 자신의 새로운 발견들을 덧붙일 것이다. 사전편찬자들이 현재 사회과학이라 불리는 것, 그리고 그 초기 형태의 어휘들을 제대로 다룰 수 있을지는 두고 보아야 할 것이다. 많은 경우 이러한 주제의 역사는 논쟁 중이거나 설명되지 않은 채로 남아 있다. 개정 『옥스퍼드』가 이들 어려움을 극복하길 바라지만, 과거 경험은 이 분야 사전편찬자들의 유효성에 의문을 제기한다. 그들만이 이런 빈틈에 책임이 있는 것은 아니다. 기획된 개정의 공편자들은 현재 역사 텍스트 분야에서 작업하는 학자들의 협조를 부탁한 상태이다. 그러나 영어권 대학 교수들이 기술한 개념사가 상대적으로 전무하기 때문에, 본 장에서 추천하는 노선을 따라 특수 기획 사업을 조직하지 않은 채 정치, 사회, 법 어휘의 역사를 개정하는 작업이 만족스럽게 수행될 가능성은 없어 보인다.

다른 일반 사전처럼 지금까지 『옥스퍼드』에서 사용된 출처는 순수 문학작품에 경도되었다. 페르디낭 브뤼노(Ferdinand Brunot)는 프랑스어의 역사를 기술할 때 정치 · 사회 · 경제언어 영역의 특수 용법에 관하여 프랑스 역사가들로부터 거의 또는 전혀 도움을 받지 못했다고 불평했다. 자기 분야 개념 용법에 관한 영어권 역사가와 사회과학자의 조직적 연구가 없는 상태에서 단어와 개념의 첫 사용에 관한 『옥스퍼드』의 정보가 가끔 부정확하다는 것은 그리 놀랄 만한 일이 아니다. 그리고 『옥스퍼드』가 제공하는 용례는 정치적 논의에서 사용되는 단어와 개념의 기능을 이따금 예시할 뿐이다. 정치 · 사회적 개념의 의미 변화에 대한 체계적인 통시적 취급도 훨씬 드물다.

예를 들어 누군가 영어에서 '지배'(domination [3장에서 다룬 독일 개념 Herrschaft의 제안된 번역 중 하나])의 정치 · 사회적 의미를 결정하고자 한다면 『옥스퍼드』는 부적절한 정보를 제공할 것이다.[12] 『옥스퍼드』가

'지배'를 다루는 방식에서 나타나지 않는 것은 『기본개념』이 Herrschaft 항목에서 강조하는 (인간을 소유주의 재산으로 취급할 수 있는 법적 강제력을 지닌 권리라는) 개념의 의미들이다. 『옥스퍼드』가 제공하는 주 의미는 "통치 권력(ruling power), 영주 통치(lordly rule), 세력(sway), 또는 통제(control)의 행사, 우세(ascendancy)"이다. 그러나 '통치 권력'이나 '영주 통치'는 정치 · 사회적 맥락에서 무엇을 뜻하는가? 표제어는 잠재적으로 적용 가능한 의미로 "영주의, 또는 그에 속한, 영주들로 구성된, 또는 그들이 관리하는"을 제시한다. 그 이상의 설명과 교차 참조는 독자를 '절대적, 절대주의'(absolute, absolutism), '영주'(lord), '통치', '세력', '통제', '지배력'(dominion) 등으로 이끈다.

'절대적'(absolute) 항목 아래에는 다음과 같이 나타난다.

> III. 위상이나 관계에 있어 절대적인 또는 초연한; 독립적인 … 1533 … 8. 따라서 절대적 권력을 지닌, 절대적으로 다스리는, 의회의 동의권이나 헌법에 제한받지 않는, 자의적인, 전제적인. 1612 …

『옥스퍼드』가 제공하는 관련 실례 구절은 다음과 같다.

> 1533 "신의 절대적 권력". 틴데일(Tindale)
>
> 1625 베이컨(Bacon), 『수상록』(*Essays*), 19장. "그들(귀족)을 누르는 것은 왕을 더욱 절대적으로, 하지만 덜 안전하게 만들 것이다."
>
> 1735-38 『정당론』(*Dissertation on Parties*), 볼링브룩(Bolingbroke) 경. "절대군주제(Absolute Monarchy)는 폭정이다. 그러나 절대적 민주주의(absolute Democracy)는 폭정과 무질서 모두이다."
>
> 1756 버크(Burke), 『자연 사회의 옹호』(*Vindication of Natural Society*). "공화국(Republicks)은 절대군주제식의 많은 것들을 지니고 있다."

이데올로기가 1750년 이후 급증했다는 주장으로 『기본개념』이 강조한 개념의 '주의'(ism) 형태의 경우, '절대주의'(absolutism)와 '전제주의'(despotism)에 해당하는 표제어가 있다.

> 절대주의 … 2. 정치적. 절대적 정부의 실천, 전제주의; 절대적 국가. 페로네 톰슨(Peronnet Thompson) 장군이 '절대주의자'(absolutist)와 함께 처음 사용. 『연습』(*Exerc.* 1842), 1권, 295. "옛 절대주의를 회복하려는 요량으로 외국인 대리자를 왕좌에 앉히고자 시도하는 실험".
> 전제 군주(Despot). 2. 고대 그리스 용법을 따라. 한 나라의 절대적 통치자, 따라서 확대하면, 절대적으로 또는 압제적으로 다스리는 통치자, 압제적(tyrannical) 권위를 행사하는 사람, 폭군(tyrant) 또는 압제자(oppressor). (대개 적대적인 근대 용법은, 토드[Todd]가 인용한 메이슨[Mason]에 따르면, 프랑스혁명기에 두드러지게 나타났다. "프랑스혁명가들은 이 칭호를 부여하는 데 매우 자유로웠다.")

『옥스퍼드』의 표제어, '절대적'은 개념사학자에게 유용한 몇몇 암시를 담고 있다. 틴데일(Tindale)이 인용한 첫 구절은 신학적 용법으로부터 차용된, 또는 그와 유사한 정치적 의미를 가리키고, 따라서 근대 초기 신권과 가부장적 군주제 이론의 신과 왕의 권능에 대한 명시적 유사성을 상기시킨다. 베이컨(Bacon), 버크(Burke), 볼링브룩(Bolingbroke) 인용들은 중요한 정치이론가들의 관련 구절에 대한 참조를 담고 있다. 그러나 『옥스퍼드』의 이러한 자료는 '절대적', '절대주의자', 또는 '절대주의'의 정치적 의미에 대한 정확한 통시적 연속에는 근접하지 않는다. 이 개념에 대한 고(故) J. 달리(Daly)의 모범적이지만 대단히 예외적인 취급처럼, 주어진 시점에 논쟁의 대상이 되는 용법을 공시적으로 취급하지도 않는다. 영어권 역사가 중에서 그의 작업은 근대 초기 영국의 정치적 어휘체계에서 '절대적'과 '절대군주제'(absolute monarchy) 용법의 신중한 탐구로 눈에 띈다.13) 이 경우 『옥스퍼드』는 영어 '지배', '절대주의', '전제주의' 개념의 통시적 역사에 잠재적으로 유용한 자료를 약간 제공한다. 그러나 제공된 기록은 결함이 심각하다.

'영주' 항목에서 명사로서의 이 단어는 "부분적으로 그 의미 전개의 발단이 된 라틴어 dominus(주인)의 관습적 번역으로 여겨진"다라고 진술된다.

> I. 폐어. 1. 지배자(master), 통치자, 남성 가장. −1611. 2. 신하로서의 타인에 대한 지배력을 가지거나 섬김과 복종이 당연히 따르는 사람, 지배자, 우두머리, 왕(prince), 군주(sovereign). 현재는 수사적으로만. 7. 예수 그리스도의 칭호로서. 흔히 '우리 주님'(Our Lord). 또한 '주님'. 중세 영어.

유일한 관련 예증 구절은 '영주'를 '하인'과 대조시키는 마태복음 10:24, 그리고 밀턴(John Milton)의 "그는 주인을, 사람 위의 사람으로 삼지 않았다"(Man over Man, he made not Lord)에 대한 참조이다. 동사로서의 '영주' 항목은 (표제어 '전제주의'처럼 '전제적', '압제적'[tyrannical], '절대적'을 융합한) 압제적 통치 같은, 좀 더 정치적이고 사회적인 함의를 드러낸다.

> 1. 자동사. 폐어. 영주권(lordship)을 행사하다. −1489. b. 영주 노릇을 하다 …; 위엄(grandeur)의 풍채를 띠다; 압제적으로 통치하다, 권세를 부리다(domineer). 중세 영어.
>
> 2. 타동사. ~의 영주가 되거나 영주로 행동하다, 통제하다, 부리다(manage), 통치하다(드묾). 1586.

명사 '통치'(rule) 항목에 대한 참조는 그 이상을 드러내진 않는다.

"14. a. 통제, 통치(government), 세력, 지배력. 중세 영어." 동사로서의 '통치' 표제어는 다음을 포함한다.

> 4. 다스리다, 군주 권력(sovereign power)을 행사하다, 권위로 통제하다. 후기 중세 영어. 5. 절대적(*absol.*). 주권을 행사하다, 다스리다; 완전한 통솔(command) 또는 세력을 가지다. 1509.

명사 '세력'(sway) 항목은 "6. 통치 또는 통솔 권력; 군주 권력 또는 권위; 지배력, 통치. 1586"만 포함한다.

특별히 신중한 연구자들은 '지배', '절대적', '전제 군주'(despot) 등의 단어들 외에 의미의 장을 규정하는 다른 용어들을 찾아, 과거 용법에 관한 추가적인 정보를 이용할 수 있다.

> 지배력(Dominion). 다스리고 통제하는 군주 권위의 권력 또는 권리; 영주권, 주권; 통치, 세력; 통제, 영향.
>
> 지배적(Dominical). 절대적 영주의 또는 그와 관련된, 압제적인. 1644. 파커(H. Parker) 『백성의 권리』(*Jus pop*) 37. "그 지배적-권력(dominicall-power)은 부자연스럽다. 그것의 정의 자체가 노예로 하여금 자신의 권리를 완전히 박탈당하게 하고, 지배자의 독점적 목적에 종속되게 한다."

따라서 이들 그리고 관련 표제어들이 비전문 독자에게 유용한 최소의 암시들을 담고 있긴 하지만, 정치·사회적 개념으로서의 '지배'에 관한 『옥스퍼드』의 정보는 기껏해야 단편적이고, 종종 부정확하다. 아리스토텔레스나 보댕의 중요한 근대 초기 영어 번역에 대한 언급도 전혀 없다. 리처드 놀스(Richard Knolles)가 1606년 보댕 『국가론』(*Six Books of the Republic*)의 (프랑스어와 라틴어 텍스트를 융합한) 영향력 있는 번역에서 monarchie seigneurale와 dominatus를 '영주 군주제'(lordly monarchy)로 옮김으로써 '전제적'(despotic) 통치를 '왕권'(royal)과 '압제적'(tyrannical) 변이들과 구별했다는 사실을 독자가 『옥스퍼드』로부터 알아낼 수는 없다. 주권(sovereignty)에 대한 보댕의 개념화는 물론 영국과 그 밖의 군주들이 주장한 절대적 권력 이론의 전환점이었다. '전제주의'(despotism)가 프랑스혁명기에 처음 나타났다는 주장은, 뉴전트(Nugent)의 몽테스키외 번역을 보거나 홉스, 로크, 기번, 흄(Hume), 퍼거슨(Ferguson), 블랙스톤(Blackstone), 또는 페인(Paine)을 참조하면 드러나듯이, 프랑스어나 영어 용법 어디에 적용하더라도 전혀 옳지 않다. 또한 『옥스퍼드』는 전제주의와 예속(slavery)의 의미에 관한 프랑스의 논쟁에 영향받은 영국의 급진적 용법들이나 이후 '지배'라는 관념을 자본주의 관계에 적용한 마르크스주의 개념들을 포함하고 있지도 않다.

역사적 사전편찬과 〈개념사〉의 목적은 여러모로 다르다.[14] 하지만 역사적 정확성을 판단하는 데 있어서는 사전편찬과 개념사 모두 같은 기준으로 평가되어야 한다. 여기에는 용법에 관한 증거를 제공하기 위해 참조한 사료의 성격, 사료를 읽는 철저함과 정확성, 마지막으로 사료 연구가 제공한 증거를 편집인들이 이용하는 방식 등이 포함된다. 사전편찬학자들이 『옥스퍼드』의 정확성을 평가했을 때, 그들은 수많은 의문을 제기했다. 『옥스퍼드』 편집인들은 어떤 사료를 읽을지 어떻게 결정했는가? 정치·사회적 용법을 기록한 비문학 사료와 문학 사료의 균형을 맞추는 방침이 있었는가? 사료 업무에 선정된 독자들은 얼마나 효과적이고 정확했는가, 그리고 그들의 정확성은 어떻게 평가될 수 있는가?[15]

『옥스퍼드』의 원판은 자원(自願) 독자들을 활용했다. 그들은 편집인들이 제공한 출판물을 검토했고, 포함할 만한 가치가 있다고 판단한 단어와 의미를 (원 문맥과 함께) 용지에 기록했다. 편집인들은 약 500만 장에 이르는 용지들을 단어 의미의 결정과 과거 용법 예시 인용문을 위한 기초로 사용했다. 제2판은 좀 더 전문적이고 믿을 만한 방법으로 그 내용을 수집한 여러 보유 편을 덧붙였다. 그러나 『옥스퍼드』 원 13권에 대한 수정은 이루어지지 않았다. 『옥스퍼드 보유』(*OED Supplement*)의 독자 중 한 명이었고 그에 가장 크게 기여한 마거니터 래스키(Marghanita Laski)는 원판을 개정하지 않겠다는 최초 결정을 날카롭게 비판했다. "『옥스퍼드』의 원 독자 다수는 서툴렀다. 초기 자료에 대해서는 말할 수 없지만, 말하자면 1600년 이후의 모든 문헌은 다시 읽을 필요가 있다는 점을 나는 알고 있다. 가장 유명한 작품에서조차 빠진 분량을 보면 놀라움을 금할 수 없다."[16)]

처음 수집, 편집, 출판된 표제어들은 얼마나 정확했는가? 리처즈(I. A. Richards)는 다음과 같이 언급했다.

> 단어가 어떻게 사용되어 왔는지를 설명적으로 기술하는 이 작업은 물론 극도로 어렵고 미묘한 일이다. 『옥스퍼드 사전』(*Oxford Dictionary*)을 주의 깊게 살펴본 사람이면 누구나 저작의 질이 항목마다 대단히 다르다는 점을 알 것이다. 다른 사람들이 다른 저술들을 할당받았고, 다른 부분에 다른 관심을 가졌다. … 그것은 상당히 고르지 못하고, 항목이 쓰인 시대를 종종 반영한다.[17)]

신조어는 정치 · 사회적 언어 연구에서 특히 중요하다. 『기본개념』과 『편람』에서 연구된 정치적 개념의 가속도적 변화 중에는 정치 · 사회적 언어에 나타나는 대단히 높은 비율의 신조어들이 있다. 이러한 신조어의 가속적 출현은 근대 초기에 시작되었지만, 그것은 대략 18세기 중반 이후 크게 증가했고 19, 20세기를 거쳐 오늘날까지 지속되었다. 그러한 신조어들은 '귀족'(aristocrat), '구체제'(l'ancien régime), '프랑스혁명'으로부터 '전제정치'(Caesarism), '마르크스주의', '레닌주의', '파시즘', '전체주의'에까지 이른다. 모두 그것들이 창조하거나 형성하거나 해석하는 데 도움을 준 변모의 과정 속에서 만들어졌다.

『옥스퍼드』는 신조어를 확인하는 데 얼마나 정확한가? 마거니터 래스키는 분별력이 있어야 할 너무 많은 사람들이 『옥스퍼드』가 제공하는 단어나 용법의 첫 보기가 실제로 영어에서 그 단어나 용법의 첫 출현을 확증하는 것으로 추정한다고 논평했다. 그러나 사전은 공표된 부분이 처음 인쇄에 들어가던, 1세기 이상 전 당시 편집인들이 이용할 수 있었던 정보만큼이나 부정확할 수 있었을 것이다. "『옥스퍼드』에서 사소한 것들뿐만 아니라 중요한 단어와 용법의 수많은 '첫 용례들'의 경우 이제 그 시기가 앞당겨질 수 있고, 종종 수 세기 정도 앞당겨질 수도 있다."[18] 래스키의 인상주의적 평가는 『옥스퍼드』에 단어의 첫 용법으로 주어진 연도의 정확성을 점검한 정량적 연구로 확인되었다. 『옥스퍼드』 말뭉치(corpus)에 원래 포함된 선택 사료를 다시 읽은 뒤, 연구자는 『옥스퍼드』를 위해 검토된 잠재적 첫 인용들 중 적어도 1/3을 독자들이 간과했다는 사실을 발견했다. 이 부분에 대한 정정은 『옥스퍼드』가 제공하는 용법의 첫 연도를 30퍼센트의 경우 50년, 7퍼센트는 100년 이상 바꾸어놓을 것이다.[19]

『옥스퍼드』에 나타난 부정확성의 이유 중 하나는 다른 모든 작가들보다 셰익스피어와 밀턴을 자원 독자들이 선호했다는 점이었다. 이것이 그들이 좋아하는 작가들에게 언어 혁신의 공을 과도하게 돌리도록 이끌었다. 그러한 사료에 대한 『옥스퍼드』의 과도한 의존은 정치·사회적 개념을 다루는 데 있어 많은 빈틈과 부정확성을 낳았다. 왜곡의 또 다른 원인은 다른 시기가 아닌 몇몇 시기에 대한 『옥스퍼드』 편집인들의 강조였다. 그리고 사전편찬에서조차 우연이 차지하는 역할을 예증하기라도 하듯이, 『옥스퍼드』의 18세기 단어 처리는 이 시기를 맡은 미국 독자들이 수집한 용지의 분실로 인해 악영향을 받았다. 또한 사전 중에서도 가장 학술적인 『옥스퍼드』조차 다른 측면과 마찬가지로 언어적으로 패배하고 종속된 집단이나 지역의 용어와 용법을 생략하는 지속적 경향으로부터 자유롭지 못했다. 사전편찬의 이 모든 양상은 정치·사회적 개념의 역사에서도 유사할 것이다.

개별 이론가들이 이루어 낸 개념 변화에 대한 기여는 어떤가? 우리는 플라톤, 홉스, 벤담, 마르크스가 그랬듯이 몇몇 정치·사회이론가들은 개념을 만들거나 근본적으로 재규정함으로써, 또는 실천을 다시 설명함으로써 사상과 실천의 변경을 추구했다는 점을 알고 있다. 당대 또는 이후에 그들이 의도한 만큼 정치언어의 변화를 창출하는 데 성공했는지 결정하기 위해서는 상세한 조사가 필요하다. 개념사는 적절히 이루어진다면 개별 이론가들이 개념 용법에 끼친 영향을 결정하는 데 필요한 증거를 제공한다. 성공은 상대적이다. 신조어의 가장 생산적인 작가들조차 정치 어휘체계에서의 사용을 보증할 만큼 지지자를 충분히 확보하는 데는 종종 실패했다.

또 다른 상황에 대해 언어사학자들이 연구했지만 여기서 다룬 개념사의 문제들은 거의 참조하지 않았다. 어떤 시기엔 언어가 상대적으로 단순한 속어로 남아 있었을 수 있다. 교양어로 거의 사용되지 않았고, 따라서 그것은 정치, 사회, 철학 논의에 필요한 개념이 부족했다. 그때 갑자기 상대적 소수, 또는 심지어 한 개인이 번역과 다른 지적·언어적 기여를 통해 놀라울 정도로 많은 단어와 개념을 어휘체계에 도입할 수 있다. 프랑스어에서 니콜 오렘이 그랬다. 14세기 말 그의 아리스토텔레스 번역은 프랑스어에 500단어 이상을 이바지했다. 이에 견줄 만한 영어에의 기여는 토머스 엘리엇 경(Sir Thomas Elyot)과 밀턴에 의해 이루어졌다.[20] 엘리엇은 특히 이목을 끄는 사례이다. 왜냐하면 그가 당대와 우리 시대의 정치·사회적 어휘체계에 특별히 중요한 수많은 단어와 용어—'자선'(beneficence), '관용'(clemency), '민주주의'(democracy), '교육'(education), '백과사전'(encyclopedia), '표현의 자유'(liberty of speech), '충성'(loyalty), '행정장관'(magistrate), '성실'(sincerity), 그리고 '사회'(society)ㅡ를 처음 사용한 사람이라고 영어 사학자들이 여기기 때문이다.[21] 엘리엇 자신이 '민주주의'와 '행정장관'을 영어에 소개한다고 이해한 구절들은 그 자체로서, 그리고 영어에서 그 단어들의 첫 사용과 그로 인한 개념 도입에 대한 증거로 『옥스퍼드』가 제공하는 용례로서 검토할 만한 가치가 있다.

엘리엇처럼 용법에 관해 자의식이 강한 작가조차 자신의 시대 이전 언어에서의 단어의 첫 사용에 대해서는 믿을 만한 길잡이가 되지 못하는 것으로 드러난다. 그럼에도 용법에 관한 그의 보고는 튜더(Tudor) 어휘체계에서의 특정 정치적 개념의 존재나 부재에 관하여 다른 방식으로는 알 수 없는 정보를 제공한다. '민주주의'와 '행정장관' 개념을 영어의 정치적 어휘체계에 도입하기 위한 엘리엇의 주장은 또한 새 단어를 만드는 일이 어떻게 주어진 정치적 주장을 지지하거나 가능케 할 수 있는지 증명해 준다. 이는 번역에도, 그리고 어원을 제시하고 해석하는 것과 같은 문헌학의 이용에도 해당된다. 엘리엇이 본격적인 첫 라틴어-영어 사전을 편집하는 일에 착수했다는 사실은, 독일 개념사학자들이 이중언어와 다중언어 사전들을 찾아 과거 특정 시기 개념의 이용 가능성을 결정하기 위한 사료 속에 포함하는 일을 늘 하는 까닭을 보여준다.

엘리엇은 군주제를 최상의 체제로 옹호하면서 그가 민주주의와 동일시하기를 거부하는 '공화'(共和, common weal)를 규정함으로써 시작한다.

> 또 다른 공화(publique weale)는 아테네 사람들에게 있었다. 그곳에서 평등은 사람들 사이의 지위(astate)에 관한 것이었고, 그들의 전적인 동의로 도시와 영토(dominions)가 다스려졌다. … 이런 식의 다스림은 그리스어로

> Democratia('민주주의')라 불렸고, … 영어로는 평민의 통치이다.[22]
>
> An other publique weale was among the Atheniensis, where equalitie was of astate amonge the people, and by theyr holle consent theyr citie and dominions were gouerned.... This maner of gouernance was called in greke *Democratia*,... in englisshe, the rule of the comminaltie.

엘리엇의 저서(1531)는 『옥스퍼드』를 위해 검토된 말뭉치 속에 올라 있고, 그 전집에는 그의 '민주주의' 정의가 제시되어 있다. 단어로 볼 때 엘리엇의 구절은 '민주주의'가 아닌 영어로 표기된 원 그리스어를 사용한다. 하지만 그는 경멸적인 형태로나마 그 개념을 분명 지니고 있었다. 이것을 그는 표면상 문헌학적 · 언어학적 주장을 하는 과정에서 제시했다. 양자 모두 '민주주의'를 헐뜯고 그것이 '공화'(res publica: 'commune weal', 또는 공익을 섬기는 체제)로 정당하게 불릴 수 있다는 점을 부정하는 동시에 최상의 체제로서의 군주제에 대한 그의 옹호를 뒷받침하는데 이용되었다. 엘리엇의 텍스트는 다음과 같다. " '공적인'(Publyke)은 '지위나 조건에 상관없이 영역이나 도시의 거주자 모두'(all the inhabitantes of a realme or citie, of what astate or condition so euer they be)를 의미하는 '백성'(populus)에서 유래한다." 제대로 번역하면, 민주주의는 '공화'(res publica)가 아니라 오히려 '평민적인 것'(res plebeia)이라고 엘리엇은 주장한다.

> 공화(publike weale)는 여러 지위와 지체의 사람들로 이루어지고 채워지고 또는 구성된 집체로서, 그것은 공평의 이치로 움직이고 이성의 통치와 조정으로 다스려진다. 라틴어에서 그것은 Respublica('공화')라 일컬어진다. …[23]

A publike weale is a body lyuyng, compacte or made of sondry astates and degrees of men, which is disposed by the order of equite and governed by the rule and moderation of reason. In the latin tonge it is called *Respublica*....

plebs(평민)는 영어로 평민(communaltie)이라 불린다. 그것은 군중만을 의미하는데, 그 속에는 어떤 명예나 품위에 이르지 못한 천하고 저속한 주민들이 포함된다. ...[24]

Plebs in englisshe is called the communaltie, which signifieth only the multitude, wherin be contayned the base and vulgare inhabitants not auanced to any honor or dignite....

따라서 영어 민주주의 개념의 첫 사용은 엘리엇이 그것을 천하고 저속한 것의 통치로 규정한 데서 나타났다.

그럼에도, '행정장관'의 용법에 대해 『옥스퍼드』가 제공하는 첫 용례는 위클리프(Wyclif 1382)와 히그던(Higden 1432)까지 거슬러 올라간다. 엘리엇은 이에 대해 몰랐거나, 아니면 개념이 자신의 시대 정치적 어휘체계에 남아 있지 않았다고 생각했다.

… 한 명의 주요 주권 통치자 없이 오랫동안 견디거나 지속될 수 있는 완전한 공화는 있을 수 없다. 그러나 한 명의 유한한 인간이 어떤 영역이나 큰 영토 안에서 일어나는 일 모두를 다 알 수는 없는 일이고, 한 번에 모든 논란을 논의하고 모든 위반을 교정하고 내외사에 관한 … 모든 자문을 활용할 수도 없기에 주 통치자 아래, 말하자면 거대한 군중의 여러 부분에 정의를 배분하는 데 있어 그를 보좌할 여러 중간 권위들이 있는 것은 편리하고 필요

하다. …

그런 권위를 지닌 이들은 … 라틴어로 Magistratus라 명명된다. 그리고 이제부터 나는 더 적절한 다른 단어가 영어에는 없기에 그들을 행정장관(Magistratis)이라 부르고자 한다. …[25)]

… there can be no perfect publike weale without one capital and soueraigne gouernour, whiche may long endure or continue. But sens one mortall man can nat haue knowledge of all thynges done in a realme or large dominion, and at one tyme, discuss all controuersies, refourme all transgressions, and exploite al consultations … for outwarde as well as inwarde affaires: it is expedient and needful that under the capitall gouernour be sondry meane authorities, as it were aydyng hym in the distribution of iustice in sondry partes of a huge multitude….

They whiche have such authorities … be named in latine Magistratus. And herafter I intend to call them Magistratis, lackynge an other more conuient worde in englisshe….

그가 살고 섬긴 정부 형태를 지지하는 데 사실은 헌신하면서도, 엘리엇은 자신이 순전히 사심 없는 행위, 즉 "사람이 … 목적에 맞는 단어를 가짐으로써 … 마음에 품은 생각을 더욱 풍요롭게 표현할 … 수 있"도록 새로운 추상어와 함께 개념을 어휘체계에 보태는 일을 하는 것으로 제시했다.[26)] 이렇게 해서 동시대인들은 고전과 다른 근대 유럽 언어로 쓰인 저작으로부터 배우는 데에 더 적합해지고, 말하고자 하는 바를 표현할 수 있게 되리라 그는 생각했다. 엘리엇은 따라서 철학, 정치, 법, 과학 담론의 매체로서 초기 튜더 영어의 부적합성을 고치려고 시도하는 인문주의자로 자신을 그렸다. 하지만 그의 환경은 정치에 영향받지 않을 수 없었다. 그의 독자 중엔, 엘리엇에 따르면 그의 노고를 승인한, 헨리 8세가 있었기 때문이다.[27] 법학을 공부한 엘리엇은 국왕을 섬길 수 있는 정치적 어휘체계를 창조하는 수단으로 사전편찬과 번역을 이용했다.

정치·사회적 개념의 역사를 위해 알맞게 구성된 저작 목록은 이중·다중언어 사전과 더불어 일반 사전, 나아가서 공적·사적 법과 같은 관련 분야 용어의 의미를 상술하는 수많은 전문 저작을 포함해야 한다. 에일머(G. E. Aylmer)는 법 사전의 체계적인 개관이 어떻게 개념사에 기여할 수 있는지 획기적으로 예시했다. 이 경우 그는 엘리엇 이후 수 세기 동안 '재산'(property)에 부여된 의미와 정의를 결정하기 위해 법적인 사료를 이용한다.[28] 에일머의 발견 가운데 하나는 영국 사회의 제도화된 틀 안에서 차지한 재산의 중요성에도 불구하고 현저히 늦은 시기까지 그것이 법적인 용어로 규정되지 않았다는 사실이었다. 이는 1607년 처음 발간된 존 코웰(John Cowell)의 법 사전, 『해석자』(*The Interpreter*)에서 나타났다. 이후의 법 사전과 보고서에 나타난 표제어들을 추적함으로써 에일머는, 18세기 초 법 언어 속으로 로크적 정치이론이 혼합된 것을 포함하여, 연속성과 변화를 해명했다. 재산의 개념사가 어떻게 해석되고 평가되어야 하는지는 여기서 문제가 안 된다. 오히려 이 논의는 정치·사회이론에서의 재산에 관한 충분한 역사적 서술이 법적 개념으로서의 그 경로를 포함해야 함을 제시하기 위해 의도되었다.[29]

법 사전 같은 전문 참고도서가 개념의 역사를 파악하는 데 도움이 되듯이 동의어와 반의어에 관한 저작도 개념사에 유용한 것으로 드러난다.[30] 이 장르는 프랑스인에 의해 개발되어 18세기 동안 프랑스를 비롯한 곳에서 거의 대유행이 되었다. 상업적으로 매력적일 만큼 충분히 큰 독자층의 기호에 맞춰 프랑스 서적상들은 1718년 아베 가브리엘 지라르(Abbé Gabriel Girard)가 발간한 원저, 『프랑스어의 정확성. 동의어로 여겨지는 단어들의 다른 의미들』(*La Justesse de la langue françoise ou les différentes significations pour les mots qui passent pour être synonymes*)의 새 판을 계속해서 간행했다. 사업열이 강한 영국 출판업자들은 곧 영어로 된 유사 서적으로 이 광맥을 캐고자 시도했다. 추정된 동의어들을 구분해 내는 첫 책은 존 트러슬러(John Trusler, 1735~1820) 목사의 『같은 뜻을 지닌다고 여겨지는 단어 사이의 차이』(*The Difference Between Words Esteemed Synonymous*, 1766)였다. 트러슬러는 영국국교회의 서품을 받은 성직자였지만 작가, 서적상, 인쇄업자로서 사업 활동을 통해 부유해졌다. 트러슬러 책의 초판은 "영어 용법이 프랑스어와 일치하는 범위까지" 지라르의 저작을 번역했다고 그는 썼다. 프랑스어와 영어 사이의 차이를 무시하는 이 비상한 노작은 1783년 제2판에서 많이 바뀌었다. 이 판에서 그는, 인정하지는 않지만 지라르에게서 온 수많은 구절들을 그대로 유지하면서도 동시에 특유의 영국 용어들을 많이 소개했다. 1794년 판에서 트러슬러는 자신의 정치적 견해가 프랑스혁명에 의해 급진화된 정도를 반영하는 새 표제어들을 덧붙였다. 따라서 이 책의 연속판들의 역사는 프랑스에서 처음 창조된 언어적 장르가 어떻게 18세기 영국에 도입될 수 있었는지 보여 준다. 영국에서 그것은 언어적 실천에 기여했고, 정치적 어휘체계가 제시되고 다투어지는 방식에 대한 중요한 표지를 제공했다.

『기본개념』과 『편람』이 사전에 기울인 관심은 개념사에 필수적인 사료에 동의어와 반의어에 관한 이 중요한 장르의 저작들을 포함하는 것이 중요함을 가리킨다. 왜냐하면 이 장르는 "같은 뜻으로 알려진 단어 사이의 미묘한 차이"와 더불어 각 단어의 "고유하고 특수한 성격을 구성하는" 각별한 의미로 저자들이 여긴 바를 기록했기 때문이다. 동의어에 관한 저작은 따라서 우리가 보기에 겉으로는 비슷한 개념들이 예전엔 서로 어떻게 구별되었는지 해명하는 데 도움이 된다. 독일인들이

Gegenbegriffe('대립어'[opposites], '반대어'[counterterms])라 부르는 것에 대한 영어권에서의 체계적인 확인과 분류는 스미스(C. J. Smith) 목사가 '반의어'(antonym)라는 용어를 소개한 1867년에 이르러서야 비로소 시도되었다.[31] 이후 이 장르는 사전편찬의 확립된 특수 영역이 되었고, 『옥스퍼드』는 아니지만 종종 근대 완본 사전에 흡수되었다.

결론적으로 『옥스퍼드』는 영어권 정치·사회적 개념의 역사로는 위대하지만 흠이 있는 자원이다. 『옥스퍼드』가 개념과 용어의 의미에 관한 의미론적 정보를 전달하고 더불어 추정상의 첫 사용 시점과 때때로 예증적인 텍스트 문맥을 제공하지만 그런 세목의 다수는 명확히 확증되지 않았다. 사료로 볼 때, 『옥스퍼드』의 표제어들은 영어권 정치·사회적 개념의 과거 의미에 관한 시험적인 가설로 다루어져야 한다.

하지만 『옥스퍼드』는 영어권 개념사를 위한 출발점으로서 이점을 지닌다. 독일 어휘집에서는 이용할 수 없던 컴퓨터 기술이 이제 『옥스퍼드』에는 적용될 수 있기 때문이다. 제2판은 시디롬(CD-Rom)으로 이용할 수 있고, 스캐너 기술은 더 많은 출판물을 이 데이터베이스에 추가하는 것을 가능케 한다. 확대된 정치·사회적 사료 총체로부터 얻은 추가적인 정보를 보충함으로써 『옥스퍼드』는 정치·사회적 개념사의 요구에 부응하게 될 수 있을 것이다.

확대된 말뭉치가 확립된다면 『편람』이 신중한 사료 선택을 결정하는 데 사용한 절차에서 많은 것을 배울 수 있을 것이다. 영어 어휘집 창조의 첫걸음은 사료에 관한 상당한 연구와 관련된다. 표제어 서술을 시작하기 전에 체계적으로 검토할 저작들이 이 사료로부터 선택된다. 『편람』은 사료 총체에서 자료를 찾고, 편집인이 다루기로 정한 개념들에 적용하는 감탄할 만한 절차를 창시했다. 고급 연구자 두 명이 조사 대상인 다양한 유형의 자료를 검토하는 임무를 맡았다. 4년의 연구 뒤에, 『편람』을 대상으로 개념의 역사를 기술하는 모든 이에게 연구자의 주제 관련

연구결과들이 주어졌다.

이들 사료는 프랑스혁명 중 양산된 정기간행물(journals); 전단(pamphlets), 자서전적 문서, 문답서(catechisms)와 유사한 장르 같은 부정기적 저작; 연감(almanacs); 인쇄물 등을 포함했다. 개념 용법에 대한 이러한 정보에 사전, 백과사전, 동의어와 바른 용법에 관한 저작, 그리고 순수, 응용과학, 사업, 또는 국제 통상 같은 분야에서 여러 직업과 전문직이 사용하는 특수 용어에 관한 책들이 추가되었다. 법 또는 신학 용어, 교훈적 조언(pastoral care)에서 사용된 용어, 의회 보고서에서 발견되는 개념 등의 의미에 관한 책들, 이 모든 것들이 검토되고, 정치 · 사회적 개념의 의미를 결정하는 데 활용되었다. 필수 말뭉치의 범위가 이런 식으로 완결되었고, 그만큼 기고자 모두는 상당한 양의 지정 사료에 공히 접근할 수 있었다. 이중 다수는 항목을 작성하는 개인들이라면 거의 틀림없이 놓쳤을 것이다. 따라서 정치언어에 관한 영어권 작업에서 지금까지 덜 활용된 자료들은 개념 용법을 결정하기 위해 탐구된 주요 이론가와 다른 개인들의 저작으로부터 이미 이용할 수 있는 자료로 보충할 수 있을 것이다.

『기본개념』, 『편람』, 『철학사전』의 연구결과와 연구강령에 기초하여 영어권 사회의 정치 · 사회적 개념사를 구성하는 학자들은 이들 전범에 버금가거나 이를 뛰어넘고 싶어 할 수 있다. 앞 장은 『기본개념』이 정치 · 사회적 이론 분야 독일 텍스트들의 번역을 얼마나 크게 활성화하는지 보여 주었다. 유사한 영어 개념 목록은 전 세계의 번역자들이 영어권 이론가들의 의미를 다른 언어로 옮길 때 더욱 정확한 전달을 가능케 할 것이다. 그러나 영어권 사회의 개념사를 위한 논거는 이를 훨씬 뛰어넘는다.

이 기획을 진행해야 할 좀 더 유효한 다른 이유들이 존재한다. 우선 이런 종류의 저작은 더 이상 접근할 수 없는 어휘로 쓰인 텍스트에서 우리가 직면할 개념의 어려움을 상당히 완화해 줄 것이다. 그러나 영어권 정치 · 사회적 개념의 역사에 대한 믿음직한 길라잡이가 거의 없는 실정이다. 더불어, 이런 저작의 창조는 우리가 정치 · 사회적 언어에서 사용하는 많은 용어들이 한때 상당히 다른 의미를 지녔고, 우리 시대의 그것으로부터 많이 동떨어진 논의와 맥락에서 활용되었다는 점을 우리에게 알려 줄 것이다. 이런 저작은 또한 과거 정치 · 사회적 사상에 관심을 지닌 이들에게만 흥미로운 것은 아니다. 그들이 사용하는 개념의 역사를 아는 것은 오늘날 이론가들이 논의의 잠재적 어려움이나 응용성을 확인하는 데 크게 기여한다. 영어권 개념사의 또 다른 용도는 언어가 정치 · 사회적 삶의 구조적 연속성과 혁명적 변화를 한편으론 형성하고 다른 한편으론 등록한 정도를 탐구하는 데 도움을 주는 것이다.

이러한 어휘집을 산출하는 것은 현재 우리가 어떻게 정치 · 사회적 언어를 사용하는지에 대한 우리의 의식을 날카롭게 할 것이다. 영어로 된 이러한 자원이 있다면, 현재의 용법을 영어의 이전 시기 용법과 대조하고, 프랑스어권과 독일어권 유럽의 비교 가능한 개념들의 역사와, 나아가서 다른 나라들의 정치 · 사회적 개념사가 완결되면, 그 나라들의 비교 가능한 개념의 역사와 대조하는 일이 가능해질 것이다. 영어권 개념의 역사와 용법에 관한 유사 기획을 착상하고 수행하는 것은 따라서 그 범위에 있어 국제적인 또 다른 작업, 즉 이미 완결된 개별 국가나 언어의 개념사를 통합하는 일의 터를 닦을 수 있을 것이다.

다른 언어로 쓰인 저작과 비교할 때 영어권 정치이론가들은, 모두가 자화자찬으로부터 자유로운 것은 아니지만, 그들의 개념 축적과 그것이 등록한 실천들로부터 얻은 이득에 대해 많이 기술하였다. 하지만 우리에겐 오랜 세월에 걸쳐 영어권 사회의 정치 · 사회적 어휘체계를 구성해 왔던 개념들의 믿음직한 포괄적 목록이 없다. 그러한 역사적 기획이 착상되고 수행된다면 이는 수많은 용도에 쓰일 것이다.

이러한 어휘집은 영어권 정치 · 사회사상을 연구하는 이들, 그리고 이 저작을 다른 언어에서 유사 주제를 다루는 것과 비교하는 데 관심 있는 이들 모두에게 상당한 가치를 지닐 것이다. 영어권 사회의 정치 · 사회적 개념사를 다루는 어휘집이 완성되면, 유럽 대륙에서의 정치 · 사회적 삶이 근대 초기 절대국가 경험을 공유한 결과 영국과 미국, 그 밖의 다른 영어권 사회와는 다른 방식으로 개념화되었다는 사실이 드러날지도 모른다. 아니면 대신 우리는 전적으로 국가 범주에 기초한 분석이 잠재적으로 얼마나 결함이 있는지 깨닫게 될지도 모른다. 이런 식으로 개념 탐구의 초점이 정치적 경계를 넘나드는 개념의 움직임을 추적하고 평가하는 것으로 이동할 수도 있다. 이러한 움직임은 근대 초기 유럽 칼뱅주의(Calvinism), 위그노 교도의 이산, 문학계; 가톨릭 반종교개혁, 프리메이슨주의(freemasonry), 대단히 다양한 형태의 세칭 계몽주의; 이후 프랑스혁명을 지지하거나 그것과 싸운 이들; 19세기 자유민주주의, 사회주의, 무정부주의, 인종적 이론; 그리고 파시즘과 마르크스-레닌주의 같은 우리 세기의 국제 운동 등에서 일어났다. 이와 유사하게 어느 한 나라의 상업, 산업, 탈산업 사회에 대한 개념화는 그것을 다른 국가 배경에서 나온 대안 개념과 비교하고 나면 더욱 정확하게 평가될 수 있을 것이다. 마지막으로 영어권 개념들의 역사를 추적하는 일은 유럽과 그에 영향받은 지역들이 그들의 정치 · 사회적 어휘체계로 정치, 사회, 경제에 대한 나름의 견해를 세우는 데 기여한 방식의 진정한 비교사를 향한 커다란 진전이 될 것이다.

영어로 쓰인 정치 · 사회적 개념의 역사를 상세히 도해하는 저작은 풍부한 잠재적 응용성을 지닌다. 우리는 우리 자신과 다른 이들의 정치 · 사회적 사상에서 맹점과 왜곡을 인식하거나 현재 자명한 정식으로 보이는 것의 대안을 찾아낼 수 있는 유리한 입지에 놓일 것이다. 찰스 테일러(Charles Taylor)는 한때 설득력이 있었고 널리 받아들여졌던 아리스토텔레스주의(Aristotelianism) 같은 견해들을 데카르트주의(Cartesianism)의 대안으로 지니는 것이 오늘날의 철학자와 정치이론가에게 얼마나 유용한지 증명한 바 있다. 이러한 개념적 재구성은 상실되거나 무시되었던 인식과 평가 양식을 다시 한 번 이용할 수 있게 만드는 유일한 길일 것이기 때문이다. "주어진 사회 형식으로부터 벗어날 필요성 때문만이 아니라 사라질 위험에 처하고 압력을 받는 사회 형식을 되찾거나 회복하고 싶어 하기 때문에 우리는 역사적 복구에 이끌릴 것이다."[32] 우리는 검토되지 않은 채 남을 경우 필연적으로 보일 개념 관계들 다수를 우연적인 것으로 보게 될지도 모른다. 우리는 어떤 개념들이 다른 것과 함께 또는 따로 사용될 때 따르는 개념들의 위험한 잠재적 결과에 대해 경각심을 가지게 될 수도 있다.

한 부류의 개념사는 복잡한 의사소통 기제와 관련하여 이야기하려고 시도할 수 있다. 이 기제를 통해 사회의 서로 다른 구성요소들은 종종 갈등적인 개념화와 정당화, 그리고 제도가 존재하게 되고 유지되어 온 방식에 대한 기억 등에 이바지한다. 다른 부류의 개념사는 저자들이 주장을 내놓을 때 그들이 무엇을 하고자 한다고 생각했는지 이해하는 데에 기여하고, 나아가서 그들의 독자들이 이 진술들로 무엇을 했는지 결정하는 일, 간단히 말해 그들의 수용사에도 도움을 줄지 모른다.

또 다른 형태의 개념사는 단어, 언어 관습, 수사학, 용어법(terminologies), 논쟁 형식 등의 편집, 성찰, 논쟁적 분석이 과거 정치 · 사회사상에 의미 있게 영향을 끼쳐 온 정도를 탐구할 것이다. 사전의 기원은 저자나 그를 지지하는 집단의 정치적 목적에 종종 연계되어 왔다. 이렇게 해석된 기획 중에는 영어권에서 가장 중요한 몇몇 사전편찬 작업이 포함된다. 새뮤얼 존슨(Samuel Johnson)의 『사전』(*Dictionary*)은 이런 유형의 정치적 분석을 겪어 왔다.[33] 존슨의 정치적 보수주의에 대한 영국 급진주의자, 혼 툭(Horne Tooke)의 비판은 명시적으로 존슨을 교정하고자 의도된 또 다른 중요 저작, 찰스 리처드슨(Charles Richardson)의 『신영어사전』(*New Dictionary of the English Dictionary*)을 낳았다.[34] 또 다른 사례는 『옥스퍼드』를 후원한 문헌학회(Philological Society) 창립자들에게 조지프 드 메스트르(Joseph de Maistre)와 루이 드 보날드(Louis de Bonald) 같은 반혁명 이론가들이 끼친 상당한 영향이다.[35] 정치적 입장이 이들 저작의 사전편찬 실천에 영향을 끼친 정도는 아직 제대로 평가되지 않았다. 정치 · 사회적 개념의 역사는 그러한 평가에 크게 기여할 수 있을 것이다.

이 모든 방식에 있어 영어권 사회의 정치 · 사회적 개념의 역사를 기술하는 기획은 좀 더 전통적인 참고 도서보다 훨씬 큰 보상을 약속한다. 이 기획은 또한 담론분석, '고고학', 해체주의가 제공하는 설명보다 정치, 사회, 언어 사이의 관계에 대해 진정으로 더 역사적인 접근을 제공할 것이다. 이러한 정치 · 사회적 개념의 역사가 그것을 조직하고 수행하는 이들에겐 강력한 도전이 되겠지만 그에 따른 학문적 성취는 그러한 노력을 충분히 정당화할 것이다. 마침내 독일, 프랑스, 네덜란드, 헝가리, 그리고 스칸디나비아와 핀란드를 포함한 북유럽 등의 언어들에 대해 현존하거나 진행 중이거나 또는 계획된 포괄적 설명들에 견줄 만한 영어권 개념의 학문적인 참고 도서가 생길 것이다.

부록 A: 『기본개념』의 개념 목록

최소한으로 제공된 영어 등가어가 의미론적으로 불충분하다는 것은 말할 바 없지만, 『기본개념』의 범위를 짐작하고 싶어 하는 독자의 편의를 위해 적었다.

Volume 1 (A-D)

1. Adel, Aristokratie (nobility, aristocracy)
2. Anarchie, Anarchismus, Anarchist (anarchy, anarchism, anarchist)
3. Angestellter (employee)
4. Antisemitismus (antisemitism)
5. Arbeit (work)
6. Arbeiter (worker)
7. Aufklärung (Enlightenment)
8. Ausnahmezustand, necessitas publica, Belagerungszustand, Kiegszustand, Staatsnotstand, Staatsnotrecht (state of emergency, state of siege, state of war, etc.)
9. Bauer, Bauernstand, Bauerntum (farmer, peasant; peasant estate, peasantry)
10. Bedürfnis (need)
11. Beruf (calling, occupation)
12. Bildung (education, culture, upbringing)
13. Brüderlichkeit, Bruderschaft, Brüderschaft, Verbrüdung, Bruderliebe (fraternity, comradeship, brotherliness)
14. Bund, Bündnis, Föderalismus, Bundesstaat (league, union, federalism, federal state)

15. Bürger, Staatsbürger, Bürgertum (townsman, citizen, citizenry)

16. Cäsarismus, Napoleonismus, Bonapartismus, Führer, Chef, Imperialismus (Caesarism, Napoleonism, Bonapartism, leader, chief, imperialism)

17. Christentum (Christianity)

Exkurs: christlich-sozial (by extension: christian-socialist)

18. Demokratie (democracy)

19. Diktatur (dictatorship)

Volume 2 (E-G)

20. Ehre, Reputation (honor, reputation)

21. Eigentum (property)

22. Einheit (unity)

23. Emanzipation (emancipation)

24. Entwicklung, Evolution (development, evolution)

25. Fabrik, Fabrikant (factory, factory-owner)

26. Familie (family)

27. Fanatismus (fanaticism)

28. Faschismus (fascism)

29. Feudalismus, feudal (feudalism, feudal)

30. Fortschritt (progress)

31. Freiheit (freedom, liberty)

32. Friede (peace)

33. Geschichte, Historie (history)

34. Gesellschaft, bürgerliche (civil society)

35. Gesellschaft, Gemeinschaft (society, community)

36. Gesetz (law)

37. Gewaltenteilung (separation of powers)

38. Gleichgewicht, Balance (balance of power)

39. Gleichheit (equality)

40. Grundrechte, Menschen-und Bürgerrechte, Volksrechte (basic rights, human rights and rights of the citizen, rights of the German people [1848])

Volume 3 (H-Me)

41. Herrschaft (dominion, domination, lordship, rule, command)
42. Hierarchie (hierarchy)
43. Ideologie (ideology)
44. Imperialismus (imperialism)
45. Industrie, Gewerbe (industry, business, trade)
46. Interesse (interest)
47. Internationale, International, Internationalismus (the International, international, internationalism)
48. Kapital, Kapitalist, Kapitalismus (capital, capitalist, capitalism)
49. Kommunismus (communism)
50. Konservativ, Konservatismus (conservative, conservatism)
51. Krieg (war)
52. Krise (crisis)
53. Kritik (critique)
54. Legitimität, Legalität (legitimacy, legality)
55. Liberalismus (liberalism)
    Exkurs: Wirtschaftlicher Liberalism (by extension: economic liberalism)
56. Macht, Gewalt (power, violence)
57. Marxismus (Marxism)
58. Materialismus-Idealismus (materialism-idealism)
59. Mehrheit, Minderheit, Majorität, Minorität (majority rule, minority rule, majority, minority)
60. Menschheit, Humanität, Humanismus (mankind, humanity, humanism)

Volume 4 (Mi-Pre)

61. Militarismus (militarism)
62. Mittelstand (middle class)
63. Modern, Modernität, Modernismus (modern, modernity, modernism)
64. Monarchie (monarchy)
65. Natur (nature)
66. Neutralität (neutrality)
67. Nihilismus (nihilism)
68. Öffentlichkeit ([pubilc] opinion)
69. Opposition (opposition)
70. organ, Organismus, Organisation, politischer Körper (organ, organism, organisation, political body)
71. Pädogogik (pedagogy)
72. Parlement, parlamentarische Regierung, Parlamentarimus (parliament, parliamentary government, parliamentarism)
73. Partei, Faktion (party, faction)
74. Partikularismus (particularism)
75. Pazifismus (pacifism)
76. Politik (politics, policy)
77. Polizei (police)
78. Presse, Pressefreiheit, Zensur (the press, freedom of the press, censorship)

Volume 5 (Pro-So)

79. Produktion, Produktivität (production, productivity)
80. Proletariat, Pöbel, Pauperismus (proletariat, rabble, pauperism)
81. Propaganda (propaganda)
82. Radikalismus (radicalism)
83. Rasse (race)

84. Reaktion, Restauration (reaction, restoration)
85. Recht, Gerechtigkeit (right, law; justice)
86. Reform, Reformation (reform, reformation)
87. Regierung, regime, Obrigkeit (government, regime, obedience)
88. Reich (Empire)
89. Repräsantation (representation)
90. Republik, Gemeinwohl (republic, general welfare)
91. Revolution, Rebellion, Aufruhr, Bürgerkrieg (revolution, rebellion, uprising, civil war)
92. Säkularisation, Säkularisierung (secularization)
93. Sicherheit, Schutz (security, protection)
94. Sitte, Sittlichkeit, Moral (custom, morality, ethics)
95. Sozialismus (socialism)
96. Soziologie, Gesellschaftwissenschaften (sociology, sciences or society)

Volume 6 (St-Vert)

97. Staat und Souveranität (state and sovereignty)
98. Stand, Klasse (stratum, estate; class)
99. System, Struktur (system, structure)
100. Terror, Terrorismus (terror, terrorism)
101. Toleranz (toleration, tolerance)
102. Tradition, Traditionalismus (tradition, traditionalism)
103. Tyrannis, Despotie (tyranny, despotism)
104. Unternehmer (entrepreneur, despotism)
105. Utopie (utopia)
106. Verein, Gesellschaft, Geheimgesellschaft, Assoziation, Genossenschaft, Gewerkschaft (club, society, secret society, association, cooperative society, trade union)
107. Verfassung [I] Konstitution, Status, Lex fundamentalis ([I] constitution,

regime, fundamental law)

Verfassung [II] Konstitution, Grundgesetze ([II] constitution, basic laws)

108. Vertrag, Gesellschaftsvertrag, Herrschaftsvertrag (contract, social contract, pact of government)

Volume 7 (Verw-Z)

109. Verwaltung (Amt, Beamte) (administration [office, official])
110. Völkerrecht (international law, law of nations)
111. Volk, Nation, Nationalismus, Masse (people, nation, nationalism, masses)
112. Welt (world)
113. Wirtschaft (economy)
114. Würde (dignity)
115. Zivilisation, Kultur (civilization, culture)

부록 B: 『편람』의 개념 목록

이미 간행된 논문 항목에 대해서는 권 수 다음에 항목의 제1면의 수를 적었다. (예를 들면, "9:75"는 9권 75면부터 설명이 시작한다.)

1. Abus (abuse)
2. Administration, Bureaucratie (administration, bureaucracy)
3. Agiotage, agioteur (speculation, speculator)
4. Amérique-Angleterre (America-England)
5. Anarchie, Anarchiste (anarchy, anarchist)
6. Analyse, Expérience (analysis, experiment, experience), 6:7
7. Ancien Régime, Nouveau Régime (prerevolutionary regime, postrevolutionary regime)
8. Antiquité (antiquity)
9. Aristocratie, aristocrate (aristocracy, aristocrat)
10. Art, Arts et Sciences (arts, arts and sciences)
11. Artisan, artiste (artisan, artist)
12. Athéisme, Athée (atheism, atheist)
13. Autorité, pouvoir, puissance (authority, power, force)
14. Avocat (lawyer)
15. Barbarie, Civilisation, Vandalisme (barbarism, civilization, vandalism), 8:7
16. Bastille (the Bastille), 9:7
17. Bien commun, Esprit public (common good, public spirit)
18. Bonheur, Félicité publique (happiness, public felicity)
19. Bourgeois, bourgeoisie (citizen, middle-class person, citizenry, bourgeoisie)
20. Canaille, Populace (rabble, mob)

21. Capitaliste, Banquier, Financier (capitalist, banker, financier), 5:27
22. Caste, Classe (caste, class)
23. Charité, Bienfaisance (charity, good works)
24. Citoyen-Sujet, Civisme (citizen-subject, good citizenship), 9:75
25. Civilité (civility), 4:7
26. Clergé (clergy)
27. Club, cercle, sociabilité (club, circle, sociability)
28. Commune(s) (municipality, unit[s] of local government)
29. Complot, Saint-Barthelemy (conspiracy, a plot like the attack upon the Huguenots on St. Bartholomew's eve)
30. Concorde, Division, Fraternité, Union, Unité (concord, division, fraternity, union, unity)
31. Condition, État, Naissance, Qualité, Rang (condition, status, birth, quality, rank)
32. Conservateur (conservative)
33. Constitution, Constitutionnel (constitution, supporter of the constitution)
34. Convention (the National Convention, 1792-1795)
35. Conversation, Démagogue, Orateur (conversation, demagogue, orator)
36. Corps, Etats, Ordres (constituted bodies, estates, orders)
37. Corruption, Décadence (corruption, decline)
38. Cosmopolitisme, Cosmopolite (cosmopolitanism, cosmopolite)
39. Cour, Courtisan (court, courtier)
40. Crime (crime)
41. Crise (crisis)
42. Critique (criticism), 5:7
43. Curé, Pretre (priest)
44. Débauche, Libertinage, Libertin (debauchery, libertinism, libertine)
45. Déisme (deism)
46. Démocratie, Démocrates, Démocratique (democracy, democrats, democratic), 6:57
47. Despotisme, Tyrannie (despotism, tyranny)

48. Dévotion, Dévots (religious faith, practicing believers)
49. Doctrine, Principes (doctrine, principles)
50. Domestique, Maître, Valet (servant, master, lackey)
51. Droit (law, right)
52. Droit-Gauche (politically left-right)
53. Economie politique (political economy, economics)
54. Egalité, Egalitaire (equality, egalitarian)
55. Elite, les meilleurs (elite, superiors)
56. Emeute, Emotion, Désordres, Troubles (uprising, unrest, disorders, revolts)
57. Enthousiasme (enthusiasm)
58. Esclavage, Noirs (slavery, blacks)
59. Etat, Chose Publique (the state, public good)
60. Etre suprême (supreme being)
61. Faction, Parti (Girondins, Jacobins) (faction, party [e.g., Girondins, Jacobins])
62. Famille, Maison (family, house)
63. Fanatisme, Fanatique (fanaticism, fanatic), 4:51
64. Féodalité, Féodal (feudalism, feudal), 10:7
65. Femme (woman)
66. Fermier, Gabelle, Maltôtier, Traitant (farmer, salt tax, tax-gouger, trader)
67. Fermentation (ferment)
68. Financier, Banquier, Capitaliste (financier, banker, capitalist)
69. France, Français (France; French, Frenchman)
70. Gens de letters, Auteur (men of letters, author)
71. Gouvernement (government)
72. Guerre civile (civil war)
73. Guillotine, Supplice (guillotine, torture)
74. Histoire (history)
75. Honnête homme, Honnêteté, Honnêtes, Gens (man of honor or gentleman, virtue, "nobles" [self-described])
76. Honneur, Mérite (honor, merit)

77. Humanité (humanity)
78. Idéologie, Idéologues (ideology, ideologues)
79. Idiomes, Dialectes, Langue (idioms, dialects, language)
80. Individu, Individualisme (individual, individualism)
81. Industrie (industry)
82. Instruction, Education (instruction, education)
83. Insurrection, Révolte, Sédition (insurrection, revolt, sedition)
84. Intérêt, Intérêt publique (interest, public interest)
85. Jansenisme, Jésuitisme (Jansenism, Jesuistry)
86. Justice (justice)
87. Libéral, Libéralité (liberal, liberality)
88. Liberté (liberty)
89. Liberté–Egalité–Fraternité (liberty–equality–fraternity)
90. Libre pensée, Libre penseur (free thought, free thinker)
91. Loi, Législateur (law, legislator)
92. Lumières—Ténèbres (enlightenment–ignorance)
93. Luxe (luxury)
94. Magistrat, Magistrature (magistrate, magistracy)
95. Majorité-Minorité (majority, minority)
96. Manufacture, Fabrique (manufacture, factory)
97. Marchand, Commerçant, Négociant (merchant, retailer, wholesaler)
98. Matérialisme, Matérialiste (materialism, materialist), 5:61
99. Modération, Modéré (moderation, moderate)
100. Moderne, Anciens et Modernes (modern, ancients and moderns)
101. Moeurs (mores)
102. Monopoleur, Accaparement (monopolist, monopolization)
103. Morale (morality)
104. Moyen-âge (middle ages)
105. Nation (nation), 7:75
106. Nature, Naturel (nature, natural)
107. Noblesse, Nobles (nobility, nobles)

108. Notables (notables)
109. Office, Officiers, Vénalité (office, officers, venality of office)
110. Opinion publique (public opinion)
111. Ordre-Désordre (order-disorder)
112. Ouvrier, Prolétaire (worker, proletarian)
113. Parlements (parliaments), 10:55
114. Patrie, Patriotisme, Patriote (fatherland, patriotism, patriot)
115. Pauvres, Pauvereté (the poor, poverty)
116. Paysan, Laboureur (peasant, cultivator)
117. Petits-maîtres, Muscadins, Incroyables, Merveilleuses (dandies, excessively elegant royalists [Revolution], those extravagant in dress and conduct [Directory])
118. Peuple, Sansculottes (the people, a Parisian revolutionary group)
119. Philosophe, philosophie (an Enlightenment philosopher or theorist, the doctrine shared by philosophes), 3:7
120. Police (police, administration)
121. Politique, Machiavélisme (politics or policy, Machiavellianism)
122. Privé-publique (private-public)
123. Privilège, Privilégiés (privilege, the privileged)
124. Progrès, Perfectibilité (progress, perfectability)
125. Propriétaire (property owner)
126. Propriété (property)
127. Province (province)
128. Public, Publicité (public, open rather than secret)
129. Raison, Verité (reason, truth)
130. Réaction, Réactionnaire (reaction, reactionary)
131. Réforme, Réformateur (reform, reformer)
132. Religion (religion)
133. Rente, Rentier (return [on investment, property], person who receives such income)
134. Représentation politique (political representation)

135. République, Républicaine, Républicanisme (republic, republican, republicanism)
136. Révolution, Révolutionnaire (revolution, revolutionary)
137. Riches-Pauvres, Patriciens-Plébéiens (the rich-the poor, aristocrats-the people)
138. Robe, Robin (legal nobility, magistrate)
139. Royauté (royalty, royal power or regime)
140. Sens, Sensibilité, Sentiment (meaning, sensibility, sentiment)
141. Siècle (century)
142. Société, Social, Art Social (society, social)
143. Souverain, Souveraineté (sovereign, sovereignty)
144. Subsistances, Pain (sustenance, nourishment)
145. Superstition (superstition)
146. Système (system)
147. Terreur, Terrorisme, Terroriste (terror, terrorism, terrorist), 3:89
148. Tiers Etat (the third estate)
149. Tolérance, Tolérantisme (tolerance, excessive leniency)
150. Travail, Travailleur (work, worker)
151. Tribun, Orateur (voice of the people, orator)
152. Utilité (utility)
153. Utopie, Utopiste (utopia, utopian), 11
154. Vertu (virtue)
155. Ville (city)
156. Volonté générale (general will)

주석

한국어판 서문

1) *Geschichtliche Grundbegriffe: Historisches Lexikon zur Politisch-sozialen Sprache in Deutschland,* eds. Otto Brunner, Werner Conze, Reinhart Koselleck [7 vols of text; 2 vols of a multi-lingual index] (Stuttgart: Klett-Cotta, 1972-90) (이하 인용 시 '*GG*'); *Historisches Wörterbuchder Philosophie*, eds. Joachim Ritter, Karlfried Gründer, and Gottfried Gabriel (13 vols; Basel/Stuttgart: Schwabe&Co., 1971-2005) (이하 인용 시 '*HWP*'); *Handbuch politisch-sozialer Grundbegriffe in Frankreich, 1680-1820*, eds. Rolf Reichardt, Hans-Jürgen Lüsebrink, Eberhard Schmitt, in collaboration with Gerd van den Heuvel and Anette Höfer (20 vols to date; München: Oldenbourg Verlag, 1985-) (이하 인용 시 '*Handbuch*'). 이들 저작에 대한 자세한 분석은 본서와 함께, Iain Hampshire-Monk, Karin Tilmans, and Frank van Vree (Amsterdam, 1998)와 *Begriffsgeschichte, Diskursgeschichte, Metapherngeschichte*, ed. Hans Erich Bödeker(Göttingen, 2003)를 참조.
2) Reinhart Koselleck, "Response to Comments," in *The Meaning of Historical Terms and Concepts. New Studies on Begriffsgeschichte*, eds. Hartmut Lehmann and Melvin Richter (Washington, D.C.: German Historical Institute, 1996), 64.

서문

1) *Geschichtliche Grundbegriffe: Historisches Lexikon zur politische-sozialer Sprache in Deutschland*, ed. Otto Brunner, Werner Conze, Reinhardt Koselleck (Stuttgart, 1972-), 지금까지 7권 발행. *Historisches Wörterbuch der Philosophie*, ed. Joachim Ritter and Karlfried Gründer (Basel and Stuttgart, 1971-), 지금까지 8권 발행. *Handbuch politische-sozialer Grundbegriffe in Frankreich, 1680-1820*, ed. Rolf Reichardt and Eberhard Schmitt (Munich, 1985-). 게르트 반 덴 호이벨(Gerd van den Heuvel) 및 아네테 회퍼(Anette Höfer)의 공동으로 현재까지 11권 발행(이 책의 영어본 초판 출판 당시 세 사전의 발행 상황임. 현재 상황은 한국어판 저자 서문 주 1을 참조). 이후 편집

은 롤프 라이하르트(Rolf Reichardt) 및 한스-위르겐 뤼제브링크(Hans-Jürgen Lüsebrink)가 담당하게 된다. 라이하르트는 'Lexikon'(사전)이라는 용어를 거부하고 제명으로 'Handbuch'(편람)을 선택했다. 개념의 고전적·중세적 용례를 추적한 『기본개념』과 『철학사전』에 비해 이 저작의 연대기적 취급 범위가 상대적으로 제한적이기 때문이다. 『기본개념』은 Klett-Cotta, 『철학사전』은 Schwabe & Co., 『편람』은 R. Oldenbourg Verlag에서 출판되었다.

2) "역사적으로 엄밀한"(strictly historical)은 퀜틴 스키너(Quentin Skinner)가 사용한 말이다. 그의 저작 *Foundations of Modern Political Thought*, 2 (Cambridge, 1978), 1:xi 참조. 이들 저자에 대한 서지정보에 대해서는 이 저작의 제6장 및 *The Languages of Political Theory in Early Modern Europe*, ed. Anthony Pagden (Cambridge, 1987) 참조.

3) 『기본개념』에 대한 시드니 폴러드(Sidney Pollard)의 논평은 *Social History* 4 (1979): 371 참조.

4) Reinhart Koselleck, "*Begriffsgeschichte* and Social History," *Futures Past*, trans. Keith Tribe (Cambridge, Mass., 1985), 420.

5) 존 리언스 경(Sir John Lyons)은 '어원학적 오류'에 대해 다음과 같이 기술한다.

> 어원학적 오류는 한 단어의 원래적 형식이나 의미가 원래적이라는 그 사실로 말미암아 반드시 그 단어의 정확한 의미나 형식이어야 한다고 가정하는 것이다. 이런 저런 단어가 그리스어, 라틴어, 아라비아어 등등에서 유래했기 때문에 반드시 원래 언어에서의 의미가 그 단어의 정확한 의미가 되어야 한다는 주장을 접한 적이 얼마나 많은가? 이는 잘못된 주장인데, 왜냐하면 이 주장의 근거는 두 언어의 형식이나 의미 사이에는 원래적이고 사실적인 또는 적절한 일치가 있다는 것인데 이는 입증 불가능하다. (중략)
>
> 어느 언어이든 어휘의 대다수는 시원까지 추적할 수 없다. 어원학자가 우리들에게 말해 주는 것은 증거에 의거해서 특정 단어의 용례 가운데 이런 저런 것이 가장 먼저 쓰인 것으로 알려졌거나 추정된다는 사실이 전부이다. (*Language and Linguistics* [Cambridge, 1981], 55)

요스트 트리어(Jost Trier)가 집필한 『철학사전』, 2:816-18도 참조.

6) 이 주장에 대해서는 Willem Melching and Wyger Velema ed., *Main Trends in Cultural History* (Amsterdam, 1994)에 게재된 졸고 "*Begriffsgeschichte* in Theory and Practice: Reconstructing the History of Political Concepts and Languages" 참조.

7) 독일어권 및 영어권의 개념사 및 정치·사회언어 전공자들 가운데 다른 학자들의 작업을 알고 있는 경우가 거의 없기 때문에 본서는 필자가 원했던 것 이상으로 설명이 많아졌다. 그렇지만 다른 서술방식을 채택했더라면 본서의 독자들은 여기서 말한 것을 이해하기 더욱 어려웠을 것이다.

8) '이념사'와 '지성사'를 별도로 다루든 상호구분적으로 다루든 두 용어에 대해 이론의 여지없이 명확한 정의는 없다. 그러나 성과가 만족스럽든 아니든 시도들은 여러 번 있었다. 다음 문헌이 여기에 해당한다. Maurice Mandelbaum, "The History of Ideas, Intellectual History, and the History of Philosophy," *History and Theory*, Beiheft 5 (1965): 33-66; 존 포콕(John G. A. Pocock)과 퀜틴 스키너를 위시하여 저명한 영미권 학자들에 대한 논의로는 "What Is Intellectual History?" *History Today* 35 (1985): 46-54; Felix Gilbert, "Intellectual History: Its Aims and Methods," *Daedalus* 100 (1971): 80-97. 이념사와 지성사에 대한 독일에서의 연구로 흥미 있는 것은 『철학사전』에 게재된 두 개의 짧은 항목으로 "History of Ideas," 3:1147 및 "Intellectual History," 4:431-32 참조.
다음은 최근 연구이다. William J. Bouwsma, "Intellectual History in the 1980s: From History of Ideas to History of Meaning," *Journal of Modern Interdisciplinary History* 12 (1981): 279-91; and Bouwsma, "Review Essay of LaCapra and Kaplan, *Modern Intellectual History*," *History and Theory* 23 (1984): 232-33; Keith Michael Baker, "Enlightenment and Revolution in France," *Journal of Modern History* 53 (1981): 281-303; John E. Toews, "Intellectual History after the Linguistic Turn," *American Historical Review* (1987): 879-907; Michael Ermath, "Mindful Matters," *Journal of Modern History* 57 (1985): 506-27; Roger Chartier, "Intellectual History or Sociocultural History? The French Trajectories," *Modern Intellectual History*, ed. Dominick LaCapra and Steven L. Kaplan (Ithaca, N.Y., 1982), 13-46. 1989년에 발표된 다음 논문은 여러 미국 역사학자들의 토론으로 발전하였다.: David Harlan, "Intellectual History and the Return of Literature," *American Historical Review* 94 (1989): 581-609인데, 조앤 스캇(Joan Scott), 존 토스(John Toews), 제임스 클로펜버그(James Kloppenberg) 등이 제기한 문제에 대한 논평이 포함되어 있다.; Peter Schöttler, "Historians and Discourse Analysis," *History Workshop* 27 (1989): 37-65; Gabrielle M. Spiegel, "History, Historicism, and the Social Logic of the Text in the Middle Ages," *Speculum* 65 (1990): 59-86; J. G. A. Pocock, "The Concept of a Language and the *Métier d'historien*: Some Considerations on Practice," *The Languages of Political Theory in Early Modern Europe*, ed. Anthony Pagden (Cambridge, 1987). 관련 저작으로는 Keith Micheal Baker, *Inventing the French Revolution* (Cambridge, 1990); *Conceptual Change and the Constitution*, ed. Terence Ball and J. G. A. Pocock (Lawrence, Kansas, 1988); *Political Innovation and Conceptual Change*, ed. Terence Ball, James Farr, and Russell L. Hanson (Cambridge, 1988); and Terence Ball, *Transforming Political Discourse* (Oxford, 1988).

9) Melching and Velema ed., *Main Trends in Cultural History*, 248. 이 논문은 1991년 6월 18~27일간 "Main Trends in Cultural History"의 주제로 암스테르담 소재 네덜란드 문화사대학원이 후원한 국제여름학교 개막논문이다.
10) 이 사업의 책임자는 부다페스트 대학 철학과 죄르지 벤체(György Bence) 교수이다.
11) 핵심 어휘 사업의 견인차는 5명의 학자로 구성된 연구팀으로, 티머시 칙(Timothy Cheek), 조슈아 포겔(Joshua Fogel), 엘리자베스 페리(Elizabeth Perry), 미하엘 쇤할스(Michael Schoenhals), 그리고 사업팀장 제프리 와서스트롬(Jeffrey Wasserstrom)이다. 이 사업에 의해 출간될 작업유형을 보여 주는 예는 Michael Schoenhals, *Doing Things with Words in Chinese Politics* (Berkeley Calif., 1992)이다. 첫 회 출간물은 Jeffrey Wasserstrom and Sue Tuohy ed., *Indiana East Asian Working Paper Series on Language and Politics in Modern China* (Bloomington, Ind., 1993-)에 게재되었다. 본서를 집필 시 세 편의 논문이 출간되었다.
12) Liu Xiaobo, "Defeated by Our Self-Righteousness: That Holy Word, 'Revolution'," *Popular Protest and Political Culture in Modern China*, ed. Jeffrey N. Wasserstrom and Elizabeth J. Perry, 2d ed. (Boulder, Colo., 1994), 309-24.

01

1) 관련된 그리스어 개념들은 arche, kratos, kyros, exousia, dynamis, ischys 및 bia이다. Herrschaft 개념의 역사에 대한 『기본개념』과 『철학사전』의 설명 차이를 다룬 제3장의 논의를 참조. 문제의 핵심은 고전 그리스어에 Herrschaft의 등가어가 있느냐는 것이다.
2) Kurt Raaflaub, *Die Entdeckung der Freiheit: Zur Historisches Semantik und Gesellschaftsgeschichte eines politischen Grundbegriffs der Griechen* (Munich, 1985); Lucian Hölscher, *Öffentlichkeit und Geheimnis* (Stuttgart, 1979)와 *Weltgericht oder Revolution: Protestantische und sozialistische Zukunftsvorstellungen im deutschen Kaiserreich* (Stuttgart, 1989); Jörg Fisch, *Krieg und Frieden im Friedensvertrag* (Stuttgart, 1979); Karl-Heinz Bender, *Revolutionen* (Munich, 1977); Gerd van den Heuvel, *Der Freiheitsbegriff der Französischen Revolution. Studien zur Revolutionsideologie* (Göttingen, 1988); Horst Dreitzel, *Monarchiebegriffe in der Fürstengesellschaft. Semantik und Theorie der Einherrschaft in Deutschland von der Reformation bis zum Vormärz*, 2 vols. (Cologne, Weimar, Vienna, 1991); Kari Palonen, *Politik als Handlungsbegriff. Horizontwandel des Politiksbegriffs in*

Deutschland, 1890-1933 (Helsinki, 1985).

3) 정치적 항목의 필자는 순서대로 호르스트 디펠(Horst Dippel), 엘리자베스 페렌바흐(Elizabeth Fehrenbach) 및 피에르 레타(Pierre Rétat)이다. 사회사 관련 항목들은 롤프 라이하르트(Rolf Reichardt)와 아네테 회퍼(Anette Höfer) 공동 집필이다.
4) Joachim Ritter, "Vorwort," *HWP*, 1:v-xi.
5) Ibid., viii.
6) H. G. Meier, "Begriffsgeschichte," *HWP*, 1:791-92.
7) Jorn Rüsen, "Theory of History in the Development of West German Historical Studies," *Germanic Studies Review* 7 (1984): 11-25.
8) Horst Günther, "*Begriffe in der Geschichte*," *Archiv für Begriffsgeschichte* 23 (1979): 100.
9) 『기본개념』에 대한 비판의 상당 부분은 이렇게 역사적 분수령에 해당되는 연대를 확실히 설정할 수 없다는 주장에 초점을 맞추고 있다. 모든 영역에서 모든 것이 동일한 속도로 변한 것은 아니었다. 또한 정확히 같은 시간에 모든 곳에서 변화가 일어나지도 않았다. 그런데 이런 주장은 '안장시대'란 장치가 가진 연구학습적 요점을 놓친 발언이다. 이 장치의 의도는 개념의 의미들이 오늘날 독자들이 이해할 수 있을 만큼 충분히 일관적으로 지속되었는지, 아니면 그 의미들이 오늘날에는 과거 용법의 재구성을 요구할 만큼 변모했는지, 아니면 그 개념들은 신조어였는지를 구분 가능하게 하는 것이다. 코젤렉 자신은 연구비를 신청할 때 '안장시대'란 용어를 만들었으며 거기에 특별한 가치를 부여하지 않았다고 발언하였다. 1989년 12월 뮌헨 역사강의협회(Historisches Kolleg)로부터 일생의 업적으로 상을 받았을 때 쓴 "Vortrag des Preisträgers: Wie neu is die Neuzeit," *Dritte Verleihung des Preises des Historischen Kollegs* (Munich, 1991), 37 참조.
10) Michel Vovelle, *La Chute de la monarchie* (Paris, 1972); *The Fall of the French monarchy, 1787-1792*, trans. Susan Burke (Cambridge, 1984), 59.
11) Peter L. Berger and Thomas Luckmann, *The Social Construction of Reality* (New York, 1966; Frankfurt am Main, 1980).
12) William J. Bouwsma, "Intellectual History in the 1980s: From History of Ideas to History of Meaning," *Journal of Interdisciplinary History* 12 (1981): 279-91; John E. Toews, "Intellectual History after the Linguistic Turn," *American Historical Review* (1987): 879-907.
13) "어떤 개념 x가 있다는 것은, 말하자면 (일부 예외가 있지만) (1) 단어 x의 의미를 알고, (2) 제시된 x를 식별할 수 있거나 인식할 수 있으며 … 또는 x의 이미지나 관념이 존재하지 않을 때 x(또는 비-x)에 대해 생각할 수 (이미지나 관념을 가질 수) 있다는 것이다." P. L. Heath, *Encyclopedia of Philosophy*, 2:177.

14) Felix Gilbert, review of *Historism* by Friedrich Meinecke, *History and Theory* 13 (1974): 59-64; Isaiah Berlin and Carl Hinrichs, "Foreword" and "Introduction" to *Historism*, by Friedrich Meinecke, trans. by J. E. Anderson from *Die Entstehung des Historismus*(London and New York, 1972), ix-liii.
15) 호의적이나 부정확한 사용의 예로는 Richard Rorty, "The Historiography of Philosophy: Four Genres," *Philosophy in History*, ed. R. Rorty, J. B. Schneewind, and Q. Skinner (Cambridge, 1984)를 볼 것. 비우호적 · 폄하적 사용의 예로는 스테판 콜리니(Stefan Collini)의 기고 "What is Intellectual History?" *History Today* 35 (1985): 47을 볼 것.
16) Leo Spitzer, "*Geistesgeschichte* vs. History of Ideas as Applied to Hitlerism," *Journal of the History of Ideas* 5 (1944): 194, 198-200, 202-3.
17) Paul Oskar Kristeller, "History of Philosophy and History of Ideas," *Journal of the History of Philosophy* 1 (1963): 12.
18) Arthur O. Lovejoy, *The Great Chain of Being* (Cambridge, Mass., 1948), 14.
19) Ibid., 5.
20) Maurice Mandelbaum, "The History of Ideas, Intellectual History, and the History of Philosophy," *History and Theory*, Beiheft suppl. 5 (1965): 41.
21) Lovejoy, *Great Chain of Being*, 14.
22) Ibid., 19.
23) Ibid., 20.

02

1) Georg Iggers, *The German Conception of History*, 2d ed. (Middletown, Conn., 1983).
2) Felix Gilbert, review of *Historism* by Friedrich Meinecke, *History and Theory* 13 (1974): 64.
3) Jorn Rüsen, "Theory of History in the Development of West German Historical Studies: A Reconstruction and Outlook," *Germanic Studies Review* 7 (1984): 11-25. 이 논문은 이 주제와 관련된 독일어 문헌에 대한 참고목록을 제공한다. 나중에 나온 완성도가 좀 더 높은 문헌목록에 대해서는 Winfried Schulze, *Deutsche Geschichtswissenschaft nach 1945* (Munich, 1989), and in Ernst Schulin, ed., *Deutsche Geschichtswissenschaft nach dem Zweiten Weltkrieg (1945-1965)* (Munich, 1989)가 있다.
4) 빈프리트 슐체(Winfried Schulze)는 두 가지 이유로 이 주장에 이의를 제기

한다. 그는 1945년 이전, 특히 제3제국 기간 동안 독일 역사기술의 성격을 역사주의로 규정하는 게 정확하다는 주장에 동의하지 않는다. 또한 그 이후 연방공화국 시대 역사적 저술에서도 근본적 단절보다 연속성이 더 많다고 본다. 슐체의 저작 *Deutsche Geschichtswissenschaft nach 1945*, 281-311 참조. 더 간결한 서술로는 "Der Neubeginn der deutschen Geschichtswissenschaft nach 1945," Schulin, *Deutsche Geschichtswissenschaft nach dem Zweiten Weltkrieg*, 1-37, 특히 34-37 참조.

5) Rüsen, "Theory of History," 18. Rüsen from *Geschichte und Gesellschaft* 1 (1975): 5. Translation by Melvin Richter에서 재인용.

6) Iggers, *German Conception of History*, "Epilogue."

7) 슐체는 오토 브루너(Otto Brunner)의 *politische Volksgeschichte*와 같은 이전의 역사기술과의 연속성을 재차 강조한다. Schulin, *Deutsche Geschichtswissenschaft nach dem Zweiten Weltkrieg*, 35.

8) "Begriffsgeschichte und Sozialgeschichte"는 코젤렉 논문선 *Vergangene Zukunft: Zur Semantik geschichtlicher Zeiten* (Frankfurt, 1979), 107-129에 재수록되었다. 이 논문은 *Futures Past*, trans. Keith Tribe (Cambridge, Mass., 1985), 73-91에 "*Begriffsgeschichte* and Social History"로 번역되어 있다. 최근의 논문은 "Sozialgeschichte und Begriffsgeschichte," *Sozialgeschichte in Deutschland*, ed. Wolfgang Schieder and Volker Sellin, 2 vols. (Göttingen, 1987), 1:89-109.

9) Gerd van den Heuvel, "Begriffsgeschichte, Historische Semantik," *Handbuch der Geschichtsdidatik*, ed. Werner Boldt and F. Baumgart (Dusseldorf, 1985), 194.

10) H. K. Schulze, "Mediävistik und Begriffsgeschichte," *Historische Semantik und Begriffsgeschichte*, ed. R. Koselleck (Stuttgart, 1979), 242-61.

11) Kurt Sontheimer, *Antidemokratisches Denken in der Weimarer Republik. Die politischen Ideen des deutschen Nationalismus zwischen 1918 und 1933* (Munich, 1968, 1978).

12) 영어권 중세사학자들도 브루너를 알고는 있었으나 그의 학문적 입장과 정치적 입장 간의 관계는 별 주목을 받지 못했다. 제임스 반 혼 멜턴(James Van Horn Melton)이 이 공백을 잘 메워 주었다. 다음의 글을 참조. "Translator's Introduction," Otto Brunner, *Land and Lordship: Structures of Governance in Medieval Austria*, translation and Introduction by Howard Kaminsky and James Van Horn Melton (Philadelphia, 1992), xiv-lxi; James Van Horn Melton, "From Folk History to Structural History: Otto Brunner and the Radical-Conservative Roots of German Social History," *Paths of Continuity: German Historical Scholarship, 1933–1960*, ed. James Van Horn Melton and Hartmut Lehmann (Cambridge, Eng.), forthcoming;

James Van Horn Melton, "Otto Brunner and *Begriffsgeschichte*," *Begriffsgeschichte*, ed. Hartmut Lehmann, occasional paper, German Historical Institute, Washington, D.C. (New York), forthcoming.

13) O. Brunner, "Das Problem einer europäischen Sozialgeschichte," *Neue Wege der Verfassungs- und Sozialgeschichte*, 2d. ed. (Göttingen, 1968), 82-83.

14) "Das Zeitalter der Ideologien," Brunner, *Neue Wege*, 45-63.

15) 브루너와 슈미트의 관계에 대한 최상의 논의 가운데 하나는 Otto Gerhard Oexle, "Sozialgeschichte-Begriffsgeschichte-Wissenschaftsgeschichte. Anmerkungen zum Werk Otto Brunners," *Vierteljahrschrift für Sozial- und Wirtschaftsgeschichte* 71 (1984): 319-20 참조. 브루너와 슈미트는 종종 상대방 연구를 참조하였고, 그런 다음 그들은 각기 상대방의 연구를 다른 학문분야에서 자신들의 입장의 정당성을 입증하는 독립적 자료로 인용하였다.

16) Klaus Schreiner, "Wissenschaft von der Geschichte des Mittelalters nach 1945," Schulin, *Deutsche Geschichtswissenschaft nach dem Zweiten Weltkrieg*, 136-44.

17) 코젤렉은 다음 두 편의 논문에서 이렇게 주장했다. "Sozialgeschichte und Begriffsgeschichte," and "Begriffsgeschichtliche Probleme der Verfassungsgeschichtsschreibung," *Der Staat*. Beiheft 6 (1983).

18) Schreiner, "Wissenschaft von der Geschichte," 140, 142.

19) Robert Jütte, "Zwischen Ständestaat und Austrofaschismus. Der Beitrag Otto Brunners zur Geschichtschreibung," *Jahrbuch des Instituts für Deutsche Geschichte* 13 (1984): 237.

20) Schulze, *Deutsche Geschichtswissenschaft nach 1945*, 281-311; 보다 간략한 서술로는 "Der Neubeginn," 1-37, 특히 34-37 참조.

21) 또한 슐츠는 바이마르 공화국 시기에 사용되다가 나치 시대에 억압된 문제들과 방법들에 대한 관심이 전후 독일 사회사 영역에서 부활한 사실에 주목할 것을 요구한다.

22) Schulze, *Deutsche Geschichtswissenschaft nach 1945*, 306.

23) Ralf Dahrendorf, *Society and Democracy in Germany* (New York, 1979), 특히 chap. 25 참조.

24) Schulze, "Der Neubeginn," 36. 벨러에 대해서는, 자신이 편집한 *Moderne Deutsche Sozialgeschichte* (Cologne, Berlin, 1968)에 게재한 글 참조.

25) W. Conze, "Zur Grundung des Arbeitskreis fur moderne Sozialgeschichte," *Hambürger Jahrbuch für Wirtschafts- und Gesellschaftspolitik* 24 (1979): 23-32.

26) Wolfgang Schieder, "Sozialgeschichte zwischen Soziologie und Geschichte,"

Geschichte und Gesellschaft 13 (1987): 244-66. Jürgen Kocka, "Werner Conze und die Sozialgeschichte in der Bundesrepublik Deutschland," *Geschichte in Wissenschaft und Unterricht* 37 (1986): 595-602; R. Koselleck, "Werner Conze, Tradition und Innovation," *Historische Zeitschrift* 245 (1988): 529-43

27) Günther Ipsen, *Programm einer Soziologie des deutschen Volkstum* (Berlin, 1933); idem, *Das Landvolk. Ein soziologischer Versuch* (Hamburg, 1933).

28) Jerry Z. Muller, *The Other God That Failed. Hans Freyer and the Deradicalization of German Conservatism* (Princeton, 1987), 144-49. 입센, 프라이어 및 그 외 여러 사람에 대한 나의 서술은 이 시대와 사조에 대한 뮬러 교수의 매우 유익하고 객관적인 분석에 힘입은 것인데, 이 시대와 사조에 관한 유익하고 객관적인 분석은 흔하지 않다.

29) Werner Conze, *Hirschenhof: Die Geschichte einer deutschen Sprachinsel in Livland* (Berlin, 1934); *Agrarverfassung und Bevölkerung in Litauen und Weissrussland* (Leipzig, 1940).

30) Werner Conze, *Die Deutsche Nation: Ergebnis der Geschichte* (Göttingen, 1963).

31) 이 문구는 제리 뮬러(Jerry Muller)의 저작 『다른 신』(*The Other God*)의 부제인데, 그 자신의 자세한 분석은 317쪽에서 시작한다.

32) Karl Dietrich Bracher, *Die Zeit der Ideologen* (Stuttgart, 1982), 288; Richard Lowenthal, "Cultural Change and Generational Change in Postwar Western Europe," *The Federal Republic of Germany and the United States*, ed. J. Cooney et al. (Boulder, Colo., 1984), 35-39. Muller, *The Other God*, 317에서 재인용.

33) Muller, *The Other God*, 317.

34) 코젤렉이 조사한 바로 콘체가 창설 및 조직에 관여했던 공동사업은 14개이다. 콘체의 생애와 업적 기념논문집 *Historische Zeitschrift* 245 (1987): 529-43 참조.

35) W. Conze, "Histoire des notions dans le domaine socio-politique," *Problèmes de la stratification sociale*, ed. Ronald Mousnier (Paris, 1968), 34.

36) Reinhart Koselleck, "Richtlinienen fur das Lexikon politisch-sozialer Begriffe der Neuzeit," *Archiv für Begriffsgeschichte* 11 (1967): 91.

37) Koselleck, *Futures Past*. 『기본개념』에서 단 두 항목만이 영어로 번역되었으며, 모두 코젤렉의 글이 아니다. 'Polizei'(Police, Policy), trans. Franz-Ludwig Knemeyer, *Economy and Society* 9 (1980): 172-96; and "Economic Liberalism," *Economy and Society* 13 (1984): 178-207. 이 서지사항 정보는 Keith Tribe, "The *Geschichtliche Grundbegriffe* Project," *Comparative*

Studies in Society and History 31 (1989): 180-84에서 알게 되었다.

38) 이 지적은 작고한 토마스 니퍼디(Thomas Nipperdey)에게 빚졌다.

39) Reinhart Koselleck, *Kritik und Krise: Eine Studie zur Pathogenese der bürgerlichen Welt*, 1st ed. (Freiburg and Munich, 1959); *Critique and Crisis* (Cambridge, Mass., 1988); Carl Schmitt, *Der Leviathan in der Staatslehre des Thomas Hobbes* (Hamburg, 1938); Johannes Kühn, *Toleranz und Offenbarung* (Leipzig, 1923).

40) Reinhart Koselleck, *Preussen zwischen Reform und Revolution: Allgemeines Landrecht, Verwaltung, und soziale Bewegung von 1791-1848*, 2d ed. (Stuttgart, 1975).

41) 코젤렉의 저작이 출간되었을 때 맥 워커(Mack Walker)는 "1945년 이후 독일에서 출간된 역사서 중에서 손으로 꼽을 수 있는 것 가운데 한 권"이라고 평했다. *Journal of Social History* 3(1969): 184를 볼 것. 워커는 이 저작을 사회사로만 취급하였다. 그 결과 그는 나중에 코젤렉의 논문과 『기본개념』에서 정립하게 되는 개념사와 사회사 간의 관계설정에 대해서 거의 언급하지 않았다. 732면에 달하는 코젤렉의 저작은 자신의 논문 "*Begriffsgeschichte* and Social History" 및 "Sozialgeschichte und Begriffsgeschichte"에서 지적할 방법론적 요점들에 대한 선명하고 구체적인 사례를 많이 담고 있다.

42) Hans Robert Jauss, "Antrittsrede," Heidelberger Akademie, May 30, 1981. 굼브레히트(H. U. Gumbrecht)의 다음 논평에서 인용, *Vergangene Zukunft* by R. Koselleck, *Poetica* 13 (1981), 349: n. 2. 〈수용이론〉(작가의 의도에서 벗어나서 텍스트가 청중과 독자에게 의도하는 바에 주목하는 해석양상) 및 가다머가 야우스에게 진 부채에 대한 탁월한 평가로는 Robert C. Holub, *Reception Theory: A Critical Introduction* (London, 1984), 특히 35-45, 53-82의 훑어볼 것. 다른 중요한 공헌으로는 Martyn P. Thompson, "Reception Theory and the Interpretation of Historical Meaning," *History and Theory* 32 (1993): 248-72.

43) David Carr, review-essay on *Futures Past* (*Vergangene Zukunft*), *History and Theory* 26 (1987): 198-204.

44) Holub, *Reception Theory*, xi-xii. 야우스와 이저(Wolfgang Iser)가 관계한 콘스탄스 대학 연구자 모임에 코젤렉은 정기적으로 참여했다. 이들 논문은 〈수용이론〉을 주제로 한 격년 발행 연속학술서 *Poetik und Hermeneutik*에 발표되었다. 코젤렉은 그중 *Geschichte: Ereignis und Erzählung* (Munich: Fink, 1973)을 스템펠(Wolf-Dieter Stempel)과 공동 편집하였다. 이 저작에 실린 코젤렉 논문 두 편은 *Futures Past*, 91-104, 105-15에 번역되어 있다.

45) 1950년 이전에 브루너가 경험주의적 고려사항들을 언제나 강조한 것은 아니다. 왹슬레(Otto Gerhard Oexle)가 지적했듯이, *Land und Herrschaft* 1939년 판 및 1943년 판에서 브루너는 사회와 국가 간의 구분을 거부하는 국가사회주

의 전체주의적 세계관(Weltanschauung)을 명시적으로 언급함으로써 실증주의적 법률사에 대한 자신의 공세를 정당화했다. Oexle, "Sozialgeschichte," 317-19.

46) 하이델베르크 대학에서 거행된 가다머 세수 85세 기념식에서 행한 코젤렉의 연설 및 가다머의 응답을 함께 참조: "Hermeneutik und Historik," *Sitzungsberichte der Heidelberger Akademie der Wissenschaften. Philosophisch-historische Klasse*, 1987, Bericht 1.

47) 간략한 서술을 원하면 이 장의 앞부분 참조.

48) R. Koselleck, "Kriegerdenkmale als Identitätsstiftungen der überlebenden," *Identität*, ed. Odo Marquardt and Karlheinz Stierle (Munich, 1979), 255-76. 이 저작은 〈수용이론〉에 관한 연속학술서 *Poetik und Hermenutik* 중 한 권이다. 앞서 인용한 로버트 홀럽(Robert C. Holub)의 저서 참조.

49) 사회사에 관한 콘체의 공헌에 대하여 우호적 평가가 일반적이나, 〈개념사〉에 대한 몸젠(Wolfgang Mommsen)의 폄하 발언을 참조. Schulin, *Deutsche Geschichtswissenschaft nach dem Zweiten Weltkrieg*, 266-67.

50) 이 단락은 대부분 다음에 의거한 것이다. Gabriel Motzkin, "On Koselleck's Intuition of Time in History," *Begriffsgeschichte*, ed. Hartmut Lehmann, occasional paper, German Historical Institute, Washington, D.C. (New York), forthcoming.

51) Koselleck, "Einleitung," *GG*, 1:16-18.

52) Koselleck, "*Begriffschichte* and Social History," 73; *Vergangene Zukunft*, 108.

53) Fernand Braudel, "Sur une conception de l'Histoire sociale," *Annales* 14 (1959): 317.

54) 나는 용어들을 좇고 "Conceptual History and Political Theory," *Political Theory* 14 (1986): 621-27에서 설명한 바 있다.

55) Conze, "Historire des notions," 32.

56) 이 부분과 다음 부분은 코젤렉이 다음 글을 요약한 것이다. "Einleitung," *GG*, 1:16-18; "*Begriffsgeschichte* and Social History," 73-91; and "Begriffsgeschichte und Sozialgeschichte," 89-109.

57) '전통적 유럽'(Old Europe; Alteuropa)이란 개념은 브루너가 부르크하르트(Jacob Burckhardt)로부터 넘겨받은 것이다. Oexle, "Sozialgeschichte," 307, n. 10 참조.

58) Koselleck, "*Begriffschichte* and Social History," 74; *Vergangene Zukunft*, 108.

59) Koselleck, "*Begriffschichte* and Social History," 78; *Vergangene Zukunft*, 114. 트라이브의 번역을 수정했다.

60) Koselleck, "Einleitung," 20.

61) Ibid.

62) Stephen Ullmann, *The Principles of Semantics*, 2d ed. (Oxford, 1957), 27-29, 98-100; Stephen Ullmann, *Semantics* (Oxford, 1962); John Lyons, *Introduction to Theoretical Linguistics* (Cambridge, 1969), 51-52; John Lyons, *Language and Linguistics* (Cambridge, 1981), 8-17.

63) Lyons, *Language and Linguistics*, 35.

64) 생성문법을 통해 의미이론에 접근하는 철학자와 언어학자의 관점에서 의미론에 관해 명확하게 서술한 입문적 글로는 Janet Dean Fodor, *Semantics* (Cambridge, 1969) 참조. 퀜틴 스키너의 주장을 평가하려는 논자는 비트겐슈타인(Ludwig Wittgenstein)과 오스틴(John Austin)에 대한 그녀의 논평(각기 '의미와 용도' 및 '의미와 발화 행위')에 주목할 필요가 있다.

65) Koselleck, "Einleitung," 20.

66) Koselleck, "*Begriffschichte* and Social History," 75-77; *Vergangene Zukunft*, 122.

67) Koselleck, "Einleitung," 21.

68) 이들의 용도는 개념의 사용빈도를 결정하거나 그 개념과 동일한 의미장 내 다른 개념들과의 관계를 설정하려는 것이다. 또 다른 가능성은 개념 사용에 있어서의 계속성이나 변화의 양적 증거 확보이다. 프랑스어는 물론, 고전 그리스어 및 라틴어 컴퓨터 데이터베이스의 출현으로 이제 이러한 작업이 가능해졌다. 본 저작을 저술하는 동안에도 독일어 컴퓨터 데이터베이스는 아직 없다. 영어의 경우, 『옥스퍼드』 2판부터 컴퓨터 입력 형식으로 제공되고 있다.

69) Koselleck, "*Begriffschichte* and Social History," 86; *Vergangene Zukunft*, 122.

70) Koselleck, "*Begriffschichte* and Social History," 85; *Vergangene Zukunft*, 122.

71) 『기본개념』에 실린 크리스티안 마이어의 'Macht, Gewalt' 항목(4:820-35)에서 마이어가 고전 그리스 및 로마 용법에 대해 발견한 사실들을 보라. 여기서 그의 결론은 부정적인데, 'power'와 'force'는 두 언어에서 언제나 일관성 있게 사용된 것은 아니라는 것이다.

72) Jost Trier, "Feld, sprachliches," *HWP*, 2:934.

73) Ullmann, *Semantics*, 248.

74) Lyons, *Theoretical Linguistics*, 429.

75) 선구적 작업은 Jost Trier, *Der Deutsche Wortschatz im Bezirk des Verstandes. Die Geschichte eines sprachlichen Feld* (Heidelberg, 1931)이다. 유사한 사례로 의미론에 종사하는 영어권의 주도적 언어학자가 플라톤이 지식을 지시하기 위해 사용한 용어들을 분석하였다.: John Lyons, *Structural Semantics: An Analysis of Part of the Vocabulary of Plato* (Oxford, 1963). 리언스의 발견에 대한 영어요약은 다음을 참조.: *Language, Meaning, and Style*, ed. T. H. Hope et al., (Leeds, 1981), 73-90.

76) Ullmann, *The Principles of Semantics*, 166.

77) Ullmann, *Semantics*, 248-49. 언어장 또는 의미장에 대한 필자의 분석은 울만이 앞서 언급한 두 저서에서 제공한 설명과 트리어가 직접 집필한 『철학사전』 항목 'Feld, sprachliches'(*HWP*, 2:930-34)로부터 크게 도움을 받았다.

78) 코젤렉이 편집한 한 저서에서 몇몇 필자들이 코젤렉의 언어관을 비판하고 여러 대안적 방법론을 제시하였다. 이 저작이 *Historische Semantik und Begriffsgeschichte*, ed. R. Koselleck (Stuttgart, 1969)이다. 슐체, 굼브레히트, 슈티를레(Karlheinz Stierle)의 논문 참조. 이 분야에 관한 가장 최근의 연구는 Dietrich Busse, *Historische Semantik* (Stuttgart, 1987)이다. 이 저작은 코젤렉이 편집한 동일한 연속학술서의 일부로 출판된 것으로 보이는데, 그러므로 코젤렉 자신이 자기의 메타이론에 가장 통렬한 비판적 연구를 출간하였다. 언어장 이론에 대한 약간 오래된 비판에 대해서는 울만을 볼 것: Ullmann, *Semantics*, 249-50.

『편람』 서문에서 라이하르트가 행한 『기본개념』 비판은 라이하르트와 일부 의견을 같이하는 언어학자와 문학비평가들의 비판과는 다른 관점에서 보아야 할 것이다. 제4장과 제5장에서 논의하겠지만, 라이하르트는 『편람』 기고문과 자신의 논문 두 측면에서 『기본개념』의 실천방식(practice)을 개선하려 적극 노력하였다. 그럼에도 불구하고 심성 연구를 위해 자신이 개발한 〈개념사〉 유형을 사용하려 했던 시도의 결과는 제5장에서 비판을 받는 입장으로 귀결된다.

79) Koselleck, "Einleitung," 24-25.

80) M. Richter, "Montesquieu, the Politics of Language, and the Language of Politics," *History of Political Thought* 10 (1989): 71-88 참조.

81) 이 주제에 대한 콘체의 발언으로는 다음을 참조.: "Histoire des notions," 34.

82) Reinhart Koselleck, "Vorwort," *GG*, 3:v.

83) 코젤렉의 원래 기획은 고전적 고대부터 현재까지 다룬 단권 사전이었다. 이 사전은 알파벳순 항목보다 주제의 연관성 관점에서 편집될 예정이었다. 그러나 이 기획이 한 권에서 여덟 권으로 확대되자 기획 전체를 꾸려 나가기 위해서는 개념들을 각권마다 알파벳순으로 배열하여 출간할 도리밖에 없음이 명백해졌다. 그러나 사전이 완성되면, 알파벳순 아닌 주제별로 항목을 분류한 염가본을 출판할 수 있을 것이다. 양장본 가격은 엄두도 못 낼 정도인데, 주제별 염가본이 출간되면 학자들은 『기본개념』을 보다 쉽게 접할 수 있을 것이다. Keith Tribe, "The *Geschichtliche Grundbegriffe* Project: From History of Ideas to Conceptual History," *Comparative Studies in Society and History* 31 (1989): 180-84; and "Introduction," *Futures Past* 참조.

84) 이하 분석 가운데 상당 부분은 미셸라 W. 릭터(Michaela W. Richter)의 미발표원고에 빚지고 있다.

85) Krise 개념의 역사에 대해서는 *Kritique und Krise*, 224-27, n. 124-43에 기술되어 있다.

86) 코젤렉 교수가 필자에게 말한 바로는 원래의 부제는 "18세기 이원적 세계관의 정치적 기능에 대한 연구"(An Investigation of the Political Function of Dualistic World Views in the Eighteenth Century)였다.

03

1) Max Weber, *Wirtschaft und Gesellschaft*, ed. J. Winckelmann, 5th ed., 2 vols. (Tübingen, 1976)의 영어 표준 완역판은 *Economy and Society*, ed. and trans. Guenther Roth and Claus Wittich, 3 vols. (New York, 1968)이다. 이 역본은 이전의 많은 발췌번역본을 수정하면서 일부는 새 번역을 추가했다. Roth and Wittich, 1: xxv-xxvi; ci-civ에 상세한 전말이 있다. 영어 번역의 저본으로 사용된 텍스트(대개 빙켈만이 편집한 5판을 사용한다)에 대해서는 *Economy and Society*, 1:cii에 기술되어 있다. 빙켈만 편 원전과 로스의 번역본의 관계에 대해 로스 자신이 설명한 바 있는데, 이에 대해 키스 트라이브(Keith Tribe)는 아래의 번역서 서문에서 이의를 제기한 바 있다.: Wilhelm Hennis, *Max Weber: Essays in Reconstruction*, trans. K. Tribe (London, 1988), 17, n. 27.
   *Wirtschaft und Gesellschaft*의 원고는 법에 관한 부분을 제외하고는 남아 있지 않아서, 머리 없는 몸통 또는 "몸통들을 묶은 잡동사니"라고 말해지는데, 마리안 베버(Marianne Weber)가 처음 재생하고 다시 빙켈만이 손을 보았다. 이 원본의 진실성에 대해서는 텐부르크(F. H. Tenbruck)부터 헤니스(Wilhelm Hennis)에 이르기까지 여러 학자들이 차례로 공격하였다. 상황은 아직 전투 중이고 오리무중이다. 일부 학자들은 33권으로 된 비판적 독일어신판[Max Weber, *Gesamtausgabe*, ed. Horst Baier, M. Rainer Lepsius, Wolfgang J. Mommsen, Wolfgang Schluchter, and Johannes Winckelmann (Tübingen, 1984-)]이 출간되면 빙켈만 판(과 로스-비티히 번역판)이 개선될 수 있을 것으로 기대하고 있다. 헤니스는 그 가능성을 일축한다.
2) 빌헬름 헤니스는 베버의 업적에 대한 이런 사회과학적 모범답안을 분쇄하기 위하여 일련의 도발적 논문을 썼는데, 그는 이런 모범답안을 시대착오적인 것이라고 생각했다(Hennis, *Max Weber*).
3) 이 점에 대해 말한다면, Herrschaft 개념의 역사에 대한 다수의 베버 번역자와 논평자의 요약적 언급은 이 개념은 물론이고 Legitimität, Macht, Gewalt 및 Gewalteinteilung에 대한 『기본개념』 항목에 담긴 정보와 반드시 비교해야 한다. 필자의 분석이 이 작업을 담당할 것이며, 『기본개념』의 'Herrschaft' 항목과 막스 베버의 Herrschaft에 대해 요약적으로 설명한 후 분석에 들어가겠다.
   베버의 영역본 중 가장 영향력이 큰 역본은 거스(H. Gerth)와 밀스(C. W. Mills)의 논문선 *From Max Weber* (New York, 1946)이다. 탤컷 파슨스(Talcott

Parsons)의 논평은 *Wirtschaft und Gesellschaft*의 일부를 핸더슨(A. M. Henderson)과 공역한 *The Theory of Social and Economic Organization* (New York, 1947)에 있다. 막스 라인슈타인(Max Rheinstein)과 에드워드 실스(Edwards Shils)가 공역한 *Max Weber on Law in Economy and Society* (Cambridge Mass., 1954)는 베버의 다른 글을 옮겼다. 완역본에서 로스와 비티히가 따른 번역 원칙에 대한 로스의 언급에 대해서는 *Economy and Society*, 1:ci-civ 참조.

라인하르트 벤딕스(Reinhard Bendix)가 파슨스의 번역 대신 domination을 선택한 이유에 대한 설명은 Reinhard Bendix, *Max Weber: An Intellectual Biography* (London, 1960), 296, n. 16 참조. Herrschaft 번역에 대한 볼프강 몸젠의 발언은 *The Age of Bureaucracy* (Oxford, 1974)에 실려 있다. 그의 주저작 *Max Weber und die Deutsche Politik* 2d ed. (Tübingen, 1974)은 베버 정치학의 민족주의에 강조점을 두었기 때문에 수정주의적 해석으로 간주되기도 했다. 지금은 정통적 해석이 되었는데, 몸젠은 베버의 정치적 · 저널리즘적 논문과 연설을 주제로 한 비판적 신판 두 권을 편집하였다.

4) "Herrschaft," *GG*, 3:14.

5) Ibid., 39-48.

6) "On vous parle sans cesse d'un culte dominant. Dominant! Messieurs, je n'entends pas ce mot, et j'ai besoin qu'on me definisse. Est-ce un culte oppresseur quel'on veut dire?...dominer. C'est un mot tyrannique qui doit etre banni de notre législation." Günther, ibid., 51-52에서 재인용.

7) Ibid., 53.

8) Ibid., 86-94.

9) Johann Heinrich Zedler, *Grosses vollständiges Universal-Lexicon aller Wissenschaftlichen und Künste*, 64 vols. and 4 suppl. vols. (Halle and Leipzig, 1732-54; reprint, Graz 1961-64). 'Knecht' 항목 참조. "Herrschaft" (*GG*, 4:51, 65)로부터 재인용.

독일의 전제와 저항권 이론에 대한 연구로는 Hella Mandt, *Tyrannislehre und Widerstandsrecht* (Darmstadt and Neuwied, 1974), 특히 베버에 관한 장(243-303) 참조. 그녀는 『기본개념』의 'Tyrannis, Despotismus'(전제, 전제주의) 항목의 필자이다. 다른 중요한 집필자는 Wilhelm Hennis, "Zum Problem der deutschen Staatsanschauung," *Politik als praktische Wissenschaft* (Munich, 1968), 11-36; and Otto Brunner, "Bemerkungen zu den Begriffen 'Herrschaft' und 'Legitimität'," *Neue Wege der Verfassungs- und Sozialgeschichte*, 2d ed. (Gottingen, 1968), 64-79.

10) Weber, *Wirtschaft und Gesellschaft*, 2:7; *Economy and Society*, 3:946. Macht(힘)와 Herrschaft의 정의에 대해서는 Weber, *Wirtschaft und Gesellschaft*, 1:28; *Economy and Society*, 1:53 참조.

11) "Herrschaft," 100, n. 458.
12) Weber, *Wirtschaft und Gesellschaft*, 1:213; 2:544; *Economy and Society*, 1:215; 3:946.
13) Mandt, *Tyrannislehre*, 279.
14) 내가 아는 범위에서 말한다면, 정당성 없는 Herrschaft의 예로 간주한 사례로 베버가 직접 다룬 논의는 *Wirtschaft und Gesellschaft*에서 도시에 관한 장에서 나온다. 여기서 베버는 '정당성 없는'(illegtimate)을 '혁명적'(revolutionary)의 동의어로 취급했다.
15) Mommsen, *The Age of Bureaucracy*, 87에서 재인용.
16) "Herrschaft," *HWP*, 3:1084.
17) Otto Stammer, ed., *Max Weber und die Soziologie Heute* (Tübingen, 1965).
18) T. Parsons, *The Structure of Social Action* (New York, 1937).
19) Max Weber, *Theory of Social and Economic Organization*, ed. Talcott Parsons, trans. A. M. Henderson and T. Parsons (New York, 1947).
20) G. Roth, "Introduction," *Economy and Society*, 1:ciii, n. 127 참조.
21) Rheinstein and Shils, *Max Weber*, xxix. 베버는 자신이 사회학을 저술한다고 생각했다는 가정에 대해 빌헬름 헤니스는 줄곧 이의를 제기하였다. Wilhelm Hennis, *Max Weber's Fragestellung* (Tübingen, 1987), 117-66.
22) Herrschaft 번역어로 파슨스의 'authority' 사용 및 벤딕스, 라인슈타인, 실스의 'domination' 선택에 대한 로스의 비판을 참조. Reinhard Bendix and Guenther Roth, *Scholarship and Partisanship* (Berkeley, Los Angeles, and London, 1971), 157.
23) Roth in Weber, *Economy and Society*, 1:62, n. 31.
24) Mommsen, *The Age of Bureaucracy*, 72, n. 1.
25) Roth, "Introduction," xciv.
26) 리터의 입장에 대해서는 Schulze, *Deutsche Geschichtswissenschaft nach 1945* (Munich, 1989), 46-76, 대중사회의 생성이 20세기 역사 이해의 열쇠라는 리터의 견해에 대해서는 77-80 참조.
27) Koselleck, *Futures Past*, 269; *Vergangene Zukunft*, 351. 코젤렉의 "Hermeneutik und Historik" 및 이를 수정한 "Linguistic Change and the History of Event," *Journal of Modern History* 61 (1989): 649-50도 함께 참조. 미헬스(Robert Michels)에게 보낸 베버의 서한에 대해서는 Mommsen, *The Age of Bureaucracy*, 87의 인용 참조.

04

1) *Handbuch politisch-sozialer Grundbegriffe in Frankreich, 1680-1820*, ed. Rolf Reichardt, Hans-Jürgen Lüsebrink, and Eberhard Schmitt, 20 vols. to date (München: Oldenbourg Verlag, 1985-). 빌레펠트에서 열린 유명 학술대회 발표논문집이 코젤렉과 라이하르트의 기고, 논평과 함께 편집되었다. *Die Französische Revolution als Bruch des gesellschaftlichen Bewusstseins*, ed. Reinhart Koselleck and Rolf Reichardt (Munich, 1987). 1990년에 한스-위르겐 뤼제브링크(Hans-Jürgen Lüsebrink)가 라이하르트와 합류했고, 『편람』의 공동편집인이 되었다. 슈미트(Eberhard Schmitt)는 기획 수립을 도와준 뒤 더 이상 참여하지 않았다.

2) Roger Chartier, "Text, Symbols, and Frenchness," *Journal of Modern History* 57 (1985): 682.

3) Peter L. Berger and Thomas Luckmann, *The Social Construction of Reality* (New York, 1966; Frankfurt am Main, 1980).

4) 보벨처럼 마르크스주의자이면서 정량사회사학자로 시작한 프랑수아 퓌레(François Furet)는 아날 학파가 실제로 존재했었다는 가정을 의문시했다. "Beyond the *Annales*," *Journal of Modern History* 55 (1983): 391-92 참조.

5) Paul Ricoeur, "The Contributions of French Historiography to the Theory of History," The Zaharoff Lecture for 1978-79 (Oxford, 1980), 23.

6) "Idéologies et mentalités: Une clarification nécessaire"(필요한 해명: 이데올로기와 심성)이 미셸 보벨, 『이데올로기와 심성』(*Idéologies et Mentalités*, Paris, 1982)의 서문 제목이다. 정통적 · 알튀세적 마르크스주의, 아날 양식의 사회사, 뒤르켐 사회학에서 두드러진 집단 재현 개념, 심리역사학 등의 여러 분석 양식들은 분명 서로 어긋나고 아마도 양립 불가능할 텐데, 서문은 이들의 중첩 범주들이 야기하는 대단히 실질적인 문제들을 해결하는 데 그리 큰 진척을 이루지는 못한다.

7) 참고 문헌으로 Vovelle, *Idéologies et Mentalités*, 5-15, 그리고 Traian Stoianovich, *French Historical Method. The Annales Paradigm* (Ithaca, N.Y., 1976), 160-61, n. 19 참조.

8) "그러나 방법에 관한 대량의 서언과 담론에도 불구하고 프랑스인들은 연구 분야로서의 '심성'에 대한 일관된 구상을 개발하지 못했다. … '심성'이 그 일을 감당해 낼지는 두고 볼 일이다." Robert Darnton, *The Past before Us: Contemporary Historical Writing in the United States*, ed. Michael Kammen (Ithaca, N.Y., 1980), 346.

9) Vovelle, *Idéologies et Mentalités*, 11.

10) 이 표현은 라브루스(E. Labrousse)의 것이다. 보벨의 개인적 증언에 인용됨, *Idéologies et Mentalités*, 16. 프랑스의 '심성' 연구방법의 변화에 대한 논평

으로 Chartier, "Texts, Symbols, and Frenchness," 683 참조.

11) Rolf Reichardt, *Reform und Revolution bei Condorcet* (Bonn, 1973).

12) Rolf Reichardt, "Histoire des Mentalités," *Internationales Archiv der Deutschen Literatur* 3 (1978): 130-66; "Revolutionäre Mentalitäten und Netze politischer Grundbegriffe in Frankreich 1789–1795," Koselleck and Reichardt, *Die Französische Revolution*, 185-215.

13) Koselleck and Reichardt, *Die Französische Revolution*, 15-19, 662-63.

14) 보벨에 대한 탁월한 비판적 논의로 대니얼 고든(Daniel Gordon)의 평론, *History and Theory* 32 (1993): 196-213 참조. 필자의 평가는 그 전에 쓰였지만 대체로 이 비판에 동의한다.

15) Michel Vovelle, *Piété baroque et déchristianisation en Provence au XVIIIe siècle: Les Attitudes devant la mort d'après les clauses des testaments* (Paris, 1973).

16) Pierre Chaunu, "Un nouveau champ pour l'histoire sérielle: Le quantitatif au troisième niveau," *Mélanges en l'honneur de Fernand Braudel*, 2 vols. (Toulouse, 1973), 1: 105-25.

17) Vovelle, *Piété baroque* (Paris, 1973).

18) Michel Vovelle, *The Fall of the French Monarchy, 1787–1792*, trans. Susan Burke (Cambridge, 1984), 59; 원저 *La Chute de la monarchie* (Paris, 1972). 언어에 관한 소불의 견해로 Équipe "18ème et Révolution," "Avant-propos," *Dictionnaire des usages socio-politiques (1770–1815)*, 3 fascicules to date (Paris, 1985, 1987, 1988), fasc. 1 (1985): 5 참조.

19) Vovelle, *The Fall of the French Monarchy*, 71-72.

20) Vovelle, *The Fall of the French Monarchy*, 64.

21) Vovelle, *Fall of the French Monarchy*, 67.

22) 정의하기 어려운 이 용어는 18세기 프랑스-영어 사전들에서 종종 '신사'(gentleman) 또는 '명예로운 사람'(man of honor)으로 옮겨졌고, 이 주제와 관련된 『편람』 항목에서 광범위하게 논의된다.

23) M. Vovelle, *La Mentalité révolutionnaire: Société et mentalités sous la Révolution française* (Paris, 1985).

24) Régine Robin, *Histoire et linguistique* (Paris, 1973); Jacques Guilhaumou, *La Langue politique et la Révolution française. De l'événement à la raison linguistique* (Paris, 1989). 두 책 모두 저자들의 작업과 더불어 대략 동일한 견해를 따르는 다른 이들에 대한 폭넓은 저작 목록을 제공한다.

25) Vovelle, "Avant-propos," *La Mentalité rêvolutionnaire*, 7-8.

26) Équipe, "18ème et Révolution," "Avant-propos," fasc. 1 (1985): 8.

27) 간략하지만 대단히 비판적인 평가로 Ekkehard Eggs and Friederike Spitzl,

"Analyse Automatique du Discours," *Lendemains* 59 (1990): 103-14 참조.

28) *Handbuch*, "Einleitung," Heft 1/2:23.

29) Ibid., n. 80.

30) 그들의 판정이 *Dictionnaire des usages socio-politiques (1770-1815)* 세 권의 발간 전에, 그리고 작업집단(Équipe)의 작업을 통합하고 해석하는 책, Guilhaumou, *La Langue politique*의 발간 전에 이루어졌다는 점은 주목할 만하다. 라이하르트와 브리게테 슐리벤-랑게(Brigette Schlieben-Lange)는 독일어 번역, *Sprache und Politik in der Französischen Révolution* (Frankfurt am Main, 1989)에 서문을 썼다.

31) 이것들은 *Handbuch*, "Einleitung," Heft 1/2, 26, n. 86에 열거되어 있다. 여기에 라이하르트는 디트리히 부세(Dietrich Busse)의 비판을 덧붙인다. Dietrich Busse, *Historische Semantik* (Stuttgart, 1987), chap. 2-3.

32) 흥미롭게도 지성사학자 중 가장 비사회학적인 러브조이 또한 대가급 저자 중심으로 이념사를 기술하는 것에 반대했다. 그는 라이하르트처럼 봉우리와 골짜기라는 등산의 은유를 사용했다. 좀 더 최근에는 포콕과 스키너가 위대한 사상가들의 정전에 기초한 이야기의 비역사적인 성격에 관하여 유사한 논점을 대단히 설득력 있게 제시했다. 그들의 견해는 러브조이와 함께 이 책의 마지막 장에서 고찰될 것이다.

33) Pierre-Nicolas Chantreau, *Dictionnaire national ou anecdotique pour servir à l'intelligence des mots dont notre langue s'enrichie depuis la Révolution, et à la nouvelle significance qu'ont reçue quelques mots anciens...* (Politicopolis, 1790). Brigitte Schlieben-Lange, "Die Wörterbucher in der Französischen Revolution (1789-1804)," *Handbuch*, Heft 1/2:175에서 재인용.

34) Charles-Frédéric Reinhard, *Le Néologiste français* (Nürnberg, 1796), 333. *Handbuch*, "Einleitung," Heft 1/2: 32에서 재인용.

35) Schlieben-Lange, "Die Wörterbücher," *Handbuch*, Heft 1/2:149-89. 이 주제에 관한 더 많은 정보로는 그녀의 논문이자 논평에 대한 그녀의 응답, "Grégoire *neu gelesen*," Koselleck and Reichardt, *Die Französische Revolution*, 561-75 참조.

36) 라이하르트와 슐리벤-랑게가 『편람』에 제공한 사전 목록은 이후의 도서 목록으로 보충될 필요가 있다. Annie Geffroy, "Les dictionnaires socio-politiques 1770-1815: une bibliographie," Équipe "18ème et Révolution," *Dictionnaire des usages socio-politiques*, fasc. 3 (1988): 7-46. 혁명적 판화와 기타 시각매체에 대한 새로운 공동 연구로는 Klaus Herding and Rolf Reichardt, *Die Bildpublizistik der Französischen Revolution* (Frankfurt, 1989) 참조.

37) J. Rodoni, *Dictionnaire républicain et révolutionnaire*, ed. Brigitte Schlieben-Lange (Tübingen, 1985).

38) Rolf Reichardt and Hans-Jürgen Lüsebrink, "La Prise de la Bastille comme

'événement total': Jalons pour une théorie historique de l'événement a l'époque moderne," *L'Événement: Actes du colloque de Aix-en-Provence (1983)*, ed. M. Vovelle (Aix-en-Marseille, 1986), 77-102.

39) *Alphabet des sans-culottes* (Paris, 1793-94), *Handbuch*, Heft 9:39, n. 137에서 재인용.

40) Bias-Parent, *Catechisme Français Républicain* (Paris, An II), 50, *Handbuch*, Heft 9:49, n. 180에서 재인용.

41) 공숑(Clément Gonchon)의 1792년 연설, *Handbuch*, Heft 9:46, n. 46.

42) 이 단락의 인용들은 *Handbuch* 9: nn. 183, 189, 194에서 찾을 수 있다.

43) Reichardt, "Revolutionäre Mentalitäten," 185-215.

05

1) Roger Chartier, *Lectures et lecteurs dans la France d'ancien Régime* (Paris, 1987), 7-19, 353-59. '교양'(civilité)에 관한 샤르티에의 항목은 토마스 슐라이히(Thomas Schleich)가 독일어로 번역했다. *Handbuch*, Heft 4:7-50 참조. 『편람』의 첫 단락만 프랑스판과 다르다.

2) Chartier, *Lectures et lecteurs*, 8-9.

3) Robert Mandrou, *De la culture populaire aux XVIIème et XVIIIème siécles: La Bibliothèque bleue de Troyes* (Paris, 1975).

4) Chartier, "Text, Symbols, and Frenchness," *Journal of Modern History* 57 (1985): 682.

5) 빈민 학교에 대해서는 R. Chartier, M.-M. Compère, D. Julia, *L'Éducation en France du XVIe au XVIIIe siècle* (Paris, 1976), 77-84 참조.

6) 지적한 바 있듯이 『편람』에는 '신사'(Honnête homme), '점잖음'(Honnêteté), '점잖은 사람들'(Honnêtes gens)에 대한 표제어가 있다. 이들 용어 다수에 대한 논의로 M. Richter, "Montesquieu, the Politics of Language, and the Language of Politics," *History of Political Thought* 10 (1989): 71-88 참조.

7) 다시 한 번, 라이하르트도 개별 개념 연구의 유효성에 대해 나름의 의문을 공유한다는 점을 샤르티에는 모르고 있는 것 같다. 이 장 앞부분에 있는 필자의 라이하르트 논의 참조.

8) 샤르티에의 각주들은 노르베르트 엘리아스의 『문명화 과정』(*The Process of Civilization*)이 그에게 끼친 강력한 영향을 암시한다. 독일어 판, *Über den Prozess der Zivilisation*, 2 vols. (Frankfurt, 1978; 1st ed., 1939), 그리고 프랑스어 번역, 제1권, *La Civilisation des mœurs* (Paris, 1973)와 제2권, *La Dynamique de l'Occident* (Paris, 1975)에서 인용. 엘리아스와 샤르티에 모두 대니얼 고든의 강력한 비판을 받는다. Daniel Gordon, *Citizens Without*

Sovereignty (Princeton, N.J., 1994), 88-93.

9) '전제주의'(despotism)에 관한 필자의 표제어, *Blackwell Encyclopedia of Political Thought*, ed. David Miller (Oxford, 1987)와 M. Richter, "Aristotle and the Classical Greek Concept of Despotism," *History of European Ideas* 12 (1990): 175-87 참조.

10) "la manière, ordenance et gouvernement d'une cité ou communité," Edmond Huguet, *Dictionnaire de la langue française du XVIe siècle* (Paris, 1932)로부터 샤르티에가 인용. 오렘은 개인이 인간 공동체에서 사는 것을 불가능하게 만드는 (아리스토텔레스가 동물 이하로 규정한) 특성으로 '무교양'(incivil)을 규정했다.

11) 샤르티에는 첫 번째 논점을 제시했다. *Lectures et lecteurs*, 73. 두 번째 논점은 아마도 그것이 지극히 명백하다고 생각했기에 생략했다.

12) J. Morange and J.-F. Chasaing, *Le Mouvement de réforme de l'enseignement en France, 1760-1798* (Paris, 1974), 121-27로부터 샤르티에가 *Lectures et lecteurs*, 76에 인용. 멜빈 릭터 옮김.

13) Chemin, *La Civilité républicaine*, C. Nisard, *Histoire des livres populaires*, 2d ed. (Paris, 1864), 394-95로부터 샤르티에가 *Lectures et lecteurs*, 85, n. 38에 인용. 멜빈 릭터 옮김.

14) Morange and Chasaing, *Le Mouvement de réforme*, 7-8로부터 샤르티에가 *Lectures et lecteurs*, 77에 인용. 멜빈 릭터 옮김.

15) 샤르티에가 *Lectures et lecteurs*, 77에 인용.

16) Ibid., 78-79.

17) Ibid., 79.

18) Chartier, *Lectures et lecteurs*, 80, B. Morin, *Dictionnaire universel des synonymes de la langue française*, 2d ed. (Paris, 1802), 290-94에 인용.

19) Reichardt, "Revolutionäre Mentalitäten und Netze politischer Grundbegriffe in Frankreich 1789-1795," *Die Französische Revolution als Bruch des gesellschaftlichen Bewusstseins*, ed. Reinhart Koselleck and Rolf Reichardt (Munich, 1987), 185-215.

20) 흥미롭게도, 페르디낭 브뤼노(Ferdinand Brunot)는 프랑스어의 역사에 관한 자신의 위대한 저서에서 18세기 관련 권을 집필할 당시 동료들이 개별 저자들의 용례와 혁신을 피하라 조언했다고 밝힌다. 그는 미라보 같은 개인이 일반 용법에 불균형한 영향을 끼칠 수도 있는 것이 종종 사실이라고 주장하면서 이 조언을 거부했다.
Ferdinand Brunot, *Histoire de la langue française*, 12 vols. (Paris, 1966), vol. 6: vii.

21) 이 놀이의 역사로 Alain Girard and Claude Quétel, *L'Histoire de France racontée par le Jeu de l'Oie* (Paris, 1982)와 Henry-René d'Allemagne, *Le*

Noble Jeu de l'Oie en France, de 1640 à 1950 (Paris, 1950) 참조.

22) *Jeu national instructif, ou leçons exemplaires et amusantes données aux bons citoyens par Henri IV et le père Gérard* (Paris, 1791). 저작의 전체 인용과 저자의 확인을 위해서는 Reichardt, "Revolutionäre Mentalitäten," 189, n. 11 참조. 놀이의 실제 판본은 라이하르트의 소개와 함께 다시 출판되었다. Reichardt, *Das Revolutions-spiel von 1791* (Frankfurt am Main, 1989).

23) *Les Delassements du père Gérard ou la poule de Henri IV. Mis au pot 1792. Jeu national.* Bibliothèque Nationale, Cabinet des Estampes, Collection de Vinck, tome 25, numéro 4292. Reichardt, "Revolutionäre Mentalitäten," 191에 전재.

24) "Qu'est-ce que la Patrie? — C'est la Nation, c'est la généralité des citoyens."

25) Nyon le jeune, *Catéchisme de la Constitution Française* (Paris, 1791). Reichardt, *Das Revolutions-spiel*, 39, n. 91에 인용.

26) 1790년과 1795년 사이에 발간된 약 81종의 정치 연감이 다음에서 논의된다. G. Gobel and A. Soboul, "Audience et pragmatisme du rousseauisme. Les almanacs de la Révolution, (1788-1795)," *Annales historiques de la Révolution française*, no. 234 (1978): 600-40.

27) Reichardt, "Revolutionäre Mentalitäten," 200-15.

28) 세주에 관한 탁월한 논문, Keith Michael Baker, "A Classical Republican in Eighteenth-Century Bordeaux: Guillaume-Joseph Saige," *Inventing the French Revolution* (Cambridge, 1990), 128-52 참조. 베이커는 세주를 고전적 공화주의 이론가로, 즉 존 포콕과 프랑코 벤투리(Franco Venturi)가 확인한 바의 정치언어를 사용한 사람으로 강조한다. 라이하르트처럼 베이커는 세주가 고등법원에 의해 사용된 종래의 역사적 주장들을 버리지 않았다고 여긴다. 하지만 세주에게 그러한 과거의 실천들은 (루소가 규정한) 일반의지의 행사를 등록하는 만큼만 정당하고 구속력이 있었다고 베이커는 주장한다. 세주의 소책자에 대한 베이커와 라이하르트의 취급은 서로 갈등적이기보다는 보완적이다.

29) Reichardt, "Revolutionäre Mentalitäten," 203-7. 이 점에 관해서는 Pierre Rétat, "Citoyen-Sujet, Civisme," *Handbuch* 9:75-105도 참조.

30) Le Vasseur, *Catéchisme de la Liberté* (Paris, 1791); Charles-François-Grégoire-Michel-Etienne Desgrouas, *Catéchisme républicain, pour servir d'instruction à l'aristocratie bourgeoise* (Mortagne, Marre, 1793); Auguste-Etienne-Xavier Poisson de la Chabeaussière, *Catéchisme français, ou Principes de philosophie, de morale et de politique républicaine à l'usage des écoles primaires* (Sarraguemines, 1797/98). 드 라 샤보시에르의 저작 초판은 1795년에 발간되었고, 집정부 기간 동안 9번, 그리고 1825

년부터 1885년까지 적어도 30가지의 다른 판본으로 재판되었다. 저자들을 확인하고 그들의 저작을 분석한 것으로는 Reichardt, "Revolutionäre Mentalitäten," 206-15 참조. 필자의 설명이 이를 요약한다.

31) '국민에 대한 반역'(Lèse-nation)은 물론 왕의 위엄을 해한다고 추정되는 행위를 벌하던 옛 범죄, 즉 '대역죄'(lèse-majesté)의 혁명적 변형이다. 이 단락에서 언급된 남용의 어휘는 현대 『로베르 소사전』(*Petit Robert*) 또는 Paul Robert, *Dictionnaire alphabétique & analogique de la langue française* (Paris, 1970)에서도 여전히 보존된다. 예를 들어 '멋쟁이'(muscadins)는 "극단적인 우아함으로 스스로를 구분하고자 했던 왕당파에게 혁명 중 주어진 이름"으로 규정된다. '점잖은 사람들'(honnêtes gens)은 그 자체로 혁명기 신조어이며 『편람』의 주목할 만한 항목 중 하나에서 다루어진다. 그 항목에서는 17, 8세기 귀족의 이상을 지칭하는 용어로서의 '신사'(l'honnête homme) 용법에서부터 급진 공화주의자들이 계급의 적을 지칭하는 데 사용한 경멸적 낙인의 용법에 이르기까지 의미의 특이한 경로가 추적된다. "Honnête homme, Honnêteté, Honnétes gens," Anette Höfer, *Handbuch*, 7:2-67 참조. 이 주제에 대한 좀 더 일반적이고 덜 언어학적인 취급은 Patrice L. R. Higonnet, *Class, Ideology, and the Rights of Nobles during the French Revolution* (Oxford, 1981)이다.

32) 전체 인용으로 앞의 주 14 참조. 필자의 설명은 Reichardt, "Revolutionäre Mentalitäten," 206-15를 요약한다.

33) François Furet, "Le catéchisme révolutionnaire," *Annales* 26 (1971): 255-89.

34) Ulrich Ricken, "L'Abus des mots, thème des Lumiéres," *Sitzungsberichte der Akademie der Wissenschaften der DDR*, 5 (1978): 157-63, 그리고 "Réflexions du XVIIIe siècle sur 'l'abus des mots'," *Mots* 4 (1982): 29-43 참조.

35) Alan Ryan, *London Review of Books*, November 9, 1989, 10-11.

36) James Boyd White, *When Words Lose Their Meaning* (Chicago, 1984)의 버크에 관한 장 참조.

37) "Basesse," "l'Honnête Homme," "Mêconnoitre"에 관한 표제어 참조. Richter, "Montesquieu," 75-80에서 번역, 논의되었다.

38) Reichardt, *Handbuch*, 1:40-51. 정치언어의 성격에 대한 이 논쟁을 간편하게 설명한다.

39) Jacques Guilhaumou, *La Langue politique et la Révolution française* (Paris, 1989). 그의 주장은 195-201쪽에 요약되었다.

40) 찰스 테일러(Charles Taylor)는 어떻게 오늘날에도 데카르트적인 범주들이 계속해서 학생들에게 지극히 자명해 보이고, 따라서 그들이 어떤 대안도 상상할 수조차 없는지 상세히 묘사한 바 있다. Charles Taylor, "Philosophy

and Its History," *Philosophy in History*, ed. Richard Rorty, J. B. Schneewind, and Quentin Skinner (Cambridge, 1984), 21.

41) "Why the History of Thought"의 정교한 논의로 Benjamin I. Schwartz, *The World of Thought in Ancient China* (Cambridge, Mass., 1985), 1-7 참조.

42) Ernst Troeltsch, *The Social Teachings of the Christian Churches*, 2 vols. (Glencoe, Ill., 1949). 필자는 감리교와 복음주의에 가장 크게 영향받은 사회 계층의 양심의 위기를 참조하지 않고는 19세기 영국 관념론(British Idealism)의 발전과 중요한 영향을 설명할 수 없다고 주장한 바 있다. M. Richter, *The Politics of Conscience: T. H. Green and His Age* (London and Cambridge, Mass., 1964).

06

1) 앞서 언급한 대로 스키너는 정치사상에 대한 "엄밀히 역사적인" 설명을 자신의 작업 목적이라고 기술했다. *The Foundations of Modern Political Thought*, 2 vols. (Cambridge, 1978), 1:xi.

2) J. G. A. Pocock, *Politics, Language and Time* (New York, 1971); Reinhart Koselleck, *Vergangene Zukunft: Zur Semantik Geschichtlicher Zeiten* (Frankfurt, 1979), 번역본, Keith Tribe, *Futures Past* (Cambridge, Mass., 1985).

3) 〈정신사〉와 〈이념사〉에 대한 『기본개념』 편집인들의 공격으로 Richter, "*Begriffsgeschichte* and the History of Ideas," *Journal of the History of Ideas* 48 (1987): 248-49 참조.

4) 제2차 세계대전 이후 케임브리지에서 정치사상사 연구가 어떻게 개발되었는지에 대한 보다 긴 설명은 필자의 다음 논문에서 찾을 수 있다. "Zur Rekonstruction der Geschichte der Politischen Sprachen: Pocock, Skinner, und die Geschichtliche Grundbegriffe," *Alteuropa oder frühe Neuzeit? Probleme und Methoden der Forschung*, ed. Hans Erich Bödeker and Ernst Hinrichs (Stuttgart-Bad Cannstatt, 1990); 수정본, "Pocock, Skinner, and the *Geschichtliche Grundbegriffe*," *History and Theory* 29 (1990): 38-70.

5) 이는 귀중한 일군의 단문 모음에 포함되어 있다. J. G. A. Pocock, Quentin Skinner, Stefan Collini et al. "What Is Intellectual History?" *History Today* 35 (1985): 52. 필자는 이 문헌을 이슈트반 혼트(Istvan Hont) 박사의 도움으로 알게 되었다.

포콕의 '담론' 사용은 다음에서 발견되는 것과 다르다. Diane Macdonell,

Theories of Discourse: An Introduction (Oxford, 1986), 27. 맥도널은 '담론분석'이 푸코, 데리다(Jacques Derrida), 알튀세, 라캉(Jacques Lacan)에서 유래한다고 본다. 맥도널은 레진 로뱅과 미셸 페쇠 같은 저자들을 따라 "이데올로기 이론을 더욱 폭넓게 이해하는 데" 기여한 알튀세의 "성과"(breakthrough)를 '담론분석'의 필수 부분으로 받아들인다. 로뱅도 푸코와 알튀세를 결합하고자 시도한 바 있다. 그녀의 『역사와 언어학』(*Histoire et linguistique*, Paris, 1973)은 담론분석의 가장 세밀하고 중요한 역사적 적용을 보여 준 유일한 저작으로 프랑스 마르크스주의 역사가들과 언어학자들에 의해 자주 인용되어 왔다. 좀 더 최근 판 이론은 다음에 적용되었다. Jacques Guilhaumou, *La Langue politique et la révolution française* (Paris, 1989). 이 책과 *Mots* 16 (1988)에 있는 도서 목록 참조.

6) Pocock, *Politics, Language and Time*, 14-15.
7) Pocock, *The Ancient Constitution and the Feudal Law. A Study of English Historical Thought in the Seventeenth Century. A Reissue with a Retrospect* (Cambridge, 1987; 1st ed., 1957).
8) Pocock, *Politics, Language, and Time*, 202-33; "Introduction," Edmund Burke, *Reflections on the Revolution in France*, ed. J. G. A. Pocock (Indianapolis, Ind., 1987).
9) Pocock, *The Machiavellian Moment* (Princeton, N.J.: Princeton University Press, 1975). 비판에 대한 응답으로 "The Machiavellian Moment Revisited," *Journal of Modern History* 53 (1981): 49-72; 그리고 "Republicanism and Ideologia Americana," *Journal of the History of Ideas* 48 (1987): 325-46 참조.
10) 다음은 임의의 저자에 대한 포콕의 가장 복합적이고 풍부한 독해 중 하나이다. "Historical Introduction," *The Political Writings of James Harrington*, ed. J. G. A. Pocock (Cambridge, 1977), xi-xviii, 1-152. 『마키아벨리적 순간』이 개별 사상가들에게 할당한 공간에 대한 흥미로운 분석으로 J. H. Hexter, review of *The Machiavellian Moment* by J. G. A. Pocock, *History and Theory* 16 (1977): 306-37, 특히 311-12 참조.
11) 지금까지의 포콕의 진술 중 가장 강력한 것은 다음이다. "Conservative Enlightenment and Democratic Revolution: The American and French Cases in British Perspective," *Government and Opposition* 24 (1989): 81-105.
12) 이 모든 용어들은 방법에 관한 그의 가장 최근 저술에 (동의어로?) 다시 등장한다. "Introduction: The State of the Art," *Virtue, Commerce, and History* (Cambridge, 1985), 1-34; "The Concept of a Language and the *Métier d'Historien*: Some Considerations on Practice," *The Languages of Political Theory in Early-Modern Europe*, ed. Anthony Pagden (Cambridge, 1987), 19-38.

13) Hexter, review of *The Machiavellian Moment*, 312, 314.
14) 1964년 포콕은 다음과 같이 기술했다.

> 안정적이고 명료한(articulate) 사회라면 어디에나 정치적 사안을 논의할 수 있는 개념들이 있고, 이들이 합쳐져 군이나 언어를 형성한다. 어떤 사회가 그런 언어를 오직 하나만 가진다고 가정할 이유는 전혀 없다. 우리는 오히려 여럿을 기대해도 좋다. … 어떤 것들은 공적인 사안을 규제하는 제도화된 양식 중 하나의 기술적 어휘체계에서 유래한다. … 다른 것들은 정치와 관련 맺어진 사회적 과정의 어휘체계에서 유래한다. …
>
> 한 사회의 정치사상은 사회적 · 문화적 전통들의 다양한 측면으로부터 기술적 어휘를 차용함으로써, 그리고 정치를 논의하는 수단으로서 기술적 어휘를 설명하고 방어할 수 있는 특수 언어를 개발함으로써 … 구축된다.

Pocock, "The History of Political Thought," *Philosophy, Politics and Society*, ed. Peter Laslett and W. G. Runciman, 2d ser. (Oxford, 1964), 195-96.

15) Keith Thomas, *New York Review of Books*, February 27, 1986, 36.
16) Ibid.
17) Pocock, "Political Ideas as Historical Events: Political Philosophers as Historical Actors," M. Richter, ed., *Political Theory and Political Education* (Princeton, 1980).
18) Kenneth Minogue, "Method in Intellectual History: Quentin Skinner's Foundations," *Philosophy* 56 (1981): 533-52; James Tully ed., *Meaning and Context: Quentin Skinner and His Critics* (Princeton, 1988), 176-93에 재판됨. 이에 스키너는 다음과 같이 대답했다. "이 입장은 내게 자기 파괴적인 모순으로 느껴진다. … 우리가 단순히 철학적 무지를 지복으로 취급함으로써 전 이론적(pre-theoretical) 순수의 상태에 남기를 바랄 수 있다고 가정하는 것은 놀랍도록 불합리한 추론으로 남는다. … " Skinner, "Reply to My Critics," Tully, *Meaning and Context*, 233.
19) 스키너는 피터 래슬릿의 업적을 지적한다. 특히 *Two Treatises of Government by John Locke*, ed. Peter Laslett (Cambridge, 1960) 그리고 *Patriarchia and Other Political Works by Sir Robert Filmer*, ed. Peter Laslett (Oxford, 1949). 래슬릿은 연속물, *Philosophy, Politics and Society*, 6 vols. to date (Oxford, 1956-)의 조직을 포함하여 정치철학과 정치사상사 모두를 소생하는 데 중요한 역할을 담당한 뒤에 두 주제에 흥미를 잃고, 대신 뛰어난 사회사학자이자 인구통계학자가 되었다.
20) Quentin Skinner, *The Foundations of Modern Political Thought* 2 vols. (Cambridge, 1978). 이는 Keith Thomas, *New York Review of Books*, May 17, 1979의 칭찬조의 서평에서조차 개진된 논점이다.

21) Skinner, "Reply to My Critics," 224.

22) 필자는 여기서 『의미와 맥락』(*Meaning and Context*) 서문에 나타난 제임스 털리의 설명을 따른다. "The Pen is a Mighty Sword: Quentin Skinner's Analysis of Politics," *British Journal of Political Science* 13 (1983): 489-509의 수정판. 스키너와 털리의 주장 (3)에 대한 논의로 Richter, "Conceptual History (*Begriffsgeschichte*) and Political Theory," *Political Theory* 14 (1986): 620-23 참조.

23) 주요 저자들에게 주어져야 할 위상에 관한 독일 문헌에서의 유사한 논의로 Richter, "*Begriffsgeschichte* and the History of Ideas," 256-67 참조.

24) Tully, *Meaning and Context*, 9-16.

25) 『근대 정치사상의 토대』의 「수사와 자유」(Rhetoric and Liberty) 장에서 스키너는 인문주의적 수사학 전통의 언어 연구에 관하여 중요한 논점을 제시하는데, 그는 이를 스콜라철학 전통과 신중히 구분한다. 양 전통은 이탈리아 도시 공화국들에서 공화주의적 자유의 주역들이 "자신들의 정치적 경험의 특수 가치를 개념화하고 방어하는" 것을 가능하게 했다고 그는 지적한다 (*Foundations*, 1:27). 그러나 그는 개념들에, 그리고 그 의미와 용법의 연속과 변동에 명시적으로 주의를 기울이진 않는다.

스키너의 최근 작업은 담화를 지배하는 가장 중요한 관습으로 수사학을 계속해서 강조한다. 그는 paradiastole(덕으로 여겨지던 것을 악으로 다시 기술하기)이라는 수사학적 비유에 대한 홉스의 관심이 그의 도덕 이론을 어떻게 형성했는지 상세히 예증했다. Quentin Skinner, "Thomas Hobbes: Rhetoric and the Construction of History," Dawes Hicks Lecture on Philosophy, *Proceedings of the British Academy* 76 (1991): 1-61 참조. 스키너는 홉스의 문학적 · 수사학적 전략이 그의 시민 철학에 끼친 영향에 관하여 '비시대착오적인'(non-anachronistic) 책을 저술하는 중이다. Skinner, "*Scientia Civilis* in Classical Rhetoric and in the Early Hobbes," *Political Discourse in Early Modern Britain*, ed. N. Phillipson and Q. Skinner (Cambridge, 1993), 79, n. 77.

26) 이들 사료의 주목할 만한 도서목록은 *GG*, 1:930-48과 *Handbuch*, 1:13-27 참조.

27) 두 번째 논점은 궁극적으로 동일한 단어를 사용하는 "Language and Social Change," Tully, *Meaning and Context*, 120에서 발견된다. 필자가 아는 한, 스키너가 이 논점을 철저하게 분석하고 적용한 유일한 예는 다음에 나타난다. "The Principles and Practice of Opposition: The Case of Bolingbroke versus Walpole," *Historical Perspectives: Studies in English Thought and Society in Honor of J. H. Plumb* (London, 1974), 93-128.

28) Skinner, *Foundations*, 1:xii-xiii.

29) Ibid., 1:xi.

30) Ibid., 1:x.

31) Ibid., 1:xi.

32) 스키너의 러브조이 비판은 "Meaning and Understanding in the History of Ideas," *History and Theory* 8 (1969): 35-39에, 좀 더 설득력이 있는 비판은 "What Is Intellectual History?" *History Today* 35 (1985): 51에 나타난다.

33) *Political Innovation and Conceptual Change*, ed. Terence Ball, James Farr, and Russell L. Hanson (Cambridge, 1988), 90-131 참조.

34) 논쟁에서의 개념 용법의 역사만 있을 수 있다는 주장으로 Skinner, "Reply to My Critics," 283 참조. 무기와 연장으로서의 개념 설명으로는 그의 기고문 참조. "What Is Intellectual History?" 51.

35) 정치적 경험의 개념화를 스키너의 분석에 중심적으로 만드는 진술로 *Foundations*, 1:27 참조.

36) 이러한 표현은 1988년, 1989년 판 모두에 나타난다. "Language and Political Change," Tully, *Meaning and Context*, 120; Ball, Farr, and Hanson, *Political Innovation*, 7.

37) 멜빈 릭터에게 보낸 스키너 교수의 편지.

38) "What Is Intellectual History?" 51. 같은 심포지엄에서 스테판 콜리니(Stefan Collini)는 자신을 스키너의 입장과 동일시하면서도 다음과 같이 기술한다. "자주 그렇듯이 러브조이 스스로의 실천은 자신의 가르침보다 또는 제자들의 모방적 실천보다 나았으며, 그의 가장 유명한 저작, 『존재의 대사슬』(*The Great Chain of Being*)은 대단히 인상적인 역작으로 남아 있다." "What Is Intellectual History?" 47. 프랜시스 오클리(Francis Oakley)는 스키너에 반하여 러브조이를 옹호하며 더욱 강경하게 동일한 논지를 전개했다. *Omnipotence, Covenant, and Order* (Ithaca, N.Y., 1984), 15-40; 그리고 *Journal of the History of Ideas* 48 (1987): 242-45. 또한 Raymond Williams, *Keywords: A Vocabulary of Culture and Society* (London, 1976) 참조. 스키너가 윌리엄스를 취급한 논문의 첫 제목은 "The Idea of a Cultural Lexicon," *Essays in Criticism* 29 (1980): 205-24였다. 그것은 두 번의 수정을 거친다. 첫 번째, "Language and Social Change," *The State of the Language*, ed. L. Michaels and C. Ricks (Berkeley, 1980), 562-78; 두 번째, 동일한 제목, Tully, *Meaning and Context*.

39) Skinner, "What Is Intellectual History?" 51.

40) Skinner, "Reply to My Critics," 283.

41) M. Richter, "Conceptual History (*Begriffsgeschichte*) and Political Theory"에 대한 스키너의 논평. 개인적 교신, 1985년 6월 4일 발송 편지.

42) 『토대』의 서평들에 대한 평론으로 J. H. M. Salmon, "Theory in Historical

Context," *History of European Ideas* 4 (1983): 331-35 참조. 샐먼은 L. Mulligan, J. Richards, and J. Graham, "Inventions and Conventions: A Critique of Quentin Skinner's Method for the Study of the History of Ideas," *Political Studies* 27 (1979): 95-113의 결론에 동의한다. 그것은 필자의 결론과 유사하다.

43) 예를 들어, 한스 알스레프(Hans Aarsleff)가 진술한 로크(Locke)의 언어이론과 정치이론 사이의 연관성을 보라. Hans Aarsleff, *From Locke to Saussure: Essays on the Study of Language and Intellectual History* (Minneapolis, 1982), 79-80. 영어권에서의 그 관계를 고려할 때는 다음도 불가결하다. Hans Aarsleff, *The Study of Language in England, 1780-1860* (Princeton, 1967). 앞서 언급한 대로 라이하르트는 『편람』 서문(1:86-148)에서 정치언어의 실제 사용을 보여 주는 1차 사료, 정치이론을 배제한 사료의 주목할 만한 목록을 제공해 준다. 『편람』의 같은 권에서(1:149-89) 브리게테 슐리벤-랑게 교수는 프랑스혁명 중 사전이 집중적으로 발달할 당시의 사전편찬과 의미론적 실천에 대해 뛰어난 서문을 기술한 바 있다.

44) Koselleck, "*Begriffsgeschichte* and Social History," 78.

45) Koselleck, "Einleitung," *GG*, vol. 1 참조. 코젤렉의 소론 두 편 참조. 한 편은 『지나간 미래들』(*Futures Past*), 73-91(*Vergangene Zukunft*, 107-29)에 번역되어 있다. 최근작은 다음이다. "Sozialgeschichte und Begriffsgeschichte," *Sozialgeschichte in Deutschland*, ed. Wolfgang Schieder and Volker Sellin, 2 vols. (Göttingen, 1987), 1:89-109. 이와 가장 관련이 많은 라이하르트의 진술은 *Handbuch*, "Einleitung," Heft 1/2:23-31에 있다.

46) Koselleck, *Vergangene Zukunft*, 119-20; *Futures Past*, 84. 필자는 이 구절에 대한 나름의 번역을 제공한 바 있다.

47) 윌리엄스와 러브조이에 대한, 앞서 인용된 바 있는 스키너의 비판 참조. "What Is Intellectual History?" 51.

48) J. G. A. Pocock, *Virtue, Commerce, and History* (Cambridge, 1985), 특히 2부 참조.

49) 필자의 "*Begriffsgeschichte* in Theory and Practice: Reconstructing the History of Political Concepts and Language," *Main Trends in Cultural History*, ed. Willem Melching and Wyger Velema (Amsterdam, 1994) 결론 참조.

50) Pocock, *Virtue, Commerce, and History*, 215-310. 이 모범적인 연구는 미국 혁명을 넘어 영국의 프랑스혁명에 대한 반응, 나아가서 19세기 매콜리(Macaulay)까지 진행된다.

51) 대칭개념들의 중요한 집합 셋에 대한 의미론적 분석으로 Reinhart Koselleck, "Zur historisch-politischen Semantik asymmetrischer Gegenbegriffe," *Vergangene Zukunft*, 211-59, 번역본 "The Historical-Political Semantics of

Asymmetric Counterconcepts," *Futures Past*, 159-97 참조. 제안된 절차의 예들은 다음에서 찾을 수 있다. Melvin Richter, "Towards a Concept of Political Illegitimacy," *Political Theory* 10 (1982): 185-214; "Aristotles und der klassische grieschische Begriff der Despotie," *Festschrift für Wilhelm Hennis*, ed. U. Matz, H. Meier, K. Sontheimer, P.-L. Weinacht (Stuttgart, 1988), 21-37.

52) Terence Ball, *Transforming Political Discourse: Political Theory and Critical Conceptual History* (Oxford, 1988). 볼(Ball), 파(Farr), 핸슨(Hanson)의 공저, 『정치 혁신과 개념 변화』에 있는 편집인들의 서문과 제임스 파(James Farr)의 소론 또한 참조하라.

53) Dietrich Busse, *Historische Semantik* (Stuttgart, 1987).

54) Quentin Skinner, in Ball, Farr, and Hanson, *Political Innovation*. 필자의 단락은 상당 부분 이 저작에 대한 데이비드 밀러(David Miller)의 예리한 서평으로부터 도움을 받았다. David Miller, *Times Literary Supplement*, September 8-14, 1989, 980.

55) Miller, review of *Political Innovation and Conceptual Change*, 980.

56) *Political Innovation*과 *Conceptual Change and the Constitution*, ed. Terence Ball and J. G. A. Pocock (Lawrence, Kans., 1988), 그리고 Ball, *Transforming Political Discourse: Political Theory and Critical Conceptual History* (Oxford, 1988)에 있는 테런스 볼과 제임스 파의 소론 참조.

07

1) C. H. McIlwain, *Constitutionalism: Ancient and Modern* (Ithaca, N.Y., 1966), 23.

2) 필자는 여기서 독일어로 작업하지 않는 동료들이 개인적 교신을 통해 밝힌 〈개념사〉 비판을 가리킨다. 이러한 반감은 주제에 대한 필자의 설명이 부족하기 때문이겠지만, 필자가 이전에 영국이나 프랑스 자료를 다룰 땐 경험하지 못한 유형의 저항일 수도 있겠다는 생각이 들었다.

3) 이 단락과 다음 단락은 Friedrich Meinecke, *Historism: The Rise of a New Historical Outlook*, trans. J. E. Anderson (New York, 1972)의 제2장에 나타난 서독의 전후 역사기술 경향에 대한 논의를 요약한다. 이 저작은 아이제이아 벌린 경의 주목할 만한 서문과 카를 하인리히(Carl Hinrichs)의 귀중한 서문을 포함한다.

4) Sir Isaiah Berlin, "Foreword," Meineicke, *Historism*, ix.

5) Lewis White Beck, "German Philosophy," *The Encyclopedia of Philosophy* 8 vols. (New York, 1967), 3:306.

6) Terence Ball, James Farr, and Russell L. Hanson, eds., *Political Innovation and Conceptual Change* (Cambridge, 1989).

7) 영어권 사회의 정치 · 사회적 어휘에 관한 저작이라면 어느 것이나 『미국 영어 사전』(*The Dictionary of American English*), 『캐나다 영어 사전』(*The Dictionary of Canadian English*), 『스코틀랜드 민족어 사전』(*The Scottish National Dictionary*) 외에 추가적인 자료로 『옥스퍼드』를 참조해야 할 것이다. 『옥스퍼드』가 영어권의 다른 어떤 민족어 사전보다 더 광범위하면서도 명성이 있기에 필자는 그것을 상세히 다루고자 한다.

8) "Preface," *The Oxford English Dictionary*, 2d ed., 20 vols. (Oxford, 1989), xl.

9) C. H. McIlwain, *Constitutionalism*, 23.

10) K. M. Elisabeth Murray, *Caught in the Web of Words* (New Haven, 1977), 225에 인용.

11) 『옥스퍼드』 공동 편집인, 존 심슨(John Simpson)과 에드워드 와이너(Edward Weiner)가 서명한, 『옥스퍼드 개정판』(*The OED Revised*)이란 제목의 편지 참조. *New York Review of Books*, March 3, 1994, 49.

12) 이 상황은 『블랙웰 정치사상 백과사전』에서도 고쳐지지 않은 채 남아 있다. 이 저작은 대개 포괄적이지만 여기에 '지배'에 관한 표제어가 없다는 사실에서 베버의 영어 번역이 행사한 영향을 아마 확인할 수 있을 것이다. 막스 베버 항목에서는 정당한 '지배'(Herrschaft)의 세 유형이 단지 '정당성'(legitimacy)과 관련해서만 다루어지기에, 무엇이 정당한 것으로 개념화되고 있었는가라는 질문은 전적으로 간과된다.

13) J. Daly, "The Idea of Absolute Monarchy in Seventeenth-Century England," *Historical Journal* 21 (1978): 227-50.

14) 제1장의 논의 참조.

15) 이 논점들은 대체로 샬롯 브루어(Charlotte Brewer)의 인상적인 분석에서 비롯한다. Charlotte Brewer, "Thoughts on the Second Edition of the *Oxford English Dictionary*," *London Review of Books*, August 31, 1989, 16.

16) Marghanita Laski, Letter to the *Times Literary Supplement*, October 13, 1972, 1226.

17) I. A. Richards, *Style in Language*, ed. Thomas A. Sebeok (Cambridge, Mass., 1960), 432.

18) Laski, Letter to the *Times Literary Supplement.*

19) Jürgen Schäfer, *Documentation in the OED* (Oxford, 1980).

20) *Maistre Nicole Oresme. Le Livre de politiques d'Aristote*, ed. Albert Douglas Menut (Philadelphia, 1970)의 서문 참조. 밀턴은 600단어 이상을 영어에 기여했다고들 한다.

21) John Butt, “A Plea for More English Dictionaries,” *Durham University Journal* 12 (1951): 96-102.

22) Sir Thomas Elyot, *The Boke Named the Gouernour*, ed. H. W. C. Croft, 2 vols. (London, 1883), 1:10.

23) 『옥스퍼드』는 엘리엇이 규정한 ‘공적인’(Publyke)을 중세 말기의 영어 용법이라 설명한다. 이 구절은 Elyot, *The Boke*, 1:1을 가리킨다.

24) Elyot, *The Boke*, 1:2.

25) Elyot, *The Boke*, 1:24-25.

26) 엘리엇의 『현인을 만드는 지식에 대하여』(*Of the Knowledge Which Maketh a Wise Man*) 서문. Butt, “A Plea,” 97-98에 인용. 다음 주석은 이 구절을 더 길게 제시한다.

27) “His highness benignely receyuynge my boke, which I named the Gouernor, in the redynge thereof sone perceyued that I intended to augment our Englyshe tongue, wherby men shulde as well express more abundantly the thynge that they conceyued in theyr hartis ... hauynge wordes apte for the pourpose; as also interprete out of greke, latyn, or any other tongue into Englysshe, as sufficiently, as out of any one of the saide tongues into an other.” 엘리엇의 『현인을 만드는 지식에 대하여』 서문. Butt, “A Plea,” 97-98에 인용.

28) G. E. Aylmer, “The Meaning and Definition of ‘Property’ in Seventeenth-Century England,” *Past and Present* 86 (1980): 87-97. 이 참고 문헌은 크리스토퍼 브룩스(Christopher Brooks)의 도움으로 알게 되었다. 17, 18세기 법 사전 목록은 다음에 있다. John D. Cowley, ed., *A Bibliography of Abridgements, Digests, Dictionaries, Indexes of English Law to the Year 1800* (London, 1932).

29) 제임스 털리는 로크의 저작이 발간되기 이전 서로 경쟁적이며 양립할 수 없는 재산 개념들을 보고하는 데, 이러한 법 사전 검색 절차를 이용한다. Locke, *Two Treatises: A Discourse on Property* (Cambridge, 1980), 174. 털리 교수는 여러 소론에서 17세기 재산 이론에 대한 자신의 분석을 교정했다. 이들 소론은 다음에 재수록되어 있다. *An Approach to Political Philosophy: Locke in Contexts* (Cambridge, 1993), 71-179.

30) 로즈 F. 이건(Rose F. Egan)은 “구분된 동의어, 반의어, 그리고 유사, 대조 단어들”에 관한 영어 저작의 역사에 대해 뛰어난 서문을 쓴 바 있다. “Introductory Matter,” *Webster's New Dictionary of Synonyms* (Springfield, 1973), 5a-31a. ‘의미론적 구조’의 일부로서 ‘유의성’(synonymy), ‘반의성’ (antonymy), ‘상보’(complementarity), ‘대립’(converseness) 등을 언어학적 · 논리적으로 다루는 논의로 Sir John Lyons, *Introduction to Theoretical Linguistics*

(Cambridge, 1969), 443-472 참조.

31) Rev. Charles J. Smith, *A Complete Collection of Synonyms and Antonyms* (London?, 1867). Egan, "Introductory Matter," 15a-16a, 26a-30a에서의 논의 참조.

32) Charles Taylor, "Philosophy and Its History," *Philosophy in History*, ed. R. Rorty, J. B. Schneewind, and Q. Skinner (Cambridge, 1984). 역사의 활용을 철학자들에게 정당화하는 다른 논의로는 같은 책에 있는 앨러스데어 매킨타이어(Alasdair Macintyre), 리처드 로티(Richard Rorty), 로렌츠 크루거(Lorenz Kruger)의 기고문들을 참조하라.

33) Olivia Smith, *The Politics of Language* (Oxford, 1984), 14-17; 125, 138; Robert DeMaria, "The Politics of Johnson's Dictionary," *PMLA* 104 (1989): 64-74; Donald Greene, *The Politics of Samuel Johnson* (New Haven, 1960).

34) Charles Richardson, *New Dictionary of the English Language* 2 vols. (London, 1836-37). 이는 콜리지(Coleridge)의 미완 『메트로폴리타나 백과사전』(*Encyclopedia Metropolitana*)에서 발전하여 커진 것이다. Hans Aarsleff, *The Study of Language in England, 1780-1860* (Minneapolis, 1983), 249-52 참조.

35) Aarsleff, *The Study of Language*, 227-63.

찾아보기

ㅂ

ㅇ

기타

지은이

멜빈 릭터 Melvin Richter

미국 뉴욕시립대학 헌터칼리지 정치학과 명예 교수로 재직하고 있다. 논저로는 "개념사, 번역, 그리고 상호 문화적 개념 전이"(『개념사의 지평과 전망』 2009), *Dictatorship in History and Theory: Bonapartism, Caesarism, and Totalitarianism* (Peter Baehr and Melvin Richter 2004), *The Meaning of Historical Terms and Concepts: New Studies on Begriffsgeschichte* (Hartmut Lehmann and Melvin Richter 1996, occasional paper) 등이 있다.

옮긴이

송승철

서울대학교와 동 대학원을 졸업하고 미국 사우스캐롤라이나대학에서 박사학위를 받았다. 현재 한림대학교 영어영문학과 교수로 재직하고 있으며, 주로 영미시, 영미비평에 대해 연구해 왔다. 최근에는 한국의 개념사 연구에 관심을 갖고 있다. 논저로는 "낭만주의적 주관성의 정치적 위기: 체험에서 이념으로"(『영미시의 수정주의적 접근』 1995), 『산업혁명과 기계문명』(공저 1997) 등이 있다.

김용수

한림대학교와 미국 털사대학교(M.A.)를 졸업하고 뉴욕주립대학(버팔로)에서 "Faulkner with Lacan: Desire, Ethics, and the Feminine"으로 박사학위를 받았다. 현재 한림대학교 영어영문학과 부교수로 재직하고 있으며, 주로 미국 소설, 영화와 라캉의 정신분석이론을 연구하고 있다. 저서로는 『자크 라캉』(2008) 등이 있다.

정치 · 사회적 개념의 역사
—비판적 소개

초판 1쇄 발행 2010년 7월 28일

지은이 멜빈 릭터
옮긴이 송승철 · 김용수
기 획 한림대학교 한림과학원
발행처 도서출판 소화
등 록 제13-412호
주 소 서울시 영등포구 영등포동 7가 94-97
전 화 02) 2677-5890
팩 스 02) 2636-6393
홈페이지 www.sowha.com

ISBN 978-89-8410-384-9 93900

값 18,000원